450 Keywords Digitalisierung

Oliver Bendel

450 Keywords Digitalisierung

2., ergänzte und erweiterte Auflage

Oliver Bendel
Hochschule für Wirtschaft FHNW
Windisch, Schweiz

ISBN 978-3-658-37491-4   ISBN 978-3-658-37492-1 (eBook)
https://doi.org/10.1007/978-3-658-37492-1

Die Deutsche Nationalbibliothek verzeichnet diese Publikation in der Deutschen Nationalbibliografie; detaillierte bibliografische Daten sind im Internet über http://dnb.d-nb.de abrufbar.

Springer Gabler
© Springer Fachmedien Wiesbaden GmbH, ein Teil von Springer Nature 2019, 2022
Das Werk einschließlich aller seiner Teile ist urheberrechtlich geschützt. Jede Verwertung, die nicht ausdrücklich vom Urheberrechtsgesetz zugelassen ist, bedarf der vorherigen Zustimmung des Verlags. Das gilt insbesondere für Vervielfältigungen, Bearbeitungen, Übersetzungen, Mikroverfilmungen und die Einspeicherung und Verarbeitung in elektronischen Systemen.
Die Wiedergabe von allgemein beschreibenden Bezeichnungen, Marken, Unternehmensnamen etc. in diesem Werk bedeutet nicht, dass diese frei durch jedermann benutzt werden dürfen. Die Berechtigung zur Benutzung unterliegt, auch ohne gesonderten Hinweis hierzu, den Regeln des Markenrechts. Die Rechte des jeweiligen Zeicheninhabers sind zu beachten.
Der Verlag, die Autoren und die Herausgeber gehen davon aus, dass die Angaben und Informationen in diesem Werk zum Zeitpunkt der Veröffentlichung vollständig und korrekt sind. Weder der Verlag, noch die Autoren oder die Herausgeber übernehmen, ausdrücklich oder implizit, Gewähr für den Inhalt des Werkes, etwaige Fehler oder Äußerungen. Der Verlag bleibt im Hinblick auf geografische Zuordnungen und Gebietsbezeichnungen in veröffentlichten Karten und Institutionsadressen neutral.

Lektorat/Planung: Carina Reibold
Springer Gabler ist ein Imprint der eingetragenen Gesellschaft Springer Fachmedien Wiesbaden GmbH und ist ein Teil von Springer Nature.
Die Anschrift der Gesellschaft ist: Abraham-Lincoln-Str. 46, 65189 Wiesbaden, Germany

Vorwort zur 2. Auflage

Der Begriff der Digitalisierung taucht täglich in den Medien, in Reden von Politikern und in wissenschaftlichen Beiträgen auf. Er fasziniert, inspiriert und irritiert, er wird bejubelt und bekämpft. Die Definition im vorliegenden Lexikon will ihn nüchtern betrachten, und um ihn vollständig auszuleuchten, gesellen sich zu ihr weit über 450 weitere Einträge. Nach einer kursorischen oder auch intensiven Lektüre sollte man soweit informiert sein, dass man dem Diskurs zur Digitalisierung folgen, oder sogar soweit, dass man ihn selbst beeinflussen kann.

Ein Lexikon zur Digitalisierung, das von einer Person geschrieben wurde? In Zeiten von Web 2.0 und Wikipedia? Und von Fachlexika mit hunderten Autorinnen und Autoren? Natürlich hat das Nachteile. Es hat aber auch Vorteile. Alles ist aus einem Guss, alles wird aus bestimmten Perspektiven angegangen, nämlich aus Informationswissenschaft, Wirtschaftsinformatik, Informations-, Roboter- und Maschinenethik heraus. Diese Disziplinen meines Studiums und meiner Profession sind Ausgangs- und Endpunkt der Überlegungen, die dann regelmäßig ausbrechen, umherwandern, auf unerwartete Zusammenhänge und Befunde stoßen. Es handelt sich um eine Auswahl, gewiss, aber eine, die auf jahrelanger Erfahrung und monatelanger Recherche beruht, immer im Bemühen, bewährte und viel benutzte Begrifflichkeiten genauso zu berücksichtigen wie ganz neue.

Vorwort zur 2. Auflage

„450 Keywords Digitalisierung" hat mehrere Ursprünge. Seit vielen Jahren verfasse ich Lexika und Glossare. Seit 2012 schreibe ich für das Gabler Wirtschaftslexikon. 2016 sind die „300 Keywords Informationsethik" in der ersten Auflage auf den Markt gekommen, 2019 in der zweiten, mit dem Titel „400 Keywords Informationsethik". Im selben Jahr ist die erste Auflage dieses Buchs erschienen, mit dem Namen „350 Keywords Digitalisierung". Mit Leidenschaft betreibe ich die Plattformen informationsethik.net (seit 2012) und maschinenethik.net (seit 2013). Aus all diesen Quellen habe ich Stücke entliehen, sie ein- und ausgebaut. Dennoch ist wie beim anderen „Keywords"-Buch etwas ganz Neues entstanden. Gerne nehme ich Hinweise entgegen und prüfe sie für die nächste Auflage. Zunächst wünsche ich aber vor allem viel Freude beim Stöbern und Lesen.

Zürich, Schweiz　　　　　　　　　　　　　　　　　　　Oliver Bendel
15. März 2022

Inhaltsverzeichnis

A: Account – Avatar　　　　　　　　　　1

B: Bandbreite – Browsing　　　　　　　21

C: Cancel Culture – Cyborg　　　　　　41

D: Data Lake – Drohne　　　　　　　　61

E: E-Book – Exponentielles Denken　　83

F: Face-to-face – Futurologie　　　　　99

G: Gamification – Greenwashing　　　107

H: Hacker – Hypertext　　　　　　　　115

I – J – K: Identität – Kultur　　　　　123

L: Leben – Lüge ... 161

M: Machine Learning – Musik ... 169

N: Nachhaltigkeit – Nudging ... 199

O – P: Open Educational Resources – Publishing on Demand ... 211

Q: QR-Code – Quantified Self ... 237

R: Racheporno – Rolle ... 241

S: Schlüsselqualifikation – Systemrelevanz ... 263

T: Tablet – Turing-Test ... 305

U: Ubiquitous Computing – Utopie ... 319

V: Verantwortung – VUCA ... 327

W – X – Y – Z: Wearables – Zoom-Fatigue ... 337

Verwendete Literatur ... 357

A: Account – Avatar

Account

Ein Account ist das virtuelle Konto eines Benutzers. Er ermöglicht den (in der Regel über ein Login gesicherten und individuellen) Zugang zu Diensten und Systemen und das Speichern persönlicher Daten. Beispiele sind E-Mail-Accounts, Accounts bei sozialen Medien, bei Lernplattformen und bei Buchungssystemen.
Regelmäßig werden Accounts gehackt oder widerrechtlich verwendet. Kunden erleichtern dies, indem sie ein ungeeignetes Passwort oder das gleiche Passwort für mehrere Dienste nehmen. Hinzu kommen Sicherheitslücken der Systeme. Entstehen kann beträchtlicher persönlicher und finanzieller Schaden.

Adaptivität

Adaptivität ist die Fähigkeit und Eigenschaft eines Systems, sich an eine veränderte Umwelt bzw. neue Bedingungen und Anforderungen selbst anzupassen. Bei Informations- und Kommunikationstechnologien und Informationssystemen bedeutet sie u. a. die Option der Personalisierung und damit der Orientierung an Aufgaben und Bedürfnissen des Benutzers. Auch die automatische Einstellung auf Netzwerkverbindungen oder Stromquellen fällt unter den Begriff.
Merk- und lernfähige Bots und soziale Roboter haben ebenfalls Möglichkeiten der Adaptivität und ändern beispielsweise ihr Aussehen oder Verhalten je nach Handlungen und Äußerungen ihres menschlichen Gegenübers oder je nach Situation und Umgebung, in die sie geraten. Die Maschinenethik befasst sich als Gestaltungsdisziplin mit der Adaptivität von (teil-)autonomen Systemen und benutzt in diesem Zusammenhang auch Machine Learning.

Agent

Im englischen Sprachgebrauch ist ein Agent („agent") ein Stellvertreter, ein Vertreter oder ein Handelnder (ein Akteur). Das Subjekt der Moral, von dem moralische Handlungen ausgehen, ist der „moral agent", das Objekt der Moral, das von moralischen Handlungen betroffen ist, der „moral patient" (wobei die englischen Begriffe die deutschen nicht ganz genau erfassen). Nach Ansicht der Maschinenethik können Maschinen ganz spezielle „moral agents" sein; sie werden dann moralische Maschinen genannt. Manche Roboterethiker glauben, dass bestimmte Maschinen auch „moral patients" sein können – dagegen spricht, dass selbst hoch entwickelte Systeme nicht empfinden und nicht leiden können, kein Bewusstsein und kein Selbstbewusstsein als mentale Zustände und keinen Lebenswillen haben.
Agenten im Sinne von Softwareagenten sind Computerprogramme, die bei Anforderungen und Aufgaben assistieren und dabei autonom und zielorientiert agieren sowie eine gewisse Intelligenz aufweisen. Sie werden

für das Sammeln und Auswerten von Daten und Informationen, in der Verwaltung von Netzwerken und für Benutzerschnittstellen benötigt. In manchen Umgebungen sind sie anthropomorph umgesetzt, wie in der Kombination mit Avataren bzw. in der Form von Chatbots, sodass sie wie Menschen aussehen und sprechen. Eine Anwendungsform sind die pädagogischen Agenten. Für die Maschinenethik ergeben sich in diesen Fällen besondere Fragestellungen, insofern die Agenten damit auch die Unwahrheit sagen, jemanden in seiner Würde verletzen und in einer Notsituation als Gesprächspartner scheitern können.

Agilität

Agilität ist die Gewandtheit, Wendigkeit oder Beweglichkeit von Organisationen und Personen bzw. in Strukturen und Prozessen. Man reagiert flexibel auf unvorhergesehene Ereignisse und neue Anforderungen. Man ist, etwa in Bezug auf Veränderungen, nicht nur reaktiv, sondern auch proaktiv.

In Unternehmen ist man oft auf festgelegte Prozesse und im Detail geplante Projekte fokussiert. Agilität kann hier bedeuten, dass Prozesse unterbrochen und angepasst sowie Projekte wiederholt neu aufgesetzt werden, etwa mit Blick auf veränderte Kundenwünsche und Marktanforderungen. Sie kann zudem beinhalten, Prozesse und Projekte in gewisser Weise abzuschaffen. Agile Unternehmen bevorzugen ein iteratives Vorgehen und eine inkrementelle Lieferung.

Bei der agilen Softwareentwicklung sind, gemäß dem Agilen Manifest von 2001, die Individuen und Interaktionen den Prozessen und Tools übergeordnet. Funktionierende Software steht über einer umfassenden Dokumentation, die Zusammenarbeit mit dem Kunden über der Vertragsverhandlung, das Reagieren auf Veränderung über dem Befolgen eines Plans. Die inkrementelle Lieferung von Resultaten ermöglicht Feedback und Korrektur.

Agilität, etwa im Sinne agiler Unternehmen und agiler Softwareentwicklung, scheint die richtige Antwort auf das eine oder andere individuelle Mindset, ein dynamisches Umfeld, disruptive Technologien und globale Entwicklungen zu sein. Im Einzelfall mag allerdings die Qualität leiden, und Qualitätsmanagement in seiner klassischen Ausprägung ist prozessorientiert, kann also agile Ansätze nicht ausreichend berücksichtigen. Eine Weiterentwicklung des Qualitätsmanagements wie der agilen Ansätze scheint geboten.

AIML

Die Artificial Intelligence Markup Language (AIML) ist eine Auszeichnungssprache, die die Entwicklung von Chatbots unterstützt. Sie wurde 1995 von Richard Wallace erfunden. AIML basiert wie z. B. auch die Speech Synthesis Markup Language (SSML) auf der Extensible Markup Language (XML).

Aktivist

Ein Aktivist oder eine Aktivistin (engl. „activist") setzt sich für ein soziales, ökologisches oder politisches Ziel wie Beendigung von Kriegshandlungen, Eindämmung des Klimawandels und Abschaffung der Massentierhaltung oder der Überwachung ein, etwa mit Hilfe von Informationsbroschüren, Manifesten, Petitionen und Demonstrationen sowie des Engagements in den sozialen Medien. Der Aktivismus kann individueller Art sein oder im Rahmen von Nichtregierungsorganisationen (engl. „non-governmental organizations" bzw. „NGOs") wie Amnesty International, Greenpeace oder PETA respektive von Bewegungen wie Fridays for Future (FFF) stattfinden. Er kann sich auf fremde oder eigene (auch persönliche) Verhältnisse richten.

Ein Journalist oder ein Wissenschaftler kann ein Aktivist sein, sollte aber nach verbreiteter Ansicht beide Bereiche voneinander trennen. Er oder sie hat sozusagen verschiedene Hüte auf. So kann jemand zunächst als Wissenschaftler dem Erkenntnisgewinn dienen, dann als Aktivist seine Erkenntnisse nutzen, um die Welt zu verändern. Der Aktivismus kann durchaus seine Forschungsschwerpunkte prägen, sollte sie aber nicht vollständig bestimmen. Der Journalist wiederum sollte sagen, was ist, um Rudolf Augstein einzubeziehen, und sich mit keiner Sache gemein machen, um Hanns Joachim Friedrichs verkürzt wiederzugeben, nur mit der Wahrheit (damit auch mit der Wissenschaft), um eben das sagen zu können, was ist. Rosa Luxemburg sprach in Anlehnung an Ferdinand Lassalle davon, dass man laut sagen sollte, was ist, was sie als politische Aktivistin charakterisiert.

Der Aktivismus ist eine Ausübung von Grundrechten und dient zugleich dazu, diese zu stärken und zu vermehren, sowohl mit Blick auf Menschen als auch auf Tiere. In seiner radikalen Form trägt er dazu bei, die Zustände zu verändern und zu verbessern, in seiner extremen bedeutet er Gefahr für Personen und Unternehmen, gegen die sich der Aktivist oder die Aktivistin gewendet hat. Im 21. Jahrhundert ist der Aktivismus mit der Wokeness verbunden, der Haltung und Bewegung der Wachheit und Wachsamkeit, geht jedoch keineswegs in ihr auf. Die Ethik untersucht den Moralismus, der in beiden verankert sein mag, und die Verhältnismäßigkeit der Mittel und Folgen. Die Informationsethik beschäftigt sich mit den Implikationen des Cyberaktivismus, einschließlich der digitalen Selbstverteidigung.

Akzeptanz

Akzeptanz ist die Bereitschaft, einen Sachverhalt wohlwollend hinzunehmen. Neben der zeitpunktbezogenen Akzeptanz interessiert die Veränderung der Akzeptanz im Laufe der Zeit durch Erfahrung und Lernen oder eine Änderung der (Ausgangs-)Situation. Eine Möglichkeit, Akzeptanz zu schaffen, ist die Etablierung von Anreizsystemen.
In der Sozialen Robotik und der Forschung zu Softwareagenten wird die Akzeptanz gegenüber dem (oft animaloiden oder humanoiden) Aussehen, gegenüber Aktionen und gegenüber Emotionen von Maschinen untersucht (wobei diese solche zeigen, aber nicht haben). Dabei muss der Uncanny-Valley-Effekt beachtet werden, der vor allem bei humanoiden Robotern entstehen kann.

Algorithmenethik

Die Algorithmenethik wird teilweise als Gebiet der Maschinenethik verstanden, teilweise eher auf Suchmaschinen, Vorschlagslisten, Big Data und Systeme künstlicher Intelligenz (etwa zur Emotionserkennung und zur Krankheitsdiagnose) bezogen. Der Begriff impliziert entweder, dass man den Algorithmen eine Form von Moral beibringen soll, oder dass sie Auswirkungen auf das Wohl des Menschen haben und damit eine Frage der Moral sind, die von der Algorithmenethik zu beantworten ist. Zuweilen ist nicht die Ethik, sondern die Moral gemeint, die mit den Algorithmen zu gewährleisten wäre, ohne dass es eine zuständige Disziplin bräuchte.

Algorithmus

Ein Algorithmus ist eine Anweisung oder Vorschrift zur Bewältigung einer Aufgabe bzw. Lösung eines Problems. Man kann ihn in natürlicher Sprache formulieren, wie in einem Kochrezept, oder in formaler Sprache (einer Programmiersprache) – und damit ein Computerprogramm erstellen.
Der Euklidische Algorithmus ist ein Beispiel für einen antiken mathematischen Algorithmus. Mit ihm bestimmt man den größten gemeinsamen Teiler zweier natürlicher Zahlen. Ada Lovelace und Charles Babbage entwarfen Algorithmen für dessen Analytical Engine, die er seit den 1830er-Jahren konzipiert hatte. Dieser Vorläufer eines Computers wurde allerdings nicht vollendet.

Android

Ein Android (oder Androide) ist eine menschengleiche bzw. -ähnliche Maschine respektive ein künstlicher Mensch. Ein weiblicher Android wird zuweilen auch als Gynoid (oder Gynoide) bezeichnet. Wenn etwas humanoid oder anthropomorph ist, ist es von menschlicher Gestalt bzw.

menschenähnlich, was auch Verhalten, Mimik, Gestik und Sprache mit einschließen kann. Damit humanoide Roboter oder anthropomorphe Agenten als Androiden gelten können, müssen sie Menschen zum Verwechseln ähnlich sein. Auch die Jaquet-Droz-Automaten aus dem 18. Jahrhundert, Musikerin, Schreiber und Zeichner, werden als Androiden angesehen. Ein Fembot ist ein weiblicher Chatbot oder Roboter und unter bestimmten Voraussetzungen ein Gynoid. In der Maschinenethik sind bei Androiden z. B. die natürlichsprachlichen sowie die mimischen und gestischen Fähigkeiten von Relevanz.

Animal Enhancement

Animal Enhancement ist die Erweiterung des Tiers, vor allem zu seiner scheinbaren oder tatsächlichen Verbesserung in Bezug auf seine eigenen Interessen oder diejenigen des Menschen, etwa in wirtschaftlicher oder wissenschaftlicher Hinsicht. Im Blick sind u. a. Leistungssteigerung, Erhöhung der Lebensqualität und Optimierung der Verwertung. Ausgangspunkt sind wie bei Human Enhancement kranke oder gesunde Lebewesen. Insekten sind genauso Kandidaten wie Amphibien, Reptilien und Säugetiere. Bereits die klassische Züchtung kann als Animal Enhancement angesehen werden. Wichtige neuere Methoden entstammen Pharmazeutik, Gentechnik, Elektro- und Informationstechnik sowie Prothetik.

Im 21. Jahrhundert gewinnt (informations-)technisches Animal Enhancement an Bedeutung. Das Haus- oder Nutztier wird mit einem Funkchip versehen und kann dadurch identifiziert und lokalisiert werden. Der Kontext ist die Tierhaltung, vor allem im Haushalt und in der Landwirtschaft. RoboRoach ist eine informationstechnisch erweiterte Kakerlake, die man mit dem Smartphone fernsteuern kann, also ein tierischer Cyborg. Die aufzubringende Apparatur kann man bei einem amerikanischen Unternehmen bestellen. Dieses macht geltend, dass man mit RoboRoach u. a. biologische und neuronale Prozesse besser verstehen kann, verbindet das Projekt also, mehr oder weniger überzeugend, mit Neurowissenschaft und Didaktik. Ein weiterer Zweck ist die Überwachung. Militär, Polizei und Geheimdienste sind an der einschlägigen Forschung interessiert, kann man doch mit einfachen Mitteln, ohne zu große Anstrengungen in Feinmechanik und Robotik, mobile Spione hervorbringen. Bekannt geworden sind russische Versuche, Ratten zu Cyborgs zu machen.

Eine breite Debatte über Animal Enhancement ist in der Öffentlichkeit bisher ausgeblieben. Die Zeitungs- und Zeitschriftenartikel und Medienmeldungen, in denen auch moralische Bedenken zu finden waren, haben allenfalls für ein kurzzeitiges Interesse gesorgt. Auch die Wissenschaft widmet sich nur punktuell dem Thema. Es scheint notwendig, Animal Enhancement einer gründlichen und kritischen Untersuchung zu unterziehen. Es müssen (informations-)technische Verfahren gesammelt, erklärt und aus Sicht von Technik- und Informationsethik sowie Tierethik bewertet werden. Damit sind neben Technik- und Moralphilosophen auch Vertreter von Disziplinen wie Biologie, Informatik, Robotik und Künstlicher Intelligenz (KI) angesprochen. Wenn es um die Verbesserung aus wirtschaftlichen Motiven geht, ist die Wirtschaftsethik gefragt, während bei der Erweiterung aus wissenschaftlichen Gründen die Wissenschaftsethik herangezogen werden kann.

Animation

Eine Animation ist eine computergestützte Technik, mit der bewegte Bilder generiert werden, indem schnell von einem stehenden Bild auf das nächste umgeschaltet wird. Auch das Ergebnis selbst kann mit dem Begriff gemeint sein. Es kann sich um einfache Sequenzen wie das Augenzwinkern einer Comicfigur, aber auch um komplexe Elemente virtueller Realität wie die wirklichkeitsgetreue Visualisierung von Produktionsprozessen in einer Fabrik oder der Verhaltensweisen der Dinosaurier handeln. Die Animated GIFs, bereits in den 1990er-Jahren im Web beliebt, haben in den 2010er-Jahren eine Renaissance erlebt und sind zur Kunstform geworden.

Anonymität

Anonymität ist die Möglichkeit oder der Wunsch einer Person, unerkannt zu bleiben. Im virtuellen Raum wird sie durch ein Pseudonym (einen Nickname oder eine Abkürzung) und durch Anonymisierungsdienste bzw. -software unterstützt. Als ein Vorteil des anonymen Auftretens wird die potenzielle Gleichbehandlung gesehen. Ein Nachteil ist die schwierige Nachverfolgbarkeit bei moralisch oder rechtlich bedenklichen Beiträgen.

Anonymous

Anonymous ist ein Label für Hacker, die sich als Aktivisten verstehen. Man engagiert sich z. B. für Meinungsfreiheit, gegen das Urheberrecht oder gegen Krieg. Der Aktivismus wird zum sogenannten Hacktivismus. Während des Ukraine-Kriegs wurden russische Einrichtungen und Websites angegriffen und lahmgelegt, häufig mit Hilfe von DDoS (Distributed Denial of Service). Bekannt ist Anonymous auch für Doxing.

Application Sharing

Beim Application Sharing bedienen mehrere Benutzer an verschiedenen Orten über ein bestimmtes Tool – etwa ein Virtuelles Klassenzimmer – eine Anwendung gleichzeitig und ermöglichen dadurch das gemeinsame Erstellen, Betrachten und Bearbeiten von Dokumenten, Präsentationen, Grafiken, Fotos und Videos.

Arbeitsprozess

Ein Arbeitsprozess ist – vor allem in Organisationen – ein mehrstufiges Verfahren zur Bewältigung festgelegter Aufgaben und zur Erreichung festgelegter Ziele unter Verwendung bestimmter Ressourcen, etwa zur

Erstellung und Bereitstellung von Gütern und Dienstleistungen. Er ist in der Industrie und in der Verwaltung von Kooperation, zuweilen auch von Kollaboration geprägt. Beteiligte können Menschen gleicher und unterschiedlicher Hierarchiestufen, Systeme mit künstlicher Intelligenz und Maschinen wie Kooperations- und Kollaborationsroboter (Co-Robots oder Cobots) sein. Sie folgen bestimmten Anweisungen und Vorgaben, die in Prozessbeschreibungen festgehalten sein können. Die (Vorstufen der) Arbeitsergebnisse werden laufend oder am Ende kontrolliert. Der individuelle Arbeitsprozess, wie er von Dichtern gekannt wird, ist eher eine Ausnahme, selbst in der Kunst. Schon Maler und Bildhauer der Antike und des Mittelalters haben sich in Werkstätten auf kooperative und kollaborative Abläufe gestützt, mit spezialisierten Arbeitskräften. Arbeitsteilung hat zudem frühe Großprojekte der Architektur ermöglicht, etwa den Bau der Chinesischen Mauer, der Pyramiden in Ägypten und von Kathedralen in Europa. Dabei hat man sich der unfreiwilligen Leistung von Lebewesen, nämlich von Tieren (für den Transport und zur Produktion von Kleidung und Nahrung) und Menschen (Sklaven), bedient und deren Verletzung und Tod in Kauf genommen. Die industrielle Revolution verlegte den Arbeitsprozess in die Manufaktur und die Fabrik. Im Taylorismus des 19. und 20. Jahrhunderts dominiert eine starke Zergliederung der Arbeitsaufgaben, die die Arbeitsbefriedigung beeinträchtigt.

Arbeiterinnen und Arbeiter sowie Angestellte in unserer Gesellschaft wird man kaum als Sklaven wahrnehmen. Dennoch sind sie einen Großteil ihrer Lebenszeit im Dienste von Einrichtungen, die über sie in einem weitgehenden Sinn verfügen. In stark arbeitsteiligen Arbeitsprozessen kommen die Abhängigkeit von anderen Arbeitskräften und die Entfremdung von der Arbeit hinzu. Die Wirtschaftsethik kann die Erwerbsarbeit dieser Ausprägung hinterfragen und an neuen Ansätzen und Modellen mitarbeiten, von New Work bis hin zum bedingungslosen Grundeinkommen oder bedingungslosen Grundeigentum. Ziel dabei kann die Veränderung des Arbeitsprozesses an sich sein, aber auch die des Kontextes, in den er eingebettet ist. Weitere relevante Disziplinen in diesem Zusammenhang, insbesondere mit Blick auf Digitalisierung und Robotisierung, sind Informationsethik und Roboterethik.

Archiv

In einem Archiv werden Dokumente und Gegenstände dauerhaft aufbewahrt. Viele Städte und Regionen haben eine solche Einrichtung als historisches Gedächtnis für lokale Ereignisse und Größen aufgebaut, zuweilen angegliedert an eine Bibliothek. Neben dem Aufbewahren umfasst das Archivieren das Sammeln, Erfassen und Bereitstellen.

Ein elektronisches Archiv ist eine Datenbank oder ein vergleichbares System, wo Dokumente und Dateien elektronisch erfasst, gespeichert, indiziert, bereitgestellt und langfristig gesichert werden. Häufig werden Content-Management-Systeme (CMS) verwendet. Neben typischen Wissensprodukten wie Artikeln und Bildern können Diskussionen aus einem Forum, Gespräche aus einem Chat oder Beiträge aus einem Blog enthalten sein.

Auch Webseiten und Websites können archiviert werden; so gibt es Projekte, die die Erhaltung von Teilen des Internets zum Ziel haben, wie das Internet Archive mit der Wayback Machine. Ein dabei auftretendes Problem ist der Bruch des Urheberrechts und des Rechts am eigenen Bild.

Assistent

Ein Assistent ist, technisch verstanden, eine Maschine bzw. Software, die Personen bei Anforderungen und Problemen unterstützt. Das Spektrum reicht von Telefonassistenten, die Anfragen und Aufträge entgegennehmen, über Navigationsassistenten, die Autofahrerinnen oder Webbenutzer zum gewünschten Ziel bringen, bis hin zu Agenten, die in virtuellen Umgebungen Suchaufträge durchführen oder als intelligente Hilfefunktion zur Seite stehen.

Sprachassistenten oder virtuelle Assistenten wie Google Assistant, Siri und Alexa beantworten über das Smartphone und andere Systeme unsere Fragen in natürlicher Sprache bzw. vermitteln Dienstleistungen und Produkte. Mehr und mehr werden sie in Geräten aller Art, in Fahrzeugen und in sozialen Robotern verwendet. Auch das Smart Home ist ein

Anwendungsfall. Andere Begriffe in diesem Zusammenhang sind „Voicebot" und „Voice Assistant".

Asynchron

„Asynchron" bedeutet „ungleichzeitig" oder „nicht gleichzeitig". Im Kontext der Kommunikation ist damit gemeint, dass auf eine Aussage oder einen Beitrag zu fast beliebiger Zeit reagiert werden kann, nach Minuten, Stunden, Tagen oder Wochen. Diskussionsforen, Gästebücher, Weblogs und Wikis sind asynchrone elektronische Medien. Auch E-Mail ist asynchron, obwohl damit eine sehr schnelle und fast zeitgleiche Interaktion möglich ist. Der Gegensatz zu „asynchron" ist „synchron", wobei eben nicht vergessen werden darf, dass es zuweilen fließende Übergänge gibt.

Audio

„Audio" (lat. „audire": „hören") bedeutet, dass Töne und Geräusche vorhanden sind und etwas akustisch wahrgenommen wird. Beispiele für Anwendungen im Bereich der Information und Kommunikation sind Telefon und Radio. Man kann sich zwar über das Telefon anschweigen und über das Radio Stille übertragen, aber das sind Extreme, wie sie im auditiven Bereich zwangsläufig vorkommen.
Oft wird Audio dazu benutzt, Gleichzeitigkeit mit anderen Vorgängen herzustellen. So wie viele Menschen parallel Radio hören und arbeiten können, sind Töne auch in anderen Kontexten geduldete oder erwünschte Begleiter. Genauso können Geräusche aber auch stören; nicht jeder mag es, wenn Aktionen auf dem Computer und das Eintreffen von E-Mails und anderen Nachrichten klanglich umgesetzt werden. Vor diesem Hintergrund erlauben die meisten Systeme eine Wahl zwischen mehreren Einstellungen.
Benutzer laden aus dem Internet über Tauschbörsen oder kommerzielle Plattformen Musikstücke und ganze Sammlungen in Form von Audiodateien herunter, legal oder illegal. Häufig werden die Daten auch über

Streaming – bei dem zugleich empfangen und wiedergegeben wird – zur Verfügung gestellt. Für Webradios, Podcasts, Liveübertragungen und Audiokonferenzen ist Audio elementar.
Mehr und mehr auditive Systeme wandern in Wohn- und Arbeitsbereiche und können zur Überwachung genutzt werden, darunter mit Mikrofonen versehene Lautsprechersäulen (Smartspeakers oder Smart Speakers), intelligente Fernseher und intelligentes Spielzeug. Auch der öffentliche Raum wird in dieser Hinsicht immer mehr ausgerüstet und eingeschränkt.

Audio-Chat

Audio-Chats oder Audio Chats sind Audioplattformen für Live-Events und -Diskussionen bzw. finden auf solchen Audioplattformen statt. Man spricht auch von Social Audio. Ab 2020 wurde Clubhouse bekannt, nach der Sprechweise des amerikanischen Anbieters ein „drop-in audio chat". Die App für Smartphones von Apple kann nur auf Einladung genutzt werden. Journalisten, Politiker und Influencer trugen ab Anfang 2021 wesentlich zur Verbreitung im deutschsprachigen Raum bei, trotz allgemein vorgetragener rechtlicher Bedenken.
Audioplattformen haben bald nach dem Durchbruch des WWW großen Zuspruch gefunden. Am Anfang war dieser vor allem mit dem Download von Musik verknüpft. Ab 2015 fand ein regelrechter Boom der eigentlich schon lange bekannten Podcasts statt, was mit einem veränderten Konsumverhalten und Lebensstil zu tun haben mag, insbesondere mit der Abkehr vom Textuellen und Visuellen. Während der COVID-19-Pandemie erhielten Videokonferenzen, in denen Audiofunktionen eine zentrale Rolle spielen, einen erneuten Schub. Dann wurden Audio-Chats in bestimmten Kreisen populär.
Audio-Chats wie Clubhouse wird Exklusivität vorgeworfen. Problematisch ist aber vor allem, dass Daten aus den Kontaktlisten der Benutzer weitergeleitet und verwertet werden, selbst von solchen Personen, die mit der App nichts zu tun haben. Zudem ist es möglich, die Gespräche mitzuschneiden. Eine chinesische Firma ist in das Streaming involviert, sodass die Partei Zugriff auf die Daten haben könnte. Nach Ansicht von

Experten wird gegen die Datenschutz-Grundverordnung (DSGVO) verstoßen. Dies ist ein Thema von Rechts-, Medien- und Informationsethik sowie der Rechtswissenschaft.

Audiokonferenz

Bei einer Audiokonferenz handelt es sich um eine Form synchroner, direkter Kommunikation, bei der nur Sprache bzw. Töne und keine Bilder übertragen werden, entweder über Telefonleitungen und -systeme oder per Sprachübertragung im Internet (Voice over IP). Bei einer Videokonferenz hingegen sind Bilder und Töne vorhanden.
Oft sind elektronische Audiokonferenzsysteme in Tools wie Virtual Classrooms oder Instant Messengers integriert. Die Konferenz wird im Zusammenspiel mit anderen Funktionen – z. B. Application Sharing – oder eigenständig durchgeführt.

Audioplattform

Eine Audioplattform ist eine internet- bzw. serverbasierte Plattform, auf der Tondateien (Audiofiles) angeboten, heruntergeladen und getauscht bzw. auditive Aufnahmen von Vorträgen, Gesprächen, Interviews etc. abgerufen werden können. Ausprägungen sind spezielle Content-Sharing- und Social-Media-Dienste sowie Musik- und Podcastplattformen. Die Musikplattformen sind heute häufig Musikstreamingdienste wie Spotify. Auch Tools für Live-Events und -Diskussionen sind verfügbar, wobei man diese im Prinzip genauso über internetbasierte Videokonferenzsysteme realisieren kann. Verwandte der Audioplattformen sind Bild- und Videoplattformen, die eben auf das Visuelle fokussieren (das im Falle der Videos mit dem Auditiven verbunden sein kann).
Audioplattformen haben bald nach dem Durchbruch des WWW großen Zuspruch gefunden. Am Anfang war dieser vor allem mit dem Download von Musik verknüpft. Ab 2015 fand ein regelrechter Boom der eigentlich schon lange bekannten Podcasts statt, was mit einem veränderten Konsumverhalten und Lebensstil zu tun haben mag. Beispiele

für Podcasts sind Audiotagebücher, gesprochene Briefe, Sendung und Verbreitung eigener Musik oder Radioshows sowie Vortrags-, Interview- und Gesprächsreihen. Ab 2020 wurde Clubhouse bekannt, nach der Sprechweise des amerikanischen Anbieters ein „drop-in audio chat" (andere benutzen den Begriff „social audio"). Die App für Smartphones von Apple kann nur auf Einladung genutzt werden. In den Räumen finden Live-Diskussionen statt.

Eine Kritik an Podcasts ist, dass das geschriebene Wort bei der Vermittlung keine Rolle spielt, was freilich auch immer für Radio gegolten hat. Dies ist bei einer starken Verbreitung zum einen für Hörgeschädigte ein Problem, zum anderen – wie die starke Fokussierung auf das Bild – für die Kulturleistung der Schrift. Zudem gibt es erhebliche Unterschiede in der Qualität der Angebote. Gegen Clubhouse wurde dies ebenfalls ins Feld geführt, zudem die Exklusivität. Problematisch ist aber vor allem, dass Daten aus den Kontaktlisten der Benutzer weitergeleitet und verwertet werden, selbst von solchen Personen, die mit der App nichts zu tun haben, und dass nach Ansicht von Experten gegen die DSGVO verstoßen wird. Dies ist ein Thema von Rechts-, Medien- und Informationsethik sowie der Rechtswissenschaft.

Augmented Reality

Augmented Reality ist die mithilfe von Computern erweiterte Wirklichkeit. Es handelt sich häufig um eine spezielle Form von Mashups. Grundlage sind Bilder der Außenwelt, die über Smartphones und Datenbrillen angezeigt und in die Texte und Bilder eingeblendet werden. Man kann sich digitale Blusen und Hemden überziehen, reale Räume mit virtuellen Möbeln ausstatten oder in der Fabrik den Hilfskräften eine Anleitung für ihre Arbeit einblenden. Eine andere Option ist, dass man um Personen herum eine „Datenwolke" sieht, die u. a. aus sozialen Medien gespeist wird. Mashups dieser Art können die informationelle Autonomie und das Persönlichkeitsrecht verletzen und sind damit ein Thema der Informationsethik. Augmented Reality kann aber auch zur persönlichen Autonomie beitragen und z. B. Behinderten helfen.

Automat

Automaten gibt es seit tausenden Jahren, von den dampfbetriebenen Altären der Antike über die Androiden im Spätbarock (Musikerin, Schreiber und Zeichner) bis hin zu modernen Maschinen. Eine Sonderstellung haben die Automaten von Leonardo da Vinci inne. Es handelt sich mehrheitlich um Skizzen und Entwürfe, die teilweise Jahrhunderte später erfolgreich umgesetzt wurden. Auf den Maler und Ingenieur geht etwa ein Fahrzeug zurück, das weniger an ein Roboterauto (das Personen transportiert), sondern eher an ein Spielzeugauto erinnert.

Automaten verrichten selbstständig eine bestimmte Tätigkeit, etwa das Zubereiten und Ausgeben von Kaffee (Kaffeeautomat), das Auswerfen von Zigaretten (Zigarettenautomat) oder das Anzeigen der Zeit (Uhr). Manche sind rein mechanisch, wie der rote Kaugummiautomat deutscher Dörfer und Städte, andere elektronisch und vernetzt. René Descartes war der Meinung, dass Tiere seelenlose Automaten seien. Es entwickelte sich die Maschinentheorie, in der Lebewesen als Maschinen aufgefasst wurden.

Zu Robotern sind mehrere Unterschiede vorhanden – so fehlt einfachen Automaten in der Regel die Möglichkeit der Beobachtung und Beurteilung der Umwelt (die der Roboter über Sensorensysteme und Analysesoftware umsetzt), die Bewegungsfähigkeit (die der Roboter mit seinen Armen und Achsen erreicht, manchmal auch mit Beinen und Rollen) und die Anpassungsfähigkeit (in der vor allem Roboter mit künstlicher Intelligenz fortgeschritten sind). Automaten sind zudem eben dadurch gekennzeichnet, dass sie, abgesehen von Befüllung und Wartung, mehr oder weniger von selbst funktionieren, während bei Robotern auch Varianten existieren, die gesteuert werden können bzw. müssen (Teleroboter).

Automatisierung

Automatisierung ist der Prozess oder der Zustand, der mithilfe von Automaten oder (teil-)autonomen Robotern umgesetzt bzw. erreicht wird. Sinn und Zweck der Automatisierung ist die Automation, wobei dieser Begriff eher den Zustand oder das Ziel meint. In der Smart Factory beispielsweise sind immer weniger Menschen anzutreffen, immer mehr teilautonome und autonome Maschinen. In einer Übergangszeit teilt man sich allerdings die Arbeit in der Produktion, und beide, Arbeiter und Kooperations- und Kollaborationsroboter, spielen ihre Stärken aus.

Autonomes Fahren

Autonomes Fahren ist das Fahren mit selbstständig fahrenden oder autonomen Autos (Roboterautos), Lastkraftwagen und Bussen. Die einen halten es für den Verkehr der Zukunft, die anderen für eine Vision, die lediglich zum Teil in der Realität ankommen wird. Beim autonomen Fahren kommunizieren die Fahrzeuge miteinander (Car2Car Communication) und mit einem Verkehrsleitsystem.

Autonomie

Der Begriff der Autonomie hat viele Facetten. In der Philosophie wurde er u. a. von Immanuel Kant geprägt. In der Informationsethik interessiert, ausgehend von der Idee der Autonomie, vor allem die informationelle Autonomie, also die Möglichkeit, selbstständig auf Informationen zuzugreifen, über die Verbreitung von eigenen Äußerungen und Abbildungen selbst zu bestimmen sowie die Daten zur eigenen Person einzusehen und gegebenenfalls anzupassen. Ausgehend von der verwandten Idee der Freiheit ist die Freiheit des Individuums in der Informationsgesellschaft angesprochen, womit auch die Selbstentfaltung sozialer, technischer und wirtschaftlicher Art gemeint ist. Es geht ferner um das autonome Handeln gegenüber Maschinen und gegenüber IT-Unternehmen bzw. ihren Technologien und Systemen – und um autonome Systeme, die als Industrieroboter die Smart Factory bestimmen bzw. als Serviceroboter ansprechbar und beweglich sind und die Subjekte der Moral und damit (Untersuchungs-)Objekte der Maschinenethik sein können. Es muss herausgestrichen werden, dass jede Wissenschaft und jedes Anwendungsgebiet ein eigenes Verständnis entwickelt hat. Deshalb ist es beispielsweise nicht zielführend, einer Ingenieurdisziplin vorzuwerfen, dass sie den Begriff nicht wie die Philosophie verwendet.

Autor

Ein Autor oder eine Autorin schreibt Texte aller Art, wobei diese als Selbstzweck oder mit einer bestimmten Intention auftreten können. Es gibt z. B. Buch-, Drehbuch- und Hörspielautoren. Viele Autoren – etwa Journalisten – verfassen auch textliche Kurzformen wie Berichte, Kolumnen und Rezensionen.
Im multimedialen Kontext weitet sich die Bedeutung des Begriffs. Der Autor wird – oft unter Verwendung von Autorenwerkzeugen – zum Produzenten von Content, also digitalen Texten, Grafiken, Fotos und Videos. Ebenso kann er oder sie für das auf Multimedia bezogene Drehbuch und die Navigation verantwortlich sein. Weiterreichende Aufgaben werden oft von anderen Experten übernommen, etwa Designern oder Programmiererinnen. Wie diese muss der Autor Styleguides beachten.
Bestimmte Formen sozialer Medien wie Wikis und Weblogs sind meist frei verfügbar und einfach zu handhaben, sodass jeder Benutzer zum Autor werden kann, ohne über technische oder handwerkliche Kenntnisse verfügen zu müssen. Häufig schreibt und arbeitet man zusammen und bringt so kollaborative Werke hervor.

Avatar

Der Begriff „Avatar" stammt aus dem Sanskrit und bezeichnet dort die Gestalt, in der sich ein (hinduistischer) Gott auf der Erde bewegt. Im Computerbereich hat sich der Begriff durchgesetzt für grafisch, zwei- oder dreidimensional realisierte virtuelle Repräsentationen von realen Personen oder Figuren. Zuweilen wird er auch auf physische Realisierungen angewandt, etwa auf Roboter, die anstelle von kranken Kindern den Schulunterricht besuchen und von ihnen ferngesteuert werden.

Avatare finden zum einen Verwendung in kollaborativ genutzten virtuellen Räumen wie Chats, Spielwelten, webbasierten Lern- und Arbeitsumgebungen und kommerziellen 3D-Anwendungen (Virtual Reality). Sie fungieren dort als sichtbare und teils auch steuer- und manipulierbare Stellvertreter eines Benutzers. Avatare dieser Art können ein menschliches Aussehen haben, aber auch jede beliebige andere Gestalt und Form. Als Stellvertreter realer Personen haben sie kaum autonome Züge.

Avatare können zum anderen eine beliebige Figur mit bestimmten Funktionen repräsentieren. Solche Avatare treten – beispielsweise als Kundenberater (Chatbots oder Chatterbots) und Nachrichtensprecher – im Internet auf oder bevölkern als Spielpartner und -gegner die Abenteuerwelten von Handy- und Computergames. Sie haben häufig ein anthropomorphes Äußeres und, kombiniert mit Agenten, eigenständige Verhaltensweisen oder sogar regelrechte Charaktere.

B: Bandbreite – Browsing

Bandbreite

Die Bandbreite gibt an, wie viele Daten in einer bestimmten Zeit über eine Leitung bzw. ein Netz übertragen werden können. Gemessen wird sie meist in Bits pro Sekunde (Bit/s). In vielen Hotels ist die fehlende Bandbreite immer noch ein Problem, und auch in einigen Haushalten, die nicht an ein entsprechendes Netz (etwa ein Glasfasernetz) angeschlossen sind. Zudem kann aus verschiedenen Gründen eine Drosselung der Bandbreite gegeben sein.

Bargeld

Bargeld ist gedrucktes (Geldscheine) oder geprägtes Geld (Münzen). Es ist ein Barmittel (neben Bankguthaben und Schecks), ein Zahlungsmittel, das von Zentralbanken geschaffen und von Geschäftsbanken in Umlauf gebracht wird, und Teil des Zahlungsverkehrs. Die Scheine und

Münzen zeigen häufig berühmte Bauten und Personen oder Symbole für Länder und Verbünde. Damit sind sie nebenbei ein Identifikationsmittel. Bargeld ist für die einen der letzte Hort der Freiheit in einer Welt, die von der Digitalisierung (mit der Identifizierung und Überwachung einhergehen) bestimmt wird, und eine wichtige Möglichkeit der Bezahlung auch beim Zusammenbruch der elektrifizierten und elektronischen Systeme, für die anderen ein Mittel der Kriminalität (Schwarzarbeit, Bestechungsgeschenke, Auftragsmord).

Barrierefreiheit

Barrierefreiheit ist die Gestaltung von Parkanlagen, Bauwerken, Maschinen aller Art und Benutzeroberflächen in der Weise, dass sie von Menschen mit Behinderung ohne oder mit lediglich geringer Einschränkung genutzt werden können. Sie wurde im 20. Jahrhundert als Notwendigkeit und Selbstverständlichkeit erkannt.
Eine Website, die einschlägige Anforderungen nicht erfüllt, trägt zum digitalen Graben bei, ebenso ein Industrieroboter, der sich in Arbeitszellen nicht auf unterschiedliche Fähigkeiten und Gegebenheiten einstellen kann, also als adaptives System versagt. Nicht alle Anbieter sind in der Lage, den Ansprüchen zu genügen, sei es aus finanziellen, sei es aus fachlichen Gründen.
Barrierefreiheit hat sich nicht zuletzt als Vorteil für die Mobilität von Robotern (etwa von Servicerobotern oder sozialen Robotern) erwiesen, vor allem für diejenigen, die keine Beine, sondern Rollen haben: Sie können Rampen und Aufzüge benutzen und sich so mehr oder weniger selbstständig und frei im Gebäude bewegen.

Bedingungsloses Grundeinkommen

Die Automatisierung schreitet in Verbindung mit Digitalisierung und Robotisierung voran. Studien zur Entwicklung des Arbeitsmarkts gelangen zu unterschiedlichen Ergebnissen. In jedem Fall kann man sagen, dass bestimmte Arbeitsplätze wegfallen werden und viele Menschen auf ihre gewohnte Arbeit verzichten müssen. Man kann auch davon ausgehen, dass insgesamt weniger menschliche Arbeit im Auftrag geleistet werden muss. Eine mögliche Lösung für die wirtschaftlichen und sozialen Probleme ist – wie die Robotersteuer – ein bedingungsloses Grundeinkommen. Nach der Idee des bedingungslosen Grundeinkommens erhalten erwachsene oder auch minderjährige Mitglieder einer politischen, funktionalen oder ideellen Gemeinschaft einen festgelegten finanziellen Betrag, ohne Pflicht zur Rückzahlung und ohne direkte Gegenleistung. Arbeitslosengeld, Sozialhilfe oder Kindergeld fallen in der Regel weg. Eine alternative Idee ist das bedingungslose Grundeigentum, nach der jeder Mensch nach der Geburt oder nach Erreichen der Volljährigkeit ein Grundstück oder ein Gebäude übereignet bekommt.

Das bedingungslose Grundeinkommen soll den Lebensunterhalt der Mitglieder der Gemeinschaft sichern. Gerade in Zeiten zunehmender Automatisierung im Zusammenhang mit Digitalisierung und Robotisierung sind radikale bzw. innovative Ansätze gefragt. Solidarisches Bürgergeld (Thomas Straubhaar) und Transfergrenzenmodell bzw. Ulmer Modell (Helmut Pelzer) sind bekannte Beispiele dafür. Sie streben nicht zuletzt die Umformung und Vereinfachung des Steuersystems an. Die Sharing Economy scheint ebenfalls eine Antwort auf die Umwälzungen zu sein, bedient aber in erster Linie den „Plattformkapitalismus" (Sascha Lobo).

Vorteile beim bedingungslosen Grundeinkommen sind Unabhängigkeit von Organisationen und Personen, Freiheit in der Lebensgestaltung und Sorglosigkeit bei der Existenzsicherung. Die Motivation zur Wertschöpfung nimmt zu, Kreativität kann entdeckt und ausgelebt, Lebenszeit für eigene Interessen genutzt werden. Dem Stellenabbau in einer von Agenten und Robotern bestimmten Arbeitswelt wird ein Grundversorgungssystem entgegengesetzt, das nicht nur die direkt Betroffenen entlastet. Ein Nachteil ist die scheinbare Ungerechtigkeit durch gleichmäßige Ausschüttung. Manche mögen auch kein Interesse daran zeigen, einer Beschäftigung nachzugehen, und von einem unstrukturierten Alltag überfordert sein. Zur Einordnung und Beurteilung der Auswirkungen sind Politik- und Wirtschaftsethik gefragt.

Benchmarking

Benchmarking ist ein Instrument, mit dem Leistungen von Prozessen oder Produkten verglichen werden. Ziel von Benchmarking ist das Aufdecken von Leistungsdefiziten oder die Gewinnung von Anregungen für die Verbesserung der Prozesse und Produkte. Vergleichsmaßstab ist die so genannte Best Practice. Benchmarking kann mit Einheiten entweder der eigenen Organisation oder fremder Organisationen wie etwa Wettbewerbern durchgeführt werden. Berührungspunkte bestehen mit der Evaluation.

Benutzer

Im Kontext von neuen Medien sind Benutzer – auch Nutzer oder User genannt – Anwender von Informations- und Kommunikationstechnologien, Informationssystemen und Robotern. Sie nutzen und benutzen die Technologien z. B. zur Information, Kommunikation, Interaktion und Transaktion. Von daher müssen sie über ein gewisses Maß an Informations- und Medienkompetenz verfügen.
Der Benutzer ist das Subjekt und Objekt der Moral der Informationsgesellschaft, des Gegenstands der Informationsethik. Die Benutzerschnittstelle verbindet ihn mit der Maschine, die ebenfalls zum Subjekt der Moral werden kann, was Thema der Maschinenethik ist. Der Begriff des Benutzers kann je nach Robotertyp unterschiedlich konnotiert sein – man denke an einen Transportroboter versus einen Sexroboter. Dies ist Thema der Sprachwissenschaft und der Roboterethik.

Benutzerfreundlichkeit

Unter der Benutzerfreundlichkeit (Usability) werden im Allgemeinen die Zweckmäßigkeit und die Benutzbarkeit eines Systems verstanden. Die Zweckmäßigkeit umfasst dabei alle Funktionen, die für die angemessene Erfüllung einer Aufgabe benötigt werden. Zur Benutzbarkeit zählen

Eigenschaften wie leichte Erlernbarkeit, effektive Bedienbarkeit, niedrige Fehlerquote, genügende Konsistenz oder zielgruppengerechte Gestaltung. Ein benutzerfreundliches System soll einfach und intuitiv zu bedienen sein, um ein bestimmtes Ziel effektiv und effizient zu erreichen. Bei multimedialen Anwendungen sind auch Navigation und Bildschirmgestaltung sowie die Beschränkung auf gebräuchliche Technologien und Standardschriftarten und -farben wesentliche Aspekte der Benutzerfreundlichkeit. Die grafische Benutzeroberfläche soll sich mehr oder weniger intuitiv erschließen. Möglich ist dabei die Verwendung von Metaphern auf Mikro- (wie die Schere und der Pinsel bei Textverarbeitungs- und Fotobearbeitungsprogrammen) und auf Makroebene (wie das Blatt Papier und die Schreibtischplatte, engl. „desktop", bei Textverarbeitungsprogrammen und Betriebssystemen). Bei bestimmten Industrie- und Servicerobotern werden soziale Fähigkeiten im weitesten Sinne erwartet. Zu beachten sind generell Vorschriften zur Barrierefreiheit.

Benutzername

Der Benutzername ist ein Name, den sich ein Benutzer in der virtuellen Welt zulegt, um Angebote und Dienste mit einer bestimmten Identität bzw. Identifizierbarkeit zu nutzen und mit anderen zu kommunizieren. Oft handelt es sich dabei um mehr oder weniger bedeutungsvolle Pseudonyme und Nicknames oder aber bedeutungslose Kennwörter; manchmal ist der Benutzername aber auch mit dem realen Namen identisch bzw. stellt eine Variante davon dar.
In einigen Communities, etwa Chats oder Spielwelten, kann man den Benutzernamen schützen lassen, sodass andere sicher sein können, stets die gleiche Person vor sich zu haben, und man sich selber als Person oder Charakter etablieren kann. Zudem ist es oft möglich, zum Benutzernamen ein Profil zu erstellen und damit nähere Angaben zur realen oder erdachten Person zu machen. Zusammen mit einem Passwort werden Benutzernamen zum Login und damit zur Eintrittskarte für geschützte oder kostenpflichtige Angebote und für Accounts verschiedenster Art. Sie dienen der Authentisierung, die wiederum die Authentifizierung nach sich zieht.

Benutzerschnittstelle

Eine Benutzerschnittstelle schafft mithilfe von Hardware- oder Softwarekomponenten die für die Interaktion und Kommunikation zwischen Mensch und Computer notwendige Verbindung. Beispiele sind Maus, Tastatur, Touchscreen, Headset, Datenhelm und -brille oder Bildschirm, aber auch die grafische Benutzeroberfläche und Teile der verwendeten Betriebssysteme und Programme.

Seit der Jahrtausendwende gibt es verstärkt Versuche, bestehende Lösungen substanziell zu verbessern oder gänzlich neue Schnittstellen zu entwickeln. Ein Ansatz ist die Projektion; beispielsweise wird der Bildschirminhalt auf eine Fläche projiziert, sodass der Bildschirm überflüssig wird, oder eine Tastatur aus Licht auf den Schreibtisch, das physisch vorhandene Gerät substituierend. Experimentiert wird zudem mit Hologrammen aller Art. Immer wichtiger wird auch die Steuerung durch Bewegungen und Gesten.

Ein anderer Ansatz sind Softwareagenten, Chatbots und virtuelle Assistenten bzw. Sprachassistenten. Diese verstehen bzw. deuten geschriebene oder gesprochene Sätze des Benutzers sowie bei entsprechender Sensorik auch Verhaltensweisen und antworten mittels Text oder gesprochener Sprache sowie Mimik und Gestik. Ein wichtiger Treiber der Transformation von Schnittstellen ist die Mobilität und die damit einhergehende Notwendigkeit handlicher Geräte.

Bereichsethik

Eine Bereichsethik (auch Spezialethik genannt) ist eine Ausprägung der angewandten Ethik und bezieht sich auf einen klar abgrenzbaren Lebens- und Handlungsbereich. Beispiele sind Medizinethik, Bioethik, Umweltethik, Militärethik, Technikethik, Informationsethik, Roboterethik, Medienethik, Wissenschaftsethik, Wirtschaftsethik, Politikethik und Rechtsethik. Auch Lebenszeiten und -situationen können Kategorien sein, wenn man an Alters- und Sterbeethik denkt. Jede Bereichsethik muss sich heute mit der Informationsethik verständigen, um ihrem

Gegenstand gerecht werden zu können. Die Maschinenethik kann neben die Menschenethik gestellt werden.

Bereitschaftsanzeige

Die Bereitschaftsanzeige signalisiert in einer vernetzten elektronischen Umgebung, welche Personen gerade online und damit im Prinzip synchron via Instant Messaging, Chat oder Audio- und Videokonferenz ansprechbar sind. Beispiele für Signale sind farbige Symbole vor einzelnen Benutzernamen. Auch das Erscheinen des bloßen Namens kann dazu dienen, die Anwesenheit und Ansprechbarkeit einer Person anzuzeigen. Bereitschaftsanzeigen gehören entweder standardmäßig zu einem virtuellen Raum oder werden z. B. über spezielle Buddy Lists erzeugt.

Best Practice

Als Best Practice bezeichnet man vorbildhafte Umsetzungen aller Art, insbesondere Referenzlösungen aus Unternehmen und Organisationen. In neuer Bescheidenheit spricht man auch von Good Practice. Oft treten Best-Practice-Beispiele in der Form von Cases, von Fällen bzw. Fallsammlungen, auf. Bei der Adaption in der eigenen Organisation müssen die jeweiligen Strukturen und Rahmenbedingungen beachtet werden. Beim Benchmarking dient die Best Practice als Maßstab und Ziel.

Bibliothek

Die Bibliothek (lat. „bibliotheca": „Büchergestell"), ob öffentliche oder wissenschaftliche, ist ein Ort des Wissens und der Bildung sowie der Unterhaltung. Gedruckte Bücher und Zeitschriften, Musik- und Videokassetten sowie digitale Medien können von Bürgern oder speziell Befugten wie Forschern, Studenten oder Mitarbeitern ausgeliehen, zumindest aber eingesehen bzw. aufgerufen werden. Wissen wird erworben, bewahrt, bereitgestellt und vermittelt; es wird von Bibliothekarinnen und

Bibliothekaren erschlossen, indem sie Bücher und Filme nach festen Regeln katalogisieren (auch verschlagworten) und aufstellen.

Die Bibliothek enthält ohne Zweifel auch Medien mit veraltetem oder überholtem Wissen. Sie orientiert sich also nicht ausschließlich am Wahrheitsgehalt und am Aktualitätsgrad, sondern interessiert sich ebenso für die Entwicklungsgeschichte. Sie kommt ihrem Archivierungsauftrag nach bzw. beherbergt oder unterstützt spezielle Archive. Das gesamte Wissen der Welt hat bereits die Bibliothek von Alexandria nicht beinhalten können, und auch die privatwirtschaftlichen Digitalisierungsprojekte der Gegenwart können das Wissen weder vollständig erfassen noch abschließend sichern. Zudem ergeben sich potenziell Brüche des Urheberrechts.

Mehr und mehr muss sich die Bibliothek damit auseinandersetzen, dass Medien und Werke nicht unbedingt zusammenfallen, dass es bei modernen Literaturprojekten und überhaupt im elektronischen Publizieren zahlreiche Fassungen sowie Autorenkollektive und -communities geben kann. Sie wendet sich Enriched Books zu, hybriden Publikationsformen mit 1D- und 2D-Codes und herausnehmbaren Einlagen, und Enriched bzw. Enhanced E-Books mit Fotos, Videos, Booktracks, Links und Kommentaren. Sie befasst sich zudem mit Handyromanen, Weblogs und Podcasts. Grundsätzlich muss sie sich der Tatsache stellen, dass viele Studierende, Wissenschaftler und Journalisten schon aus Effizienz- und Effektivitätsgründen das Virtuelle bevorzugen.

Moderne Bibliotheken haben entsprechend bereits vor Jahrzehnten Onlinekataloge umgesetzt und halten seit Jahren digitale Informationen und Medien wie E-Books vor, über Fachdatenbanken und digitale Bibliotheken, wobei unterschiedliche Nutzungsarten bestehen und Digital Rights Management und Lizenzmodelle aller Art eine Rolle spielen. Sie schaffen hybride Präsentations- und Nutzungsformen wie das Hybrid Bookshelf, auch mittels QR-Codes und Hotspots für mobile Geräte. Und sie locken Benutzer an mit ihren Gebäuden und Räumen, die Kontemplation und Konzentration ermöglichen – und wo sich Wissensdurstige und Bildungshungrige kennenlernen.

Die Informationsethik interessiert sich im Kontext der Bibliothek dafür, wie man in der Auswahl von Medien sowohl Vielfalt als auch Ausgewogenheit sicherstellen sowie Informationen und Wissen bewahren und verbreiten kann, unter Beachtung von Informationsfreiheit und -gerechtigkeit. Sie fragt nach Autorenschaft sowie Original und Fälschung und arbeitet mit an Angeboten zur Medien- und Informationskompetenz. Sie erforscht die Überwachung des Benutzers digitaler Kataloge und des Lesers elektronischer Bücher. Ihr Blick richtet sich nicht zuletzt auf die Stellung und die Bedeutung der Bibliothek in einer Welt, in der wir neue Kulturtechniken erlernen und alte verlernen, in der sich nicht nur die Medien rasant verändern, sondern auch die Produzenten und Konsumenten.

Big Brother

Der Big Brother ist, nach dem Roman „1984" (fertiggestellt 1948, erschienen 1949) von George Orwell, die Verkörperung des Überwachungsstaats. Der Begriff wird heute vor allem im Zusammenhang mit digitaler Überwachung gebraucht. Mehr oder weniger ernst gemeinte Varianten sind die „Big Sister", die auf die Verantwortung beider Geschlechter in Politik und Wirtschaft hinweist, der „Little Brother", der auf die Überwachung durch die Benutzer zielt, und die „Little Sister", die die Verwendung von Social Networks im Sinne von Datenschleudern und Stalkinginstrumenten durch Jugendliche anspricht. Mit diesen Begrifflichkeiten werden auch Verbindungen zu Aldous Huxleys Roman „Schöne neue Welt" („Brave New World" von 1932) hergestellt, wo die gegenseitige Observation eindringlich beschrieben wird. Der aufgeklärte Benutzer tritt in digitalem Ungehorsam dem großen Bruder genauso entgegen wie der großen Schwester, und er versucht den jüngeren Geschwistern die Folgen ihres Tuns vor Augen zu führen.

Big Data

Mit „Big Data" werden große Mengen an Daten bezeichnet, die aus Bereichen wie Internet und Mobilfunk, Finanzindustrie, Energiewirtschaft, Gesundheitswesen und Verkehr und aus Quellen wie intelligenten Agenten, sozialen Medien, Kredit- und Kundenkarten, Smart-Metering-

Systemen, Assistenzgeräten, Überwachungskameras sowie Flug- und Fahrzeugen stammen und die mit speziellen Lösungen gespeichert, verarbeitet und ausgewertet werden. Es geht u. a. um Rasterfahndung, (Inter-)Dependenzanalyse, Umfeld- und Trendforschung sowie System- und Produktionssteuerung. Wie im Data Mining ist Wissensentdeckung ein Anliegen. Das weltweite Datenvolumen ist derart angeschwollen, dass bis dato nicht gekannte Möglichkeiten eröffnet werden. Auch die Vernetzung von Datenquellen führt zu neuartigen Nutzungen, zudem zu Risiken für Benutzer und Organisationen. Wichtige Begriffe in diesem Kontext sind „cyberphysische Systeme" und „Internet der Dinge", relevante Ansätze angepasste Datenbankkonzepte, Cloud Computing und Smart Grid.

Die Wirtschaft verspricht sich neue Einblicke in Interessenten und Kunden, ihr Risikopotenzial und ihr Kaufverhalten, und generiert personenbezogene Profile (hinter denen ebenso Phänomene wie Small Data stehen können). Sie versucht die Produktion zu optimieren und zu flexibilisieren (Industrie 4.0) und Innovationen durch Vorausberechnungen besser in die Märkte zu bringen. Die Wissenschaft untersucht den Klimawandel und das Entstehen von Erdbeben und Epidemien sowie (Massen-)Phänomene wie Shitstorms, Bevölkerungswanderungen und Verkehrsstaus. Sie simuliert mit Superrechnern sowohl Atombombenabwürfe als auch Meteoritenflüge und -einschläge. Behörden und Geheimdienste spüren in enormen Datenmengen solche Abweichungen und Auffälligkeiten auf, die Kriminelle und Terroristen verraten können, und solche Ähnlichkeiten, die Gruppierungen und Eingrenzungen erlauben.

Big Data ist eine Herausforderung für den Datenschutz und das Persönlichkeitsrecht. Oft liegt vom Betroffenen kein Einverständnis für die Verwendung der Daten vor, und häufig kann er identifiziert und kontrolliert werden. Die Verknüpfung von an sich unproblematischen Informationen kann zu problematischen Erkenntnissen führen, sodass man plötzlich zum Kreis der Verdächtigen gehört, und die Statistik kann einen als kreditunwürdig und risikobehaftet erscheinen lassen, weil man im falschen Stadtviertel wohnt, bestimmte Fortbewegungsmittel benutzt und gewisse Bücher liest. Die Informationsethik fragt nach den moralischen Implikationen von Big Data, in Bezug auf digitale Bevormundung (Big

Data als Big Brother), informationelle Autonomie und Informationsgerechtigkeit. Gefordert sind ferner Wirtschaftsethik und Rechtsethik. Mithilfe von Datenschutzgesetzen und -einrichtungen kann man ein Stück weit Auswüchse verhindern und Verbraucherschutz sicherstellen.

Bildung

Der Begriff der Bildung zielt auf die geistige, gestalterische und moralische Entwicklung, die aus Vernunft und Freiheit heraus und ohne direkte Abhängigkeit von Politik und Wirtschaft geschieht. Gemeint ist nicht nur der Vorgang, sondern auch der Zustand bzw. das Ergebnis. Das humboldtsche Bildungsideal beinhaltet die ganzheitliche Ausbildung in Wissenschaft und Kunst und die verbindliche Einheit von Forschung und Lehre, einschließlich der Wissenschaftsfreiheit.

Man spricht im Einzelnen von wissenschaftlicher, künstlerischer oder humanistischer Bildung. Die Allgemeinbildung wird zum gemeinsamen Fundament der Gesellschaft. Voraussetzungen der Bildung sind der Zugang zu Wissen, etwa über Fach- und Sachbücher, und der Einbezug von Wissenschaft und Kunst, beispielsweise in Einrichtungen wie Schulen und Hochschulen. Mit der Theorie der Bildung beschäftigen sich u. a. Pädagogik und Philosophie.

Eine Ausbildung ist eine Bildungsmaßnahme, bei der Kenntnisse und Fähigkeiten vermittelt beziehungsweise entwickelt werden und deren Abschluss zur Aufnahme einer bestimmten Tätigkeit qualifiziert (allgemeine Schulbildung, Berufsausbildung, Studium an Fachhochschule oder Universität). Die Weiterbildung ist im nachschulischen Bildungsbereich angesiedelt und wendet sich an bereits beruflich Qualifizierte. Bei Maßnahmen im Allgemeinen und im Gesamten ist oft übergreifend von Aus- und Weiterbildung die Rede.

Die Bildungsbedarfsanalyse ist eine Methode zur Erfassung des zukünftigen Bildungs- und Qualifizierungsbedarfs einer Organisation. Dabei wird untersucht, welche Anforderungen sich aus der mittel- und langfristigen Strategie ergeben und welche Qualifikationen und Kompetenzen die Mitarbeiter haben müssen, um ihre Aufgaben zu erfüllen. Erst durch die systematische Ermittlung des Bildungsbedarfs lassen sich konkrete Personalentwicklungs- und Bildungsmaßnahmen ableiten.

Bildungsmanagement (Educational Management) ist in allen Organisationen relevant, in denen Bildungsmaßnahmen geplant, durchgeführt und evaluiert werden. Im Kern geht es darum, wie die Kompetenzen von Mitarbeiterinnen und Mitarbeitern mit den Strategien und Strukturen sowie der Kultur der Einrichtung oder des Unternehmens in Einklang gebracht und welche Formen der Aus- und Weiterbildung lanciert werden.

Bildungsserver sind redaktionell betreute Portale, die im Internet verfügbare Ressourcen wie Lernmaterialien sowie Projektbeschreibungen, Gesetzestexte, Adressen von Einrichtungen und Ansprechpartnern oder Veranstaltungstermine rund um Bildungsthemen zusammenführen und allgemein zugänglich machen. Initiator oder Träger ist häufig der Staat. Spezialisierungen gibt es nach Bildungsformen und Zielgruppen oder in geografischer Hinsicht.

Mehr und mehr wird Bildung, entgegen der ursprünglichen Idee, fragmentiert und instrumentalisiert, wird ein willkürlicher Bildungskanon geschaffen und geraten Aus- und Weiterbildung in Abhängigkeit. Bildungsbedarfsanalyse, -management und -server können einerseits als wichtige Ansätze und Mittel begriffen werden, andererseits aber auch einer reinen Nutzen- und Zweckorientierung zuarbeiten. Die Ethik mag Umdeutung und Umwertung der Bildung kritisch begleiten.

Biohacking

Biohacking ist der biologische, chemische oder technische Eingriff in Organismen mit dem Ziel der Veränderung und Verbesserung. Es ist von den Wurzeln her eine Do-it-yourself-Bewegung. Letztlich geht es darum, neuartige Systeme zu erzeugen, die sich in ihrer belebten und unbelebten Umwelt behaupten. Ein Teilbereich ist das Bodyhacking, bei dem man in den tierischen oder menschlichen Körper eindringt, oft im Sinne des Animal bzw. Human Enhancement und zuweilen mit der Ideologie des Transhumanismus. In vielen Fällen resultiert der pflanzliche, tierische oder menschliche Cyborg.

Straßenbäume, die in der Dunkelheit leuchten, weil sie genetisch verändert wurden, und so als Straßenlaternen dienen können, Topfpflanzen, die künstliche, ausfahrbare Fächer haben, um sich vor der Hitze zu schützen und Kondenswasser zu sammeln, Süßwasserfische, die Energie aus Sonnenlicht gewinnen, all das sind Visionen für Biohacking. Personen, die sich Chips und Magneten implantiert haben, um Türen zu öffnen, Geräte zu steuern, Rechnungen zu bezahlen oder Metall aufzuspüren, oder die mithilfe von technischen Erweiterungen Farben „hören" sowie Gerüche wahrnehmen, zu denen keine Entsprechungen in der Luft vorhanden sind, sind Beispiele für Bodyhacking. Bei Menschen spielt die Ermöglichung oder Erweiterung sinnlicher Erfahrungen eine Rolle, bei Pflanzen und Tieren die Ersetzung bisheriger Abläufe und Bestimmungen. Biohacking erlaubt Experimente, die für die Wissenschaft von Bedeutung sind, selbst wenn sie nicht in ihrem Rahmen durchgeführt werden. Es ist auch für die Gesellschaft von Belang, wenn Ergebnisse nützlich erscheinen und sich verbreiten. Nicht zuletzt kann man Biohacking als Kunstform betrachten. Das Bodyhacking kann man aus Sicht der Ethik als Versuch einstufen, das eigene Leben und Erleben zu gestalten und zu verbessern. Problematisch wird es, sobald gesellschaftlicher, politischer oder wirtschaftlicher Druck entsteht, etwa wenn das Tragen eines Chips zur Norm wird, der sich kaum jemand entziehen kann, und Privatsphäre und informationelle Autonomie beeinträchtigt sind, was ein Thema der Informationsethik ist. Auch gesundheitliche Folgen mögen auftreten. Insofern bergen Bio- und Bodyhacking bei aller Faszination gewisse Risiken. Eine eigenständige oder erweiterte Hackerethik könnte Chancen und Risiken sichtbar machen.

Biometrik

Im 18. Jahrhundert begründete Petrus Camper die Biometrik, mit der Biometrie als Gegenstand, der Vermessung des biologisch bzw. natürlich Gegebenen. In einer Rede an der Amsterdamer Zeichenakademie über den natürlichen Unterschied der Gesichtszüge von Menschen verschiedenen Alters und verschiedener Gegenden beschrieb er seine vorgebliche Entdeckung, dass die Menschenrassen mittels quantifizierbarer

Formmerkmale des Schädels unterschieden werden können. Der Holländer interessierte sich u. a. für die Intelligenz von Menschen bzw. Gruppen (auch sogenannten Rassen) und stellte aus heutiger Sicht diskriminierende und rassistische Überlegungen an.

Biometrische Verfahren

Bei biometrischen Verfahren werden biologische bzw. körperliche Merkmale von Menschen oder Tieren einbezogen. Heutzutage steht die automatisierte Erkennung in einem digitalisierten Umfeld im Vordergrund. So kann man mit einem Scan der Fingerkuppe oder der Regenbogenhaut die Tür des Zimmers oder des Tresors öffnen. Ebenso kann man die Identität einer Person feststellen.

Bitcoin

Bitcoin ist eine der bekanntesten Kryptowährungen. Erfunden wurde sie 2008 (Bitcoin-Whitepaper), eingeführt 2009. Der Kopf dahinter ist ein Unbekannter mit dem Pseudonym Satoshi Nakamoto. Kryptowährungen sind digitale (Quasi-)Währungen mit einem meist dezentralen, stets verteilten und kryptografisch abgesicherten Zahlungssystem.

Blended Learning

Unter Blended Learning (engl. „blended": „gemixt, zusammengemischt") versteht man die Kombination von unterschiedlichen Methoden und Medien, etwa aus Präsenzunterricht und E-Learning. Im wissenschaftlichen Kontext spricht man auch vom Lernen im Medienverbund oder von hybriden Lernarrangements. Die Mischung aus formellem und informellem Lernen fällt nach verbreiteter Auffassung ebenfalls unter den Begriff. Zudem gibt es Experten, die die Anreicherung von Printmedien mit 2D-Codes (v. a. QR-Codes) als Blended Learning bezeichnen.

Mittels einer geeigneten Zusammenstellung soll das Lehrziel einer Bildungsmaßnahme möglichst effizient und effektiv erreicht werden. Z. B. bauen einzelne Module bzw. verschiedene Methoden und Medien aus Präsenz- und E-Learning-Maßnahmen aufeinander auf und ergänzen sich. So findet häufig am Beginn eines Kurses eine Präsenzveranstaltung statt, bei der sich die Teilnehmerinnen und Teilnehmer kennenlernen, wodurch man eine wichtige Voraussetzung für das gemeinschaftliche Lernen und Arbeiten schafft. Alternativ werden Web-based Trainings (WBTs) und virtuelle Klassenzimmer eingesetzt, wenn man Lernende in Vorbereitung auf den Präsenzunterricht auf einen einheitlichen Wissensstand bringen will. Durch die Stärkung des informellen Lernens kann im Arbeitsprozess und im Selbststudium in flexibler Weise gelernt werden, und das formelle Lernen wird „entlastet", z. B. von begrifflicher Arbeit und zugunsten von (vor Ort oder über das Netz geführten) Dialogen und Diskussionen. Mithilfe von QR-Codes werden physische und virtuelle Medien und Materialien miteinander verbunden. Man liest ein Buch bzw. einen Artikel, und wenn man will, „springt" man mithilfe des Smartphones oder eines Tablets über den 2D-Code zu einer online verfügbaren Ressource, einem Glossareintrag, einem Lehrvideo oder einem webbasierten Test (Mobile Tagging). Kurze Texte lassen sich direkt im Code vorhalten, sodass man offline bleiben kann.

Blended Learning ist die übliche Lehr- und Lernform an modernen Hochschulen und in großen Unternehmen. Über Lernplattformen und Lern- und Wissensportale werden nicht nur Informationen und Materialien bereitgestellt und verwaltet, sondern auch die im Regelfall komplexen Blended-Learning-Kurse organisiert. Über Smartphones und Tablets werden Studierende benachrichtigt und versorgt und Außendienstmitarbeiter angebunden (Mobile Learning). Sogar Schulen setzen mehr und mehr auf Blended Learning. Der Einsatz von Open-Source-Lernplattformen und von sozialen Medien (Social Media) ist in vielen Gymnasien und Berufsschulen selbstverständlich. Während sich reines E-Learning nur im Ausnahmefall durchgesetzt hat, ist Blended Learning in den Industriestaaten und Informationsgesellschaften zum Normalfall geworden. Der digitale Graben zwischen und in den Staaten und Gesellschaften ist ein Thema der Informationsethik.

Blockchain

Eine Blockchain (engl. „blockchain", ursprünglich „block chain": „Blockkette") ist eine erweiterbare Liste von Datensätzen, sogenannten Blöcken, die durch kryptografische Verfahren miteinander verknüpft sind. Sie ist u. a. das System hinter Kryptowährungen. Erfasst und beschrieben werden damit die Transaktionen. Veränderungen werden auf verschiedenen Computern gespeichert und sind so schwer manipulierbar. Auch bei Non-Fungible Tokens wird die Blockchain eingesetzt.

Blocken

Blocken oder Blockieren ist das Zurückhalten oder Verhindern von unerwünschten Informationen. Auch Personen kann man blocken und so z. B. in Microblogs daran hindern, dass sie einem folgen. Rainer Kuhlen unterscheidet zwischen passivem (andere entscheiden, was zurückgehalten wird) und aktivem (man entscheidet selbst, was man verhindert) Blocken. Jede Form kann händisch oder automatisch – über entsprechende Blockingsoftware – umgesetzt werden. Filtern kann individueller sein als Blocken.

Bodyhacking

Beim Bodyhacking greift man invasiv oder nichtinvasiv in den tierischen oder menschlichen Körper ein, oft im Sinne des Animal bzw. Human Enhancement und zuweilen mit der Ideologie des Transhumanismus. Es geht um die physische und psychische Umwandlung, und es kann der tierische oder menschliche Cyborg resultieren. Bodyhacking ist eine Sonderform von Biohacking. Ein weiterer Begriff in diesem Zusammenhang ist „Human Augmentation".
Personen, die sich Near-Field-Communication-Chips (NFC-Chips) implantiert haben, um Türen zu öffnen, Rechnungen zu bezahlen und Geräte zu steuern, oder Magneten, um Metall aufzuspüren, sind Beispiele

für Bodyhacking. Andere „hören" mittels technischer Erweiterungen Farben und nehmen mithilfe von elektrischer Stimulation Gerüche wahr. Bei Menschen spielt die Ermöglichung oder Erweiterung sinnlicher Erfahrungen eine Rolle, bei Tieren die Ersetzung bisheriger Bestimmungen.
Das Bodyhacking kann man aus der Perspektive von Bio-, Medizin-, Technik- und Informationsethik als Versuch sehen, das eigene oder fremde Leben und Erleben zu gestalten und zu verbessern. Problematisch wird es, sobald gesellschaftlicher, politischer oder wirtschaftlicher Druck entsteht, etwa wenn das Tragen eines Chips zur Speicherung von Daten und zur Identifizierung zur Norm wird, der sich kaum jemand entziehen kann (was von Informations-, Politik- und Wirtschaftsethik thematisiert werden mag). Auch gesundheitliche Folgen können auftreten. Insofern birgt Bodyhacking bei aller Faszination gewisse Risiken.

Bookmark

Bookmarks – auch Favoriten genannt – sind Lesezeichen für Webseiten und Websites. Der Benutzer kann sie über den Browser selbst setzen und verwalten. In der Bookmarkliste werden die Titel der Seiten bzw. Sites und deren Piktogramme, die Favicons, angezeigt. Manche Websites erlauben das Setzen des Lesezeichens mittels eines Mausklicks oder vergeben es sogar – für den Anwender oft unerwünscht – automatisch.
Mithilfe der Bookmarks kann man direkt auf relevante bzw. häufig benötigte Seiten zugreifen und sich so das Eintippen des Uniform Resource Locator, der Webadresse, ersparen. Die Favoriten werden bis zur Löschung durch den Benutzer dauerhaft angelegt. Man kann sie auch auf einen anderen Rechner übernehmen, indem man die entsprechende Datei dorthin kopiert, oder sie mit einem anderen Browser importieren.

Brain-Computer-Interface

Ein Brain-Computer-Interface (engl. „brain-computer interface") ist eine Mensch-Maschine- oder Tier-Maschine-Schnittstelle, über die Gehirn und Computer verbunden werden. Zentral sind dabei elektrophysiologische und hämodynamische Verfahren. Mit Hilfe des BCI, wie man es verkürzend nennt, ist es z. B. möglich, spezielle Rollstühle, Hightechprothesen oder Objekte in Spielanwendungen zu steuern oder – unter Verwendung von neuronalen Signalen – Sprache zu synthetisieren. Beim Cybathlon, einem internationalen Wettkampf, bei dem Behinderte gegeneinander antreten, können entsprechende Disziplinen bestaunt werden. Im Deutschen spricht man auch von Gehirn-Computer-Schnittstelle.

Browser

Ein Browser ist ein Programm, das als Client (meist von einem Server stammende) HTML-Seiten interpretiert und – zusammen z. B. mit Grafiken, Fotos und Videos – als Webseiten und Websites darstellt. Je nach Produkt gibt es Unterschiede in Interpretation und Darstellung, sodass etwa Schriftgrößen, Abstände und Tabellenzellen variieren können. Webdesignerinnen und Autoren stehen dadurch vor besonderen Herausforderungen.
Ein Browser hat verschiedene Zusatzfunktionen; so kann etwa eine Seite durchsucht, ein Bookmark angelegt oder der HTML-Quellcode angezeigt werden. Auch das Bearbeiten von Webseiten über integrierte Editoren ist bei manchen Produkten möglich. Für die Umsetzung bestimmter Inhalte, Animationen und Funktionen sind Plug-ins erforderlich.

Browsing

Browsing ist das Herumstöbern in Hypertexten und multimedialen Umgebungen. Man kann gerichtetes und ungerichtetes Browsing unterscheiden. Kataloge sind ein Instrument des Browsing.

C: Cancel Culture – Cyborg

Cancel Culture

Der Begriff der Cancel Culture (von engl. „to cancel": „etwas absagen", „etwas fallenlassen", „etwas streichen") bezeichnet das behauptete verbreitete Phänomen, dass missliebigen, mehr oder weniger bekannten, lebenden oder nicht mehr lebenden Personen (etwa aus Wissenschaft, Kunst und Politik) die Unterstützung entzogen oder der Kampf angesagt wird, mit dem Ziel, ihre Reputation zu beschädigen, ihre Berufsausübung bzw. die Rezeption ihres Werks zu verhindern oder ihre Präsenz in den Massenmedien und sozialen Medien zu vermindern. Auch Organisationen können im Prinzip betroffen und in ihrem Erfolg oder ihrer Existenz gefährdet sein. Diejenigen, die diese Cancel Culture angeblich vorantreiben, wickeln einzelne Angriffe (die tatsächlich stattfinden) vor allem über die sozialen Medien ab, etwa mit Hilfe eines Shitstorms, diejenigen, die davon betroffen sind und denen z. B. Antisemitismus, Rassismus oder Sexismus vorgeworfen wird, benutzen wie ihre Verteidiger den Begriff, um gegen die scheinbare Unkultur zu protestieren.

Es ist unklar, ob es eine Cancel Culture gibt, und wenn, ob sie wirklich eine allgemeine Erscheinung darstellt. Nach Meinung ihrer Kritiker ist sie eine Fortführung der Political Correctness, der strikten und peniblen Einhaltung und Einforderung von gesellschaftlichen und sprachlichen Normen, vor allem in Bezug auf vorgeblich oder tatsächlich benachteiligte Gruppen. Nach Meinung ihrer Träger, die gar keine sind oder sein wollen, handelt es sich um ein Hirngespinst bzw. einen Kampfbegriff, um Aufklärung und Herstellung von Gerechtigkeit zu verhindern. In Verbindung steht sie mit der Wokeness, der Bewegung der Wachheit und Wachsamkeit, die aufmerksam das Geschehen in der Welt verfolgt und Antisemitismus, Rassismus, Sexismus, Umweltzerstörung, Massentierhaltung und andere Übel daraus entfernen will. Eine Rolle spielt nicht zuletzt die Identitätspolitik, mit deren Hilfe sich diskriminierte Gruppen, etwa Homosexuelle oder People of Color (PoC), wehren und befreien. Manche vermuten den Ursprung der Cancel Culture in der linken Szene, die allerdings durchaus heterogen ist und sowohl viele progressive als auch einige reaktionäre Elemente – die eigentlich als der Feind betrachtet werden – beinhaltet.

Ein Problem der einzelnen Angriffe ist, dass sie sich nicht nur gegen Meinungen und Haltungen, sondern vor allem gegen Personen richten (häufig gegen offensichtliche Rechtsgerichtete, vermeintliche Übergriffige oder das Feindbild des alten, weißen Mannes). Das entspricht freilich ganz der Logik, dass man mit den Personen die Positionen zurückzudrängen vermag. Die Angreifer können häufig berechtigte Interessen und Anliegen geltend machen und sich als Aktivisten sehen, die gegen schädliche Aktivitäten und Positionen kämpfen. Die Angegriffenen werden oftmals zurecht getadelt, zuweilen aber ungerecht behandelt. Die Ethik untersucht den Moralismus, der in der Woke-Bewegung verankert ist, und die Verhältnismäßigkeit der Mittel und Folgen, zudem das Paradoxon, dass die eine diskriminierende Haltung zurückweisende Rede vom alten, weißen Mann selbst diskriminierenden Charakter hat. Medien- und Informationsethik interessieren sich für die Aspekte der Political Correctness und der Cancel Culture, die die sozialen Medien betreffen, Politik- und Wirtschaftsethik für die politischen und wirtschaftlichen Implikationen. Die Kunstethik, die sich als Disziplin nie richtig etablieren konnte, hinterfragt die moralische Beurteilung der Produktion von Werken, der Werke an sich sowie der Urheber von Werken, allenfalls unter Berücksichtigung des Zeitgeistes.

Candystorm

Mit dem Candystorm geht eine Welle des Zuspruchs im virtuellen Raum einher, z. B. in sozialen Netzwerken, Microblogs und Blogs sowie Kommentarbereichen von Onlinezeitungen und -zeitschriften. Er wird evoziert durch den Moralismus der Informationsgesellschaft und die Empathie und Euphorie der Netzbürgerinnen und -bürger. Personen oder Organisationen werden mit Worten des Zuspruchs und Begriffen wie „Flausch" bedacht. Das Gegenteil ist der Shitstorm.

Chaos Computer Club

Der Chaos Computer Club (CCC) ist nach eigener Darstellung die größte europäische Hackervereinigung. Er will im Spannungsfeld von technischen und sozialen Entwicklungen vermitteln. Vom CCC stammen Weiterentwicklungen der sogenannten Hackerethik, die eigentlich eine Hackermoral und -anleitung ist.

Chat

Ein Chat oder Chatroom ist ein Raum für die textbasierte, synchrone Kommunikation über ein Computernetz bzw. der entsprechende „Schwatz" (engl. „chat") selbst. Ende der 1980er-Jahre wurde die technische Urform erfunden, der Internet Relay Chat (IRC). In der Folge haben sich zahlreiche Chatsysteme für die Gruppenkommunikation etabliert. Die Benutzer kommunizieren, indem sie kurze Nachrichten in ein Textfeld eintippen und zugleich die Unterhaltungen in einem Bildschirmfenster verfolgen. Meist sind auch private Dialoge möglich, die heutzutage wiederum selbst als Chat verstanden werden.

Nach der Chatiquette sollen Textnachrichten keine Benutzer verletzen und keine unerlaubten Handlungen verlangen. Die Nicknames dürfen nicht anstößig sein. Für die Einhaltung der Sonderform der Netiquette sorgen Moderatoren und Chatbots der speziellen Art. Die Benutzer können ihre Virtualität und Anonymität kreativ gebrauchen, aber auch moralisch oder rechtlich missbrauchen. Die Informationsethik untersucht das Verhalten in Chats in moralischer Hinsicht und entwickelt die Chatiquette weiter.

Chatbot

Chatbots sind Dialogsysteme mit natürlichsprachlichen Fähigkeiten textueller oder auditiver Art. Sie werden, oft in Kombination mit statischen oder animierten Avataren, auf Websites oder in Instant-Messaging-Systemen verwendet, wo sie die Produkte und Services ihrer Betreiber erklären und bewerben respektive sich um Anliegen der Interessenten und Kunden kümmern – oder einfach dem Amüsement und der Reflexion dienen. In sozialen Medien treten Social Bots auf, die wiederum als Chatbots fungieren können. Zuweilen wird der Begriff der Chatbots so weit gefasst, dass auch Sprachassistenten (Voicebots oder Voice Assistants) darunter fallen.

Ein Chatbot untersucht die Eingaben der Benutzer und gibt Antworten und (Rück-)Fragen aus. Eine Variante ist, ihn vorgegebene Regeln anwenden zu lassen (regelbasierter Chatbot). Man kann ihn zudem mit Suchmaschinen, Thesauri und Ontologien verbinden. Bei einer anderen Variante wird Machine Learning eingesetzt. Ebenfalls unter den Begriff fallen Programme, die im Chat neue Gäste begrüßen, die Unterhaltung in Gang bringen sowie für die Einhaltung der Chatiquette (einer speziellen Netiquette) sorgen und beispielsweise unerwünschte Benutzer kicken. Chatbots bzw. Voicebots kann man in soziale Roboter integrieren. Wichtig ist es, sie mit den physischen Gegebenheiten in Einklang zu bringen, etwa mit Mimik und Gestik.

Chatbots waren um die Jahrtausendwende ein Hype und wurden 15 Jahre später wieder zu einem, allerdings unter neuen Voraussetzungen, wenn man an die Entwicklungen im Natural Language Processing (NLP) und in der KI und die Überlegungen in der Ethik denkt. In der Maschinenethik werden Chatbots entwickelt, die moralisch adäquat agieren und reagieren, etwa Probleme des Gesprächspartners erkennen, eine Notfallnummer herausgeben oder ausdrücklich die Wahrheit sagen. Sie kann ebenso Lügenmaschinen als Artefakte hervorbringen, die sie dann untersucht, um wiederum Erkenntnisse in Bezug auf verlässliche und vertrauenswürdige Maschinen zu gewinnen. Die Informationsethik diskutiert die Auswirkungen des Einsatzes von Chatbots, u. a. mit Blick auf die persönliche und informationelle Autonomie. Die Wirtschaftsethik ist relevant hinsichtlich der Unterstützung und Ersetzung von Arbeitskräften.

Clickbait

„Clickbait" (engl. „bait": „Köder") ist ein negativ konnotierter Ausdruck für Content im WWW, mit dem man Klicks und Kommentare generieren will. Der Leser oder Betrachter wird durch Überschriften oder Teaser bzw. Eyecatcher dazu animiert, sich durch Seitenfolgen und Bildstrecken zu klicken. Dazu werden scheinbar heiße Eisen angefasst oder offensichtlich attraktive Models gezeigt. Wie beim viralen Marketing (bzw. als Teil davon) soll sich der Content viral verbreiten. Erzielt werden sollen möglichst hohe Werbeeinnahmen. In der Regel sind Onlinemedien für das Phänomen verantwortlich.

Client

Ein Client ist eine Software, die den Dienst eines Servers in Anspruch nimmt. Beispiele für Clients im Internet bzw. World Wide Web sind E-Mail-Programme und Browser. Beim Zusammenwirken von Server und Client spricht man auch von einer Client-Server-Architektur oder vom Client-Server-Prinzip.

Client-Server-Architektur

Bei einer Client-Server-Architektur ist ein Computernetzwerk mit einer Aufgabenverteilung auf Server und Clients gegeben. Server verwalten Ressourcen in Form von Daten und Programmen und stellen diese den Clients zur Verfügung, die meist als Arbeitsstationen und Anwendungsprogramme der Benutzer fungieren. Zu den Vorteilen von Client-Server-Architekturen gehören Effizienz- und Kostenvorteile, Sicherheitsaspekte und die Möglichkeit des flexiblen Ausbaus der Systemlandschaft. Ein bekanntes Beispiel sind Server im World Wide Web (Webserver) und Browser als Clients.

Cloud Computing

Dienste, Anwendungen und Ressourcen werden beim Cloud Computing nach Jonas Repschläger und seinen Coautoren über Hochleistungsserver meist externer Anbieter „flexibel und skalierbar … angeboten", und zwar „ohne eine langfristige Kapitalbindung und IT-spezifisches Know-how vorauszusetzen". Es handelt sich „um eine Form des IT-Sourcings, bei der der komplette Betrieb und Wartungsaufwand beim Anbieter verbleibt und ausschließlich die Leistung vom Kunden angemietet und verbrauchsabhängig bezahlt wird". Damit wird der Normalfall der Public Cloud angesprochen, bei der es einen externen Anbieter gibt. Auch kostenloser Gebrauch ist möglich, gerade für Privatpersonen.
Infrastructure as a Service (IaaS) ist der Zugang zu virtualisierten Hardwareressourcen, etwa Computern, Netzwerken und Speichern, Platform as a Service (PaaS) der Zugang zu Programmierungs- oder Laufzeitumgebungen mit flexiblen, dynamisch anpassbaren Rechen- und Datenkapazitäten, Software as a Service (SaaS) der Zugang zu Softwaresammlungen und Anwendungsprogrammen. Ein Spezialfall sind Private Clouds, bei denen sich Anbieter und Nutzer im selben Unternehmen befinden bzw. Privatpersonen ihre eigenen Dienste betreiben. Immer häufiger werden Public Cloud und Private Cloud zusammengeführt zur Hybrid Cloud.

Wenn Unternehmen die Daten ihrer Kunden in die Cloud transferieren oder diese selbst aktiv werden bei Diensten aller Art, stellen sich aus den Perspektiven von Wirtschaftsethik, Informationsethik, Datenschutz und Cybersecurity viele Fragen: Wird der Kunde genügend informiert? Sind ihm alle Konsequenzen des Vorgangs klar? Was ist, wenn Inhalte als verdächtig angesehen und Informationen an Behörden weitergereicht werden? Wie können lebenswichtige und personenbezogene Daten geschützt werden?

Commons

Commons sind Gemeingüter bzw. gemeinschaftliches Eigentum (Allmende). Die Organisation Creative Commons (CC) bietet über vorgefertigte Lizenzverträge eine Hilfestellung für Urheber zur Systematisierung und Freigabe von rechtlich geschützten Inhalten. So kann man z. B. die kommerzielle Nutzung erlauben oder ausschließen, ebenso die Bearbeitung.

Community

Communities sind Gemeinschaften von Personen mit ähnlichen Interessen oder Zielen. Die Mitglieder tauschen sich zu bestimmten Themen und Problemen aus, ergänzen gegenseitig Sammlungen oder arbeiten zusammen an Werken aller Art. Finden sich Communities in virtuellen Räumen zusammen, spricht man auch von virtuellen Communities oder E-Communities. Genutzt werden vor allem Diskussionsforen und Chats oder Plattformen und Dienste mit integrierten Funktionen wie Gruppenräumen. Frühe Communities wurden seit den 1970er-Jahren im Usenet gebildet.
Eine spezielle Form seit den 90er-Jahren des 20. Jahrhunderts sind Communities of Practice. Diese nehmen in Organisationen vielfältige Aufgaben wahr. Sie setzen Strategien um, unterstützen Mitarbeiterinnen und Mitarbeiter bei der Lösung von Problemen, auch moralischer und rechtlicher Art, oder fördern die Verbreitung und Anwendung von Best

Practices, etwa im Bereich ethischer Fragen und von Compliance-Management. Heute nutzen Communities of Practice mehrheitlich fortgeschrittene Informations- und Kommunikationstechnologien.

Compliance

Compliance ist die Selbstverpflichtung von Organisationen, bestimmte Gesetze, Vorschriften, Leit- und Richtlinien sowie moralische Kodizes und ethische Standards einzuhalten. Compliance-Management soll dabei helfen, die richtigen Regeln zu identifizieren bzw. zu etablieren und die Regeltreue systematisch zu fördern. Die Gesamtheit der Maßnahmen, Methoden, Modelle und Technologien bezeichnet man als Compliance-Management-System.

Die Moral ist bei Compliance meist nicht Zweck, sondern Mittel zum Zweck: Man will das Unternehmen bzw. die Einrichtung vor negativen Folgen schützen. Nicht jegliches Ethikmanagement folgt dieser Logik. Die Wirtschaftsethik untersucht Chancen und Risiken von Compliance-Management-Systemen. Die Informationsethik kommt ins Spiel bei Internet- und IT-Unternehmen sowie bei der technikbasierten oder automatisierten Überprüfung der Befolgung von Regeln, etwa von moralischen Pflichten.

Computational Thinking

Computational Thinking bedient sich der Techniken und Methoden der Logik, der Mathematik und der Informatik, um Probleme zu formulieren und zu lösen. Der Begriff stammt von dem Mathematiker und Informatiker Seymour Papert. Informatisches Denken nimmt u. a. auf das Computational Thinking Bezug.

Computer

Ein Computer ist eine Maschine, die Operationen und Prozesse mit Hilfe von Anweisungen eines Programms durchführt bzw. verwaltet. Er kann Daten entgegennehmen, sie verarbeiten und anzeigen lassen. Dazu benötigt er Ein- und Ausgabegeräte. In Haushalt und Büro sind Notebooks, Tablets und Smartphones verbreitet. All diese Geräte sind die Hardware, die darauf laufenden Programme die Software.

Computerspiel

Ein Computerspiel (engl. „computer game") ist ein Spiel, das an der Spielkonsole, am Standrechner, am Notebook, mit dem Tablet oder mit dem Handy bzw. Smartphone (Handyspiel) allein oder mit anderen gespielt wird. Es handelt sich entweder um abstrakte Vorgänge und Aufgaben (z. B. Zusammenfügen oder Verschieben von Elementen), Nachahmungen von konventionellen Spielen und Sportarten (Schach, Tennis) oder Anwendungen mit virtueller Realität. Die Spiele verlangen dem Benutzer (oft Gamer genannt) Ausdauer, Geschicklichkeit, Schnelligkeit, Taktik oder Raffinesse ab. Als Eingabegeräte stehen z. T. spezielle Instrumente wie Joysticks bereit.

In den 1940er-Jahren wurde das erste Computerspiel entwickelt. Man griff damals auf Fernsehtechnologien zurück, weshalb auch die Bezeichnung „Videospiel" aufkam. Zur Legende wurde Tennis for Two von 1958 (Seitenansicht des Spielfelds mit Netz und Ball), ebenso Pong vom Anfang der 1970er-Jahre (Vogelperspektive). Dieses markiert den Beginn der Computerspielindustrie. Zu jener Zeit hatten in manchen Ländern wie Italien selbst Kinder freien Zugang zu Spielhallen, und Videospielgeräte tauchten in Deutschland in Supermärkten oder Kinos auf.

Bei kollaborativen Computerspielen können die Spielpartner am gleichen Ort (LAN-Partys) oder an verschiedenen Orten sein. Beispiele für solche Spiele (auch Multi-User Games genannt, im Gegensatz zu Single-User Games) sind bestimmte Arten von Adventure-Spielen sowie Spielfunktionen von Chats wie Schiffe versenken, Schach oder Mühle. Seit ca. 2005 verbreiten sich Sport- und Geschicklichkeitsspiele, bei denen Körpereinsatz und Gestik die Abläufe steuern, seit 2016 haben Augmented-Reality-Anwendungen wie Pokémon GO immer wieder Aufmerksamkeit erregt.

In Computerspielen wurden und werden oft moralische Angelegenheiten verhandelt, etwa in „Sims", „Oblivion", „Fallout 3", „Mass Effect 2" oder „Neon Struct". Man muss Entscheidungen zum Wohl von Menschen und Tieren treffen und Verantwortung übernehmen, oder es wird Gesellschaftskritik geübt. Ferner haben Aktivitäten wie das Töten der Gegner oder das Zerstören von Gebäuden moralische Implikationen. Die Informationsethik interessiert sich dafür, wie spielerisch moralische Kompetenzen erworben werden oder wie diese spielend verloren gehen. Auch wenn Computerspiele süchtig machen, ist sie (neben Medizin und Psychologie) gefragt.

Content

Content ist Information und Wissen in digitaler Form und Inhalt in einer multimedialen Umgebung. Er kann als Text, Grafik, Foto, Video, Animation, Simulation oder gesprochenes Wort und Musik bzw. Audio vorkommen. Content wird von Autoren oder Maschinen her- und zusammengestellt (engl. „content production"), wobei spezielle Autorenwerkzeuge respektive Algorithmen zur Verfügung stehen.

Eine besondere Ausprägung stellt der User-generated Content dar, bei dem in der Regel nichtprofessionelle Autoren alleine oder gemeinsam – häufig über Weblogs oder Wikis und im Kontext des Web 2.0 – Content produzieren und kuratieren (engl. „content curation"). Bei der Entwicklung und Nutzung von Content wird seit einigen Jahren Open Content immer wichtiger. Cat-Content ist ein Internetphänomen: Bilder dieser Tiere werden massenhaft gepostet und gelikt.

Verstöße gegen das Urheberrecht und das Recht am eigenen Bild, die Aggregation von Daten, die Industrialisierung und Automatisierung der Buch- und Artikelproduktion (auch im Sinne von Robo-Content) und andere Phänomene fordern Rechtswissenschaft, Medienethik und Informationsethik heraus.

Content-Marketing

Beim Content-Marketing liegt der Fokus auf Inhalten, die den Leser oder Benutzer interessieren, für ihn spannend oder nützlich sind. Der Anbieter stellt sich damit als kompetent und sozial dar.
Typische Kanäle für Content-Marketing sind Websites, Newsletter und soziale Medien wie Blogs, soziale Netzwerke, Bild- und Videoplattformen. Zudem können Bücher (insbesondere als E-Books) und Zeitschriften (etwa als E-Zines) herausgebracht werden.

Corporate Governance

Corporate Governance ist der Ordnungsrahmen für die Leitung und Überwachung eines Unternehmens. Die Grundsätze der Unternehmensführung zielen auf eine verantwortliche, kompetente und transparente Führung. Auch und gerade für IT-Firmen ist Corporate Governance relevant.

Corporate Social Responsibility

„Corporate Social Responsibility" (CSR) kann mit „Unternehmensverantwortung" übersetzt werden. Es handelt sich um einen zentralen Begriff der Wirtschaftsethik, genauer der Unternehmensethik. CSR ist kein Managementkonzept, sondern ein Leitgedanke. IT-Firmen müssen, in Kongruenz mit der Corporate Governance, Verantwortung wahrnehmen mit Blick auf die Produktion von Geräten, den Betrieb von Rechenzentren, die Datenverarbeitung, -sammlung und -verwertung sowie das Verhalten der Kunden.

Coworking

Beim Coworking arbeitet man zusammen mit anderen Personen in Großraumbüros, Büros mit Workbays oder ähnlich angelegten Räumen, insgesamt Coworking Spaces genannt, entweder für eigene oder gemeinsame Belange. Man hat meist nur eine geringe Gebühr zu entrichten und keinen festen Platz, teilt sich die Infrastruktur und trifft sich in der Kaffeeküche oder im Fitnessraum.
Die Bewegung (auch unter dem Begriff "Shared Workspace" bekannt) hat seit den 2000er-Jahren in Kalifornien ihr Zentrum, aber ebenso in Deutschland, in Österreich und in der Schweiz ihre Anhänger. In Berlin – wo Vorläufer bereits in den 1990er-Jahren existierten – und in anderen Metropolen befriedigen die verschiedenen Angebote unterschiedliche Bedürfnisse, etwa in Bezug auf Grundhaltung, Arbeitsform und Ausstattung.
Unternehmen können Coworking Spaces als Ausweichmöglichkeit nutzen, etwa für freie oder externe Mitarbeiter. Wissenschaftler, Selbstständige und Mitarbeiter, die viel auf Reisen sind, finden eine professionelle und inspirierende Umgebung vor. Manchen ist der Shared Workspace aber auch zu unpersönlich und zu unruhig. Zudem können Sicherheitsprobleme geltend gemacht werden, nicht zuletzt wegen der ständig wechselnden Anwesenden, die sich untereinander nicht immer einschätzen können.

Crowdfunding

Crowdfunding ist eine Form der Finanzierung (engl. "funding") durch eine Menge (engl. "crowd") von Internetnutzern. "Crowdsourcing" etablierte sich ebenfalls um 2005 herum und bezeichnet ein verwandtes Phänomen. Im deutschsprachigen Raum ist auch der Begriff der Schwarmfinanzierung bekannt, der die Beziehungen zwischen den Benutzern betont.
Beim Crowdfunding wird – meist im World Wide Web – zur Spende oder Beteiligung aufgerufen. Künstler, Aktivisten, Veranstalter und

Unternehmer stellen ihre Projekte dar und nennen die benötigte Summe sowie die erwartbare Gegenleistung für die Benutzer. Diese werden über Social Networks, Blogs, Microblogs und andere Kanäle aufmerksam. Wenn innerhalb einer bestimmten Zeit die angegebene Summe erreicht ist, fließt das Geld an die Initianten, und die Idee wird umgesetzt. Schwarmfinanzierung wird über persönliche Homepages und professionelle Websites unterstützt, vor allem aber über spezielle Plattformen, auf denen die Beschreibungen der Projekte zu finden sind und die sämtliche Transaktionen abwickeln und im Erfolgsfall eine Provision einbehalten. Im englischsprachigen Raum entstanden die ersten Plattformen dieser Art um das Jahr 2000, im deutschsprachigen eine Dekade später. Es werden insgesamt etwa vierzig Projektkategorien unterschieden. Crowdfunding dient oft der Finanzierung von eher ungewöhnlichen und kostengünstigen Projekten. Mit Crowdinvesting steht eine Alternative für kapitalintensive Unternehmen und Anliegen zur Verfügung. Eine klare Abgrenzung ist nicht immer möglich, und manche Crowdfunding-Plattformen wenden sich ausdrücklich auch an ambitionierte Start-ups. Die sichere und seriöse Abwicklung von Transaktionen ist ebenso ein Erfolgsfaktor für die zahlreichen Plattformen wie die einfache Bedienbarkeit. Wichtig ist auch die Attraktivität der Projekte.

Cyberkriminalität

Cyberkriminalität tritt als Computer- und Internetkriminalität in Erscheinung. Auch die Kriminalität über Handys und Smartphones und in mobilen Netzen kann dazu gezählt werden. Computerkriminalität umfasst Datenveränderung und Computersabotage, Internetkriminalität Cybermobbing, Identitätsdiebstahl und Netzspionage. Diese Straftaten lassen sich auf den mobilen Bereich übertragen.

Cybermobbing

Cybermobbing (auch Cyberbullying) ist Mobbing im virtuellen Raum (im Cyberspace), in Form einer Denunziation, Diffamierung, Beleidigung, Belästigung oder Nötigung. Anonymität scheint Cybermobbing zu begünstigen, genauso das Aufgehen der Täter in einer Menge, dem Mob. Cyberstalking als Verfolgung und Belästigung im virtuellen Raum ist ein verwandtes Phänomen.

Cyber-physical Systems

Cyper-physical Systems (cyberphysische Systeme oder cyber-physische Systeme) sind Systeme, bei denen informations- und softwaretechnische mit mechanischen Komponenten verbunden sind, wobei Datentransfer und -austausch sowie Kontrolle bzw. Steuerung über ein Netzwerk wie das Internet in Echtzeit erfolgen. Wesentliche Bestandteile sind mobile und bewegliche Einrichtungen, Geräte und Maschinen (darunter auch Roboter), eingebettete Systeme und vernetzte Gegenstände (Internet der Dinge). Sensoren registrieren und verarbeiten Daten aus der physikalischen Welt, Aktoren (Antriebselemente) wirken auf die physikalische Welt ein, sodass z. B. Weichen gestellt, Schleusen geöffnet, Fenster und Türen geschlossen, Produktionsvorgänge begonnen, geändert und angehalten werden. Herausforderungen sind Standardisierung und Integration von Komponenten, Verifizierung von Systemen, Reduktion von Komplexität und Erhöhung der Sicherheit. Involvierte Wissenschaften und Disziplinen sind u. a. (Wirtschafts-)Informatik, Betriebswirtschaftslehre, Maschinenbau, Elektrotechnik und Robotik. In der Industrie 4.0 haben cyberphysische Systeme eine zentrale Funktion.

Zu den Anwendungsbereichen der Cyber-physical Systems gehören Produktion, Logistik, Mobilität, Energie, Umwelt und Verteidigung. Damit sind auch zentrale Themenfelder der Industrie 4.0 genannt. Eine Fahrzeugproduktion mit Prozesssteuerungs- und Automationssystemen und stationären oder mobilen Robotern (Smart Factory und Smart Production) spielt ebenso eine Rolle wie die Etablierung von Steuerungssystemen für den Zug-, Flug- und Autoverkehr. Smart Grid verbindet kleine und große Energieanbieter und unterschiedlichste -systeme. Dadurch sollen eine höhere Effizienz und eine bessere Effektivität in der Energieversorgung möglich sein. Vernetzte Umweltbeobachtungs- und Umweltbeeinflussungssysteme kontrollieren und manipulieren künstliche und natürliche Systeme, um Schaden von Mensch und Umwelt, verursacht etwa durch Erdbeben und Überschwemmungen, zu verhindern. Militärische Drohnen, die Teil des Unmanned Aerial System sind, zu dem noch die Bodenstation für Start, Landung und Betankung und die Station zur Steuerung und Überwachung des Flugs gehören, fliegen ferngesteuert oder (teil-)autonom und sind auf ständige Inputs aus Internet und Informationssystemen und auf hochwertige Sensoren angewiesen. Sie können wiederum Teil von komplexeren Verteidigungssystemen zur Luftraumüberwachung und Raketenabwehr sein.

Vorteilhaft bei Cyber-physical Systems, wie auch bei der Industrie 4.0, sind Anpassungs- und Wandlungsfähigkeit, Ressourceneffizienz, Verbesserung der Ergonomie und Erhöhung von (bestimmten Formen der) Sicherheit. Nachteilig ist, dass die komplexen Strukturen hochgradig anfällig sind und interne und externe Abhängigkeiten erzeugen. Autonome Systeme können sich falsch entscheiden, entweder weil sie unpassende Regeln befolgen oder Situationen und Vorgänge unkorrekt interpretieren. Mobile Roboter können Menschen verletzen und Unfälle verursachen, was die Soziale Robotik zusammen mit anderen Disziplinen allerdings verhindern soll. Eingebettete vernetzte Systeme hängen von aktuellen Daten und korrekten Informationen ebenso ab wie von einer funktionierenden Stromversorgung. Die Informationsethik untersucht das mögliche Versagen der cyberphysischen Systeme, etwa ihre feindliche Übernahme und ihren selbst verschuldeten Ausfall, in moralischer Beziehung, die Maschinenethik versucht die Entscheidungen der (teil-)autonomen Systeme in moralischer Hinsicht zu verbessern.

Cyberporn

Cyberporn ist Pornografie im Cyberspace, Texte, Bilder, Videos und Live-Übertragungen umfassend, die mit konventionellen Computern und mobilen Geräten distribuiert und konsumiert werden. Am Fließband produzierte Pornografie gehört teilweise zur Cyberkriminalität, etwa Kinderpornografie, selbst produzierte Pornografie ebenfalls, wie der Racheporno oder wiederum Kinderpornografie (im Rahmen von Sexting, das von Kids ausgeht). Im Internet sind viele verschiedene Arten von weicher und harter Pornografie zu finden, was die sogenannte (eher

scherzhaft gemeinte) Regel 34 so beschreibt: „If it exists, there is porn of it."
Jugendliche in den Informationsgesellschaften sind mit explizitem Material in ihrer Mehrheit vertraut; man spricht auch von der Generation Porno, zu der die Generationen Y und Z gehören. Schäden und Prägungen bei zu frühem Konsum sind möglich, insbesondere wenn man auf Bilder nicht vorbereitet ist und ein Ansprechpartner fehlt, der Darstellungen erklärt und relativiert. Zudem ist Nachahmung eine Gefahr. Selbst Kindergartenkinder können sexuelle Gewalt und sexuelle Praktiken in der Familie oder in Pornos auf ihre Altersgenossen übertragen. Zugleich können Softpornos bei denjenigen, die die nötige geistige Reife haben, zur Aufklärung und Auflockerung beitragen.
Wichtig ist die Vermittlung von adäquaten Verhaltensweisen im Rahmen der Informations- und der Medienkompetenz. Auch das Blocken und Filtern mithilfe von Software ist möglich und mit Blick auf Kinder sinnvoll. Die Informationsethik fragt in diesem Kontext grundsätzlich nach der sich verändernden Moral der Informationsgesellschaft und speziell nach der informationellen Autonomie.

Cybersecurity

Cybersecurity oder IT-Sicherheit ist der Schutz von Netzwerken, Computersystemen, cyberphysischen Systemen und Robotern vor Diebstahl oder Beschädigung ihrer Hard- und Software oder der von ihnen verarbeiteten Daten sowie vor Unterbrechung oder Missbrauch der angebotenen Dienste und Funktionen. Bei den Daten handelt es sich sowohl um persönliche als auch um betriebliche (die wiederum persönliche sein können). Insgesamt richtet sich Cybersecurity häufig (aber nicht nur) gegen Cyberkriminalität. Zu Schutzmaßnahmen berät das Bundesamt für Sicherheit in der Informationstechnik (BSI) über die Plattformen „BSI für Bürger" und „Allianz für Cyber-Sicherheit" (für Unternehmen und Organisationen).
Die Omnipräsenz von WLAN und von intelligenten Geräten wie Smartphones, Lautsprechersäulen (Smartspeakers oder Smart Speakers) und Wearables, die Vernetzung von Geräten und Systemen, nicht zuletzt im

Kontext des Internets der Dinge und von Cloud Computing, sowie die Verbreitung von Robotern und KI-Systemen, die mit Menschen und Maschinen interagieren und kommunizieren, machen Cybersecurity zum Thema und zum Gebot der Stunde, in gewisser Weise aber auch zu einem Kampf gegen Windmühlen. IT-Konzepte, -Richtlinien und -Maßnahmen sowie spezielle Soft- und Hardware helfen dabei, Systeme und Daten zu schützen. Im Fokus ist der unerwünschte bzw. unerlaubte physische Zugriff auf die Hardware sowie der Zugriff auf Hard- und Software über Netzwerke und Schadsoftware durch Hacker und andere Beauftragte bzw. Unbefugte.

Hacker dringen meist über Netzwerke in Computer ein, um zu spielen und zu experimentieren, auf Schwachstellen hinzuweisen, Daten abzuziehen und Informationen einzusehen oder Systeme, Geräte und Fahrzeuge zu übernehmen. Zu unterscheiden ist zwischen White-Hat-, Grey-Hat- und Black-Hat-Hackern. Die White-Hats wollen aufzeigen, vornehmlich zum Vorteil von Unternehmen und Kunden, dass es keine hundertprozentige Sicherheit in Netzen und bei Computern gibt. Sie dienen der Cybersecurity mehr oder weniger direkt. Die Grey-Hats möchten nicht nur ihre Vorstellung von Informationsfreiheit (Informationszugangsfreiheit) verbreiten, sondern diese so stark wie möglich ausweiten, selbst wenn sie die Freiheit von anderen verletzen. Die Black-Hats (Cracker) besitzen kriminelle Energie. Sie suchen und finden ebenfalls Sicherheitslücken, wollen diese aber bewusst ausnutzen und dabei fremde Systeme einnehmen und beschädigen sowie Daten entwenden. Sie operieren oft im Auftrag von Unternehmen und Regierungen.

Zu den größten Herausforderungen gehört das Fehlen weltweit tätiger, zentraler Einrichtungen für Cybersecurity und weltweit gültiger Absprachen und Regelungen, um Cyberkriminalität zu erkennen und zu bekämpfen sowie Cyberresilienz (Widerstandsfähigkeit und Belastbarkeit der IT-Systeme und -Strukturen) hervorzubringen. Im Zusammenhang mit der Datenschutz-Grundverordnung (DSGVO) sind neue Dokumentations- und Meldepflichten zu erfüllen, etwa in Hinsicht auf Datenschutzverletzungen. Die Informationsethik nimmt sich der moralischen Aspekte des Datenschutzes an, beispielsweise in der Beschäftigung mit der informationellen Autonomie und der Privatsphäre. Sie schärft den

Blick für die Bedeutung von IT-Sicherheit für Kunden, Konsumenten und Personen überhaupt, auch in Bezug auf Vertrauen und Verantwortung. Die Wirtschaftsethik kümmert sich um moralische Fragen der Cyberkriminalität, die sich auf Staaten und Unternehmen richtet oder von diesen ausgeht, und der Cybersecurity als Grundlage für eine funktionierende, stabile Volkswirtschaft.

Von totalitären Staaten wird der Begriff der Cyberkriminalität missbraucht, um legitime (aber für illegal erklärte) Aktivitäten zu bekämpfen. Dies zeigt nebenbei, dass Kriminalität und Immoralität nicht in eins gesetzt werden dürfen. Cybersecurity kann im Extremfall eine unselige Rolle spielen, insofern etwa die Arbeit von Menschenrechtsaktivisten behindert oder verunmöglicht wird. Die Sicherheit, die hergestellt wird, ist diejenige der unterdrückenden Personen und Parteien.

Cybersex

Cybersex ist eine Form von Sex, die im virtuellen Raum stattfindet, beispielsweise in Chaträumen und Spielwelten. Man erregt sich gegenseitig über die Sprache (bei gesprochener Sprache auch über die Stimme) oder – mithilfe von Avataren, von Fotos, Videos und anderem selbsterstelltem oder ausgewähltem Cyberporn-Material – über das Aussehen. Auch Ein- und Ausgabegeräte (Datenhandschuhe und -helme, Vibrationsunterwäsche, Teledildos sowie die Erzeugnisse von 3D-Druckern), Sexroboter und weitere technische Hilfsmittel werden zur Darstellung bzw. Betrachtung und Stimulation des eigenen und fremden Körpers eingesetzt. Informations- und Sexualethik gehen beim Cybersex eine Liaison ein; u. a. interessiert, wie Informations- und Kommunikationstechnologien ein lustvolles Leben unterstützen oder behindern können.

Cyberstalking

Cyberstalking ist eine Sonderform des Stalkings, des Nachstellens, Verfolgens und Belästigens, die sich auf den virtuellen Raum (den Cyberspace) bezieht. Es kann als Form von Cybermobbing oder als eigenständiges Phänomen aufgefasst werden. Die Täter (Stalker bzw. Cyberstalker) handeln entweder im Schutz der Anonymität oder treten ihrem Opfer mit ihrer wahren Identität entgegen. Das Nachstellen im realen Raum mithilfe von Informations- und Kommunikationstechnologien und zur Überwachung geeigneten Geräten wie Drohnen wird nicht als Cyberstalking bezeichnet, kann aber in dieses münden, wenn die Daten ins Netz übertragen und mit dem Profil des Betroffenen verknüpft werden.

Cyberwar

Cyberwar ist Krieg oder Kampf über Informations- und Kommunikationstechnologien in der virtuellen oder auch – bei einem weiten Begriff – realen Welt. Es gehören Cyberattacken dazu, die teilweise von Hackern ausgeführt und zur Cyberkriminalität gezählt werden, welche ein Untersuchungsobjekt der Informationsethik ist, und Angriffe mit (teil-) autonomen Kampfrobotern und Drohnen, ein Gegenstand der Maschinenethik. Alle Formen des Cyberkriegs können vom Militär ausgehen und von der Militärethik behandelt werden.

Cyborg

Ein Cyborg (von engl. „cybernetic organism") ist ein Lebewesen, das technisch ergänzt oder erweitert ist. Damit ist er (wenn man zunächst tierische Cyborgs ausspart) eine Ausprägung des Human Enhancement. Dieses dient der Vermehrung menschlicher Möglichkeiten und der Steigerung menschlicher Leistungsfähigkeit und damit – aus Sicht der Betroffenen und Anhänger – der Verbesserung und Optimierung des Menschen. Ein verwandtes Phänomen ist Biohacking, speziell Bodyhacking. Es gibt, wie angedeutet, sowohl menschliche als auch tierische Cyborgs. Die Bewegung des Transhumanismus, von der in diesem Zusammenhang häufig die Rede ist, propagiert die selbstbestimmte Weiterentwicklung des Menschen oder die fremdbestimmte Weiterentwicklung von Tieren in die Richtung verständiger, quasi halbmenschlicher Wesen mithilfe wissenschaftlicher und technischer Mittel. Cyborgs sind ein Topos in Science-Fiction-Büchern und -Filmen.

Bei einem weiten Begriff ist bereits ein Mensch mit einem Pullover oder einem Rock ein Cyborg. Daneben können Brille und Uhr zu dieser Benennung führen, nicht erst in ihrer smarten Variante. Weitgehend einig ist man sich im Falle von medizinischen und nichtmedizinischen Implantaten, Hightechprothesen und Exoskeletten. Im Kontext des Human Enhancement kann man in Verfahren einteilen, die auf die körperliche und die geistige Erweiterung abzielen, wobei nicht immer eine klare Abgrenzung möglich ist. Zu unterscheiden ist zudem zwischen bestehenden, sich entwickelnden und geplanten Technologien sowie zwischen restaurativen, therapeutischen und nichttherapeutischen Methoden. Bei menschlichen Cyborgs sollen Schwächen ausgeglichen und Stärken hinzugewonnen werden, was nicht nur ihrem eigenen Wunsch, sondern auch dem der Wirtschaft entsprechen mag. Im Kontext des Animal Enhancement geht es um die Unterstützung von Tieren, vor allem wenn diese Gebrechen haben, und um ihre Nutzung, etwa in der Landwirtschaft.

An der Entwicklung von Cyborgs sind u. a. Künstliche Intelligenz (KI), Robotik und Informatik beteiligt. Sie lassen sich von Science-Fiction visuell und funktionell inspirieren. Die Medizin ist bei immersiven Eingriffen gefragt. Mehrere Bereichsethiken behandeln Chancen und Risiken von Human und Animal Enhancement in moralischer Hinsicht. In der Informationsethik interessiert, ob durch die (Nicht-)Verfügbarkeit von Optionen die (Informations-)Gerechtigkeit in Frage gestellt und ob durch die Integration von Chips und die Verwendung von Hightechprothesen die Autonomie des Menschen eingeschränkt oder erweitert wird. Die Technikethik reflektiert die Positionen des Transhumanismus und dessen Postulate einer Transformation. In der Wirtschaftsethik ist der Cyborg als Arbeitnehmer (oder Kunde) relevant, in seinen Möglichkeiten und Abhängigkeiten. Diskutiert wird, ob man in der Produktion oder in der Zustellung jemanden dazu zwingen kann oder soll, Exoskelette respektive Datenbrillen zu tragen. Die Maschinenethik untersucht, ob die technischen Verstärkungen von Organismen selbst moralische Entscheidungen treffen können und müssen. Die Tierethik fragt schließlich, ob wir Tiere verbessern müssen und dürfen und wann gegen deren Interessen und Rechte verstoßen wird.

D: Data Lake – Drohne

Data Lake

Ein Data Lake (engl. „data lake": „Datensee") ist ein riesiger Speicher, der Daten in ihrem ursprünglichen Format enthält, sowohl strukturierte als auch unstrukturierte, in Form von Text, Bild und Video. Er speist Big-Data-Analysen.

Data Science

Data Science (Datenwissenschaft) ist ein Arbeitsfeld, das sich an der Gewinnung von Informationen und Wissen aus Daten versucht. Der Data Scientist muss Mathematik, Statistik, Informatik, Informationswissenschaft und weitere Disziplinen verbinden. Im betrieblichen Kontext sollen z. B. Empfehlungen zur Verbesserung der Wirtschaftlichkeit und Konkurrenzfähigkeit resultieren.

Daten

Daten sind Zeichenfolgen, die zur Darstellung von Informationen dienen. Sie werden auf Datenverarbeitungsanlagen gespeichert, verarbeitet und erzeugt. Im allgemeinen Sprachgebrauch stehen Daten auch für Informationen aller Art. Wer z. B. auf einer Website Daten zu seiner Person hinterlässt, kreiert damit ein Profil und informiert andere über Alter, Aussehen und Interessen.

Datenbank

Eine Datenbank dient der Datenspeicherung und -verwaltung. Sie besteht aus dem Datenbankmanagementsystem und der Datenbank im engeren Sinne (der Datenbasis). Bei vielen betrieblichen und organisationalen Anwendungen sind relationale Datenbanken elementar, beispielsweise zur Sammlung, Ordnung und Analyse von Mitarbeiter- und Kundendaten. Fachdatenbanken enthalten bibliografische Hinweise oder Volltexte wie elektronische Artikel und Bücher.

Datenbrille

Die Datenbrille ist ein mit Peripheriegeräten ergänzter Kleinstrechner, der am Kopf getragen und mit Augen und Händen gesteuert bzw. bedient wird. Verarbeitet werden Daten aus dem Internet und der Umgebung, vor allem im Sinne der Augmented Reality (deshalb auch AR-Brille). Dinge, Pflanzen, Tiere und Menschen respektive Situationen und Prozesse werden registriert, analysiert und mit virtuellen Informationen angereichert. Der Computer ist auf einem Brillenrahmen angebracht oder in eine Apparatur integriert, die einer Halbmaske ähnelt.
Die Möglichkeiten und Funktionen der Datenbrille hängen einerseits von der verbauten Hardware ab, von Kamera, Display und Prozessor, andererseits von der eingesetzten Software, etwa von den heruntergeladenen Apps. Die Hersteller der Brille versuchen manche An-

wendungen zu fördern und durchzusetzen, andere zu verhindern. So wird die Gesichtserkennung kontrovers diskutiert und teilweise untersagt. Mit ihrer Hilfe könnten fremde Personen identifiziert und mit Zusatzinformationen aus dem WWW verbunden oder aber ihre Emotionen analysiert werden.

Die Datenbrille kann der Unterstützung von Arbeit, Sport und Fortbewegung dienen. Sie erleichtert wissensintensive und äußerste Präzision verlangende Tätigkeiten. Sie kann zudem ein Statement sein. Wer sie trägt, mag damit seinen Willen zum Ausdruck bringen, unlautere Methoden zum eigenen Vorteil zu gebrauchen und die informationelle Autonomie seiner Mitmenschen zu missachten. Die Verbreitung der Datenbrille hängt stark vom wirtschaftlichen Druck, vom rechtlichen Rahmen und von moralischen Diskussionen – auch aus Technik- und Informationsethik heraus – ab.

Datenethik

Wie die Algorithmenethik ist die Datenethik keine etablierte Bereichsethik. Ihr Thema kann im Prinzip in der Informationsethik erforscht werden. Der Begriff der Ethik zielt hier also weniger auf eine Disziplin, mehr auf ein Arbeitsgebiet bzw. eine Einordnungsmöglichkeit. Der Fokus liegt auf Anwendungen von Small und Big Data und auf der Datensicherheit. Viel diskutiert wird die Frage, ob man persönliche Daten, z. B. zu Erkrankungen, zur Verfügung stellen muss, um der Allgemeinheit zu helfen, etwa durch die Bekämpfung von Krankheiten. Die einen sehen hier das individuelle Interesse als wichtiger an („Meine Daten gehören mir!"), die anderen das öffentliche.

Datenschutz

Datenschutz ist u. a. der Schutz individueller, privater Daten und Informationen vor Unbefugten oder der Allgemeinheit bzw. das entsprechende Fachgebiet. Die betreffenden Personen sollen vor Indiskretionen und Benachteiligungen und damit in ihrem Persönlichkeitsrecht geschützt werden. Mit dem Datenschutz hängt die Datensicherheit zusammen. Die Informationsethik nimmt sich der moralischen Aspekte des Datenschutzes an, beispielsweise in der Beschäftigung mit der Privat- und Intimsphäre und der informationellen Autonomie. Die Roboterethik untersucht speziell die moralischen Implikationen des Einsatzes von „aufdringlichen" und „wissbegierigen" sozialen Robotern und Servicerobotern.

Datenschutz-Grundverordnung

Die Datenschutz-Grundverordnung (DSGVO) von 2016 (Inkrafttreten) bzw. 2018 (Anwendung) vereinheitlicht die Regeln zur Verarbeitung personenbezogener Daten durch Unternehmen, Behörden und Vereine, die innerhalb der Europäischen Union einen Sitz haben. Die englische Entsprechung des Begriffs ist „General Data Protection Regulation (GDPR)", die offizielle Bezeichnung „Verordnung des Europäischen Parlaments und des Rates zum Schutz natürlicher Personen bei der Verarbeitung personenbezogener Daten, zum freien Datenverkehr und zur Aufhebung der Richtlinie 95/46/EG". Der Umgang mit Kunden- und Mitarbeiterdaten, Daten von Bürgern etc. wird im Zusammenhang mit dem Datenschutz in elf Kapiteln mit insgesamt 99 Artikeln geklärt. Die Verordnung gilt in allen Mitgliedstaaten und hat Auswirkungen auf weitere Länder und ihre privaten und öffentlichen Einrichtungen. Es sind technische, wirtschaftliche, gesellschaftliche und individuelle Aspekte vorhanden. Es herrschen technikneutrale Regelungen vor, die soziale Medien und künstliche Intelligenz zu erfassen vermögen. Das Recht auf Vergessenwerden wird formuliert, also auf eine Löschung von (Zugängen zu) persönlichen Informationen, ebenso ein Recht auf Informationsfreiheit (Informationszugangsfreiheit) und Datenübertragbarkeit (Datenportabilität). Verankert sind Prinzipien wie Privacy by Design (der Schutz der Daten wird schon bei der Gestaltung der Systeme berücksichtigt) und Privacy by Default (der Schutz der Daten ist der Normalfall, wobei der Benutzer ihn unter Umständen selbst durch Anpassung der Dienste oder Geräte abschwächen kann).

Die Datenschutz-Grundverordnung reagierte spät auf Herausforderungen des Internetzeitalters und auf Entwicklungen wie die künstliche Intelligenz (mit Ansätzen wie Deep Learning, bei denen Big Data eine Rolle spielt). Allerdings waren wichtige Vorgaben und Vorschläge bereits im bisherigen deutschen Bundesdatenschutzgesetz (BDSG) und in der Richtlinie 95/46/EG vorhanden. Die DSGVO ist relevant für diejenigen, die personenbezogene Daten erheben und verarbeiten, beispielsweise für Inhaber von Blogs und Websites, die die Besucher analysieren, Kommentare zulassen und veröffentlichen und Social-Media-Buttons verwenden, oder für Betreiber von Servicerobotern. Konzepte wie Recht auf Vergessenwerden, Informationsfreiheit und informationelle Selbstbestimmung können auch ethisch gedeutet werden. So ist „informationelle Autonomie" ein zentraler Begriff der Informationsethik. Neben der Informationsethik ist die Wirtschaftsethik gefragt.

Datensparsamkeit

Datensparsamkeit bedeutet, dass so wenige persönliche Daten wie möglich erhoben, verarbeitet, genutzt und verbreitet sowie so viele persönliche Daten wie möglich anonymisiert werden. Einerseits kann ein hemmungsloses Sammeln und Weitergeben von Daten die informationelle Autonomie beschädigen, andererseits eine völlige Enthaltsamkeit die Freiheit des Netzbürgers beeinträchtigen. Datensparsamkeit und -vermeidung sind ein Konzept aus dem Daten- und Verbraucherschutz.

Dating

Zum Dating gehören Verabredungen, die zu sexuellen Beziehungen führen können. Man hinterlässt in einschlägigen Medien seine Angaben oder sucht aktiv an geeigneten Orten wie Kneipen, Discos und Freibädern nach potenziellen Partnerinnen und Partnern und macht ein sogenanntes Date aus, bei dem man sich näher kennenlernt (oder nutzt in der Offlinewelt gleich die Gunst der Stunde).

Das Internet hat für das Dating eine große Bedeutung (Onlinedating). Es gibt auf unterschiedliche Bedürfnisse ausgerichtete Plattformen, auf denen man Informationen zur Person und ein Foto hinterlegt, Chats werden als Flirträume genutzt, persönliche Homepages und Posts in Weblogs als Lockmittel ausgelegt, spezielle Apps für soziale Medien eingesetzt.

Formulare, über die man den Suchraum nach Alter, Geschlecht, Größe, sexueller Ausrichtung etc. einschränken kann, und Algorithmen helfen einem beim Aufspüren der passenden Personen. Bereits 1968 sang France Gall über den Computer Nr. 3, der den richtigen Mann für sie bzw. das lyrische Ich sucht. Heutzutage geht es nicht nur um feste Beziehungen, sondern auch um Seitensprünge und One-Night-Stands.

Die Informationsethik ist in diesem Kontext an der Sexualmoral der Informationsgesellschaft, an der Manipulation von Fotografien und Biografien sowie an der Funktion von Algorithmen und am Datenschutz von Dating-Plattformen interessiert.

Deepfake

Ein Deepfake oder Deep Fake ist ein mit Hilfe künstlicher Intelligenz erstelltes Bild oder Video, das authentisch wirkt, es aber nicht ist. Auch die Methoden und Techniken in diesem Zusammenhang werden mit dem Begriff bezeichnet. Verwendet werden Machine Learning und speziell Deep Learning. Mit Deepfakes will man Kunst- und Anschauungsobjekte schaffen oder Mittel zur Diskreditierung, Manipulation und Propaganda. Politik und Pornografie sind entsprechend eng mit dem Phänomen verwoben. Medien kritisieren Deepfakes und benutzen sie absichtlich oder unabsichtlich zur Desinformation.

Wenn in (Bewegt-)Bildern softwaregesteuert Gesichter (Face Swap) oder Körper ersetzt und in Filmen verstorbene oder lebende Personen mit erfundenen Aktionen und Monologen verbunden werden, dann kann es sich um Deepfakes handeln. Es stehen Anwendungen wie FakeApp für die Erstellung zur Verfügung. Ein bekanntes Beispiel ist ein Video mit Barack Obama, in dem dieser (bzw. sein virtuelles Double) darüber sinniert, wie man Donald Trump beschimpfen könnte. So wie neuronale Netze Deepfakes ermöglichen, können sie bei deren Entlarvung dienlich sein. Deepfakes sind wie Fake News ebenso interessante wie heikle Trends der Informationsgesellschaft. Die Entwicklungen in der Disziplin der Künstlichen Intelligenz werden zu immer besseren Ergebnissen führen. Deepfakes können Persönlichkeitsrechte verletzen und in Anschuldigungen, Verwicklungen und Auseinandersetzungen münden. Sie gefährden die informationelle Autonomie und sind so ein Thema der Informationsethik. Ferner können, je nach Fall, Medien-, Politik- und Wirtschaftsethik ins Spiel kommen.

Digital Natives

Mit „Digital Natives" wird die Generation bezeichnet, deren Vertreter als erste mit Computern, Internet und Videospielen aufgewachsen sind und für die die vernetzte und die mobile Kommunikation eine Selbstverständlichkeit darstellen (Generation Y). Außerhalb dieser Welt befinden sich die sogenannten Digital Immigrants, die sich den Umgang mit neuen Medien im Laufe ihres (Erwachsenen-)Lebens haben aneignen müssen und die kaum jemals ihren vordigitalen Akzent ablegen können. Beide Begriffe wurden 2001 von Marc Prensky geprägt, der für einen anderen Unterricht für die neuen Lernenden plädierte. Inzwischen nimmt man sie in manchen Kreisen als pauschalisierend und unpräzise wahr.

Digital Rights Management

Beim Digital Rights Management (DRM) (engl. „digital rights management": „digitale Rechteverwaltung" oder „digitales Rechtemanagement") handelt es sich um technische Verfahren, die das geistige Eigentum schützen und die Nutzung bzw. Verbreitung von Dateien und Medien kontrollieren sollen.

Digital Services

Bei Digital Services handelt es sich um Dienste, die über das Internet oder ein elektronisches Netzwerk bereitgestellt werden und die weitgehend automatisiert sind. Beispiele sind elektronische Spiele, Audio- und Videostreaming und Cloud-Computing-Dienste.

Digitale Demenz

Der Begriff der digitalen Demenz wurde von Manfred Spitzer geprägt. Der Hirnforscher stellt in seinem gleichnamigen Buch aus dem Jahre 2012 die Auswirkungen von Informations- und Kommunikationstechnologien und neuen Medien auf die Entwicklung des Gehirns dar. Eine intensive Nutzung führt nach seiner Darstellung zu einem geistigen Abstieg. In Schwierigkeiten seien vor allem Kinder und Jugendliche, die in geistiger Hinsicht noch keinen nennenswerten Aufstieg hinter sich haben.

Digitale Ethik

Der Begriff der digitalen Ethik („digital ethics") ist ebenso erfolgreich wie uneindeutig. Die einen verweisen damit auf einen Teilbereich der Informationsethik, die anderen – mit dem Ziel einer Neubenennung – auf die Gesamtheit dieser Bereichsethik, womöglich unter Einbeziehung der Medienethik. Wieder andere fassen darunter ein zu konstruierendes normatives System, das für die Informationsgesellschaft oder auch speziell für die Wirtschaft (nicht nur für KI-, IT- und Internetfirmen) zu gelten habe, was mit Aussagen wie „Wir brauchen eine digitale Ethik" verbunden wird. Nicht zuletzt kann die Moral der Informationsgesellschaft gemeint sein, wobei dann – wie es häufig im Englischen der Fall ist – die Begriffe von Ethik und Moral nicht scharf getrennt werden.
Die Informationsethik untersucht seit ihren Anfängen in den 1970er- und 1980er-Jahren – der Computerkritiker Joseph Weizenbaum, der sich

selbst als Gesellschaftskritiker sah, legte die ersten Grundlagen – die moralischen Aspekte der Entstehung und Verwendung von Information und des Einsatzes von Informations- und Kommunikationstechnologien, Informationssystemen sowie Robotern und KI-Systemen. Eine Datenethik kann wie eine Algorithmenethik als Teil von ihr begriffen werden, eine Roboterethik, die nicht nur eine Spezialisierung der Maschinenethik ist, als Fokussierung auf (teil-)autonome Software- und Hardwareroboter aus Sicht einer Bereichsethik. Die digitale Ethik entnimmt all diesen Disziplinen den Aspekt des Digitalen und erhebt ihn zum Primat.

Im Englischen ist der Begriff der digitalen Ethik durchaus anschlussfähig, wenn man an „Medical Ethics" (Medizinethik) denkt. Wenn man damit im Deutschen eine Bereichsethik bezeichnet, schert man terminologisch aus der bisherigen Reihe aus. Es handelt sich nicht mehr um ein Nominalkompositum, bei dem – in diesen Fällen jeweils mit einem Substantiv – vorne der Bereich, hinten die Disziplin angegeben wird, sondern eine Adjektiv-Substantiv-Konstruktion. Die wissenschaftliche Beschäftigung mit der Moral der Informationsgesellschaft hat immer wieder Höhen und Tiefen erlebt. Seit 2010 hat sie erhebliche Aufmerksamkeit erlangt, ohne dass deshalb die Zahl der Forschungseinrichtungen und Lehrstühle genügend erhöht wurde. Zugleich fand unter dem Namen der digitalen Ethik eine Trivialisierung und Kommerzialisierung statt, durch Laien, Verbünde, Verbände und Unternehmen.

Der Begriff der digitalen Ethik erscheint verständlicher und einprägsamer als etwa „Informationsethik" oder „Algorithmenethik". Er verneigt sich vor dem „Digitalen", das in Fügungen wie „Digitalisierung" eine Erfolgsgeschichte geschrieben hat. Allerdings verwischt er die Grenzziehungen zwischen den klassischen Bereichsethiken und anderen Feldern der angewandten Ethik. Technik-, Medien- und Informationsethik sind zusammen mit der Maschinenethik (als Pendant zur Menschenethik) die Disziplinen, die für die Phänomene der Informationsgesellschaft zuständig scheinen, und sie beziehen sich mehr oder weniger klar auf einen Anwendungsbereich oder einen Ausgangspunkt (etwa das Subjekt der Moral). Ein zusätzliches, bereits angesprochenes Problem ist, dass oft nicht klar ist, ob die Disziplin insgesamt, ein Bereich von ihr oder gar ihr Gegenstand gemeint ist.

Digitale Forensik

Die digitale Forensik (IT-Forensik) ist ein Bereich der Forensik, der verdächtige Begebenheiten und begangene Straftaten im Zusammenhang mit Informations- und Kommunikationstechnologien und IT-Systemen untersucht und bewertet. Der Begriff der Computerforensik wird synonym oder als Bezeichnung eines Teilbereichs verstanden.

Digitale Piraterie

Unter den Begriff der digitalen Piraterie fallen Verbreitung von Werken und Nachahmung von Produkten unter Verwendung von Informations- und Kommunikationstechnologien und neuen Medien und unter Verletzung von Urheber-, Wettbewerbs-, Marken- oder Patentrecht. Seit der Jahrtausendwende sind Musik und Literatur stark betroffen. Der Durchbruch der 3D-Drucker im Massenmarkt, mitsamt der Verfügbarkeit digitaler Modelle, leistet der Produktpiraterie weiter Vorschub.

Digitale Selbstverteidigung

Digitale Selbstverteidigung ist die Selbstverteidigung mit elektronischen oder anderen Mitteln im virtuellen oder im privaten, halböffentlichen oder öffentlichen Raum, in dem digitale Angriffe bzw. Übergriffe durch Privatpersonen, die Wirtschaft oder den Staat stattfinden. Sie hängt eng zusammen mit dem digitalen Ungehorsam und der informationellen Notwehr. Derjenige, der sich in dieser Weise verhält, kann als Aktivist oder Cyberaktivist gelten. Auch als Netzbürger kann er sich bezeichnen, wobei er die Bürgerrechte in den Vordergrund stellt.
Der Begriff der digitalen Selbstverteidigung wird von Organisationen wie Digitale Gesellschaft e.V. und Digitalcourage e.V. benutzt. Sie beziehen sich vor allem auf den virtuellen Raum, den dortigen Verlust der Datenhoheit und der Privatsphäre, und schlagen Anonymisierung, Verschlüsselung oder Offenlegung des Quellcodes vor. Daneben kann man

Selbstverteidigung z. B. gegen Überwachungskameras und Serviceroboter einsetzen. Man schminkt und verkleidet sich so, dass Gesichtserkennungssysteme kapitulieren (Camouflage), oder trägt spezielle Apparate, die Aufnahmen aller Art stören.

Der digitale Ungehorsam ist eine Form des zivilen Ungehorsams und gehört zum Widerstand des Netzbürgers und der Netzbürgerin. Es geht darum, sich Überwachungsstaat, -industrie und -gesellschaft zu entziehen und informationelle Autonomie zu bewahren. Man verweigert die Abnahme von digitalen Fingerabdrücken in Luxushotels oder für Personalausweise, die Nutzung von elektronischen Kundenkarten in Supermärkten und die Herausgabe von Realnamen und Telefonnummern an Social Networks. Zudem prangert man die Zustände öffentlich an.

Die informationelle Notwehr entspringt dem digitalen Ungehorsam oder stellt eine eigenständige Handlung im Affekt dar und dient der Wahrung der informationellen Autonomie und der digitalen Identität. Beispielsweise reißt man Personen, die einem entgegenkommen, die Datenbrille herunter, weil man aufgenommen werden könnte, man hält Autos an, von deren Kameras und Sensoren man erfasst worden ist, und fordert zur Datenlöschung auf, man klebt die Kameras sozialer Roboter zu, die einem gegenüberstehen, oder man holt Fotodrohnen vom Himmel, ohne dabei sich oder andere zu gefährden.

Die digitale Selbstverteidigung wird, zusammen mit dem digitalen Ungehorsam und der informationellen Notwehr, zur Überlebensstrategie im Informationszeitalter. Sie hilft dabei, sich freier zu fühlen und weniger erpressbar zu machen. Die Informationsethik untersucht, begründet und hinterfragt die Haltung des Aktivisten und Cyberaktivisten sowie das Ungleichgewicht der Angreifer und Verteidiger in diesem Zusammenhang und schafft Ansatzpunkte für Rechtsethik und Rechtswissenschaft.

Digitale Signatur

Eine digitale Signatur ist eine Form der elektronischen Unterschrift. Sie verbindet im Rahmen einer Transaktion auf überprüfbare Weise einen Unterzeichner mit einem Dokument. Damit genügt sie gesetzlichen Anforderungen und kann etwa bei Vertragsabschlüssen ihre Dienste leisten.

Genutzt werden digitale Signaturen z. B. von Verlagen. Insbesondere die Hauptverträge zwischen Herausgeber und Unternehmen oder zwischen Autor und Unternehmen werden mit ihrer Hilfe geschlossen. Die Unterzeichnung ist dabei in einen Workflow eingebettet, und alle Parteien erhalten am Ende das Dokument mit allen Unterschriften.

Digitaler Graben

Der digitale Graben verläuft zwischen den schwach und stark vernetzten und computerisierten Ländern, aber ebenso innerhalb der Informationsgesellschaft, und trennt diejenigen, die Zugang zum Internet, zu Onlinediensten und zu Kommunikationswerkzeugen haben, von denjenigen, die ihn nicht haben oder wollen. Man spricht daneben von digitaler Kluft (engl. „digital gap") und digitaler Spaltung (engl. „digital divide"), Rainer Kuhlen auch von informationeller Asymmetrie. Auf beiden Seiten des digitalen Grabens können Chancen und Risiken ausgemacht werden, wobei nicht verkannt werden darf, dass Informations- und Kommunikationstechnologien nicht zuletzt Herrschaftsinstrumente sind und der digitale Graben in der Tendenz dem Gerechtigkeitsprinzip widerspricht. Eine besondere Frage ist, ob bestimmte Männer einen digitalen Graben errichten, indem sie bestimmte Frauen im Netz ausgrenzen, angreifen und bloßstellen. Die Hashtags #aufschrei und #MeToo wandten sich gegen sexuelle Belästigung nicht nur in der Offline-, sondern auch in der Onlinewelt. Die Informationsethik widmet sich in diesem Kontext etwa der Informationsgerechtigkeit und -macht.

Digitaler Ungehorsam

Der digitale Ungehorsam ist eine Form des zivilen Ungehorsams und gehört zum Widerstand des Netzbürgers. Es geht darum, sich Überwachungsstaat, -industrie und -gesellschaft zu entziehen und informationelle Autonomie zu bewahren. Man verweigert die Abnahme von digitalen Fingerabdrücken in Luxushotels, die Nutzung von elektronischen Kundenkarten in Supermärkten und die Herausgabe von Klarnamen an Social Networks und bekämpft mithilfe von Falschinformationen, Blocking- und Verschlüsselungssoftware den digitalen Totalitarismus. Die informationelle Notwehr entspringt dem digitalen Ungehorsam oder stellt eine eigenständige Handlung im Affekt dar. Dem digitalen Ungehorsam widmet sich auch die Informationsethik, wenn sie in ihrer normativen Ausprägung den mündigen Netzbürger und dessen Einsatz für die informationelle Selbstbestimmung definiert.

Digitaler Zwilling

Digitale Zwillinge sind digitale Repräsentanten von physischen oder nichtphysischen Objekten oder Prozessen in der realen Welt. Sie enthalten Daten und Algorithmen. Sie können z. B. zur virtuellen Planung von Produktionen und Bauprojekten verwendet werden. Mehrere Unternehmen setzen bereits digitale Zwillinge ein. Ihr besonderer Wert für die Industrie ergibt sich aus der Einsparung von physischen Prototypen und der Möglichkeit, Verhalten, Funktionalität und Qualität des realen Zwillings unter allen relevanten Aspekten zu simulieren.

Thomas Kuhn vom Fraunhofer IESE betont: „Auch wenn z. B. eine Produktionsanlage erst in der Planung ist, kann sie bereits einen digitalen Zwilling besitzen, der die zentralen Eigenschaften dieser Anlage beschreibt. Ebenso könnte ein Werkstück, dessen Fertigung gerade erst begonnen hat, schon einen digitalen Zwilling besitzen, der neben den momentanen Eigenschaften des Werkstücks auch bereits alle Eigenschaften des Werkstücks beschreibt, die es zum Zeitpunkt seiner Fertigstellung haben wird."

Auch im Gesundheitsbereich spielen digitale Zwillinge eine Rolle. Sie sollen eines Tages den Patienten mit all seinen körperlichen Eigenschaften und Funktionen abbilden. Vorerst beschränkt man sich auf einzelne Organe wie Herz oder Haut. Mit Hilfe von Implantaten und Wearables können laufend Daten eingespeist und die digitalen Zwillinge angepasst werden. Es resultieren Herausforderungen für den Datenschutz und die Privatsphäre, die von Informationsethik und Medizinethik reflektiert werden müssen.

Digitales Geschäftsmodell

Nach Karlheinz Bozem und Anna Nagl gründet ein digitales Geschäftsmodell „auf den Potenzialen, die disruptive Technologien bieten". Von einem nichtdigitalen Geschäftsmodell unterscheide es sich darin, „dass zentrale Elemente des Wertschöpfungsprozesses auf digitalen Technologien basieren und zu Geschäftsmodell-Innovationen und innovativen Geschäftsmodellen führen". Auch bei einem digitalen Geschäftsmodell gehe es um „die optimale Erfüllung der Wünsche und Bedürfnisse der Kunden und das Einlösen des Nutzenversprechens durch das Leistungs- und Produktangebot". Beispiele sind das Free-Modell, das Freemium-Modell und das On-Demand-Modell. Auch E-Commerce insgesamt kann zu den digitalen Geschäftsmodellen gezählt werden.

Digitalisierung

Der Begriff der Digitalisierung hat mehrere Bedeutungen. Er kann auf die digitale Umwandlung und Darstellung bzw. Durchführung von Information und Kommunikation oder die digitale Modifikation von Instrumenten, Geräten und Fahrzeugen ebenso zielen wie auf die digitale Revolution, die auch als dritte Revolution bekannt ist. Im letzteren Kontext, der im vorliegenden Beitrag behandelt wird, werden nicht zuletzt „Informationszeitalter" und „Computerisierung" genannt. Während im 20. Jahrhundert die Informationstechnologie (IT) vor allem der Automatisierung und Optimierung diente, Privathaushalt und Arbeitsplatz modernisiert, Computernetze geschaffen und Softwareprodukte wie Office-Programme und Enterprise-Resource-Planning-Systeme eingeführt wurden, stehen seit Anfang des 21. Jahrhunderts disruptive Technologien und innovative Geschäftsmodelle sowie Autonomisierung, Flexibilisierung und Individualisierung in der Digitalisierung im Vordergrund. Diese hat eine neue Richtung genommen und mündet in die vierte industrielle Revolution, die wiederum mit dem Begriff der Industrie 4.0 (auch „Enterprise 4.0") und mit einem sehr weit verstandenen Begriff der

Digitalisierung (auch „digitale Wende", „digitaler Wandel", „digitale Transformation" etc.) verbunden wird. Die Digitalisierung hat zu verschiedenen Umwälzungen geführt, angefangen von der Umdeutung des Begriffs der Güter und der Werke und der Vereinfachung von Kopier- und Distributionsmöglichkeiten über die Veränderung der Arbeitswelt bis hin zur Verschmelzung von Virtualität und Realität. Es wurden ganze Unternehmen und Branchen umgeformt. Spezialisierte Plattformen verdrängen traditionelle Player, obwohl sie keine eigenen Gerätschaften, Fahrzeuge oder Immobilien besitzen. Die Betreiber sozialer Netzwerke erstellen keine bzw. kaum eigene Inhalte. Der User-generated Content wird zur Analyse genutzt, auf der wiederum die Personalisierung (auch von Werbung) beruht. Mit der Industrie 4.0 und ihrer Smart Factory setzen sich beispiellose Robotertypen und Prozessketten durch und werden Entwicklungen wie das Internet der Dinge und der 3D-Druck gefördert. Künstliche Intelligenz, Big Data und Cloud Computing erlauben vorher nicht gekannte Aktivitäten und Analysen. Neue Ein- und Ausgabegeräte und neue Verfahren wie die Datenbrille bzw. die Virtual-Reality-Brille und die Gestensteuerung transformieren Büroraum und Werkbank sowie den Bereich der Unterhaltung.

Die Digitalisierung wird diskutiert und kritisiert, und insbesondere die nächste Entwicklungsstufe, die sie ermöglicht, ist in Gesellschaft, Wirtschaft und Politik umstritten. Die Bereichsethiken können die bei der Digitalisierung entstehenden moralischen Probleme – etwa in Bezug auf die Industrie 4.0 – reflektieren, allen voran Technik-, Informations- und Wirtschaftsethik. Technik- und Informationsethik fragen nach dem Zugewinn und dem Verlust der persönlichen und informationellen Autonomie und nach der Abhängigkeit der Kunden von IT und IT-Unternehmen, die Teildisziplinen der Wirtschaftsethik nach der Verantwortung der Unternehmen (Unternehmensethik) bei der Datennutzung und bei Fertigungsprozessen gegenüber Benutzern und Mitarbeitern und nach der Verantwortung der Konsumenten digitaler Güter und Dienstleistungen (Konsumentenethik). Mit den Folgen befassen sich auch Rechtswissenschaft, Medizin, Soziologie und Psychologie. Die Maschinenethik interessiert sich für die Möglichkeit moralischer Maschinen, die Regeln einhalten bzw. Fälle berücksichtigen und mit denen bestimmte Konsequenzen vermieden werden können. Vor dem Hintergrund, dass Arbeiter und Angestellte ihre Arbeit verlieren, weil Hard- und Softwareroboter diese günstiger und schneller (manchmal auch besser) verrichten, widmet man sich Ansätzen und Konzepten wie der Robotersteuer und dem bedingungslosen Grundeinkommen und denkt über Faktoren nach, die die soziale Gerechtigkeit und den gesellschaftlichen Zusammenhalt fördern.

Insgesamt lohnt es sich, den Begriff der Digitalisierung in seinem jeweiligen Kontext zu beleuchten und zu verstehen. Meint der Verfasser eines Beitrags die dritte industrielle Revolution oder die vierte, oder meint er beides zusammen? Ist für ihn die Digitalisierung die Basis der digitalen Wende, des digitalen Wandels und der digitalen Transformation oder mit diesen identisch? Natürlich ist es auch legitim, nach einer Vermeidung und Abschaffung des Begriffs zu rufen, wobei sich der Gebrauch von Sprache selten gezielt lenken lässt. Von einem Autor oder Referenten kann indes erwartet werden, dass er, sobald er das Wort ergreift, dieses erklärt, und von einem Leser oder Zuhörer, dass er es sozusagen übersetzen kann.

Digitalkapitalismus

Der Digitalkapitalismus (der digitale Kapitalismus) baut auf digitalen Geschäftsmodellen auf und macht Gewinn mit den Daten der Benutzer, häufig ohne Rücksicht auf Verluste. Der Überwachungskapitalismus ist sozusagen sein ständiger Begleiter oder sein zweites Gesicht.

Disruptive Technologien

Disruptive Technologien (engl. „disrupt": „zerstören", „unterbrechen") unterbrechen die Erfolgsserie etablierter Technologien und Verfahren und verdrängen oder ersetzen diese in mehr oder weniger kurzer Zeit. Sie verändern auch Gewohnheiten im Privat- und Berufsleben. Oft sind sie zunächst qualitativ schlechter oder funktional spezieller, was mit ihrer Digitalisierung zusammenhängen kann, und gleichen sich dann nach und nach an ihre Vorgänger an bzw. übertreffen diese in bestimmten Aspekten. Das umstrittene Prinzip geht auf den amerikanischen Wirtschaftswissenschaftler und Geistlichen Clayton M. Christensen zurück, der nach Ursachen für das Scheitern von Unternehmen suchte. Kompressionsformate wie MP3, Geräte wie Digitalkameras, Flachbildfernseher, Smartphones und 3D-Drucker sowie Innovationen wie Kryptowährungen sind Beispiele für disruptive Technologien. Diese zeigen auch, dass Zufälle und Misserfolge die Startphase bestimmen mögen. MP3 war eigentlich für den Austausch von Daten zwischen Radiostudios gedacht. Der Durchbruch kam mit dem WWW und der illegalen Verbreitung einer Software. Digitalkameras lieferten über Jahre eine mäßige Bildqualität, konnten ihre Nachteile aber früh durch Vorteile kompensieren, etwa die schnelle Nutzbar- und Verbreitbarkeit und die einfache Bearbeitbarkeit von Fotografien. Der 3D-Druck, lange Zeit nur in Nischen von Bedeutung, erlebte einen beachtlichen Aufschwung durch günstige, handliche Systeme für den Privathaushalt und den Einsatz in Büros und Fabriken.

Der Begriff der disruptiven Technologien erscheint diffus und tendenziös. Man kann ihm alle möglichen Phänomene zurechnen und Unternehmen, die auf kontinuierliche Technologien setzen, mangelnde Innovationskraft vorwerfen. Einerseits erweisen sich manche disruptive Technologien als überschätzt, andererseits fegen manche selbst bewährte Technologien vom Markt, ohne dass diese eine Chance auf eine Rückkehr haben, von Nebenschauplätzen abgesehen, und sind Teil völlig neuer Geschäftsmodelle, etwa bei sozialen Netzwerken, bei Plattformen und Portalen oder in der Industrie 4.0. Die Informationsethik widmet sich den Chancen und Risiken disruptiver Technologien für die Informationsgesellschaft, die Wirtschaftsethik den Konsequenzen für Staat, Unternehmen, Mitarbeiter und Kunden.

Diversity

Mit dem Ansatz der Diversity, im Deutschen auch Diversität genannt, versucht man Vielfalt zu erkennen und zu fördern, Benachteiligung zu vermindern und Chancengleichheit zu erreichen. Er ist eng verbunden

mit der Inclusion (Inklusion), der Einbeziehung von Personen und Gruppen.
Berücksichtigt werden ethnische, politische, kulturelle, weltanschauliche, altersbezogene, sexuelle, soziale, geistige und körperliche Aspekte. Ursprünglich standen die Bekämpfung von Rassismus und die Einbindung von People of Color (PoC) in den USA im Vordergrund. Die Gleichstellung von Frauen in der westlichen Welt wurde zu einem weiteren wesentlichen Bereich.
Auch bei sozialen Robotern versucht man Diversity abzubilden. So haben manche Firmen verschiedene Varianten im Angebot, männliche, weibliche und neutrale, schwarze und weiße. Bereits früher war dies bei Puppen der Fall, etwa Barbie und Ken von Mattel. Bei Liebespuppen und Sexrobotern wird ebenfalls eine enorme Vielfalt abgebildet, wobei einige Hersteller vorsichtig mit schwarzen Modellen sind.

DNA of Things

Beim Verfahren der DNA of Things (DoT) speichern DNA-Moleküle beliebige Daten. Die Moleküle befinden sich in winzigen Kügelchen aus Silikagel, die in unterschiedliche Materialien und Produkte eingebracht werden können. Wie bei 3D-Codes, einem optischen Ansatz, ist im Prinzip eine hohe Speicherkapazität umsetzbar, und es entsteht ein unveränderlicher Speicher. Das Verfahren wurde von Forschern der ETH Zürich und des Ehrlich Lab LLC in Israel entwickelt. Bei denkenden oder intelligenten Dingen, die das Internet der Dinge (IoT) bzw. das Internet of Bodies (IoB) bilden, werden Computerchips oder 1D- und 2D-Codes (etwa QR-Codes) verwendet, die in geeigneter Weise integriert bzw. appliziert werden müssen. Das DoT-Framework schafft die Möglichkeit, Objekte mit Daten anzureichern, ohne dass physikalische Grenzen in Sicht sind.
Die Forscher haben mehrere Beispiele für eine Verwendung der DNA of Things aufgezeigt. So haben sie einem Plastikhasen, der mit einem 3D-Drucker hergestellt wurde, seinen eigenen Bauplan mitgegeben. Wenn man diesen mit einem entsprechenden System ausliest, lässt sich

der gleiche Hase wieder ausdrucken. Im Glas einer Brille wurde ein Video gespeichert. Genauso könnte man darin Angaben zum Schliff und zur Beschichtung oder zum Träger finden. Die Forscher weisen darauf hin, dass nicht nur Daten in Alltagsgegenständen, sondern auch elektronische Gesundheitsakten in medizinischen Implantaten versteckt werden können. Zudem könne die Entwicklung von selbstreplizierenden Maschinen erleichtert werden, was die Vision von Forschungsrobotern, Servicerobotern und sozialen Robotern nährt, die sich auf fremden Planeten reproduzieren.

Das Verfahren der DNA of Things ermöglicht zahlreiche technische und wirtschaftliche Anwendungen. Ähnlich wie das Internet der Dinge mit seinen denkenden Dingen und wie im Bereich des Mobile Tagging vermag es physische Objekte mit Daten anzureichern. Dadurch kann man sie eindeutig identifizieren, man kann sie mit (Meta-)Daten zu sich selbst oder zu anderen physischen Dingen versehen, sodass eine Nachverfolgung oder ein Nachbau möglich und eine Beziehung zwischen ihnen deutlich wird. Selbst für Lebewesen scheint das Verfahren geeignet zu sein, und es könnte wiederum dazu dienen, diese eindeutig identifizierbar zu machen. Insgesamt stellen sich zahlreiche Fragen aus Sicht von Umwelt-, Wirtschafts- und Informationsethik (etwa zur informationellen Autonomie) sowie aus rechtlicher Perspektive (etwa zum Urheberrecht).

DOI

Die ISO-Norm 26324:2012 enthält die Grundsätze für die Erstellung, Registrierung und Verwaltung von DOI-Namen (die Abkürzung steht für „Digital Object Identifier"). Ein DOI wird für die Identifizierung eines digitalen oder physischen Objekts gebraucht, beispielsweise eines wissenschaftlichen Artikels in einem Onlinejournal und dessen Aktualisierungen. Die International DOI Foundation (IDF), eine gemeinnützige Mitgliederorganisation, ist das Führungs- und Verwaltungsgremium für die Föderation der Registrierungsagenturen, die DOI-Dienste und -Registrierungen anbieten.

Doxing

Doxing ist das Erstellen und Veröffentlichen von Dokumenten („documents"), die personenbezogene Daten enthalten. Der Betroffene wird oft namentlich genannt und bloßgestellt. Internet bzw. WWW sind bevorzugtes Mittel der Recherche und Publikation. Bewegungen wie Anonymous sind bekannt für Doxing.

3D-Drucker

3D-Drucker ermöglichen das „Ausdrucken" von Gegenständen aller Art. Typische Ausgangsmaterialien sind Kunststoff, Metall und Gips, als Pulver, Granulat und am Stück (etwa in Form eines Kunststoffkabels oder von Metallfolie) oder aber in flüssiger Form.
Es wird Schicht um Schicht aufgetragen und getrocknet, geklebt oder geschmolzen. Der Aufbau der Objekte benötigt eine gewisse Zeit, im Extremfall bis zu mehreren Stunden oder Tagen.
3D-Drucker sind auf dem Massenmarkt in allen Preisklassen erhältlich. Sie erlauben zum einen die private Herstellung von Objekten aller Art, zum anderen die Just-in-time-Produktion von einzelnen Werkzeugen und Geräteteilen oder die Massenproduktion vor Ort.

Drohne

Eine Drohne ist ein unbemanntes Luft- oder Unterwasserfahrzeug, das entweder von Menschen ferngesteuert oder von einem integrierten oder ausgelagerten Computer gesteuert und damit teil- oder vollautonom wird. Im Englischen spricht man von „drone", im Falle der Flugdrohne, auf die im Folgenden fokussiert wird, auch von Unmanned Aerial Vehicle (UAV). Man unterscheidet den militärischen, politischen, journalistischen, wissenschaftlichen, wirtschaftlichen sowie privaten, persönlichen Einsatz, grundsätzlicher militärische und zivile Nutzung. Drohnen sind als singuläre Maschinen unterwegs, lediglich mit einer Kontrolleinheit verbunden, oder Teil eines komplexeren Systems, wie im Kriegswesen, wo das Unmanned Combat Aerial Vehicle (UCAV) zum Unmanned Aerial System (UAS) gehört, oder in der Landwirtschaft, wo das Fluggerät mit dem Mähdrescher (bzw. dem Betreiber) kooperiert, um Tierleid, Schneidwerkverunreinigungen und Maschinenschäden zu verhindern. Die privat oder wirtschaftlich genutzte Drohne wird mit dem Smartphone oder einer Fernbedienung gelenkt. Sie besitzt häufig eine Kamera für Stand- und Bewegtbilder. Mit deren Hilfe und im Zusammenspiel mit dem Display kann sie, anders als ein klassisches Modellflugzeug, relativ sicher außerhalb des Sichtbereichs geflogen werden. Ferner kann ein Mikrofon vorhanden sein, zum Zwecke der Sprachsteuerung, wobei die Fluggeräusche herausgefiltert werden müssen. Die Ausstattung umfasst Batterien oder Akkus, moderne Elektromotoren und Elektronikkomponenten bzw. Computertechnologien, zuweilen auch Stabilisierungssystem, WLAN-Komponenten und GPS-Modul, sodass man den Kurs über eine Karte vorgeben und von der Drohne abfliegen lassen kann. Weit verbreitet ist der Quadrokopter mit seinen vier Rotoren. Er kann in der Luft verharren und anspruchsvolle Manöver ausführen. Ferner sind Hexakopter mit sechs Rotoren auf dem Massenmarkt, zudem einfachere Hubschraubermodelle, die Modellflugzeugen ähneln.

Die Informationsethik interessiert sich dafür, ob die informationelle Autonomie eingeschränkt oder erweitert wird und welche Konsequenzen eine feindliche Übernahme der Drohne hat. In der Technikethik wird diese als Gerät in den Vordergrund gerückt und nach dessen Omnipräsenz und der Abhängigkeit von diesem gefragt. Die Abhängigkeit ist wiederum ein Thema der Informationsethik, vor allem wenn das Gerät als Computer und die Datenanalyse und -nutzung im Mittelpunkt stehen. Insofern sich die Maschinenethik teil- oder vollautonomen, intelligenten Systemen widmet, sind ihre Erkenntnisse in Bezug auf Drohnen relevant, wenn diese selbst Entscheidungen treffen und Handlungen vollziehen (wenn man diese Begriffe zulassen will) oder selbstständig Informationen filtern. Die Grundprobleme sind unabhängig von der Verbreitung vorhanden. Ein Erfolg wird freilich in weitere Herausforderungen münden, etwa wenn die Geräte miteinander und im Internet der Dinge kommunizieren und kooperieren, oder wenn der Druck, diese einzusetzen, hoch ist. Ferner gehören kriminelle und terroristische Aktivitäten zu den Risiken. Hinzuweisen ist aber auch auf die Chancen, die sich etwa bei der Zustellung in schwach besiedelten Gebieten und bei hohem Zeitdruck ergeben, wobei sowohl Privatleute als auch Unternehmen profitieren können.

E: E-Book – Exponentielles Denken

E-Book

Ein E-Book ist ein elektronisches Buch. Es wird mit einem Handy, Smartphone, Reader, Tablet oder einem anderen elektronischen Gerät, das mit einem Display ausgestattet ist, gelesen und betrachtet. Man kann es multimedial aufbereiten und mit Links ergänzen, sodass es zum Enhanced oder Enriched E-Book wird, also zum verbesserten, erweiterten oder angereicherten elektronischen Buch. Bei einem klassischen E-Book, etwa im PDF- oder EPUB-Format, bleibt das Buchhafte erhalten; es besteht zwar kein Buch als Ding, aber als Werk. Handyromane und Enriched Books vermögen selbst Werkgrenzen aufzulösen.

Das elektronische Dokument, das dem konventionellen Buch vorausgeht, ist meist auch der Ausgangspunkt beim E-Book. Es wird in geeignete Formate überführt, mit Metadaten und Zugriffsrechten versehen sowie – bei Enriched E-Books – mit Grafiken, Fotos, Videos und Links angereichert. Handyromane werden speziell für das Handy bzw. Smartphone konzipiert. Sie sind oft von geringem Umfang oder in Folgen aufgeteilt und werden von einzelnen Autoren oder Communities geschrieben. Spezialisierte und etablierte Verlage druckten sie während der Blütezeit im Erfolgsfalle nach, gerade im Ursprungsland Japan. Deshalb und wegen ihrer Besonderheit als Genre können sie nicht ohne weiteres unter den Begriff des E-Books subsumiert werden. Übersetzungshilfen und Leserkommentare sowie Augmented Reality erweitern das E-Book weiter.

E-Books werden über Onlinehändler vertrieben, über spezielle Plattformen im Web oder über mobile Shops. Manche Plattformen ermöglichen zusätzlich die Produktion der Bücher bzw. die Umwandlung von Vorlagen in geeignete Formate, decken also wesentliche Teile der Wertschöpfungskette ab. Die Titel werden vom Benutzer auf das mobile Gerät heruntergeladen. Je nach Geschäftsmodell können Anbieter und Benutzer in unterschiedlicher Freiheit über sie verfügen; manche Anbieter erlauben sich den Remotezugriff und die nachträgliche Anpassung und Löschung. Immer mehr Autoren verzichten auf die althergebrachten Mittler und bringen Werke – die sie mithilfe von Grafikern, Lektoren und Korrektoren professionalisieren – selbst auf den Markt, wobei manche von ihnen höhere Gewinne erzielen.

Verlagswesen, Buchhandel und Literaturbetrieb im deutschsprachigen Raum standen dem E-Book lange skeptisch gegenüber. Nach dem Boom von Readern und Tablets gehörte es zum guten Ton, zum gedruckten Buch eine elektronische Alternative anzubieten. Mediale Möglichkeiten wurden dabei selten ausgereizt, vielversprechende Geschäftsmodelle kaum umgesetzt. In den ersten Jahren waren E-Books zu Literaturwettbewerben nicht zugelassen. Inzwischen gibt es spezielle Preise und Förderungen. Es werden Werke angeboten, die menschlichem Ungenügen oder automatisierter Produktion entspringen oder aber trotz bzw. wegen ihrer Einzigartigkeit von keinem etablierten Verlag akzeptiert worden wären. Zwischen der Rezeption traditioneller Bücher und klassischer E-Books existieren kaum Unterschiede. Bei zunehmender Multimedialisierung und Hypertextifizierung treten allerdings diejenigen Mechanismen in Kraft, die man von Internet und WWW her kennt. Die Benutzer werden daran gewöhnt, kurze Einheiten ohne ausreichenden Kontext zu konsumieren, durch Bilder, Videos, Kommentare und verlinkte Ressourcen abgelenkt sowie im schlimmsten Fall in ihrer Vorstellungskraft geschwächt.

E-Business

E-Business (Electronic Business) ist die Unterstützung von Geschäftsprozessen durch Informations- und Kommunikationstechnologien und Informationssysteme, etwa das Internet und mobile Technologien. E-Commerce, eine Ausprägung des elektronischen Markts, ist ein Teilaspekt davon; im Zentrum steht hier der Handel von Produkten und Dienstleistungen über elektronische Medien. Auch zu E-Business gezählt werden die Bereiche E-Learning, E-Government, E-Health, E-Finance, E-Logistics und Cloud Computing, um nur wenige Anwendungsfelder zu nennen.

E-Demokratie

Elektronische Demokratie (E-Demokratie) ist die Unterstützung der Demokratie mithilfe von Informations- und Kommunikationstechnologien, Informationssystemen und neuen Medien. Sie kann von staatlichen Einrichtungen und von Parteien bzw. Politikern (E-Government) ebenso ausgehen wie von Netzbürgerinnen und -bürgern (direkte E-Demokratie wie bei E-Protest und indirekte E-Demokratie wie bei Onlinepetitionen). Internetwahlen (im Sinne von I-Voting bzw. E-Voting) können ein Bestandteil der E-Demokratie sein. Die Informationsethik fragt etwa nach dem Verhältnis von E-Demokratie und digitalem Graben und nach der Möglichkeit der technischen Manipulation.

Edge Computing

Edge Computing ist im Gegensatz zum Cloud Computing die dezentrale Verarbeitung von Daten. Diese findet sozusagen am Rand des Netzwerks statt, an der Edge (engl. „edge": „Rand", „Kante", „Schwelle"). Performanz, Qualität und Sicherheit können sich verbessern. Bei riesigen Datenmengen kommt Edge Computing allerdings an seine Grenzen.

E-Government

Die Unterstützung von Prozessen bei Regierungsstellen und in der öffentlichen Verwaltung mit Informations- und Kommunikationstechnologien und Informationssystemen wird mit dem Begriff „E-Government" („Electronic Government") oder auch „Televerwaltung" bezeichnet. Ein wesentliches Element ist dabei der Einsatz elektronischer Medien im Verkehr zwischen Bürgern, Unternehmen und Privaten auf der einen und Einrichtungen der öffentlichen Hand auf der anderen Seite. Außerdem können die internen IKT-gestützten Prozesse der Regierung und der öffentlichen Verwaltung zum E-Government gezählt werden.

E-Health

„E-Health" (Abkürzung für „Electronic Health") bezeichnet den Gebrauch von Informations- und Kommunikationstechnologien, Informationssystemen und KI-Systemen im Gesundheitswesen. Wichtige Grundlagen und Ausprägungen sind Internet, mobiles Internet sowie Internet der Dinge und mehr und mehr auch das Internet der Körper (Internet of Bodies). Über Plattformen werden Beschaffungen getätigt, in Datenbanken Gesundheitsdaten gespeichert, über Geräte Diagnosen und Therapien durchgeführt (Telemedizin).
Bekannte E-Health-Anwendungen sind die elektronische Patientenakte, medizinische Wearables (etwa zur Messung des Blutdrucks oder für die Erkennung von Notlagen) und spezielle Apps zur Kontrolle und Motivation. Allmählich gewinnt der digitale Zwilling – etwa als Simulation von Herz oder Haut – an Bedeutung. Bei einem weiten Begriff können auch Pflege- und Therapieroboter sowie Sexroboter zu E-Health gezählt werden, zudem von einem Arzt gesteuerte Operationsroboter. Onlineapotheken sind Plattformen, über die man u. a. Medikamente bestellen kann. In Aus- und Weiterbildung zu E-Health werden Grundlagen u. a. zu Medizin, Informatik (inkl. Künstlicher Intelligenz), Gesundheitsmanagement und Wissensmanagement vermittelt. Aus der Forschung von Hochschulen und Unternehmen kommen KI-Systeme, die Diagnosen stellen

und Therapievorschläge unterbreiten. Cobot-Technologie aus der Industrie verschmilzt mit mobilen Unterbauten zu Assistenzrobotern für die Pflege. Informations- und Medizinethik fragen nach den moralischen Implikationen von E-Health-Anwendungen, etwa in Bezug auf Überwachung und Verletzung der Intim- und Privatsphäre.

Einhorn

Einhörner (Unicorns) sind Start-ups mit einer Marktbewertung von über einer Milliarde US-Dollar vor dem Börsengang oder einem Exit (also einem geplanten Ausstieg von Kapitalgebern aus einer Beteiligungsanlage). Der Begriff wurde 2013 von Aileen Lee in ihrem Artikel „Welcome To The Unicorn Club: Learning From Billion-Dollar Startups" verwendet.
Im Silicon Valley, in San Francisco und Los Angeles gibt es ebenso Einhörner wie in Peking oder Berlin. Die deutsche Hauptstadt zieht Start-ups offenbar an, und manche sind sehr erfolgreich. Einhörner sind häufig im IT-Bereich angesiedelt, frönen dem Plattformkapitalismus, sind der Idee der Sharing Economy zugewandt und setzen neuartige Modelle für E-Commerce um. Auch Datenspeicherung und -analyse sind wichtige Geschäftsfelder.
Der Begriff des Einhorns kann kritisiert werden, weil er erklärungsbedürftig und uneindeutig ist. So steht das Horn für die Milliarde US-Dollar, aber in der Realität handelt es sich zuweilen um einen viel höheren Betrag. Begriffe wie „decacorn" („Zehnhorn") sollen diesbezüglich mehr Klarheit und einen größeren Rahmen schaffen. Einhörner selbst stehen unter Beobachtung, weil manche von ihnen Branchen verändern bzw. vernichten und mit Daten von Benutzern auf nicht immer verantwortungsvolle Weise umgehen.

E-Learning

E-Learning (Electronic Learning) – auch digitales Lernen oder Digital Learning genannt – ist Lernen, das mit Informations- und Kommunikationstechnologien respektive darauf aufbauenden Lernsystemen unterstützt bzw. ermöglicht wird. Der Begriff hat sich ab der Jahrtausendwende im deutschsprachigen Raum verbreitet und wurde dort u. a. vom Learning Center der Universität St. Gallen aufgenommen und besetzt.

Typische Produkte und Angebote im E-Learning-Bereich sind Webbased Trainings (WBTs), Massive Open Online Courses (MOOCs), Lernvideos, 2D- und 3D-Simulationen und Anwendungen des Arbeitsgebiets der Virtuellen Realität. Im Rahmen von Bewerbungen und Prüfungen können E-Assessments zum Einsatz kommen. Zur Dokumentation und Reflexion des Lernprozesses eignen sich E-Portfolios.

Bei Mobile Learning werden mobile Geräte wie Smartphones und Tablets genutzt. Blended Learning ist der Mix von Methoden. So beginnt man eine Lernmaßnahme etwa mit einem Onlinetraining und fährt dann, wenn alle den gleichen Wissensstand erreicht haben, mit Präsenzlehre fort. Der Begriff des Corporate E-Learning zielt auf die E-Learning- und Blended-Learning-Aktivitäten in Unternehmen, auch innerhalb einer Corporate University.

Elektronische Person

Nach der Idee der elektronischen Person kann man bestimmte Roboter, bestimmte Drohnen, Softwareagenten oder andere Artefakte, die teilautonom oder autonom agieren können, im Zusammenhang mit dem Zivilrecht verklagen und haftbar machen. Die Artefakte können einen Schaden beispielsweise über ein Budget, das sie besitzen, oder einen Fonds, an den sie angeschlossen sind, begleichen.

Die Idee der elektronischen Person ähnelt in manchen Aspekten dem Konstrukt der juristischen Person, unterscheidet sich aber auch – so handelt es sich bei bestimmten Robotern und bei sämtlichen Drohnen um gegenständliche, sich bewegende Objekte. Zudem treffen autonome Systeme selbst Entscheidungen (wenn man diese Sprechweise zulassen will), während diese im klassischen Unternehmen von Menschen ausgehen. Die Konsequenzen, die sich aus der Umsetzung ergeben würden, sind umstritten, etwa was die Rechte anbetrifft, wobei diese nach ethischer und rechtlicher Perspektive unterschieden werden sollten. Roboter können kaum moralische Rechte haben (dazu müssten sie empfinden oder leiden können, Bewusstsein als mentalen Zustand oder einen Lebenswillen haben), wohl aber Rechte und Pflichten im juristischen Sinne.

Elektronisches Publizieren

Elektronisches Publizieren (Electronic Publishing oder E-Publishing) ist die elektronische öffentliche oder halböffentliche Bereitstellung von textueller und auch visueller, auditiver und audiovisueller Information. Publiziert wird beispielsweise auf Datenträgern wie Compact Disc und USB-Stick, im World Wide Web (Web-Publishing) oder auch in der Form von E-Books. Viele Autoren – Wissenschaftler, Schriftsteller oder Journalisten – nutzen das Internet als direkten Vertriebskanal ihrer Erzeugnisse. Ferner gehören die Produktionen von intelligenten Maschinen zum elektronischen Publizieren (Robo-Content oder Robot-Content), auch im Rahmen des Roboterjournalismus.

Ein Problem beim elektronischen Publizieren ist, dass Dokumente ganz oder teilweise kopiert und von Unbefugten genutzt bzw. unter ihrem Namen verbreitet werden können. An Schulen und Hochschulen nehmen die Fälle des Raubs geistigen Eigentums zu, wenn dagegen nicht mit spezieller Software angekämpft wird, und im Internet sind Raubkopien von ganzen Büchern zu finden. Verletzungen des Urheberrechts sind inzwischen an der Tagesordnung. Zur eindeutigen Regelung der Rechte und Pflichten bzw. zur Durchsetzung der Bestimmungen werden mehr und mehr Creative-Commons-Lizenzen und das Digital Rights Management eingesetzt.

ELIZA

ELIZA wurde 1966 von Joseph Weizenbaum entwickelt. Sie gilt als Vorläuferin von Chatbots und Sprachassistenten. Einerseits stellt sie auf der Basis von Aussagen des Benutzers dazu passende (Rück-)Fragen, andererseits formuliert sie diesem gegenüber, wenn sie Schlüsselwörter erkennt, Aussage- und Imperativsätze. Das Programm bestand den Turing-Test in der Weise, dass es von bestimmten Menschen als vollwertiger Gesprächspartner anerkannt und Vertrauen aufgebaut wurde. Weizenbaum war so erschrocken über diesen Umstand, dass er in der Folge zum Computerkritiker – oder Gesellschaftskritiker, wie er sich nannte – wurde.

Emotionserkennung

Emotionserkennung wird bei Robotern und KI-Systemen meist mit Hilfe von Gesichts- und Stimmerkennung durchgeführt. Hinzukommen kann Gestenerkennung, auch Gestikerkennung genannt. Bei der Gesichtserkennung ist Mimikerkennung entscheidend. Die Mimik wird klassifiziert, und es wird versucht, sie den entsprechenden Emotionen zuzuordnen, etwa Angst oder Freude. Da Menschen nicht immer die Emotionen zeigen, die sie haben, hat diese Methode durchaus ihre Grenzen. Im Rahmen der Stimmerkennung wird mit Blick auf Emotionserkennung die Stimme z. B. danach untersucht, welche Lautstärke und Tonhöhe sie hat und ob sie zittrig ist oder bricht.
Einige soziale Roboter beherrschen Emotionserkennung mit Hilfe von Gesichts- oder Stimmerkennung. Zu ihnen gehört Pepper, der im Haushalt, im halböffentlichen und öffentlichen Bereich, im Gesundheitsbereich und im wirtschaftlichen Bereich zu finden ist. Es ergeben sich Fragen aus Informationsethik und Wirtschaftsethik heraus, etwa ob man die Emotionen von Patienten und Kunden analysieren darf. Ein besonderes Problemgebiet ist die Lügenerkennung. Auch hier werden Mimik, Gestik und Stimme genutzt, und es ist umstritten, ob entsprechende Systeme z. B. bei der Einreise eingesetzt werden sollten.

Empathie

Empathie ist Einfühlungsvermögen, Feinfühligkeit und Mitgefühl. Soziale Roboter können sie zeigen, aber nicht haben. Sie erkennen Probleme des Benutzers, sprechen ihm gut zu, loben und tadeln ihn. Auf seiner Seite kann wiederum Empathie für den sozialen Roboter entstehen, die freilich in gewisser Weise ins Leere läuft.

Seit 2013 wurden mehrere Chatbots wie GOODBOT und BESTBOT gebaut, die Probleme des Benutzers erkennen und Empathie zeigen. Sie stehen in der Tradition von ELIZA, können im Gegensatz zu ihr aber Hilfe anbieten und vermitteln. So eskalierte der GOODBOT auf mehreren Stufen und gab schließlich eine Notfallnummer heraus, wenn er an Grenzen stieß bzw. den Ernstfall voraussah.

In der Roboterethik kann das Zeigen von Empathie und Emotionen bei sozialen Robotern als Betrug und Täuschung aufgefasst werden, aber genauso als wesentliches Element sozialer Beziehungen und Verhältnisse, ohne das soziale Roboter nicht sinnvoll in Anwendungsbereiche wie Bildung und Gesundheit integriert werden können. Die Maschinenethik schafft moralische Maschinen, die Empathie mit moralischer Konnotation einsetzen.

Empörungsgesellschaft

Die Empörungsgesellschaft empört sich zu Recht oder zu Unrecht über Personen, Organisationen, Vorfälle, Verfahren und Zustände. Zu ihr gehören der Wutbürger, der Gutmensch, auch als Moralist, und der Netzaktivist. Im Internet wird der Sturm der Entrüstung (der Schwester der Empörung) zum Shitstorm.

Energiemanagement

Energiemanagement ist die Kombination aller Maßnahmen, die bei einer geforderten Leistung einen minimalen Energieeinsatz sicherstellen. Es bezieht sich auf Strukturen, Prozesse, Systeme und bauliche Gegebenheiten sowie auf menschliche Verhaltensweisen und -änderungen.

Ein Anliegen des Energiemanagements ist es, den privaten oder betrieblichen Energieverbrauch und den Verbrauch von Roh-, Hilfs- und Zusatzstoffen zu senken. Die Energieeffizienz im Haushalt und im Unternehmen soll nachhaltig verbessert werden. Um dies zu erreichen, wird die Wärmedämmung verbessert, die Heiztechnik erneuert und ein Energiemanagementsystem eingesetzt.

Ein Energiemanagementsystem dient der systematischen Erfassung und Kommunikation der Energieströme und der automatischen Steuerung von Einrichtungen und Apparaten zur Verbesserung der Energieeffizienz. Es kann Smart Metering (intelligente Zähler) umfassen und als Smart Grid (intelligentes Stromnetz) umgesetzt sein. Insgesamt können cyberphysische Systeme eine Rolle spielen.

Aus Sicht des Umwelt- und Klimaschutzes und der Industrie 4.0 ist Energiemanagement hilfreich, aus Sicht von Datenschutz, Verbraucherschutz, Wettbewerbsrecht und Informationsethik problematisch, wenn etwa Energiemanagementsysteme Rückschlüsse auf Gewohnheiten und Präferenzen von Privathaushalten und die Produktivität und Auslastung von Unternehmen zulassen.

Energiemanagementsystem

Das Energiemanagementsystem dient der systematischen Erfassung und Kommunikation der Energieströme und der automatischen Steuerung von Einrichtungen und Apparaten zur allgemeinen Optimierung und zur Verbesserung der Energieeffizienz. Es kann Smart Metering (intelligente Zähler) umfassen und als Smart Grid (also als intelligentes Stromnetz) umgesetzt sein. Insgesamt können cyberphysische Systeme von Bedeutung sein.

Zweck der Energiemanagementsysteme ist es, mithilfe prozessualer und technischer Maßnahmen den privaten oder betrieblichen Energieverbrauch und den Verbrauch von Roh-, Hilfs- und Zusatzstoffen zu senken. Die Energieeffizienz im Haushalt und im Unternehmen soll – dies ist ein Ziel von Energiemanagement überhaupt – nachhaltig verbessert werden. Angestrebt wird eine bestmögliche Auslastung der Netze und Verteilung der Energie, auch wenn viele verschiedene Produzenten beteiligt sind.

Ein Energiemanagementsystem soll Vorgaben einzuhalten und Potenziale auszuschöpfen helfen. Beispielsweise muss die EU-Richtlinie zur Gesamtenergieeffizienz von Gebäuden berücksichtigt oder das Energie- und Stromsteuergesetz abgebildet werden können. Ein technisches System kann den Benutzer informieren oder selbst auf Anforderungen und Veränderungen reagieren.

Aus Sicht des Umwelt- und Klimaschutzes und der Compliance sind Energiemanagementsysteme hilfreich, aus Sicht des Datenschutzes, des Verbraucherschutzes, des Wettbewerbsrechts und der Informationsethik problematisch, wenn Rückschlüsse auf Gewohnheiten und Präferenzen von Privathaushalten und die Produktivität und Auslastung von Unternehmen möglich sind.

Entscheidungsbaum

Entscheidungsbäume (engl. „decision trees") dienen der Repräsentation von Entscheidungsregeln und werden u. a. in der Betriebswirtschaftslehre, der Informatik und der Künstlichen Intelligenz (KI) verwendet. Sie besitzen Wurzelknoten sowie innere Knoten, die mit Entscheidungsmöglichkeiten verknüpft sind. Oft werden, ausgehend von einem beschriebenen Startpunkt, Fragen formuliert, auf welche die Antworten „ja" und „nein" (oder „wahr" und „falsch") lauten, wobei diese wiederum zu neuen Fragen führen, bis mehrere Optionen am Schluss erreicht werden. Als annotierte Entscheidungsbäume können Verzweigungsstrukturen mit zusätzlichen Informationen gelten, welche die Fragen herleiten und begründen.

Ab und zu benutzt werden Entscheidungsbäume für die Konzeption von moralischen Maschinen. Diese sind ein Gegenstand der Maschinenethik, die zwischen KI, Robotik, Informatik und Philosophie angesiedelt ist. Im Beitrag „Towards Animal-friendly Machines" (2018) wird demonstriert, wie man annotierte Entscheidungsbäume für die Umsetzung von bestimmten Saugrobotern, Fotodrohnen und Roboterautos nutzen kann. Im Vordergrund stehen dabei Wohl, Unversehrtheit und Sicherheit von Tieren, da in diesem Bereich kaum Kontroversen vorhanden sind und moralische Maschinen ohne größere Risiken für den Menschen erprobt werden können.

Erdüberlastungstag

Am Erdüberlastungstag (Earth Overshoot Day) übertrifft die Nachfrage nach natürlichen Ressourcen deren Angebot und die Kapazität der Erde zu deren Erneuerung. Der Begriff stammt aus einer Kampagne des Global Footprint Network (GFN) mit Sitz in Kalifornien.

Laut GFN ist der ökologische Fußabdruck das einzige Kennzahlensystem, das den Ressourcenbedarf von Individuen, Regierungen und Unternehmen mit der Kapazität der Erde zur biologischen Regeneration vergleicht. Seit 1970 rückte das Datum des Erdüberlastungstags immer weiter nach vorne. 2018 war es zum ersten Mal im Juli angelangt.

Umweltschützer halten den Erdüberlastungstag für einen wichtigen Beitrag zur Sensibilisierung von Gesellschaft, Wissenschaft, Wirtschaft und Politik. Wie viele andere Aktionstage dürfte er allerdings keine unmittelbare Wirkung haben. Wirtschaftsethik und Umweltethik widmen sich Fragen des Raubbaus an der Natur, der u. a. anderem von Autoherstellern und IT-Firmen ausgeht.

Ethik

Die Ethik als Wissenschaft ist eine Disziplin der Philosophie und hat die Moral zum Gegenstand. Sie geht u. a. auf Aristoteles zurück („Nikomachische Ethik"). In der empirischen Ethik beschreibt man Moral und

Sitte, in der normativen beurteilt man sie, kritisiert sie und begründet gegebenenfalls die Notwendigkeit einer Anpassung. In der normativen Ethik beruft man sich im abschließenden Sinne – so u. a. Otfried Höffe – weder auf religiöse und politische Autoritäten noch auf das Natürliche, Gewohnte oder Bewährte. Man kann in der Ethik auch auf die Moralität zielen und Grundbedingungen der Moral oder Diskrepanzen zwischen Haltung und Verhalten deutlich machen. Die Metaethik analysiert moralische Begriffe und Aussagen in semantischer Hinsicht oder vergleicht Modelle der normativen Ethik.

Es kann in der Ethik nicht nur die Moral von Menschen (Ethik im engeren Sinne oder Menschenethik), sondern auch von Maschinen (Maschinenethik) thematisiert werden, wobei die „maschinelle Moral" (wie die „moralische Maschine") ein Terminus technicus ist. Die angewandte Ethik gliedert sich in Bereichsethiken wie Medizinethik, Wirtschaftsethik, Technikethik und Informationsethik. Die theonome Ethik, die sich auf Gott beruft, gehört mitsamt der theologischen Ethik nicht zur Ethik als Wissenschaft. Umgangssprachlich wird auch eine mehr oder weniger systematische Beschäftigung mit Moral oder ein mehr oder weniger stabiles Denkgebäude zur Sitte, ohne wissenschaftlichen Anspruch, als Ethik bezeichnet.

Ethikkommission

Eine Ethikkommission beurteilt Forschungsvorhaben und Entwicklungsprojekte aus moralischer, rechtlicher und gesellschaftlicher Sicht. Sie ist in einer Organisation (vor allem in größeren Unternehmen) angesiedelt oder berät – ähnlich wie die Einrichtungen für Technologiefolgenabschätzung – die Politik. Häufig geht es um die Forschung an Lebewesen, an Menschen, Tieren und Pflanzen.

Ethikkommissionen sollen vor Imageschäden bewahren und vor Gefahren und Risiken für Leib und Leben sowie für die Umwelt warnen. Sie orientieren sich und arbeiten an ethischen Leitlinien. Der Deutsche Ethikrat widmet sich als nationale Ethikkommission den voraussichtlichen Folgen für Individuum und Gesellschaft, die sich insbesondere auf dem Gebiet der Lebenswissenschaften und ihrer Anwendung auf den Menschen ergeben.

Anders als der Name suggeriert, sind in Ethikkommissionen die Ethiker meist in der Minderheit. Mitglieder sind mehrheitlich Naturwissenschaftler, Rechtswissenschaftler, Mediziner und Theologen. Damit kann kaum eine professionelle Ethik praktiziert, sondern allenfalls eine gewünschte Moral propagiert werden. Der Einfluss von nationalen Ethikkommissionen wird durch rechtliche Rahmenbedingungen auf europäischer bzw. internationaler Ebene beschränkt.

Evaluation

Unter Evaluation versteht man die Bewertung eines Gegenstands, einer Maßnahme oder einer Person. Es werden hierfür systematisch Daten gesammelt und analysiert, um die Zielerfüllung oder Nutzen und Wirkung zu beurteilen. Evaluationen werden häufig im Rahmen der Qualitätssicherung durchgeführt und dienen der Sicherstellung, Verbesserung oder Anpassung der Qualität eines Gegenstands oder einer Maßnahme bzw. der Verbesserung von Aktivitäten. Organisationen aller Art können aus ethischer Perspektive evaluiert werden. Dabei werden vor allem Instrumente der Wirtschaftsethik und Ideen aus dem Bereich der Corporate Social Responsibility genutzt. Die Evaluation ist auch in der Mensch-Computer-Interaktion von Relevanz.

Evangelist

Der Evangelist oder Technology Evangelist ist sozusagen ein Technikmissionar. Er versucht andere für Informations- und Kommunikationstechnologien zu begeistern und sucht dafür Plattformen und Veranstaltungen aller Art auf. Seine eigene Begeisterung kennt keine Grenzen, nicht einmal des guten Geschmacks. Der Evangelist ist Angestellter oder – noch besser – Kunde eines Unternehmens. Manchmal tritt er als Influencer auf und verbreitet seine frohe Botschaft über Social-Media-Kanäle.

Exoskelett

Exoskelette sind mechanische, maschinelle bzw. robotische Stützstrukturen für Menschen oder Tiere. Sie entlasten Arbeiter in der Fabrik und auf der Baustelle, ermöglichen Behinderten das Aufstehen und Umhergehen oder dienen der Therapie. Manche verfügen über einen Antrieb, andere nicht.

Private und universitäre Einrichtungen der Robotik, Informatik, Medizin, Pflege- und Therapiewissenschaft widmen sich der Erforschung und Entwicklung von Exoskeletten. Auch die Defense Advanced Research Projects Agency (DARPA) hat Forschung in diesem Bereich ermöglicht. Soldaten sollen mit Exoskeletten schwere Lasten über längere Zeit und längere Strecken transportieren können, auch unter extremen Bedingungen.

Insgesamt werden Exoskelette kontrovers diskutiert. Sie können Querschnittsgelähmten dabei helfen, im wörtlichen Sinne auf Augenhöhe mit Gesunden zu sein, und diesen dabei helfen, Verletzungen und Überbeanspruchungen zu vermeiden, aber auch – nicht nur durch unsachgemäßen Gebrauch – zu Verletzungen und Schäden führen.

Beim Cybathlon, einem internationalen Wettkampf, bei dem Behinderte gegeneinander antreten, bewältigen die Piloten verschiedene Alltagsaufgaben wie Treppensteigen oder das Sichsetzen auf einen Stuhl. Die Beine der Sportler sind durch eine Rückenmarksverletzung vollständig gelähmt.

Exponentielles Denken

Das exponentielle Denken wird dem linearen Denken gegenübergestellt. Die Verfechter dieser Idee berufen sich u. a. auf Gordon Moore und das nach ihm benannte Moore's Law. Exponentielles Denken soll z. B. dabei helfen, disruptive Technologien und extreme Fortschritte einzuschätzen.

F: Face-to-face – Futurologie

Face-to-face

Der englische Begriff „face-to-face" (häufig auch „ftf" oder „f2f" geschrieben) bedeutet „von Angesicht zu Angesicht", „persönlich" oder „direkt". Er soll ausdrücken, dass in einem Raum oder einer Umgebung zwei oder mehr Menschen anwesend sind und sich gegenseitig sehen bzw. unmittelbaren Kontakt zueinander haben.
Obwohl durch Videokonferenzen oder Chats ein ähnlicher räumlicher Kontext und ein vergleichbarer Bezug zwischen Personen hergestellt werden können, spricht man in diesen Fällen nicht von „face-to-face". Vielmehr werden z. B. unter Face-to-face-Veranstaltungen ausschließlich Präsenzveranstaltungen verstanden.

Fahrerassistenzsystem

Fahrerassistenzsysteme (FAS) unterstützen den Lenker von Kraftfahrzeugen und übernehmen in bestimmten Fällen seine Aufgaben. Es handelt sich mehrheitlich um Computersysteme, die mit Ein- und Ausgabegeräten gekoppelt sind und Zugriff auf manche Komponenten und Funktionen der Fahrzeuge haben. In der Regel sind die Technologien integriert, im Sinne fest verbauter Hardware mit eingebetteter Software. Es gibt aber auch Ansätze, die Anzeige und die Sensorik auszulagern bzw. mobil zu machen, etwa über Smartphones und Datenbrillen.

Ziele des Einsatzes von FAS sind Erhöhung der Fahrsicherheit, Steigerung des Fahrkomforts und Verbesserung der Effizienz (z. B. durch Senkung des Verbrauchs). Viele Systeme sind so konzipiert, dass der Fahrer das System temporär deaktivieren kann, sodass eine manuelle Steuerung bzw. eine individuelle Anweisung möglich und nötig wird. Dies hat nicht zuletzt haftungs- und sicherheitstechnische Gründe. Manche Systeme substituieren frühere Funktionen respektive erlauben neue. Bei Systemen für Flugzeuge und Schiffe sind teils ähnliche, teils andersartige Ziele vorhanden.

Beispiele für Fahrerassistenzsysteme sind Antiblockiersystem (ABS), elektronisches Stabilitätsprogramm (ESP), Lichtautomatik, Scheibenwischerautomatik, Verkehrszeichenerkennung, elektrische Feststellbremse, Bremsassistent, Notbremsassistent, Stauassistent, Spurwechselassistent, Spurwechselunterstützung, intelligente Geschwindigkeitsassistenz, Abstandsregeltempomat, Abstandswarner, Reifendruckkontrollsystem und Einparkhilfe. Wichtig für die Systeme sind Sensoren im und am Fahrzeug, aber auch Signale und Informationen aus der Umgebung.

Die Integration von Systemen und Sensoren ist elementar für den erfolgreichen Betrieb von selbstständig fahrenden Autos, die sich als Prototypen durch die Städte und Landschaften bewegen und umgangssprachlich als Roboterautos bezeichnet werden. Diese nehmen dem Fahrer (bzw. dem Insassen) bestimmte oder sogar sämtliche Aktionen im Straßenverkehr ab. Sie sollen ihn entlasten bzw. ersetzen, den Verkehrsfluss optimieren und das Unfallrisiko minimieren. Ein Verkehr, der von selbstständig fahrenden Autos geprägt wird, ist vorerst eine Vision, allerdings eine, die die Entwicklung von weiteren FAS vorantreibt und befruchtet.

Fake

Ein Fake ist nach der Bedeutung im Englischen eine Fälschung, eine Täuschung, eine Attrappe, oder ein Hochstapler bzw. ein Simulant (im Deutschen auch Faker genannt). Eine Fake-Identität im Internet kann in betrügerischer Absicht oder zum Schutz der informationellen Autonomie angenommen werden. Ein Fake-Account dient dem Ausspionieren, dem Trollen, dem Rollenspiel oder auch dem Absetzen von negativen oder positiven Bewertungen und Kommentaren mit dem Ziel der Manipulation, etwa bei touristischen Portalen und journalistischen Angeboten. Die (Netz-)Kunst macht sich das Phänomen in vielerlei Hinsicht zunutze.

Fake News

Ein Fake ist eine Fälschung, eine Täuschung, eine Attrappe, oder ein Hochstapler und ein Simulant (Faker). Fake News sind Falsch- und Fehlinformationen, die häufig durch elektronische Kanäle (vor allem soziale Medien) verbreitet werden. Sie gehen von Einzelnen oder Gruppen aus, die in eigenem oder fremdem Auftrag handeln. Es gibt persönliche, politische und wirtschaftliche Motive für die Erstellung. Algorithmen verschiedener Art und Social Bots spielen eine zentrale Rolle bei der Verbreitung, zudem die Posts, Likes und Retweets der Benutzer.
Zunächst hat man vor allem im Zusammenhang mit Facebook und Twitter und anderen sozialen Medien von Fake News gesprochen. Der Content ist direkt dort zu sehen, in Text und Bild, oder über Links erreichbar. Donald Trump wandte den Begriff auch auf klassische Medien an. Inhaltlich Ungereimtes, sprachlich Unscharfes oder Falschmeldungen wie Zeitungsenten sollten nicht generell als Fake News bezeichnet werden – zu diesen gehören eben die gezielte Nutzung der Potenziale der sozialen Medien und die begründete Hoffnung auf eine virale Verbreitung.
Die „Fake News" sind – wie die „Lügenpresse" – zu einem Kampfbegriff unterschiedlicher Lager geworden, die dahinterliegenden Phänomene zu einem Problem der Informationsgesellschaft, in der Manipulation und

Desinformation zunehmen. Es entstehen bei den Medien und Parteien spezielle Einrichtungen, die Fake News identifizieren und eliminieren sollen. Damit ist freilich die Gefahr der Zensur gegeben. Informations- und Medienethik untersuchen die moralischen Implikationen von Fake News. Die Wirtschaftsethik interessiert sich ebenfalls für diese, insofern sie Unternehmen, Mitarbeitern und Konsumenten Vorteile und Nachteile bringen können.

Favicon

Favicons sind grafische Miniaturen von Websites und gehören zum Standardangebot von Webdesignern. Das Kunstwort aus „Favorites" und „Icon" verweist einerseits auf die Lesezeichen des Browsers, andererseits auf die im Computerbereich verbreiteten Piktogramme. Favicons treten meist auf den Tabs und in der Lesezeichenleiste links neben dem Titel der Website auf. Früher waren sie auch in der Adresszeile links von der URL zu finden. Favicons unterstützen durch eine assoziative Wirkung die Wiedererkennbarkeit und Wiederauffindbarkeit der Website.

Miniaturen sind im Kunst- und Grafikbereich nichts Unbekanntes. Berühmt sind arabische und persische Miniaturmalereien aus dem 13. und 14. Jahrhundert, bekannt die seit dem Barock verbreiteten kleinen Porträt-, Landschafts- und Blumenbilder. Jan Brueghel der Ältere hat es verstanden, miniaturhafte Szenen zu eindrucksvollen Gemälden zu verbinden. Das Grafikdesign leistete im Bereich der Piktogramme, Icons und Logos Riesiges im Kleinsten. Hohe Anforderungen und Meisterleistungen gibt es auch im Beschriftungs- und Kennzeichnungsbereich. Favicons sind, so kann man es auf den Punkt bringen, die Miniaturen unter den Miniaturen.

Ein Favicon bildet oft Logo, Wappen oder Fahne einer Organisation oder einer geografisch-politischen Einheit ab. Es kann zudem Fotos und Zeichnungen von der Website aufgreifen oder Beobachtungen der Anbieter transportieren. Nicht zuletzt kann es Farben und Designelemente verwenden, die auf der Website bzw. in Materialien der Organisation oder in der Geschichte der politischen Einheit vorkommen, oder einen symbolischen oder metaphorischen Bezug zur Website, Organisation oder Person herstellen.

Feedback

Feedback ist die Rückmeldung zum Verhalten, zu den Leistungen oder auch zu den Fragen einer Person durch eine andere oder ein Informationssystem bzw. eine Lernanwendung. Die Betroffenen sollen Stärken und Schwächen ihrer Aktionen erkennen und in die Lage versetzt werden, sich selbst zu beurteilen.
Sowohl Menschen als auch Maschinen können demnach Feedback geben. Die Frage ist, wer wodurch in welcher Weise motiviert oder demotiviert wird, auch mit Blick auf das moralische Verhalten. Feedback gegenüber Maschinen zur Verbesserung ihrer Moral ist Thema der Maschinenethik.

Filter Bubble

Der Begriff der Filter Bubble (Filterblase) meint die Personalisierung bei Websites und Apps mithilfe von Algorithmen, die den Informationsbedarf des Benutzers voraussagen und entsprechende Seiten, Texte und Bilder (nicht) aufrufen bzw. ein- oder ausblenden. Eli Pariser hat ihn ab dem Jahre 2011 geprägt. Verwandt ist der Begriff der Informationsblase. Die Filter Bubble ist angeblich ein typisches Phänomen sozialer Netzwerke. Diese neigten dazu, einen „ideologischen Rahmen", wie Pariser es in seinem Buch nennt, zu schaffen, ein informationelles Gefängnis. Die Algorithmenethik kann sich mit der Moral der Algorithmen beschäftigen oder – in anderer Ausprägung – mit den Auswirkungen solcher Einschränkungen auf das Wohl, die Entwicklung und die Entscheidungsfreiheit des Menschen.

Fintech

„Fintech" steht für engl. „financial technology" bzw. dt. „Finanztechnologie". Damit werden technologische Innovationen im Finanzsektor angesprochen, etwa ein Chatbot zur Kundenberatung, die Robo-Advisors zur Vermögensberatung und mobile Bezahlsysteme, ferner die Unternehmen selbst, die in diesem Bereich tätig sind.

Es sind häufig Start-ups und kleinere Unternehmen, die Finanztechnologie in diesem Sinne einsetzen. Sie attackieren etablierte Anbieter und stellen sich konsequent auf die Bedürfnisse von Kundinnen und Kunden ein, die viel unterwegs sind und ständig Smartphone oder Tablet bei sich führen, über die sie auch Finanzgeschäfte abwickeln wollen.

Freiheit

Die Freiheit ist eine Idee, die die körperliche oder geistige Ungebundenheit von Individuen, Gruppen oder Gesellschaften meint. Nach Annemarie Pieper besteht die eigentliche moralische Leistung in der Setzung eines Ziels aus Freiheit und um der Freiheit willen. Für die Selbstbestimmung des Willens verwendet Immanuel Kant den Begriff der Autonomie. Dieser hat in der Informationsgesellschaft eine schillernde Bedeutung erlangt. Die Informationsfreiheit meint den freien Zugang zur textuellen, visuellen oder auditiven Information. Die Panoramafreiheit ist das Recht, fotografisch und filmisch ein Panorama mitsamt Gebäuden und Kunstwerken einzufangen. Die Meinungsfreiheit sollte im Rechtsstaat gewährleistet sein und kann über soziale Medien und eigene Websites und Plattformen in Text und Bild ausgedrückt werden.

5G

5G, ein Mobilfunkstandard, folgt auf 4G, 3G und 2G. Angestrebt werden u. a. eine hohe Datenrate, die Einsparung von Energie und Kosten und eine verbesserte Gerätekonnektivität. Der 5G-Standard wird kontrovers diskutiert, auch in Bezug auf die Sicherheit. Er ist wichtig für das Internet der Dinge (Internet of Things, IoT) und damit auch für den Betrieb von mobilen und sozialen Robotern.

Futurologie

Die Futurologie erforscht, wie der Name sagt, die Zukunft, vor allem technische, wirtschaftliche, politische und gesellschaftliche Entwicklungen. Sie liefert wissenschaftlich fundierte Prognosen und Szenarien oder gefällt sich in der Skizze einer Vision oder Utopie. Der Begriff geht auf den Rechts- und Politikwissenschaftler Ossip K. Flechtheim zurück.

G: Gamification – Greenwashing

Gamification

Gamification (von engl. „game": „Spiel") ist die Übertragung von spieltypischen Elementen und Vorgängen in spielfremde Zusammenhänge. Alternative Begriffe im deutschsprachigen Raum sind „Gamifizierung" und „Spielifizierung".

Ziele von Gamification sind Motivationssteigerung und Verhaltensänderung bei Anwenderinnen und Anwendern. Zu den spieltypischen Elementen gehören Beschreibungen (Ziele, Beteiligte, Regeln, Möglichkeiten), Punkte, Preise und Vergleiche. Zu den spieltypischen Vorgängen zählt die Bewältigung von Aufgaben durch individuelle oder kollaborative Leistungen.

Zunächst fand die Gamifizierung vor allem im Unterhaltungs- und Werbebereich statt. Inzwischen spielt sie auch eine Rolle in der Fitness, beim Shopping, bei betrieblichen Anwendungen – und in Lernumgebungen. Dadurch entsteht eine Nähe zu älteren Phänomenen wie Game-based Learning, Edutainment und Serious Games. Gamification

bezieht sich nicht ausschließlich auf den Onlinebereich. Man kann auf fast alles Spieledesignprinzipien anwenden.
Der Erfolg von Gamification ist stark von der Haltung der Anwender und ihrer Affinität zu Spielen abhängig. Zudem ist es wichtig, dass die Elemente und Prozesse professionell, wirksam und stimmig umgesetzt sind. Fraglich ist, ob Gamification zu einer Gewöhnung an das Spielerische führt und die Motivation in traditionellen Bereichen weiter senkt.

Gender

Der Begriff „Gender" (engl. „gender") zielt auf das sozial konstruierte oder technisch umgesetzte Geschlecht einer Person oder eines Roboters, im Gegensatz zum biologisch verstandenen (engl. „sex"). „Sex" bezieht sich auf Natur, „Gender" auf Kultur.
Humanoide Roboter können nach verschiedenen Geschlechtern gestaltet werden, unter Beibehaltung, Betonung oder Überwindung von Stereotypen. Neben dem Gesicht und der Kopfform ist die Körperform wesentlich. Zudem werden primäre und sekundäre Geschlechtsmerkmale abgebildet.
Neben dem Äußeren spielt die Stimme eine zentrale Rolle. Immer wieder wird den Entwicklern von Sprachassistenten und sozialen Robotern vorgeworfen, dass bei Assistenzsystemen häufig eine weibliche Stimme gewählt wird. Einige Hersteller sehen inzwischen davon ab, die weibliche Stimme als Standard zu setzen, oder bieten daneben eine männliche oder neutrale an.
Bestimmte weibliche Stimmen werden allerdings von vielen Vertretern aller Geschlechter als angenehm und vertrauenswürdig empfunden, sodass es für die Wahl neben sexistischen Gründen (falls solche vorliegen) offenbar auch funktionale gibt. Dass sie auch besser verstanden werden können, wird von manchen Experten freilich angezweifelt.

Generation Alpha

Die Generation Alpha mit ihren Jahrgängen ab 2010 folgt auf die Generationen Y und Z. Sie wächst von Kindesbeinen an mit Geräten wie Smartphone und Tablet auf. Glaubt man Wissenschaftlern wie Manfred Spitzer, könnte das bei ihren Vertretern kognitive, psychische und physische Einschränkungen nach sich ziehen. Andere Experten glauben, dass die Heranwachsenden auf diese Weise optimal auf die Anforderungen der Informationsgesellschaft vorbereitet sind.

Generation Corona

Als Generation Corona wird die Generation bezeichnet, deren Kindheit, Jugend oder junges Erwachsensein von der Corona-Pandemie geprägt wurde. Damit hat sie Überschneidungen mit der Generation Z und der Generation Alpha. Die Begrifflichkeit wurde – vor allem im deutschsprachigen Raum – von den Medien benutzt, zum Teil auch von der Wissenschaft, etwa von Soziologie, Psychologie und Arbeitswissenschaft. Die Betroffenen konnten zwischen 2020 und 2022 zeitweise den Unterricht nicht besuchen und waren auf digitale Werkzeuge wie Notebook und Tablet sowie Lernplattformen und Videokonferenzsysteme angewiesen. Dies zeigte einerseits die Grenzen des Bildungssystems auf bzw. vertiefte den digitalen Graben und eröffnete andererseits neue Perspektiven wie die systematische Nutzung von E-Learning, Blended Learning und Mobile Learning sowie hybriden Formen des Unterrichts.
Einige Kinder, Jugendliche und junge Erwachsene zeigten sich durch den Wegfall von Direktkontakten und Freizeitmöglichkeiten verunsichert, andere entwickelten Ängste in Bezug auf eine Ansteckung und eine Übertragung der Krankheit. Wieder andere entdeckten digitale Plattformen wie TikTok, um zusammenzukommen, ihr Talent zu zeigen und Zuspruch zu ernten. Informations- und Medizinethik widmen sich den kurz- und langfristigen Folgen der Pandemie für Generation Z und Alpha.

Generation Y

Die Angehörigen der Generation Y (Gen Y) waren zur Jahrtausendwende im Teenageralter. Deshalb werden sie auch Millennials genannt. Ein älterer Begriff ist „Digital Natives", der allerdings, wie die speziellere Bezeichnung „Generation Porno", auf jede Generation seit diesem Zeitpunkt zutrifft. Die Generation Y ist als erste mit dem voll entwickelten bzw. weit verbreiteten World Wide Web und hosentaschengroßen Handys aufgewachsen. Die technische und mediale Affinität kann mit politischem Interesse zusammengehen, wie im Falle der Occupy-Wall-Street-Bewegung, deren Aktionen über Mundpropaganda und Social Networks initiiert wurden.

Generation Z

Die Generation Z mit ihren Jahrgängen ab 2000 folgt auf die Generation Y. Sie ist mit dem Web 2.0 und mit dem Smartphone aufgewachsen. Große Bedeutung misst sie sozialen Netzwerken wie Facebook und TikTok, Foto- und Videoplattformen wie Instagram und YouTube, synchronen und asynchronen Kommunikationsdiensten wie WhatsApp sowie der Sharing Economy zu. Man kann sie auch als Generation Sexting oder Generation Selfie bezeichnen.

Gesichtserkennung

Gesichtserkennung ist das automatisierte Erkennen eines Gesichts in der Umwelt bzw. in einem Bild (das bereits vorliegt oder zum Zwecke der Gesichtserkennung erzeugt wird) oder das automatisierte Erkennen, Vermessen und Beschreiben von Merkmalen eines Gesichts, um die Identität einer Person (engl. „face recognition" und „facial recognition") oder deren Geschlecht, Gesundheit, Herkunft, Alter, sexuelle Ausrichtung oder Gefühlslage (engl. „emotion recognition": „Emotionserkennung") festzustellen. Was im Einzelnen möglich ist bzw. ob man etwas mit hoher

Sicherheit oder nur mit einiger Wahrscheinlichkeit herausfinden kann, ist umstritten. Unbestritten ist, dass Gesichtserkennung in der Kombination mit weiteren Analyseansätzen und Datenquellen (Kleidung, Umfeld, digitale Identität etc. betreffend) überaus mächtig ist.

Bei der Gesichtserkennung werden Systeme (samt Gesichtserkennungssoftware und Hardware wie Kameras und Laser- oder Ultraschallsensoren) mit zwei- oder dreidimensionalen Ortungs- und Vermessungsverfahren verwendet. Augen, Nase, Mund, Ohren, Kinn, Stirn, Haaransatz und Wangenknochen werden erkannt und vermessen und ihre Position, ihr Abstand voneinander und ihre Lage zueinander ermittelt. Ferner kann man die Kopfform sowie die Beschaffenheit bzw. die Farbe von Haut, Haaren und Augen berücksichtigen. Insgesamt zieht man mehr und mehr komplexe Berechnungen und Ansätze des maschinellen Lernens heran.

Gesichtserkennung wird bei technischen Geräten und bei Zugängen und Kontrollen aller Art zur Identifizierung und Authentifizierung eingesetzt, im Sinne biometrischer Verfahren. Man überprüft, ob ein Gesicht einer konkreten Person im Bild oder in der Umwelt vorhanden ist und ob sie eine Berechtigung hat oder ob sie zur Fahndung ausgeschrieben ist. Auch zum Sortieren von Fotografien und Objekten im weitesten Sinne eignet sich Gesichtserkennungssoftware, wobei je nach Anwendungsfall das Erkennen eines Gesichts genügt oder das Erkennen des Gesichts eines bestimmten Geschlechts, Alters etc. oder einer bestimmten Person gefragt ist. In der Wirtschaft ist Gesichtserkennung etwa bei interaktiven Werbeflächen relevant, mit dem Ziel personalisierter Werbung und individueller Beratung.

Gesichtserkennungssoftware ist nützlich, um Ordnungen und Zuordnungen herzustellen, nicht zuletzt im betrieblichen Kontext. Kontrovers diskutiert wird die Identifizierung von Personen im privaten und öffentlichen Raum. Ein Smartphone und eine Smart Cam, die ein Gesicht erkennen, können prinzipiell Daten zum Gesicht und zur Person sowie Metadaten weiterleiten. Damit ist es möglich, Verdächtige und Unverdächtige zu überprüfen, zu verfolgen und zu überwachen. Zudem können die genannten Gesichts- und Kopfmerkmale und Verhaltensweisen analysiert werden. Die Informationsethik fragt nach der Verletzung der informationellen Autonomie, die Wirtschaftsethik nach

Chancen und Risiken des Einsatzes von Gesichtserkennung im Zusammenhang mit Beratung und Werbung. Um sich zu schützen, können Individuen ihr Erscheinungsbild modifizieren oder die Systeme manipulieren, was die Informationsethik wiederum unter dem Begriff der informationellen Notwehr behandeln würde.

GIF

GIF (Graphics Interchange Format) ist ein im WWW vorkommendes Grafikformat mit der Dateiendung .gif. Es hat wie PNG eine verlustfreie Kompression und wurde von diesem inzwischen weitgehend abgelöst. Die Animated GIFs, bereits in den 1990er-Jahren im Web beliebt, haben in den 2010er-Jahren eine Renaissance erlebt und sind zur Kunstform geworden.

Gläserner Bürger

Der gläserne Bürger übermittelt als mündiges Mitglied der Informationsgesellschaft unfreiwillig persönliche Daten sowie Interaktionsdaten aller Art an staatliche oder andere Stellen. Durch die Aggregation entstehen aufschlussreiche Profile. Durch Small und Big Data sind einzelne Bürger in ihrer informationellen Autonomie gefährdet und können gesellschaftliche Gruppen und Strukturen durchleuchtet werden.

Gläserner Fahrer

Der gläserne Fahrer ist in seinem hoch technisierten bzw. automatisierten Fahrzeug abhör- und verfolgbar. Benutzt er auditive Systeme zur Steuerung von Systemen, können Stimme, Sprechweise und Inhalte analysiert werden. Beim hoch- und vollautomatisierten bzw. autonomen Fahren sind Startpunkt und Zielort zwangsläufig bekannt, und über die Zeit sind Bewegungsmuster erstellbar, die viel über die Person und ihr Verhalten aussagen. Zugleich fallen Daten und Informationen zum individuellen Fahrverhalten weg, weil es dieses nicht mehr oder kaum noch gibt.

Gläserner Patient

Der gläserne Patient, ob Kind, Jugendlicher oder Erwachsener, ist für Ärzte, Krankenkassen und Behörden durchschau- und einschätzbar, was Krankheit und Gesundheit, Risiken der Versicherung sowie Kosten für die Allgemeinheit anbetrifft, wobei seine informationelle Autonomie gefährdet und die Intaktheit von Privat- und Intimsphäre in Frage gestellt ist.
Die elektronische Patientenakte kann Vorteile bei der Versorgung und Behandlung von Patienten bringen, gerade in Notsituationen, ebenso aber dazu beitragen, dass diese noch gläserner sind. Um den damit verbundenen Nachteilen zu begegnen, muss es klare Regelungen zu Rollen und Rechten geben.

Global City

Eine Global City ist ein wirtschaftliches Zentrum mit weltweiter Bedeutung. Es finden sich in ihr wichtige Finanzmärkte und Konzernzentralen (Banken, IT- und Internetfirmen). New York City, Tokio, London, Paris und Frankfurt am Main kann man als Global Cities bezeichnen.

Green IT

Mit dem Schlagwort „Green IT" werben Lobbyverbände, Umweltministerien und Umweltschutzorganisationen dafür, alte Stromfresser durch neue, energiesparende Hardware zu ersetzen. Auch die Optimierung von Rechenzentren gehört dazu, zudem die umweltfreundliche Produktion und das Recycling von Computern, Tablets, Smartphones etc.

Greenwashing

Greenwashing ist der Versuch, Personen oder Organisationen ein positives Image zu verpassen, indem man ihr Engagement für Umweltschutz, körperliche Gesundheit und fairen Handel bzw. gegen Hunger und Armut überbetont oder sogar fälschlicherweise behauptet. In der Regel steuert eine PR-Abteilung oder ein Spin Doctor die Kampagnen. Verwandt mit dem Greenwashing ist die Schönfärberei, und wenn man sich reinwäscht oder sich ein grünes Mäntelchen umhängt, ist man ebenfalls in seiner Nähe. Green IT kann die Energieeffizienz verbessern, von Elektronikgeräten und Rechenzentren, aber auch Greenwashing sein. Bluewashing bezieht sich z. B. auf den Missbrauch von ethischen Leitlinien und sozialen Bekenntnissen zur Imagepflege des Unternehmens oder der Organisation.

H: Hacker – Hypertext

Hacker

Ein Hacker dringt über Netzwerke in Computer ein, um zu spielen und zu experimentieren, um auf Schwachstellen hinzuweisen, um Daten abzuziehen und Informationen einzusehen oder um Geräte und Fahrzeuge zu übernehmen. Zu unterscheiden ist zwischen White-Hat-, Grey-Hat- und Black-Hat-Hackern.

Die White-Hats wollen aufzeigen, dass es keine hundertprozentige Sicherheit in Netzen und bei Computern gibt. Sie halten sich in der Regel an die bestehenden Gesetze und die Hackerethik (bzw. Hackermoral) und suchen mit oder ohne Auftrag nach Sicherheitslücken, wodurch sie – wie Mitglieder des Chaos Computer Club – für Gesellschaft und Wirtschaft wertvolle Beiträge leisten.

Die Grey-Hats können gesetzestreu, aber auch -widrig handeln. Sie wollen nicht nur ihre Vorstellung von Informationsfreiheit (Informationszugangsfreiheit) verbreiten, sondern diese so stark wie möglich ausweiten, selbst wenn sie die Freiheit von anderen verletzen. Wie die White-Hats spüren sie oft Sicherheitslücken auf. Ihre Aktivitäten können anderen Hackern helfen.

Die Black-Hats, auch Cracker genannt, besitzen kriminelle Energie. Sie suchen und finden ebenfalls Sicherheitslücken, wollen diese aber bewusst ausnutzen und dabei fremde Systeme beschädigen. Sie schielen nicht nur nach Ruhm, sondern auch nach Reichtum. Sie hacken sich im Auftrag in Atomkraftwerke oder in Herzschrittmacher und lösen einen allgemeinen oder persönlichen GAU aus.

Hackerethik

Die Hackerethik, eigentlich ein (teilweise moralischer) Kodex, stammt aus dem Buch „Hackers" von Steven Levy aus dem Jahre 1984 und versammelt Werte wie Freiheit und Kooperation sowie Empfehlungen zum Umgang zwischen Hackern und mit Computern und Netzwerken. Auch programmatische Aussagen finden sich dort: „Computer können benutzt werden, um Kunst und Schönheit zu schaffen." Weiterentwicklungen der Hackerethik sind u. a. vom Chaos Computer Club bekannt.

Hashtag

Ein Hashtag (engl. „hash": „Rautezeichen") ist ein Schlagwort, das in Microblogs, in Social Networks und auf Bildplattformen eingesetzt wird. Auf das Rautezeichen folgt ein Wort oder ein Akronym. Klickt man den Hashtag an, bekommt man alle Posts oder Inhalte angezeigt, die damit verschlagwortet wurden. Auf Konferenzen werden zusammen mit anderen Informationen meist auch verbindliche Hashtags bereitgestellt.
Bekannt wurden im deutschsprachigen Raum #aufschrei (ab 2013) und #hotpantsverbot (2015). Mit beiden Hashtags wurde gegen Sexismus protestiert, mit dem einen nach einer Äußerung des FDP-Politikers Rainer Brüderle gegenüber einer Journalistin („Sie können ein Dirndl auch ausfüllen."), mit dem anderen nach einer Ankündigung eines Hotpantsverbots an einer deutschen Schule.
International sind oder waren #MeToo (seit 2017, gegen Sexismus) und #MeTwo (seit 2018, gegen Diskriminierung) von Bedeutung. 2020, mit dem Beginn der Pandemie, waren #COVID19 und #StayHome ver-

breitet (in Deutschland #Corona). 2022, nach der Invasion Russlands in der Ukraine, trendeten #RussianUkrainianWar und #UkraineRussianWar.

Hassrede

Die Hassrede (auch „Hate Speech", engl. „hate speech") dient der Beleidigung und Herabsetzung von Personen. Oft findet sie in sozialen Medien statt. Aber auch Kundgebungen, etwa von Rechtsradikalen, sind ihre natürliche Heimat.
Die No-Hate-Speech-Bewegung ist eine von der Jugendabteilung des Europarats geleitete Kampagne, um Hassrede zu bekämpfen und die Menschenrechte im Internet zu fördern. Sie wurde 2013 ins Leben gerufen und auf nationaler und lokaler Ebene in 45 Ländern umgesetzt.

Hilfefunktion

Eine Hilfefunktion bietet Hilfe bei der Bedienung eines Programms bzw. eines Informationssystems. Es kann sich um einen Index handeln, in dem der Benutzer nach Stichwörtern sucht, oder um Assistenten bzw. Agenten, die Rede und Antwort stehen und Probleme lösen helfen. Die Hilfe wird automatisch angeboten oder aktiv vom Anwender nachgefragt. Wichtig ist, dass die Hilfefunktion niemanden ausschließt und vollständige Informationen liefert, dass sie verlässlich – etwa wahrheitsliebend und fehlerfrei – ist und dass sie den Benutzer nicht beleidigt oder diskriminiert.

Hoax

Ein Hoax ist eine Falschmeldung oder -information, die in klassischen Medien (als Zeitungsente) oder im Internet auftaucht und mündlich oder schriftlich (vor allem über soziale Medien) verbreitet wird. Die Verursacher wollen, passend zur Wortbedeutung, Schabernack treiben oder aber Schaden anrichten. Hoaxes können auch eine Form der Kunst sein, wie auf Wikipedia, wo Tierarten und Personen öffentlichen Interesses erfunden werden.

Hologramm

Ein Hologramm ist ein mit holografischen Techniken hergestelltes dreidimensionales Bild, das eine körperliche Präsenz im realen Raum hat, bzw. eine Aufnahme, die ein dreidimensionales Abbild wiedergibt. Unter dem Begriff der Holografie fasst man Verfahren zusammen, die den Wellencharakter des Lichts ausnutzen, um eine realitätsnahe Darstellung zu erzielen. Dabei spielen Interferenz und Kohärenz eine wichtige Rolle. Umgangssprachlich werden auch bestimmte dreidimensionale Projektionen als Hologramme bezeichnet. Es gibt viele unterschiedliche Typen wie Bildebenenhologramme, Reflexionshologramme, Multiplexhologramme und computergenerierte Hologramme.

Bekannte Anwendungen sind Produktpräsentationen. Die Hologramme werden in pyramidenförmigen Aufsätzen oder mit speziellen Apparaturen erzeugt und dienen dem Blickfang auf Messen und in Schaufenstern. Relevant sind auch wissenschaftlich-technische Umsetzungen. Die Repräsentationen auf Konzertbühnen sind in der Regel keine Hologramme im engeren Sinne, sondern Projektionen auf Glasscheiben oder durchsichtigen Vorhängen. Eine japanische Firma hat die Gatebox entwickelt, mit einer kleinen holografischen Animefigur, die über natürlichsprachliche Fähigkeiten verfügt, mit künstlicher Intelligenz verbunden ist und als Partnerin und Assistentin dienen soll. Auch in Lebensgröße liegt diese Figur vor.

In „Star Wars" überbringt Leia, von R2-D2 auf einen Tisch projiziert, eine Nachricht. In „Star Trek" bewegt sich William Riker in virtuellen Landschaften des Holodecks, in „Ghost in the Shell" schwimmen neben Major aus Licht gemachte Fische durch die Luft, in „Blade Runner 2049" wohnt Officer K mit einer holografischen Gefährtin namens Joi zusammen und trifft auf holografische Tänzerinnen und (längst verstorbene) Sänger. In Science-Fiction-Filmen wimmelt es von fiktionalen Hologrammen. Das zuletzt genannte Werk setzt Meilensteine, etwa mit der Verschmelzung von Joi mit einer Replikantin zu einer dritten Frau.

Gerade Science-Fiction-Filme haben hohe Erwartungen geweckt, die bis heute nicht eingelöst werden konnten. Dabei entfalten die fiktionalen Hologramme eine enorme Wirkung. Auch die realen ziehen, trotz ihrer Unzulänglichkeiten, den Betrachter an und lassen ihn staunen. Dies liegt vor allem an der erwähnten körperlichen Präsenz im realen Raum, die bei Virtual Reality nicht gegeben ist. Die Weiterentwicklung der Hologramme würde den genannten Bereichen neue Impulse geben. Technik- und Informationsethik thematisieren die Beziehungen, die wir zu Hologrammen eingehen, Wirtschafts- und speziell Unternehmensethik die Substitution von Produkten und Personen und die suggestiven und manipulativen Effekte am Point of Sale.

HTML

Die HyperText Markup Language (HTML) ist eine standardisierte Seitenbeschreibungssprache für das World Wide Web und zielt auf die logische Struktur von Webseiten bzw. ganzen Websites. Mit HTML werden – mittels sogenannter Tags (spezieller Befehle) – Elemente wie Überschriften, Absätze und Frames (Bereiche) einer WWW-Seite definiert. Zu den Hauptmerkmalen der Sprache gehört die Möglichkeit, Links zu setzen und externe Ressourcen einzubinden. Der HTML-Text wird im Internet über das HTTP-Protokoll übertragen und vom Browser interpretiert und entsprechend angezeigt. Mit HTML lassen sich zudem – mithilfe von Meta-Tags – Metabeschreibungen zum Autor, zur Sprache, eine Kurzbeschreibung der Website etc. anlegen. Diese Informationen werden von Suchmaschinen gelesen, ausgewertet und dargestellt. Auch der Titel einer Website oder Webseite, der oben am Rand des Browsers erscheint, wird im HTML-Dokument erfasst.

Human Enhancement

Human Enhancement dient der Erweiterung der menschlichen Möglichkeiten und der Steigerung menschlicher Leistungsfähigkeit, letztlich also – aus Sicht der Betroffenen und Anhänger – der Verbesserung und

Optimierung des Menschen. Ausgangspunkt sind kranke oder gesunde Menschen, die mit Wirkstoffen, Hilfsmitteln und Körperteilen versorgt und mit Technologien verbunden werden. Die Bewegung des Transhumanismus, von der in diesem Kontext häufig die Rede ist, propagiert die selbstbestimmte Weiterentwicklung des Menschen mit wissenschaftlichen und technischen Mitteln. Einerseits sieht man sich in der Tradition des Humanismus, andererseits erklärt man dessen Überwindung zum Ziel, insofern der Zustand des Natürlichen zurückgelassen und der Ausbau des Künstlichen vorangetrieben werden soll. Ein Beispiel für die Weiterentwicklung ist der Umbau zum Cyborg. Dieser Gegenstand zahlreicher Science-Fictions ist inzwischen in der Realität angekommen, vor allem als Verschmelzung von Mensch (oder Tier) und Maschine. Ein weiterer Begriff in diesem Zusammenhang ist „Bodyhacking".

Einteilen kann man in Verfahren, die auf die körperliche und die geistige Erweiterung abzielen. Dabei ist nicht immer eine klare Abgrenzung möglich. Zu unterscheiden ist zudem zwischen bestehenden, sich entwickelnden und geplanten Technologien, ferner zwischen restaurativen, therapeutischen und nichttherapeutischen Methoden. Zu den bestehenden Disziplinen und Verfahren gehören in Bezug auf die körperliche Erweiterung Schönheitschirurgie, Doping, Prothetik, Implantation und Transplantation. Die Schönheitschirurgie widmet sich fast allen Gesichtsbereichen und Körperregionen. Man entfernt, ersetzt, strafft, saugt ab und baut auf (plastische Chirurgie). Doping dient der Leistungssteigerung durch Substanzen wie Anabolika. Die moderne Prothetik bringt erweiterte Computersysteme bzw. zu integrierende Roboter hervor. Unter den sich entwickelnden und konzeptionellen Technologien ist das Exoskelett, eine steuerbare Apparatur, die am Körper getragen wird. Es liegen zwar Einzelanfertigungen und Prototypen vor, aber ausgereifte Produkte sind noch Mangelware, von medizinischen Stützstrukturen (Orthesen) abgesehen. In Bezug auf die geistige Erweiterung sind bestehende (teils noch prototypische) Computertechnologien zu nennen, die ständig mitgeführt werden, wie Smartphones, Smartwatches und Datenbrillen. In diesem Kontext spielt Augmented Reality eine zunehmend wichtige Rolle, die mithilfe von Computern erweiterte Wirklichkeit. Sich entwickelnde Technologien sind Gehirn-Computer-Kopplung und Gehirnimplantate. Zu den konzeptionellen Technologien ist die „whole brain emulation (WBE)" (auch „mind uploading") zu zählen sowie der Exocortex, ein künstliches externes Informationsverarbeitungssystem.

Human Enhancement hat Anhänger und Gegner aus verschiedenen Lagern. Die Erweiterung und Verbesserung des Menschen kann von Medizin, Künstlicher Intelligenz (KI), Robotik und Informatik betrieben werden. Verschiedene Bereichsethiken behandeln Chancen und Risiken in moralischer Hinsicht. In der Informationsethik interessiert etwa, ob durch die (Nicht-)Verfügbarkeit von Optionen die Informationsgerechtigkeit in Frage gestellt und ob durch die Integration von Chips und die Verwendung von Hightechprothesen die Autonomie des Menschen (auch seine informationelle Autonomie) eingeschränkt oder erweitert wird. Die Technikethik reflektiert die Positionen des Transhumanismus und dessen Postulate einer Transformation. Die Maschinenethik – als Pendant zur Menschenethik – untersucht, ob die neuen Bestandteile des Menschen, wie Prothesen oder Exoskelette, selbst moralische Entscheidungen treffen können und müssen. Human Enhancement wird für die Wettbewerbsfähigkeit von Gesellschaften und Individuen von entscheidender Bedeutung sein. Damit Menschen- und Tierwürde nicht verletzt und Manipulation und Instrumentalisierung von Körper bzw. Geist nicht zur unhinterfragten Norm werden, bedarf es moralischer und ethischer Diskussionen (auch aus der Wirtschaftsethik heraus) ebenso wie rechtlicher Anpassungen.

Hypertext

In Hypertexten werden Informationen vernetzt organisiert und repräsentiert. Es werden vor allem neue Medien zur Umsetzung verwendet. Ein Hypertext setzt sich aus Informationseinheiten, den sogenannten Knoten, und den Verbindungen zwischen diesen Knoten, den Links, zusammen. Die Informationseinheiten sind meist in eine Netz-, Baum- oder Gitterstruktur gebracht, in manchen Fällen indes linear angeordnet. Eine hypertextuelle Darstellung von Information bietet sich immer dann an, wenn Inhalte sowohl umfangreich als auch heterogen sind. Das World Wide Web ist als Hypertext organisiert, wie auch viele Lernprogramme.

Wenn der Hypertext gemeinsam mit Multimedia auftritt, enthalten die Knoten nicht nur Text, sondern ebenso Grafiken, Video oder Audio (Hypermedia).

Manche Experten glauben, dass Hypertextstrukturen mit den Hirnstrukturen in gewisser Weise korrespondieren und besonders effizient und effektiv verarbeitet werden können. Andere gehen davon aus, dass das Gehirn nicht nur in der Lage ist, lineare Texte selbst in einfachere Einheiten zu zerlegen, sondern dass auf diese Weise auch Inhalte besser verstanden und behalten werden.

I – J – K: Identität – Kultur

Identität

Die Identität eines Menschen besteht aus seinen Merkmalen und Verhaltensweisen, seiner Selbst- und Fremdwahrnehmung sowie ihn kennzeichnenden Daten wie Name, Geburtsdatum und Identifikationsnummer. Bekannte können die Identität direkt feststellen, durch Betrachtung oder Gespräch, Fremde indirekt, durch Prüfung eines Ausweises (im Sinne eines Identitätsdokuments) oder biometrischer Merkmale. Wenn man eine Identität behauptet bzw. nachweist, nennt man das Authentisierung (im Netz dienen dazu etwa Benutzername und Passwort), wenn man (im Netz in der Regel ein System) sie prüft, ist das die Authentifizierung.

Im Internet ist es einfach, die Identität zu wechseln. Benutzer nehmen ein Pseudonym an, gefallen sich als Fakes, schlüpfen in Charaktere, machen Rollenspiele und leben ihre Sehnsüchte aus. In manchen Fällen täuschen und verletzen sie andere. Mit der digitalen Identität, generiert mit entsprechenden Karten, Geräten und Systemen (wie Identitätsmanagementsystemen), versucht man der Beliebigkeit entgegenzuwirken und Verlässlichkeit herzustellen. Mit ihr, nun verstanden als Produkt des Netzbürgers, kann aber ebenso absichtlich oder unabsichtlich Verwirrung gestiftet werden. Die Informationsethik untersucht, wie sich Identitäten im virtuellen Raum bilden und verändern und wie sich das moralische Gefüge dabei verhält, auch im Falle der digitalen Identität; zudem widmet sie sich sittlichen Problemen, die sich durch Identitätstäuschung und -missbrauch ergeben, auch bei der Authentisierung. Nicht zuletzt ist sie interessiert an den Implikationen der Authentifizierung.

Industrie 4.0

Der Begriff „Industrie 4.0", ursprünglich ein Marketingbegriff der deutschen Bundesregierung, hat sich inzwischen auch in der Wissenschaft durchgesetzt. Die sogenannte vierte industrielle Revolution, auf welche die Nummer verweist, zeichnet sich durch Individualisierung (selbst in der Serienfertigung) bzw. Hybridisierung der Produkte (Kopplung von Produktion und Dienstleistung) und die Integration von Kunden und Geschäftspartnern in Geschäfts- und Wertschöpfungsprozesse aus. Wesentliche Bestandteile sind eingebettete Systeme sowie (teil-)autonome Maschinen, die sich ohne menschliche Steuerung in und durch Umgebungen bewegen und selbstständig Entscheidungen treffen, und Entwicklungen wie 3D-Drucker. Die Vernetzung der Technologien und mit Chips versehenen Gegenstände resultiert in hochkomplexen Strukturen und cyberphysischen Systemen (CPS) bzw. im Internet der Dinge. Neben der Fabrikation gehören Mobilität, Gesundheit sowie Klima und Energie zu den strategisch wichtigsten Anwendungsfeldern der Industrie 4.0. Damit spielt eine hochmoderne, roboterbasierte Fahrzeugproduktion (Smart Factory und Smart Production) ebenso eine Rolle wie die Weiterentwicklung und Vernetzung von Fahrerassistenzsystemen und selbstständig fahrenden Autos, die Daten sammeln und an Werkstätten und Hersteller schicken. Pflege-, Therapie- und allgemein Serviceroboter ergänzen menschliche Fachkräfte. Sie sind besonders präzise respektive ausdauernd und können rund um die Uhr relevante Informationen auswerten. Die elektronische Patientenakte erspart Redundanzen in der Be-

handlung und kann für automatisierte Benachrichtigungen eingesetzt werden, und auch medizinische Smartwatches, intelligente Pillen und die individualisierte Medizin eröffnen neue Perspektiven. Smart Grid revolutioniert das Energiemanagement und verbindet kleine und große Energieversorger und unterschiedlichste -systeme.
Als ehemaliger Marketingbegriff entzieht sich „Industrie 4.0" – wie „Web 2.0" und „Web 3.0" – ein Stück weit einer wissenschaftlichen Präzisierung. Die Frage ist, was man zur Industrie zählt, was als Industrialisierung bezeichnet werden und ob Industrialisierung (die mit Kommerzialisierung verbunden sein mag) ein wertendes Konzept bedeuten kann. Vorteilhaft sind u. a. Anpassungs- und Wandlungsfähigkeit, Ressourceneffizienz, Verbesserung von Ergonomie und Erhöhung von (bestimmten Formen der) Sicherheit. Nachteilig ist, dass die komplexen Strukturen der Industrie 4.0 hochgradig anfällig sind. Autonome Systeme können falsche Optionen wählen, entweder weil sie unpassende Regeln befolgen oder Situationen und Vorgänge unkorrekt interpretieren. Sie können Menschen verletzen und Unfälle verursachen, was die Soziale Robotik allerdings gezielt zu bekämpfen versucht. Automatisierte Entscheidungen (wenn man diesen Begriff zulässt) in moralischer Hinsicht, mithin die damit zusammenhängenden Probleme, sind Thema der Maschinenethik. Die Informationsethik beschäftigt sich damit, dass man die Systeme manipulieren und hacken kann, dass sie falsche Daten benutzen und falsche Informationen liefern und in feindlicher Weise übernommen werden können. In selbstständig fahrenden Autos und in vernetzten Häusern (Smart Living) werden wir zu gläsernen Fahrern und Bürgern, angesichts medizinischer Roboter und elektronischer Akten zu gläsernen Patienten. Die Wirtschaftsethik kommt hinzu, wenn es um die Ersetzung von Arbeits- und Fachkräften durch (teil-)autonome Maschinen geht.

Industrieroboter

Ein Industrieroboter ist ein Roboter, der in der Industrie, etwa in Produktion und Logistik, eingesetzt wird. Die klassische Variante ist in einem Käfig untergebracht oder anderweitig von Arbeiterinnen und Arbeitern abgeschirmt. Der Kooperations- und Kollaborationsroboter

(Co-Robot oder Cobot) hingegen arbeitet eng mit diesen zusammen und schlägt die Brücke zum Serviceroboter.

Der Industrieroboter ist ein zentraler Teil der Automation und ermöglicht, zusammen mit cyberphysischen Systemen aller Art, die Umsetzung der Industrie 4.0. War er früher vor allem Spezialist, wird er mehr und mehr Generalist, was wiederum mit dem Einsatz von Co-Robots zu tun hat, die schnell eingelernt und mit unterschiedlichen Endstücken ausgerüstet werden können.

Influencer

Influencer haben Einfluss auf die Entwicklung von Themen, das Entstehen von Meinungen und das Verhalten von Menschen, indem sie Beiträge mit einer hohen Reichweite veröffentlichen, etwa in den sozialen Medien, und dort oder anderswo Communities aufbauen und unterhalten. Sie können je nach Ausprägung Meinungsführer, Trendsetter oder Vorbilder in Aussehen und Benehmen sein.

Nicht alle Influencer kommunizieren und interagieren frei und unabhängig. Einige werden von Firmen und Gruppen bezahlt oder unterstützt. Mehr und mehr Unternehmen bedienen sich interner und externer Influencer, um in den sozialen Medien größeren Erfolg zu haben und letzlich höheren Gewinn zu erwirtschaften. Die Einflussnahme ist noch mehr zum Geschäft geworden.

Informatik

Die Informatik (engl. „computer science") ist die Wissenschaft der systematischen Daten- und Informationsverarbeitung, in erster Linie der automatischen Verarbeitung mithilfe von Computern. Sie hat Bezüge zur Mathematik und zur Logik (theoretische Informatik) und zu den Ingenieurwissenschaften. „Data Science", einst ein Synonym, zielt nun auf ein eigenes Arbeitsfeld. Die Informatik ist überaus einflussreich geworden und spielt in fast allen weiteren Disziplinen und in etlichen Anwendungsgebieten eine Rolle. In gewisser Weise hat sie die Philosophie als Leitdisziplin abgelöst. Ein Teilgebiet oder Fachbereich der Informatik ist Informatik und Gesellschaft. In ihm fragt man nach den moralischen und sozialen Implikationen des Einsatzes von IT-Systemen. Die Künstliche Intelligenz kann ebenfalls der Informatik zugeordnet werden, wobei ihre Bedeutung und ihr Gegenstandsbereich inzwischen so groß sind, dass sie auch als eigenständige Disziplin angesehen werden kann. In ihrer Auseinandersetzung mit der Betriebswirtschaftslehre hat die Informatik die Wirtschaftsinformatik hervorgebracht.

Information

Information ist – nach der Schule der Informationswissenschaftler um Rainer Kuhlen – handlungsrelevantes Wissen. Wer andere informiert, übermittelt ihnen Angaben, die für sie wichtig sind, mit denen sie etwas anfangen können und die sie mit Blick auf bestimmte Ziele und Lösungen benötigen. Es geht sozusagen um die Teilmenge von Wissen, die aktuell in Handlungssituationen benötigt wird und vor der Informationsverarbeitung nicht vorhanden ist. Information ist demnach entscheidend von Erwartungen und Situationen abhängig. Während mit Wissen stets ein gewisser Wahrheitsanspruch verbunden ist (falsches Wissen ist kein Wissen mehr), können Informationen (etwa in Form von Fehlinformationen) auch bewusst falsch angelegt sein, um in die Irre zu führen.

Information Retrieval

Information Retrieval (Informationsgewinnung oder -abfrage) beschäftigt sich mit der Suche nach Daten, Informationen und Wissen, vor allem in wenig strukturierten Beständen, etwa in Texten, in multimedialen Datenbanken und im Web. Bekannte Anwendungen sind Kataloge und Suchmaschinen als Suchwerkzeuge sowie digitale Bibliotheken und Bilddatenbanken als Systeme, die Content enthalten.

Bei Suchmaschinen können verschiedene Verfahren für das Einschränken und Erweitern von Suchräumen angewandt werden: Boolesche Operatoren wie AND, OR oder NOT; Strings im Sinne von Wortketten; Trunkierung als Abkürzung von Suchbegriffen (mit Wildcards wie * (Asterisk) oder ? (Fragezeichen) – * für beliebig viele, ? für ein Zeichen); Einschränkungen auf Format, Sprache und Region.

In Unternehmen kann Information Retrieval (IR) für die Suche nach Informationen und Wissen von Bedeutung sein: In Projekten wird Wissen über Produkte, Dienstleistungen, Kunden und Marktumfeld benötigt, oder es wird eine Suchanfrage notwendig, die die Projektarbeit selbst betrifft, etwa bezüglich einer bestimmten Managementmethode. Lehre und Forschung in diesem Bereich finden etwa in der Bibliotheks- und in der Informationswissenschaft statt, wobei die Informationswissenschaft in Deutschland seit 2010 stark an Bedeutung verloren hat. Auch Informatik und Wirtschaftsinformatik sowie Medienwissenschaft haben ihren Anteil.

Informationelle Notwehr

Die informationelle Notwehr entspringt dem digitalen Ungehorsam oder stellt eine eigenständige Handlung im Affekt dar und dient der Wahrung der informationellen Autonomie und der digitalen Identität. Beispielsweise reißt man Personen die Datenbrille herunter, weil man nicht aufgenommen werden will, man hält Street-View-Autos an, von denen man erfasst worden ist, und fordert zur Datenlöschung auf, man schießt private Drohnen ab, die einen mithilfe von Kamera und Mikrofon observieren, oder man ist als Fake auf solchen Plattformen unterwegs, die persönliche Daten wirtschaftlich nutzen. Ob bei Schäden und Verstößen mildernde Umstände oder gar Ansprüche auf Straffreiheit geltend zu machen sind, wird im Einzelfall zu entscheiden sein. Ein Begriff mit weiterer Bedeutung ist die „digitale Selbstverteidigung".

Informations- und Kommunikationstechnologien

Informations- und Kommunikationstechnologien („IKT" oder auch engl. „ICT" – für „information and communication technologies" – abgekürzt) sind (meist computergestützte) Technologien zur Gewinnung und Verarbeitung von Informationen und zur Unterstützung von Kommunikation. Zuweilen spricht man auch von Information und Kommunikation (IuK) bzw. von IuK-Technologien. Zudem werden die Technologien separat benannt, wie in den Begriffen „Informationstechnologie (IT)", „Informationstechnologien" und „Kommunikationstechnologien" oder im Falle der „computer-mediated communication" (engl.). Eng verwandt mit dem Begriff sind die „Neuen Medien". Beispiele für IKT sind im Allgemeinen Computer und Software, im Besonderen Internet, Chats und Diskussionsforen. Bei einer weiten Begrifflichkeit kann man auch Telefon und Fernsehen hinzuzählen.

Informationsethik

Die Informationsethik hat die Moral derjenigen zum Gegenstand, die Informations- und Kommunikationstechnologien (IKT), Informationssysteme und neue Medien anbieten und nutzen. Sie geht der Frage nach, wie sich diese Personen, Gruppen und Organisationen in moralischer Hinsicht verhalten (empirische Informationsethik) und verhalten sollen (normative Informationsethik). Man ordnet der Bereichsethik der Informationsgesellschaft die Computerethik und die Netzethik (sowie eine „Neue-Medien-Ethik") zu und nennt sie umgangssprachlich auch digitale Ethik.
Bekannte Begriffe der Informationsethik sind „informationelle Autonomie" (eher rechtlich konnotiert: „informationelle Selbstbestimmung"), „Informationsfreiheit", „Informationsgerechtigkeit" und „digitaler Ungehorsam". Wichtige Methoden sind die diskursive und die dialektische. Die Informationsethik kann eben diese Begriffe und Methoden in Ethikkommissionen und Konfliktgespräche einbringen. Andere Bereichs-

ethiken wie Medizinethik, Wirtschaftsethik und Technikethik müssen sich mit ihr verständigen, da bei ihnen Computertechnologien eine immer größere Rolle spielen. Die Informationsethik kann beispielsweise Chancen und Risiken von implantierten Chips, Datenbrillen, Fotodrohnen, selbstständig fahrenden Autos, Industrie-, Service- und Kampfrobotern herausarbeiten. Es ist sinnvoll, dass sie diese zunächst genau beschreibt und abgrenzt, bevor sie Aussagen trifft. So ist etwa von Bedeutung, ob Kameras und Systeme für Gesichtserkennung bzw. KI-Systeme vorhanden oder ob die Roboter autonom und vernetzt sind. Auch Phänomenen wie Big Data und Cloud Computing wendet sich die Informationsethik zu.

Informationsflut

„Informationsflut" – in ähnlich drastischer Bildsprache auch „Information Overkill" oder „Information Overload" – ist ein Begriff, der mit dem wachsenden und bald unüberschaubaren Informationsangebot des Internets populär wurde. Obwohl oder gerade weil immer mehr Informationen vorhanden sind, wird es immer schwieriger, relevante Ressourcen zu finden. Die Wendung „lost in hyperspace" veranschaulicht das Sichverlieren in der scheinbaren Unendlichkeit des virtuellen Raums. Konzepte wie Semantic Web sollen einen Ausweg aus der Misere bahnen.

Informationsfreiheit

Informationsfreiheit (auch Informationszugangsfreiheit oder Informationsrecht) bedeutet allgemein den freien Zugang zur Information und speziell die Möglichkeit der Einsicht in Dokumente und Akten. Sie hängt unmittelbar mit der Informationstransparenz zusammen. Der englische Begriff „freedom of expression" zielt in eine ähnliche Richtung, zugleich die Meinungs- und Redefreiheit ansprechend.
Der Zugang zur Information wird auf staatlicher Ebene durch Informationsfreiheitsgesetze geregelt, auf kommunaler durch Informationsfreiheitssatzungen. Die Informationsethik beschäftigt sich sowohl mit

der Informationsfreiheit als auch mit der Meinungsfreiheit in der Informationsgesellschaft, zusammen mit der Medienethik auch mit der Meinungsfreiheit in Kommentarbereichen von Massenmedien.

Informationsgerechtigkeit

Gerechtigkeit im objektiven Verständnis ist nach Otfried Höffe das grundlegende normative Prinzip des äußeren Zusammenlebens in seinen Kooperations- und Konfliktaspekten. Sie beruhe weder auf freier Zuneigung noch gehe sie beim Handeln über das hinaus, was man einem anderen schuldet.
Für Rainer Kuhlen ist Gerechtigkeit ein zentrales soziales Prinzip der Ethik im Allgemeinen und der Informationsethik im Besonderen. Die Informationsgerechtigkeit ist eine Form der Gerechtigkeit, die sich auf den Zugang zur Information und zu Informations- und Kommunikationstechnologien bezieht. In der Tendenz widerspricht der digitale Graben dem Gerechtigkeitsprinzip.

Informationsgesellschaft

Die Informationsgesellschaft ist eine Wirtschafts- und Gesellschaftsform, in der die Gewinnung, Speicherung, Verarbeitung, Vermittlung, Verbreitung und Nutzung von Informationen und Wissen einschließlich wachsender technischer Möglichkeiten der Kommunikation und Transaktion zentrale Merkmale sind. Die Informationsethik untersucht, wie sich deren Mitglieder in moralischer Hinsicht verhalten bzw. verhalten sollen; ebenso betrachtet sie unter sittlichen Gesichtspunkten das Verhältnis der Informationsgesellschaft zu sich selbst, auch zu nicht technikaffinen Mitgliedern, und zu wenig technisierten Kulturen.

Informationskompetenz

Der Begriff der Informationskompetenz bezieht sich auf die Beschaffung von und den Umgang mit Informationen und Wissen, vor allem in der Informationsgesellschaft. Wer sich über Fachdatenbanken relevante elektronische Artikel herunterlädt, zeigt genauso Informationskompetenz wie jemand, der ein Literaturverwaltungsprogramm benutzt und damit Quellenverzeichnisse erstellt. Die Informationskompetenz hängt insofern mit der Medienkompetenz zusammen und gehört wie diese zu den Schlüsselqualifikationen des Informationszeitalters. Dass sie auch mit der Informationsethik zu tun hat, zeigt sich an zahlreichen Themen wie Hochpreisigkeit von Studien, Diebstahl geistigen Eigentums, Datenmanipulation und Matthäus-Effekt.

Informationsmanagement

Der Schwerpunkt des Informationsmanagements liegt auf der Konzeption sowie der Einführung und dem Betrieb von Informations- und Kommunikationstechnologien und Informationssystemen in Unternehmen und Organisationen. Eine Informationsinfrastruktur soll an den strategischen Zielen ausgerichtet, langfristig geplant sowie mittel- und kurzfristig beschafft und eingesetzt werden. Der Begriff funktioniert damit ähnlich wie derjenige der Informationsethik: Es geht ebenfalls um Information, vor allem aber um Informations- und Kommunikationstechnologien. Wissensmanagement richtet sich auf den Umgang mit der Ressource Wissen und nutzt dazu die Informationsinfrastruktur. Manchmal wird mit dem Begriff des Informationsmanagements auch eine Form des Wissensmanagements bezeichnet, womit man näher bei der eigentlichen Information wäre. Persönliches Informationsmanagement tritt mehr und mehr unter dem Namen des persönlichen Wissensmanagements auf, wobei dieses weiter gefasst werden kann, etwa individuelle Entwicklungs- und Lernprozesse einbeziehend.

Informationsrecht

Zum Informationsrecht gehören IT- und Internetrecht. Im Sinne des Rechts auf Information ist es eng verwandt mit der Informationsfreiheit bzw. der Informationszugangsfreiheit. Die Moral kann in das Recht münden; genauso kann das Recht die Moral beeinflussen. Es ist aber wichtig, in bestimmten Fragen beide Bereiche scharf zu trennen. Die Informationsethik mag sich mit der auf Informationsrecht spezialisierten Rechtswissenschaft zusammentun, um die Zusammenhänge und Widersprüche zwischen Moral und Recht der Informationsgesellschaft herauszuarbeiten, und sich mit ihr der Fundierung und Regulierung der Informationsfreiheit widmen.

Informationswissenschaft

Die Informationswissenschaft ist eine Disziplin, die in den USA etabliert ist und im deutschsprachigen Raum in den 1990er-Jahren eine Blütezeit erlebt hat, was insbesondere das Verdienst von Rainer Kuhlen ist. Er hat sich aus ihr und der Philosophie heraus intensiv mit Informationsethik beschäftigt. An der Universität Konstanz, seinem Wirkungsort, war die Informationswissenschaft in jener Dekade aufgeteilt in die Bereiche Informationssysteme (mit Überschneidungen zu Informatik und Wirtschaftsinformatik), Informationsmanagement (mit Überschneidungen zur Wirtschaftsinformatik) und Informationsvermittlung und -aufbereitung (mit Überschneidungen zum Bibliotheks- und Archivwesen, zur Softwareergonomie und zum Webdesign). Weitere wichtige Orte für die Informationswissenschaft sind Chur und Graz.

Informationszeitalter

Das Informationszeitalter ist die im letzten Drittel des 20. Jahrhunderts einsetzende und immer noch andauernde Epoche des Übergangs von der Industrie- zur postindustriellen Gesellschaft, in der die (vor allem computergestützte) Gewinnung, Speicherung, Verarbeitung, Vermittlung, Verbreitung und Nutzung von Informationen und Wissen einschließlich wachsender technischer Möglichkeiten der Kommunikation und Transaktion eine wesentliche Rolle spielen und die die Informationsgesellschaft hervorbringt.

Inklusion

Mit dem Ansatz der Inklusion, nach dem englischen Begriff auch Inclusion genannt, will man die Einbeziehung von Personen und die Zusammenarbeit innerhalb von Gruppen sicherstellen. Er ist eng verbunden mit der Diversity, im Deutschen auch Diversität genannt, also mit dem Versuch, Vielfalt zu erkennen und zu fördern, Benachteiligung zu vermindern und Chancengleichheit zu erreichen.
In Unternehmen und Hochschulen wird Inklusion wie Diversität in Strategien und Richtlinien verankert. Gleichstellungsbeauftragte und Diversity-and-Inclusion-Abteilungen kümmern sich um die Erfüllung von Verpflichtungen und Bestimmungen und die Ahndung von Verstößen. Sie wirken im besten Falle integrierend, indem sie neben den Unterschieden und Besonderheiten die Gemeinsamkeiten von Personen und Gruppen betonen.
Inclusion wurde wie Diversity nicht nur als gesellschaftliche Pflicht, sondern auch als wirtschaftliche Chance erkannt. Im Zuge der Identitätspolitik tragen Anstrengungen im Bereich der Diversity allerdings auch zur Separierung bei. Die Inclusion kann dies wiederum, verknüpft mit Überzeugungen eines Universalismus, ein Stück weit ausgleichen. Die Ethik bringt Gleichberechtigung, -behandlung und -stellung im Kontext von Diversity und Inclusion mit der Idee der Gerechtigkeit in Beziehung.

Innovation

Der Begriff der Innovation trägt etymologisch das „Neue" bzw. die „Neuerung" in sich. Kreative Ideen oder neues Wissen sind noch keine Innovation, aber wichtige Vorbedingungen und Vorläufer. Innovationen resultieren dann aus Ideen, wenn diese in neue Materialien, Produkte, Dienstleistungen oder Verfahren umgesetzt werden, die eine erfolgreiche Anwendung finden und den Markt durchdringen.

Aus Sicht der Informationsethik interessiert, wie Innovation in der Informationsgesellschaft möglich ist, ohne deren Moral in unpassender Weise zu untergraben. Instrumente wie Creative Commons gehören zu den Innovationen der Informationsgesellschaft, so wie Augmented Reality oder das Internet der Dinge.

Innovationsmanagement

Beim Innovationsmanagement geht es um die systematische Gestaltung und Unterstützung des Innovationsprozesses von der Generierung neuer Ideen über deren Umsetzung in neue Produkte, Dienstleistungen oder Verfahren bis hin zu deren Verbreitung, also zur Durchdringung des Markts. Innovationsmanagement findet meistens im Unternehmen statt und wird von entsprechenden Experten (zum Beispiel einem Innovationsmanager) betrieben; es werden aber zuweilen externe Parteien und Dienstleister hinzugezogen. Es kann sich auch insgesamt um eine externe bzw. eigenständige Dienstleistung handeln.

Das Three Horizons Framework (Drei-Horizonte-Modell) soll dabei helfen, aktuelle und zukünftige Wachstumschancen gleichzeitig zu nutzen. Es gilt als Strategie- und Innovationswerkzeug und erlaubt es, Aussagen zur Disruptivität einzuordnen.

Instant Messaging

Mithilfe von Instant-Messaging-Systemen kann man Personen, die gerade online im Internet oder Intranet sind, eine Nachricht senden. Der Unterschied zu E-Mail besteht in der Unmittelbarkeit des Nachrichtenaustauschs; die neue Nachricht wird sofort in einem sich neu öffnenden Fenster des Empfängers eingeblendet.

Es handelt sich also von der Ursprungsidee her um keine asynchrone, sondern eine synchrone Form der Kommunikation. Allerdings können Textnachrichten häufig zwischengespeichert werden. Zudem ist es inzwischen populär, Sprachdateien zu verschicken, die dann zu einem beliebigen Zeitpunkt angehört werden können.
Bei Instant Messaging werden alle Benutzer über die Bereitschaftsanzeige eingeblendet, sobald sie online bzw. aktiv sind. Der Austausch von Nachrichten und Dateien kann zwischen zwei Teilnehmern erfolgen, ähnlich wie bei privaten Dias in Chats, oder innerhalb eines Teilnehmerkreises (Gruppenchat).

Intelligente Kontaktlinsen

Intelligente Kontaktlinsen sind Kontaktlinsen, die Daten zur Gesundheit ihres Trägers übermitteln oder Medikamente abgeben sollen. Man kann sie auch zur Steuerung von Geräten verwenden, wenn sie das Augenblinzeln oder die Blickrichtung registrieren. Firmen wie Google und Novartis sind im neuen Jahrtausend auf diesem Gebiet aktiv geworden. Sie haben oder hatten u. a. Zuckerkranke im Visier.

Intelligente Maschinen

Intelligente oder smarte Maschinen sind Maschinen, die unterschiedliche Situationen beurteilen und oft mehr oder weniger selbstständig agieren können. Insofern handelt es sich um (teil-)autonome Systeme, die Elemente künstlicher Intelligenz und auch des Machine Learning aufweisen mögen.
Der Begriff der intelligenten Maschinen wird zuweilen kritisiert. Allerdings wird mit ihm schlicht und ergreifend auf menschliche Fähigkeiten verwiesen, keinesfalls behauptet, dass diese im maschinellen Kontext gleichartig bzw. vollumfänglich vorhanden sind. Ebenso verhält es sich bei „moralischen Maschinen" oder „sozialen Robotern".

Intelligentes Spielzeug

Bedeutete der Begriff des intelligenten Spielzeugs früher, dass dieses das Kind fordert und fördert, fallen heute mehr und mehr Puppen, Stofftiere und Gerätschaften darunter, die Chips oder sogar Elemente der KI aufweisen und mit Systemen wie Watson von IBM verknüpft sind, die Gesprochenes verstehen und auswerten. Bekannte Beispiele sind der Dinosaurier unter dem Label von CogniToys und Hello Barbie von Mattel. Die „smart toys" (engl.) können ins Kinderzimmer hineinhorchen und den Eltern die Resultate ihrer Analyse liefern. Damit gefährden sie, wie auch spezielle Handys, Uhren und Armbänder, die informationelle Autonomie des Nachwuchses, greifen in seine Privat- und Intimsphäre ein und brechen Kinderrechte, wie sie in der UN-Kinderrechtskonvention festgelegt sind.

Interaktion

Der Begriff „Interaktion" bedeutet ursprünglich „Wechselwirkung", „wechselseitige Beeinflussung von Individuen oder Gruppen" oder „wechselseitiges Vorgehen". Im medialen und technischen Bereich wird der Begriff der Interaktion oder der Interaktivität auf das Verhältnis zwischen Benutzer und Medium bzw. Mensch und Maschine angewandt („Mensch-Maschine-Interaktion", auch als Bezeichnung für die Disziplin), sodass man von einer Wechselwirkung zwischen diesen sprechen kann oder auch davon, dass das Medium oder die Maschine selbst interaktiv ist, also eine solche Wechselwirkung zulässt. Im weitesten Sinne handelt es sich um Formen der Kommunikation und damit um eine Art der Mensch-Maschine-Kommunikation bzw. des Mensch-Maschine-Dialogs. Im engeren Sinne kommuniziert man mit dem System, wenn dieses – wie Chatbots oder virtuelle Assistenten – natürlichsprachliche Fähigkeiten besitzt. Die Interaktion kann auch zwischen Menschen stattfinden, etwa mithilfe von Informations- und Kommunikationstechnologien, zwischen Maschinen (Maschine-Maschine-Interaktion) und zwischen Tieren und Maschinen (Tier-Maschine-Interaktion).

Interaktive Werbeflächen

Interaktive Werbeflächen sind Plakate, Terminals, Säulen etc., die sich automatisch auf Passanten, Besucher, Kunden und Interessierte einstellen und mit diesen in eine Interaktion treten. Sie können als Sonderform von Digital Signage aufgefasst werden. Teilweise werden Bewegungsmelder sowie Bild- und Mustererkennung zur Bestimmung von Geschlecht, Größe und Alter verwendet. Eine Ausprägung ist der Terminal, der in Läden und bei Messen bzw. am Point of Sale vorkommt und Information, Kommunikation und Interaktion in Bezug auf Produkte und Dienstleistungen unterstützt und ermöglicht. Eine andere Umsetzung sind digitale Plakate und Säulen an Straßen und auf Plätzen.

Konkret können interaktive Werbeflächen anwesende Personen kontaktieren, bestimmte Kennzeichen identifizieren und personalisierte Werbung einblenden. Auch das virtuelle Anprobieren von Kleidungsstücken und Brillen, das virtuelle Einrichten von Räumen und das Schießen von Selfies mit eingeblendeten Prominenten können angeboten werden. Die Fähigkeit zur natürlichsprachlichen Kommunikation ist wichtig, wenn Fragen beantwortet und Beziehungen aufgebaut werden sollen. Lichtzeichen und Signaltöne können für Aufmerksamkeit sorgen. Durch Menschen und Maschinen bewegbare und sich selbst bewegende Geräte sind flexibel nutzbar, aus Sicherheitsgründen aber nicht unproblematisch. Eine Integration von sozialen Medien bietet sich an, damit Produkte empfohlen und Informationen zu Dienstleistungen verbreitet werden können. Dabei – und bei Eingabe und Steuerung – kann das Smartphone eine wichtige Rolle spielen.

Interaktive Werbeflächen an Straßen und auf Plätzen sind der Gefahr des Vandalismus ausgesetzt. In Verkaufsräumen und Schaufenstern sind sie in der Regel gut geschützt. Sie können sich grundsätzlich auch selbst überwachen, ohne dass mutwillige Zerstörung ganz auszuschließen ist. Bei Touchscreens stellt sich die Frage nach der Hygiene und der Möglichkeit der Übertragung von Krankheiten. Interaktive Werbeflächen können in die Privatsphäre eingreifen, selbst in öffentlichen Bereichen, und das Persönlichkeitsrecht verletzen sowie die informationelle Autonomie beschädigen. Dies ist Thema der Informationsethik. Die Maschinenethik fragt nach moralisch adäquaten Entscheidungen der Plakate und Terminals, die Medienethik nach der Reizüberflutung im (teil-)öffentlichen Raum.

Internet

Das Internet ist ein weltweites Computernetzwerk, das Rechner aller Art auf der Basis der Protokollgruppe Transmission Control Protocol over Internet Protocol (TCP/IP) verbindet und dessen Anfänge in die 60er-Jahre des 20. Jahrhunderts reichen. In das Internet gingen verschiedene Netze wie das Arpanet oder das Usenet ein; man bezeichnet es deshalb auch als „Netz der Netze". Bereits in den 1970er-Jahren wurden Internetdienste wie Diskussionsforen zur Kommunikation und zum Austausch von Dateien genutzt. Ende der 1980er-Jahre kam der Chat hinzu. Als um 1990 das World Wide Web (WWW) als Hypertextsystem mit grafischer Benutzeroberfläche entstand, wurde das Internet schlagartig populär. Millionen von Websites und Tausende von Diensten machen es zu einem hochkomplexen Informations- und Kommunikationsangebot.

Das Internet hat zu Beginn enorme Hoffnungen aufkommen lassen, in Bezug auf Information und Kommunikation, gesellschaftliche Fragen wie Demokratie und globale Informatisierung sowie ökonomische Potenziale. Die Realität hat viele dieser Hoffnungen eingeholt, aber dennoch ist das Internet mehr eine Revolution als eine Evolution geworden. Viele Internetdienste sind aus unserem Alltag und unserem Berufsleben nicht mehr wegzudenken und verändern Abläufe auf dramatische Weise. Totalitäre Staaten versuchen – dies ein Hinweis auf die vermutete Macht des Mediums – den Zugriff auf das Internet einzuschränken, entweder über die Blockierung von Netzen, Rechnern und Websites, mit Unterstützung von Suchmaschinen und Katalogen, die Websites aus ihrem Index streichen, oder mit einer Authentifizierung, also der Prüfung der vom Benutzer behaupteten Identität.

Dass das Internet teilweise immer noch als gleichsam mystischer Ort wahrgenommen wird, zeigen Begriffe wie „Cyberspace" oder „Hyperspace". Während in dem einen – der Steuermannskunst und Raum bzw. Weltraum zusammenbringt – Virtualität und Fiktionalität von Computern und insbesondere Computernetzen beschworen werden, spielt der andere auf die scheinbare Unendlichkeit des Internets an, in der sich Benutzer jederzeit verlieren können („lost in hyperspace"). Andere Wortbildungen und Metaphern wie „Datenautobahn" oder „Information Highway" sterben dagegen aus und haben fast nur noch historische Bedeutung.

Ein Problem der 2010er-Jahre ist, dass viele Benutzer soziale Netzwerke als das Internet wahrnehmen und private Anbieter das freie WWW an den Rand drängen. Dies wird durch Millionen von Websites und Plattformen unterstützt, die Funktionen und Buttons der Social Networks und Microblogs (etwa die Like-Buttons) verwenden und im Kommentarbereich eine Anmeldung über deren Dienste erlauben oder vorschreiben. Selbst öffentlich-rechtliche Radio- und Fernsehsender kommunizieren mit ihren Hörern und Zuschauern über privatwirtschaftliche Social-Media-Dienste und verstärken so die neue Eindimensionalität.

Gegen Zentralisierung und Monopolisierung in Internet und WWW wenden sich Projekte wie Solid. Mit diesem sollen die dezentralen Mechanismen wiederhergestellt werden. Dabei haben die von Befugten gepflegten und beaufsichtigten Solid PODs, Speicher für persönliche und soziale Daten, eine wichtige Funktion. Tim Berners-Lee, der Initiator von Solid und des Solid POD, will damit auch die informationelle Autonomie stärken und letztlich die Privatsphäre schützen.

Internet der Dinge

Das Internet der Dinge (Internet of Things, IoT) vernetzt mit IT angereicherte und eindeutig identifizierbare Dinge, Tiere und Menschen miteinander und lässt sie auf technischem Wege miteinander kommunizieren. Es wandelt sich von einer Vision zu einer immer weiter verbreiteten Realität. Denkende Dinge (engl. „thinking things") können ein Teil des Internets der Dinge sein, vernetzte Objekte (engl. „networked objects") sind es auf jeden Fall; übergeordnete Konzepte sind Ubiquitous und Pervasive Computing. Wearables können genauso zum Internet der Dinge gehören wie Gerätschaften und Fahrzeuge, die Rückmeldung an

die intelligente Fabrik geben zur Anpassung und Verbesserung der Produktion (Industrie 4.0).
Im Rahmen der Informationsethik stellen sich Fragen nach informationeller und persönlicher Autonomie, nach Überwachungsstaat und -gesellschaft. Auch die (Verletzung der) Würde von Lebewesen bzw. ihre Instrumentalisierung und die (Versehrtheit der) Schönheit von Gegenständen kann thematisiert werden, sodass es Überschneidungen mit Bereichsethiken wie der Tierethik, aber auch mit philosophischen Disziplinen wie der Ästhetik gibt. Die Maschinenethik kommt ins Spiel, wenn die (teil-)autonomen, intelligenten Maschinen mit den Dingen interagieren und dabei moralische Aspekte berührt werden.

Internet of Bodies

Das Internet of Bodies (IoB), das Internet der Körper, kann als Teilbereich oder Erweiterung des Internet of Things (IoT), des Internets der Dinge, verstanden werden. Es vernetzt Dinge miteinander, die in bzw. an menschlichen oder tierischen Körpern untergebracht bzw. angebracht sind und die auf die Umgebung oder den Körper selbst einwirken können, und es verbindet sie mit Geräten und Systemen aller Art. Es hängt zusammen mit Bodyhacking bzw. Human und Animal Enhancement. Insgesamt ist wie beim Internet der Dinge überhaupt der Aspekt der Vernetzung im informationstechnischen Sinne entscheidend.
Mithilfe des Internet of Bodies werden Daten gesammelt und ausgetauscht sowie Körper und Geräte gesteuert und überwacht. Man kann Menschen erfassen oder in Ansammlungen zählen und diese in ihrer Dynamik visualisieren, das Verhalten von Schwärmen und Herden erforschen und Interaktion und Kommunikation von Lebewesen auf eine neue Grundlage stellen. Elektronische Patientenakten und digitale Zwillinge von Patienten können ebenso gefüttert werden wie Anwendungen von Smart Home, Smart Factory und Smart City. Roboterautos passen mit Hilfe des IoB ihr Innenleben und Fahrverhalten künftig automatisch an, Personen und Gruppen erhalten spezifische Informationen und Rabatte, ohne sich ausweisen oder einloggen zu müssen.

Das Internet of Things vernetzt mit IT angereicherte und eindeutig identifizierbare Dinge, Tiere und Menschen miteinander und lässt sie auf technischem Wege miteinander kommunizieren. Es wandelt sich von einer Vision zu einer immer weiter verbreiteten Realität. Denkende Dinge (engl. „thinking things") können ein Teil des Internets der Dinge sein, vernetzte Objekte (engl. „networked objects") sind es auf jeden Fall. Wearables können genauso zum Internet der Dinge gehören wie Gerätschaften und Fahrzeuge, die Rückmeldung an die intelligente Fabrik geben zur Anpassung und Verbesserung der Produktion (Industrie 4.0), zudem Implantate in menschlichen und tierischen Körpern.

Beim Bodyhacking greift man invasiv oder nichtinvasiv in den tierischen oder menschlichen Körper ein, oft im Sinne des Animal bzw. Human Enhancement und zuweilen mit der Ideologie des Transhumanismus. Es geht um die physische und psychische Umwandlung, und es kann der tierische oder menschliche Cyborg resultieren. Bodyhacking ist eine Sonderform von Biohacking. Ein weiterer Begriff in diesem Zusammenhang ist „Human Augmentation". Personen, die sich Near-Field-Communication-Chips (NFC-Chips) implantiert haben, um Türen zu öffnen, Rechnungen zu bezahlen und Geräte zu bedienen, oder Magneten, um Metall aufzuspüren, sind Beispiele für Bodyhacking.

Das Internet of Bodies kann man aus ethischer Perspektive als Versuch sehen, das eigene oder fremde Leben und Erleben zu gestalten und zu verbessern und es in einen neuen Zusammenhang zu bringen. Problematisch wird es, sobald wirtschaftlicher, politischer oder gesellschaftlicher Druck entsteht, etwa wenn das Tragen eines Chips zur Steuerung von Geräten und Systemen, zur Speicherung und Übermittlung von Daten und zur Identifizierung von Personen zur Norm wird, der sich kaum jemand entziehen kann (was von Wirtschafts-, Politik- und Informationsethik thematisiert werden mag). Das Hacken ist ein besonderes Problem, zumal über manche Implantate biologische Prozesse beeinflusst werden können, und wie beim Internet der Dinge überhaupt öffnen sich bei zunehmender Ausdehnung und zunehmendem Vernetzungsgrad immer mehr Einfallstore.

Internetdienst

Internetdienste sind Dienste, die auf Technologien des Internets aufsetzen und Benutzer bei Anforderungen und Aufgaben unterstützen oder zu ihrer Unterhaltung beitragen. Beispiele sind E-Mail, Chats, Diskussionsforen, Instant Messaging, Agenten, Suchmaschinen und das World Wide Web. Mit Digital Services gibt es Überschneidungen.

Internetrecht

Das Internet ist kein rechtsfreier Raum, und grundsätzlich gelten in Online- und Offlinewelt die gleichen Gesetze. Ein Problem ist allerdings, dass Anbieter, Dienste und Ressourcen weltweit verteilt sind und es zu Kollisionen zwischen nationalen Regelungen kommen kann. Ein anderes Problem ist, dass neue Gegenstände auftreten, auf die das bisherige Recht nicht passt. Nicht zuletzt wird man als Geschädigter oder Strafverfolgungsbehörde durch die oftmals gegebene Anonymität der Benutzer vor Herausforderungen gestellt. Das Internetrecht (auch Onlinerecht) entsteht an der Schnittstelle der verschiedenen Rechtsgebiete, die sich mit Computern und Netzen beschäftigen, und bezieht sich auf die rechtlichen Aspekte bei deren Nutzung. Es ist ein Teilbereich des Informationsrechts. Insofern die Moral dem Recht vorausgehen oder nachfolgen kann, ist es auch mit der Informationsethik verbunden.

Journal

Ein Journal ist eine wissenschaftliche Fachzeitschrift, in der Fachbeiträge veröffentlicht werden. Im Bereich der Digitalisierung (z. B. in der Informatik, der Wirtschaftsinformatik und der Sozialen Robotik) gibt es zahlreiche Journals, etwa von Springer, Elsevier oder Frontiers Media. Die Artikel werden i. d. R. doppelt blind begutachtet. Im Falle von Open Access sind sie frei verfügbar.

Journalismus

Der Begriff des Journalismus bezeichnet die Tätigkeit von Journalisten, etwa bei Printmedien, bei Radio und Fernsehen und bei Blogs. Roboterjournalismus unterstützt und ersetzt klassischen Journalismus, beispielsweise indem Robo-Content produziert wird. Drohnen liefern Aufnahmen von oben, auch aus abgelegenen Gebieten oder gefährlichen Situationen (engl. „drone journalism"). Live- oder Real-time-Journalismus ist anscheinend das Gebot der Stunde, führt aber tendenziell zu oberflächlichen Beiträgen. Der Journalist sollte sagen, was ist, um Rudolf Augstein wiederzugeben, und sich mit keiner Sache gemein machen, um Hanns Joachim Friedrichs zusammenzufassen, nur mit der Wahrheit (damit auch mit der Wissenschaft), um eben das sagen zu können, was ist. Allerdings gewinnt seit den 2010er-Jahren in Missachtung dieser Regeln ein Haltungsjournalismus mehr und mehr Auftrieb. Viele Journalisten sind zugleich Aktivisten und versuchen ihre Vorstellungen von Gerechtigkeit (auch in der Sprache) durchzusetzen.

Joystick

Ein Joystick (engl. „joy": „Freude"; engl. „stick": „Stock") ist ein Eingabegerät für Computer, Spielkonsolen, Flug- und Fahrzeuge sowie Roboter. Man bewegt damit Elemente in der Virtualität oder Komponenten in der Realität. Der Joystick liegt im besten Falle gut in der Hand und gestattet schnelles und genaues Agieren und Reagieren. Er gehört wie das Gamepad und das Lenkrad zu den Controllern.

JPEG

JPEG – der Name geht auf die 1983 gegründete Joint Photographic Experts Group zurück – ist ein im WWW weit verbreitetes Grafikformat mit einer verlustbehafteten Kompression. Auch bei der digitalen Fotografie spielt es eine wichtige Rolle. PNG und GIF, zwei Dateiformate für das Internet, erlauben eine verlustfreie Kompression.

Kaffeeroboter

Kaffee ist ein bräunliches bis schwarzes, koffeinhaltiges Getränk, zubereitet aus gerösteten und gemahlenen Kaffeebohnen, den Samen der Frucht des Kaffeestrauchs. Wegen seiner anregenden Wirkung wird es in Unternehmen ebenso geschätzt wie an Hochschulen. Es ist ein Lebenselixier für die breite Masse und eine Hirnstimulanz für viele Schriftsteller und Maler sowie Designer und Programmierer jeden Geschlechts. Gegen die Bitterkeit, die nicht jedermanns Geschmack ist, helfen Zucker und Milch.
Kaffee hat im Mittelalter von Afrika (Äthiopien) aus über Arabien seinen Siegeszug um die ganze Welt angetreten. Die Pflanze wird heute in etwa 50 Ländern mit mildem, ausgeglichenem Klima kultiviert, in Brasilien, Vietnam und Kolumbien ebenso wie – in weit geringerem Maße – in Hawaii. Früher fand man sie im Schatten großer Bäume, später fast nurmehr in Monokulturen. Bis heute gibt es Sklavenarbeit auf Plantagen. Im 16. Jahrhundert entstanden in Istanbul Kaffeehäuser, im 17. Jahrhundert in Venedig, London, Wien und Bremen.
Bei der Kaffeezubereitung wird das Kaffeepulver mit heißem Wasser übergossen, wobei ein Filter aus Metall oder Papier verwendet werden kann. Die Brühzeit ist je nach Zubereitungsart unterschiedlich. Zur Verfügung stehen Presskannen oder Kaffeemaschinen für Filterkaffee. Für Espresso eignen sich Stahl- oder Aluminiumkocher, die auf den Herd gestellt werden, sowie Kolbenmaschinen und Vollautomaten. Bei Spezialitäten wie Cappuccino und Latte Macchiato wird Milch bzw. Milchschaum zugesetzt. Wichtig ist ein angemessenes Trinkgefäß. In Cafés und Bars ist der Barista (it. für „Barkeeper") für die Zubereitung der Kaffeegetränke zuständig.
Kaffeeroboter wie ELLA – oft „Robot Baristas" genannt – werden z. B. in Cafés in Singapur eingesetzt. Café X ist in San Francisco vertreten. Die Roboterarme mit mehreren Freiheitsgraden können den Becher in die Maschine schieben und nach der Befüllung herausnehmen, zudem Milch

erwärmen und aufschäumen. Über eine App überträgt der Kunde seine individuellen Wünsche an den Roboter. Geräte dieser Art bereiten auch Cocktails zu. ELLA und Co. arbeiten in der Nähe von Menschen und an Orten mit einer hohen Geselligkeit. In ihrem Aussehen und ihren Funktionen sind sie mit Cobots in der Fabrik vergleichbar.

Kampfroboter

Kampfroboter, auch als Kriegs- und Militärroboter bekannt, sind ferngesteuerte oder aber teilautonome bzw. autonome Maschinen, die in kriegerischen Auseinandersetzungen der Ablenkung in Bezug auf Ressourcen, der Auskundschaftung von Stützpunkten sowie der Beobachtung und der Beseitigung von Gefahren und Gegnern dienen. Wenn sie Standorte bewachen, haben sie eine Nähe zu Sicherheitsrobotern, wenn sie nach Minen suchen und diese räumen und sprengen, zu Minenrobotern, wenn sie Transporte durchführen, zu Transportrobotern. Auch Kampfdrohnen sind, ein weiter Begriff vorausgesetzt, Kampfroboter. Man kann Kampfroboter als Serviceroboter ansehen, sie aber genauso als eigene Kategorie begreifen. Der Begriff des Militärroboters kann nicht nur als Synonym, sondern auch als Überbegriff verwendet werden. Bei ferngesteuerten und teilautonomen Systemen, ob für den Einsatz in der Luft oder auf dem Boden gedacht, ist typischerweise nebst dem mobilen Roboter eine Kontrollstation respektive Steuerzentrale auf dem Boden vorhanden.

Ferngesteuerte und teilautonome Kampfroboter sind weltweit im Einsatz. Autonome Systeme werden mit Hochdruck erforscht, vor allem an Universitäten und in den Labors der Waffenhersteller in den USA, in Israel und in Asien, als Prototypen entwickelt und getestet und in mehreren Ländern bereits im Normalbetrieb eingesetzt. Je nach Anwendungsbereich haben sich ganz unterschiedliche Typen herausgebildet. Auf dem Boden sind bewaffnete und unbewaffnete Systeme im Gebrauch. Der Battlefield Extraction-Assist Robot (BEAR) und Bigdog transportieren Verletzte und Gegenstände, Talon und Packbot entschärfen Sprengstoffe. Das englische Modular Advanced Armed Robotic System (MAARS) und der amerikanische XM1219 Armed Robotic Vehicle-Assault-Light (ARV-

A-L) sind bzw. waren ebenso mit Waffen ausgerüstet wie die russischen Soratnik und Nerechta. Ein bewaffnetes System für den Einsatz in der Luft ist z. B. der oder die AAI RQ-7 bzw. AAI RQ-7 Shadow. Das israelische und das südkoreanische Militär testen Kampfroboter in Grenzregionen.

KI-Forscher und Robotiker aus aller Welt haben bei der Eröffnung der IJCAI 2015 am 28. Juli 2015 in einem offenen Brief ein Verbot von autonomen Waffensystemen angemahnt. Zu den Unterzeichnern gehörten Stephen Hawking, Steve Wozniak, Noam Chomsky und Elon Musk. In einem weiteren offenen Brief an die Vereinten Nationen, veröffentlicht am 20. August 2017 vom Future of Life Institute, forderten Elon Musk und über 100 weitere Unternehmer und Wissenschaftler erneut ein Verbot von autonomen Waffensystemen und Kampfrobotern. Kritiker sehen wiederum in den Autos von Tesla zwar keine Kampfroboter, aber Roboter, die das Leben von Menschen gefährden, weil ihre Funktionen noch nicht ausgereift seien und ihre Entwicklung zu schnell vorangetrieben werde. Zudem könnten sich Roboterautos durch Hackerangriffe in Waffen verwandeln. In diesem Zusammenhang taucht die Frage der Zweckentfremdung von Robotern auf – und das Problem, dass unterschiedlichste Serviceroboter als Kriegsgeräte benutzt werden können.

Die ethische Diskussion, die durch die genannten offenen Briefe und verwandte Petitionen ausgelöst wird, aber auch unabhängig davon regelmäßig aufkommt, bezieht sich vor allem auf autonome Kampfroboter, die töten sollen und können, also Lethal Autonomous Robots. Befürworter betonen, dass man mit ihnen die eigenen Soldaten schonen und schützen kann. Zudem kann man mit ihnen Ziele präzise erfassen und bekämpfen, dank der eingebauten und mit ihnen verbundenen Technologien und in Relativierung oder Eliminierung menschlicher Fehler. Nicht zuletzt hat der Kampfroboter anders als der Mensch kaum ein Interesse daran, am Rande von kriegerischen Auseinandersetzungen zu plündern, zu brandschatzen und zu vergewaltigen. Gegner erwähnen die relative Einfachheit und potenzielle Grenzenlosigkeit des Einsatzes und den Psychoterror für die Bevölkerung durch unbemannte Systeme. Ebenso werden die Gefahr falscher maschineller Entscheidungen und die Abwälzung menschlicher Verantwortung auf Maschinen ins Feld geführt, überdies – um die Perspektive zu öffnen – ökonomische Faktoren wie das fragwürdige Kosten-Nutzen-Verhältnis. Nicht zuletzt können Kampfroboter, wie Roboterautos, gehackt und dann manipuliert und missbraucht werden. Die Maschinenethik widmet sich den moralisch begründeten Entscheidungen von Kampfrobotern. Im Zentrum eines Gedankenexperiments steht Buridans Robot, der einen Terroristen töten soll. Da dieser zusammen mit seinem Zwillingsbruder auftaucht, ist sich die Maschine unsicher, wen sie auswählen soll, und gerät in ein ähnliches Dilemma wie Buridans Esel, der zwischen zwei Heubündeln verhungert.

Katalog

Kataloge sind alphabetisch oder nach Sachgebieten geordnete Verzeichnisse der in Bibliotheken, Museen, Privatsammlungen, Archiven und Ausstellungen enthaltenen Einzelstücke. Zudem kann es sich um Verzeichnisse von Produkten handeln. Im Internet sind Kataloge redaktionell erstellte klassifizierte Verzeichnisse von Webangeboten. Sie erleichtern die Orientierung im World Wide Web und helfen bei der Suche nach Websites und Informationen.

Kataloge sind ein mögliches Instrument des Information Retrieval, der Gewinnung von Information. Sie unterstützen das Prinzip des Browsings. Informationen und Produkte können nach verschiedenen Dimensionen – beispielsweise nach Sachgebieten und innerhalb der Sachgebiete alphabetisch – geordnet werden. Ein anderes, seit der Jahrtausendwende dominierendes Konzept zur Suche in virtuellen Umgebungen ist die Suchmaschine.

KI-basiertes Recruiting

Beim Recruiting von neuen Mitarbeitern setzen Unternehmen vermehrt auf die Unterstützung durch künstliche Intelligenz (KI). Wichtige Begriffe in diesem Zusammenhang sind „Robot Recruiting", „People Analytics" und „HR Analytics". Die technischen Möglichkeiten reichen von Vorauswahlgesprächen mit Chatbots über die automatisierte Auswertung schriftlicher Bewerbungsdossiers hinsichtlich Fachkompetenz und Erfahrung bis hin zu komplexen E-Assessments und zur maschinellen Analyse von Videobewerbungen zwecks Bewertung von Softskills.

KI-Ethik

Mit der Künstlichen Intelligenz (KI) als Disziplin und der künstlichen Intelligenz als ihrem Gegenstand beschäftigen sich mehrere etablierte Bereichsethiken, die wiederum der angewandten Ethik zugehören. Die Informationsethik hat die Moral (in) der Informationsgesellschaft zum Gegenstand. Sie untersucht, wie wir uns, Informations- und Kommunikationstechnologien und digitale Medien anbietend und nutzend, in moralischer Hinsicht verhalten bzw. verhalten sollen. Mit Blick auf die KI ist z. B. die Frage, wie wir mit ihrer Hilfe observiert und analysiert werden, welche Verzerrungen durch sie entstehen und welche Vorurteile durch sie gefestigt werden (Bias-Diskussion). Typischerweise entstehen in Zusammenarbeit mit der Informationsethik, unter Verwendung ihrer Begriffe und Methoden, auch ethische Leitlinien, deren Nutzen umstritten ist. Die Technikethik bezieht sich auf moralische Fragen des Technik- und Technologieeinsatzes. Es kann um die Technik von Fahrzeugen oder Waffen ebenso gehen wie um die Nanotechnologie oder die Kernenergie. Sie interessiert sich dafür, wie Systeme künstlicher Intelligenz als Technologien und Werkzeuge einzuordnen sind, was wir ihnen zugestehen und wie wir uns ihnen gegenüber verhalten sollen. Die Wirtschaftsethik hat die Moral (in) der Wirtschaft zum Gegenstand. Dabei ist der Mensch im Blick, der wirtschaftliche Interessen hat, der produziert, handelt, führt und ausführt sowie konsumiert (Konsumentenethik), und das Unternehmen, das Verantwortung gegenüber Mitarbeitern, Kunden und Umwelt trägt (Unternehmensethik). Ersetzt künstliche Intelligenz den Menschen, nimmt sie ihm schwierige und anstrengende Arbeiten ab, ermöglicht sie ihm ein Leben mit weniger und mit besserer Arbeit? Das sind Fragen, die man in Bezug auf den Mitarbeiter stellen kann.

Zudem kann sich die Disziplin der Roboterethik mit der künstlichen Intelligenz beschäftigen. KI und Robotik haben unterschiedliche Ziele und Ergebnisse. Ihre Ergebnisse kann man aber integrieren, und intelligente Roboter sind von zunehmender Bedeutung, als Industrieroboter ebenso wie als Serviceroboter. Die Roboterethik kann zunächst als Keimzelle und Spezialgebiet der Maschinenethik aufgefasst werden. Gefragt wird dann danach, ob ein Roboter ein Subjekt der Moral (engl. „moral agent") sein und wie man diese implementieren kann. Man kann aber nicht nur nach den Pflichten oder Verpflichtungen (noch schwächer: Aufgaben), sondern auch den Rechten der Roboter fragen und danach, ob diese Objekte der Moral (engl. „moral patients") sind. Nicht zuletzt ist es möglich, die Disziplin in einem ganz anderen Sinne zu verstehen, nämlich in Bezug auf die Folgen des Einsatzes von Robotern für Menschen. In dieser Ausrichtung kann sie in Technik- und Informationsethik verortet oder diesen zugeordnet werden.

Die bereits genannte Maschinenethik kann von den klassischen Bereichsethiken getrennt werden. Während diese stets den Menschen als Subjekt der Moral thematisieren (auch in der Tierethik, wo das Tier Objekt der Moral ist, nicht Subjekt), fragt sie nach der Maschine als Subjekt der Moral. Und während sich die Bereichsethiken meist damit begnügen, über Maschinen nachzudenken, baut sie Maschinen, zusammen mit Künstlicher Intelligenz und Robotik, um sie dann zu erforschen und womöglich in die Praxis zu bringen. Insofern mag man sie als eigenes Gebiet der angewandten Ethik betrachten oder auf eine Stufe mit der Menschenethik stellen.

Autonomen Systemen wie bestimmten KI-Systemen und bestimmten Robotern kann man moralische Regeln beibringen. Meist sind dies vorgegebene Regeln, an die sich die Maschine unbedingt hält. Es gibt aber auch Prototypen, die ihre Moral anpassen und weiterentwickeln. Beide Ansätze haben Vor- und Nachteile, je nach Ausgangslage, Zielsetzung und Kontext. Das maschinelle Subjekt hat übrigens vieles von dem nicht, was das menschliche hat. Ein Roboter ist nicht gut oder böse, und man kann ihn moralisch auch kaum zur Verantwortung ziehen. Er kann aber unter mehreren Optionen die geeignete auswählen, unter Berücksichtigung moralischer Regeln oder Metaregeln bzw. Prinzipien. Unter den klassischen Modellen normativer Ethik scheinen sich Pflichtethik und Folgenethik besonders für eine Implementierung zu eignen.

Eine KI-Ethik ist noch nicht etabliert (wie dies übrigens auch eine Algorithmenethik nicht ist, deren Begriff vielfach in Erscheinung tritt). Es ist die Frage, ob sie sich aus den genannten Bereichen der angewandten

Ethik speisen kann oder ob man sie als selbstständige Fachrichtung ausarbeiten soll. Es ist einerseits nicht sinnvoll, zu viele Disziplinen zu begründen. Schon die Informationsethik ist im deutschsprachigen Raum unterrepräsentiert und bräuchte institutionell und finanziell Verstärkung (während Wirtschafts-, Medien- und Medizinethik gut genährt sind). Andererseits stellt sich die Frage, warum keine KI-Ethik auf den Plan treten soll, wenn schon eine Roboterethik existiert und beide in gewissem Sinne komplementär sind. Allerdings hat sich gezeigt, dass deren Begriff durchaus diffus ist. Hilfsweise und vorläufig soll unter einer KI-Ethik keine neue Bereichsethik und auch keine neue Ethik neben der Menschenethik verstanden werden, sondern ein neues Arbeitsgebiet. Dieses kann man aus den klassischen Bereichsethiken und der Maschinenethik heraus entfalten.

Kinderschutzfilter

Kinderschutzfilter sind Funktionen und Programme, die nur ausgewählte Websites erlauben bzw. pornografische Inhalte und Darstellungen von Gewalt blocken. Sie zählen zu den Parental Controls, zu den informationstechnischen Systemen, mit denen Eltern ihre Kinder vor Bildern und Texten im digitalen Fernsehen, auf dem Rechner und in Computerspielen und den dadurch drohenden psychischen Schäden bewahren können, wobei sie auch von Heimen, Jugendhäusern und Schulen eingesetzt werden. In manchen Fällen werden Kinderschutzfilter zu Zensur- und Überwachungswerkzeugen.

Kodex

Der Begriff „Kodex" bezeichnet die Gesamtheit der Regeln, die in einer Gruppe oder Organisation (z. B. Berufsständen, akademischen Gruppen bzw. Einrichtungen oder Unternehmen) maßgebend sind. Verbreitet sind Ethikkodizes, auch „ethische Kodizes" oder besser „moralische Kodizes", „Moralkodizes" und „Sittenkodizes" genannt. In der Informationsgesellschaft sind diese bei IT-Unternehmen, -Lobbyverbänden und -Fachgesellschaften verbreitet. Der Kodex kann Teil einer Feigenblattmoral und diese Ziel und Zweck einer Feigenblattethik sein.

Kognitive Verzerrung

Kognitive Verzerrung (engl. „cognitive bias") ist ein Begriff aus der Kognitionspsychologie. Er ist für die Philosophie und speziell die Ethik von Bedeutung. Angesprochen werden systematische Fehlleistungen von Menschen (auch von Benutzern) in ihrem Wahrnehmen, Erkennen, Erinnern, Vermuten und Urteilen. Die meisten Betroffenen sind sich der kognitiven Verzerrungen nicht bewusst. Kognitive Verzerrungen können unabsichtlich oder absichtlich auf Roboter und KI-Systeme übertragen werden. Deren Fehlleistungen sind problematisch etwa bei einer automatisierten Bewerberauswahl.

Kommunikation

Kommunikation kann verstanden werden als die Übermittlung von Informationen über ein Medium im weitesten Sinne zwischen zwei oder mehreren Kommunikationspartnern. Die menschliche Kommunikation dient neben dem Austausch von Erfahrung und Wissen auch der Koordination als Basis kooperativen Handelns. Dabei stehen neben der gesprochenen und geschriebenen Sprache bildhafte Darstellungen sowie Mimik (Gesichtsausdruck), Gestik (Körperhaltung und -bewegung) und Taktilität (Berührungen) zur Verfügung.
Sachinhalte einer Nachricht werden meistens sprachlich und bildlich vermittelt. Man erklärt, wie eine Maschine funktioniert, und zeigt auf Komponenten, Knöpfe und Hebel, oder man erstellt ein Handbuch mit Texten und Grafiken. Beim Transport von Emotionen, die für den Aufbau einer Beziehung zwischen Kommunikationspartnern wichtig sind, spielen dagegen häufig Mimik und Gestik sowie Gerüche (die nicht durchgehend beeinflussbar sind) eine Rolle.
Im virtuellen Bereich – beispielsweise im Internet – wird Kommunikation immer wichtiger. Sie erfolgt zwischen den Teilnehmern stets in-

direkt, d. h. mithilfe von Kommunikationswerkzeugen, und kann synchron (über Chats sowie Audio- und Videokonferenzen) oder asynchron (über E-Mail und Diskussionsforen) stattfinden. Teilweise können Mimik und Gestik durch klassische Emoticons und moderne Emojis ersetzt werden.

Konsumentenethik

Konsumentenethik ist eine Form der Wirtschaftsethik, die sich auf Konsumenten als Akteure bezieht. Eine zentrale Funktion kommt der primären Verantwortung zu. Die Verbraucher sollen Verantwortung gegenüber sich selbst, gegenüber der Umwelt und in Bezug auf Unternehmen tragen. Neben die Konsumentenethik tritt die Ethik für Produzenten und Investoren; darüber hinaus muss sich z. B. der Einzelhandel verantwortungsbewusst zeigen. Mit solchen Akteuren beschäftigt sich die Unternehmensethik.
Verantwortung gegenüber sich selbst bedeutet, dass der Konsument sich als freier und mündiger Mensch für oder gegen Produkte und Dienstleistungen entscheidet. Auch das Verhältnis zum eigenen Körper bzw. zur eigenen Gesundheit spielt eine Rolle. Verantwortung gegenüber der (natürlichen) Umwelt impliziert, dass der Konsument die Produktionsbedingungen und ihre Folgen für die Umwelt kennt und geeignete Produkte auswählt oder meidet. Verantwortung in Bezug auf Unternehmen, etwa Industrie und Einzelhandel, drückt sich darin aus, dass der Konsument im Wissen um die Produktions- und Arbeitsbedingungen sein Verhalten anpasst und Einfluss nimmt.
Moralische Fragen sind für Konsumenten von großer Bedeutung. Der Boom des sogenannten Fairen Handels und der Trend zu biologischen Produkten und nachhaltigen Konzepten sind Indizien dafür. Die vegetarische und vegane Ernährung breitet sich aus, weil die Verbraucher auf sich selbst und ihre (natürliche, belebte) Umwelt achten. Obwohl die Konsumenten gemeinschaftlich über eine enorme faktische Macht verfügen, ist es fraglich, ob sie individuell eine sekundäre oder gar tertiäre Verantwortung haben, also zur Verantwortung zu ziehen bzw. haftbar zu machen sind. Ihrer Verantwortung sind schon insofern Grenzen gesetzt,

als sie manipuliert werden und nicht alle über ausreichend Zeit und Geld verfügen. Verbraucherzentralen und Einrichtungen für den Konsumentenschutz versuchen zur Informiertheit und Mündigkeit beizutragen.

Kooperations- und Kollaborationsroboter

Kooperations- und Kollaborationsroboter sind moderne Industrieroboter, die mit uns Schritt für Schritt an einem gemeinsamen Ziel (Kooperationsroboter) bzw. Hand in Hand an einer gemeinsamen Aufgabe arbeiten, wobei wiederum ein bestimmtes Ziel gegeben ist (Kollaborationsroboter). Sie nutzen dabei ihre mechanischen und sensorischen Fähigkeiten und treffen Entscheidungen (wenn man diesen Begriff zulässt) mit Blick auf Produkte und Prozesse im Unternehmen bzw. in der Einrichtung. Co-Robots oder Cobots, wie sie gelegentlich genannt werden, können in Einzelfällen auch als Serviceroboter auftreten, etwa im medizinischen und pflegerischen Bereich. Die intensive Beschäftigung mit kooperativen und kollaborativen Robotern hat ihren Startpunkt in den 1990er-Jahren. In den 2010er-Jahren begannen sie sich durchzusetzen und in der Produktion zu verbreiten.

Kooperations- und Kollaborationsroboter haben meist einen Arm oder ein Armpaar und zwei bis drei Finger. Mehrere Achsen respektive Gelenke erlauben eine entsprechende Beweglichkeit und Anpassungsfähigkeit. Es handelt sich mehrheitlich um Leichtbauroboter, die zwischen den Orten bewegt werden können, also mobil mindestens in diesem passiven Sinne sind. Sie kooperieren oder kollaborieren mit Menschen, wobei sie ihnen ausgesprochen nahe kommen und die Tätigkeiten ineinander greifen können. Trotz der engen Zusammenarbeit verspricht man sich eine hohe Sicherheit im Betrieb, vor allem in Bezug auf den Menschen, der nicht verletzt werden darf, sondern im Gegenteil geschützt und entlastet werden soll. Co-Robots sind autonome, intelligente, lernfähige Systeme und als Generalisten angelegt, wobei die Veränderungen auf Software- ihre Entsprechungen auf Hardwareseite haben müssen, etwa insofern Werkzeuge und Greifhände ausgewechselt und erweitert werden können. Sie sind in der Lage, von Menschen zu lernen, indem diese ihre Arme bewegen oder ihnen etwas vor ihren Kameras und Sensoren vormachen. Soziale Robotik und Maschinenethik können zur Verbesserung der Roboter auch im sozialen und moralischen Sinne beitragen. Aus Technik- und Informationsethik heraus ist danach zu fragen, ob Co-Robots wie ein menschliches Gegenüber wirken und wie weit ihre autonomen und intelligenten Fähigkeiten reichen sollen. Gerade die Zweiarmigkeit scheint die Industrieroboter in Lebewesen zu verwandeln, was Erwartungen weckt und Bindungen stärkt, und Tablets können für Mimik genutzt werden, die im Zusammenspiel mit natürlichsprachlicher Kommunikation eine humanoide Anmutung erzeugt. Die Wirtschaftsethik widmet sich den Chancen und Risiken bei Ergänzung und Ersetzung von Werktätigen. Einerseits können Kooperations- und Kollaborationsroboter anstrengende und stumpfsinnige Arbeiten übernehmen, andererseits nach entsprechendem Training alleine oder zusammen mit ihresgleichen mannigfaltige Aufgaben ausführen, was den menschlichen Partner letztlich überflüssig machen könnte.

Kryptografie

Die Disziplin der Kryptografie (gr. „kryptos": „verborgen", „versteckt"; gr. „gráphein": „schreiben", „zeichnen") befasst sich mit der Verschlüsselung oder Geheimhaltung von Daten bzw. Informationen.

Kryptowährung

Kryptowährungen sind digitale (Quasi-)Währungen mit einem meist dezentralen, stets verteilten und kryptografisch abgesicherten Zahlungssystem. Zu ihnen gehören Bitcoin und Litcoin. Kryptowährungen haben sich in bestimmten Ländern als ernstzunehmende Alternative zur Zahlung unter Privatpersonen herausgebildet. Während man früher virtuelles Geld auch durch die Zurverfügungstellung von Rechenleistung und Netzinfrastruktur erhalten hat, muss man es heute meist mit konventionellen Mitteln erwerben.

Sinn und Zweck von Kryptowährungen ist, bargeldlosen Zahlungsverkehr ohne die Abhängigkeit, Aufsicht oder Mitwirkung von Banken und Behörden zu ermöglichen. Sie werden mancherorts unterstützt, anderenorts bekämpft, etwa durch staatliche Stellen. Die Währungseinheiten werden nach vorheriger Absprache in der entsprechenden Gemeinschaft in festgelegter Zahl erzeugt. Blockchain ist das System hinter den Kryptowährungen. Erfasst und beschrieben werden damit die Transaktionen. Veränderungen werden auf verschiedenen Computern gespeichert und sind so schwer manipulierbar.

Kryptowährungen werden in Wirtschaft und Wissenschaft kontrovers diskutiert. Bei ihnen können Softwarefehler vorhanden sein, sie sind anfällig für Manipulationen durch Organisationen und in Bezug auf die Kurse sowie für Datendiebstahl. Auch Datenverlust mag auftreten, sowohl durch menschliches als auch durch technisches Versagen. Nicht zuletzt lassen sich Cyberkriminelle, die Systeme mit Schadsoftware lahmlegen, häufig mit Bitcoin bezahlen. Umgekehrt können Dependenzen vermieden werden.

Künstliche Intelligenz

Der Begriff „Künstliche Intelligenz" („KI"; engl. „artificial intelligence" bzw. „AI") steht für einen eigenen wissenschaftlichen Bereich der Informatik, der sich mit dem menschlichen Denk-, Entscheidungs- und Problemlösungsverhalten beschäftigt, um dieses durch computergestützte Verfahren ab- und nachbilden zu können. Zudem kann man das tierische Denken zum Vorbild nehmen – oder eine ganz andere Vorstellung von Intelligenz. Die Intelligenz von Maschinen selbst kann ebenfalls mit dem Begriff gemeint sein, also die künstliche Intelligenz als Gegenstand und Ergebnis. Um beides zu unterscheiden, wird vorgeschlagen, den Namen der Disziplin großzuschreiben, die Bezeichnung ihres Gegenstands dagegen kleinzuschreiben.

Bis zuletzt hat der Intelligenzbegriff der schwachen KI dominiert. Ihr geht es vornehmlich um die Simulation intelligenten Verhaltens bzw. die Berücksichtigung einzelner Aspekte menschlicher Intelligenz, bezogen auf bestimmte Anwendungsgebiete. Durch die Praxis werden inzwischen

Fähigkeiten nachgefragt, die man eher der starken KI zuordnen würde, die – seit ihren Anfängen in den 1950er-Jahren – im eigentlichen Sinne denkende Maschinen (womöglich auch deren Bewusstsein und Gefühle) erreichen will und bisher in wesentlichen Aspekten gescheitert ist. Roboter (insbesondere Cobots und soziale Roboter) sollen vorsichtig gegenüber Menschen sein, in ihren Worten und Handlungen, und sie sollen sich moralisch verhalten. Tatsächlich genügt aber auch hier zunächst die schwache KI.

Für die klassische und Soziale Robotik spielt die KI eine zentrale Rolle. Nicht nur humanoide Kunstwesen müssen eine gewisse Intelligenz aufweisen, sondern z. B. auch Maschinen der Industrie 4.0. Sie alle bringen die Software sozusagen in die Realität, wo sie beobachten und dazulernen kann (wobei künstliche Intelligenz nicht zwingend Machine Learning umfasst). Ferner profitieren spezialisierte Agenten, hervorgebracht von der Informatik, von einschlägigen Fähigkeiten. Die Maschinenethik wird von Vertretern der Künstlichen Intelligenz und Philosophen dominiert, und ihr geht es um die (auch emotionale) Intelligenz von Maschinen bei Entscheidungen und Handlungen mit moralischen Implikationen.

Mehr und mehr wird die KI zum Experimentier- und Spielfeld von IT-Konzernen, Suchmaschinenanbietern und Betreibern von Social Networks. Diese wollen u. a. ihre Benutzer durchleuchten und sie auf Produkte aufmerksam machen, wollen sie kategorisieren und instrumentalisieren. Gerade die Ökonomisierung der Künstlichen Intelligenz könnte dieser enorme Sprünge ermöglichen, sie dabei aber u. U. neuen Zwängen und Beschränkungen unterwerfen. Auch die Ethik hat sich der künstlichen Intelligenz zugewandt und versucht sich, was nicht unbedingt ihre Aufgabe ist, als Reguliererin, wobei sie häufig von Politik und Wirtschaft an die Hand genommen wird.

Künstliche Moral

Künstliche Moral (engl. „artificial morality"), auch maschinelle Moral (engl. „machine morality") genannt, ist die Fähigkeit einer Maschine, sich an moralische Regeln zu halten respektive unter verschiedenen Optionen diejenige auszuwählen, die gut und richtig ist. Die moralischen

Regeln sind der sogenannten moralischen Maschine gleichsam eingepflanzt worden; diese kann sie aber u. U. auch abändern und anpassen, etwa indem sie das Verhalten anderer – künstlicher oder natürlicher – Systeme übernimmt oder anderweitig aus Situationen lernt.
Der Begriff der künstlichen Moral wird ähnlich gebraucht wie derjenige der künstlichen Intelligenz und des maschinellen Bewusstseins. Die zugehörige Disziplin ist die Maschinenethik. Sie erforscht die künstliche oder maschinelle Moral und bringt sie hervor, eben in Gestalt der moralischen Maschine. Die Disziplinen der Maschinenethik, der Künstlichen Intelligenz (die die künstliche Intelligenz erforscht und hervorbringt) und des Maschinellen Bewusstseins (das das maschinelle oder künstliche Bewusstsein erforscht und hervorbringt) sind wichtig für die Soziale Robotik.
„Künstliche Moral" ist wie „künstliche Intelligenz" und „maschinelles Bewusstsein" ein Terminus technicus. Er hat sich durchgesetzt, um das Simulieren der Moral durch rechnerische und – bei physischen Maschinen – sensomotorische Prozesse zu bezeichnen. Er behauptet nicht, dass Maschinen so etwas wie Bewusstsein oder einen freien Willen haben – dies wären menschliche Qualitäten, über die die Maschine nicht verfügt (die sie aber wiederum simulieren könnte). Auch der Begriff des sozialen Roboters folgt dieser Logik, und er kann an die Seite des Begriffs der moralischen Maschine, des künstlich intelligenten Systems und des künstlich bewussten Systems gestellt werden.

Kultur

Unter Kultur (lat. „cultura": „Bearbeitung", „Anbau", „Pflege") wird das vom Menschen materiell und immateriell Geschaffene verstanden, im Gegensatz etwa zur Natur. Landschaften wandeln sich zu Kulturlandschaften, in Forst- und Landwirtschaft wachsen in systematischer und kultivierter Form sowohl Pflanzen als auch Tiere heran (Kulturflächen in Verbindung mit Bodenkultur), Dörfer, Städte, Gewerbegebiete und Industrieanlagen wuchern ebenso wie Straßennetze und Schienenstränge für den Verkehr (Kulturflächen im Zusammenhang mit Siedlungs- und Betriebsflächen). Die Technik bringt Geräte, Maschinen, Roboter und

Systeme mit sich, die der Erweiterung menschlicher Handlungsfähigkeit dienen. Die Kulturtechnik der Schrift ermöglicht Literatur und Wissenschaft, und in der Kunst wird man zum Schöpfer um der Schöpfung willen (Geisteskultur). Spezifische Entwicklungen und Nutzungen von Kultur formen die Kulturen (wie die Subkulturen). Die Kulturwissenschaft untersucht die Grundlagen, Merkmale und Folgen der Kultur und der Kulturen.

Unter der (der Kultur gegenübergestellten) Natur wird der Teil der Welt verstanden, der nicht vom Menschen geschaffen wurde, sondern von selbst entstanden ist. Bei einem engen Begriff ist die Natur der Erde gemeint, die natürliche Umwelt, bei einem weiten die Natur des Kosmos, sodass beispielsweise der Mond und die Sonne dazu zu zählen wären. Die Natur wird von den Naturwissenschaften erforscht, die belebte von der Biologie (einschließlich der Ökologie), die unbelebte u. a. von Physik und Geologie. Kultur ist oft ein Eingriff in die Natur. Sie mag ihr die Zivilisation entgegensetzen, in der Grundbedürfnisse einfach und bequem befriedigt werden, und sie kann einerseits die Natur der Zerstörung ausliefern (z. B. durch Exzesse der Wirtschaft), andererseits die Zerstörung durch die Natur verhindern (etwa durch Naturgewalten oder durch giftige Pflanzen und räuberische Tiere). Durch Kultur und Technik wird Natur auch verändert, etwa im Falle von Züchtungen und Zusammenfügungen (bis hin zum Cyborg), und überhaupt erst in bestimmter Weise wahrgenommen (z. B. durch ein Mikroskop oder ein Teleskop).

Kulturgüter sind materielle oder immaterielle Güter, die geschützt werden sollen. Dazu zählen bestimmte Bauwerke, Kunstwerke oder Sprachen. In ihrer Gesamtheit sind die Kulturgüter das kulturelle Erbe oder Kulturerbe der Menschheit. Die UNESCO (United Nations Educational, Scientific and Cultural Organization) hilft dabei, das Weltkulturerbe zu bestimmen und zu erhalten. Die materiellen oder immateriellen Güter werden zu diesem Zweck in einer Liste erfasst. Immer wieder ist das Welterbe – das Weltkulturerbe wie das Weltnaturerbe – durch Strömungen und Radikalisierungen in Kulturen (die sich dann gegen andere Kulturen bzw. Religionen richten) bedroht. So zerstörten die Taliban im März 2001 die Buddha-Statuen von Bamiyan, die Anhänger des IS im August 2015 den Baal-Tempel von Palmyra. Auch Kulturen können ge-

schützt werden. So gibt es Naturvölker, die kaum in Kontakt mit Zivilisationen kamen und besondere Sitten und Gebräuche oder Sprachen und Dialekte haben, und Berg- und Inselbewohner mit Traditionen und Trachten, die einen hohen Stellenwert genießen (Volkskultur).
Der Begriff der Kultur kann verwendet werden, um sich über eine angebliche Unkultur zu erheben, also eine andere Form der Kultur zu missbilligen oder die eigene durchzusetzen (wie im Kulturkampf des 19. Jahrhunderts oder im Aufeinandertreffen von unterschiedlichen Geschmäckern im 19. und 20. Jahrhundert, mit Begrifflichkeiten wie „Kunstbanause" oder „Kulturbanause"), oder über die Natur mit ihren Pflanzen und Tieren, die als primitiv und instinktiv angesehen werden (die Menschen dagegen als reflektierend und rational). Umwelt- und Tierethik können dies thematisieren und problematisieren, Umwelt- und Tierschutz dem entgegentreten. Technik-, Informations- und Roboterethik widmen sich den Folgen des Einsatzes von Technik bzw. Informations- und Kommunikationstechnologien und (teil-)autonomen Maschinen, Wirtschaftsethik und speziell Unternehmensethik den Abhängigkeiten von Kultur und Wirtschaft und der Tendenz von Konzernen, die Kultur (respektive Ideologie) des Wachstums als Raubbau an der Natur zu zelebrieren.

L: Leben – Lüge

Leben

Das Leben entstand mit der chemischen Evolution und bildete sich dann im Zuge der biologischen Evolution (auch einfach Evolution genannt) weiter aus. Lebewesen sind zum Leben fähige Einheiten, sogenannte Organismen, die u. a. zu den Bakterien, Pilzen, Pflanzen und Tieren zählen. Die Biologie (gr. „bíos": „Leben") erforscht das Leben bzw. Lebewesen, zusammen mit der Chemie, einer weiteren Naturwissenschaft. Zu den Lebenswissenschaften gehören zudem Medizin, Agrartechnologie und Ernährungswissenschaften. Das Leben auf der Erde benötigt Ribonukleinsäure (RNA) und Desoxyribonukleinsäure (DNA), die Informationen zur Entwicklung von Organismen enthalten. Dass es Leben auf anderen Planeten gibt, ist wahrscheinlich, aber nicht gesichert. Neben dem naturwissenschaftlichen Begriff des Lebens existiert der sozial- und geisteswissenschaftliche. Im allgemeinen Sprachgebrauch geht es häufig einfach um Lebenszeit und -alter des Menschen (oder des Tiers).

Mit dem Leben der Individuen ist i. d. R. der Tod verbunden, die Auslöschung geistiger und mit der Zeit – im Zuge der Verwesung – auch körperlicher Zustände. Man spricht von einem Kreislauf der Natur, vom

Entstehen und Vergehen. Die Angst der Menschen vor dem Tod und der Austausch darüber in Familien und Gesellschaften sowie der Aufbau von Machtstrukturen münden in religiöse Vorstellungen und Vorschriften zu einem Leben vor dem und nach dem Tod und in biologisch, chemisch und technisch basierte Ideen zu einem ewigen Leben. Soziale Roboter mögen animaloid oder humanoid gestaltet sein und Eigenschaften von Lebewesen simulieren, sind aber nicht im eigentlichen Sinne sterblich: Sie verlassen nicht die Welt, sondern werden zu Schrott. Die Angst des Tiers vor dem Tod führt zu Fluchtbewegungen, Schutzmaßnahmen und Kampfhandlungen. Unsterblichkeit oder zumindest extreme Langlebigkeit wird einigen wenigen Lebewesen nachgesagt, etwa Turritopsis nutricula, einer Quallenart, oder Hydra, also Süßwasserpolypen.

Eine Idee im Transhumanismus ist die Überführung des Geistes bzw. des Bewusstseins in elektronische Speicher (engl. „mind uploading"), um damit Unsterblichkeit zu erreichen. Zugleich würde man damit freilich eine neue Form der Angreifbarkeit in Kauf nehmen, insofern Hacker bzw. Cracker einen auslöschen oder verändern könnten. Insgesamt handelt es sich um nichts anderes als Science-Fiction, und es ist kein Verfahren in Sicht, um die Idee auch nur im Ansatz umzusetzen, es sei denn, man würde sich von Brain-Computer-Interfaces einen solchen Quantensprung erwarten. Viel wahrscheinlicher ist es, dass man mit Hilfe eines umgekehrten Cyborgs (engl. „reversed cyborg") ein paar Jahre länger dahinvegetieren kann, indem man z. B. ein menschliches Gehirn in einen Roboter einpflanzt. Dies wäre dann sozusagen ein Beleben des Künstlichen.

Der Mensch muss seine Ernährung sicherstellen, um seinen Energiebedarf zu decken und damit sein Überleben zu ermöglichen. Bereits Jäger, Sammler und Hirten bilden traditionelle Formen der Wirtschaft aus, die auf die Beschaffung von Essen zielen. Die Landwirtschaft fördert die Sesshaftigkeit, insofern Bauern ihre Felder wiederholt bestellen wollen und Flächen zunehmend begehrt und besetzt werden. Wasser wird sowohl direkt konsumiert als auch zur Bewässerung verwendet. Die Erwerbswirtschaft ist vom Austausch von Waren bestimmt, oft über größere Distanzen hinweg, und führt nach und nach zur globalen Wirtschaftswelt. Der Händler wird zu einer zentralen Figur. Er gestattet ein

abwechslungsreiches Leben selbst in abgelegenen Gegenden und gleicht die Lebensformen und -träume in der Welt ein Stück weit an.
Die Philosophie stellt in der Ontologie die Frage nach dem Sein bzw. Seienden und damit auch nach dem (echten und künstlichen) Leben und dem lebendigen Künstlichen. Die Naturphilosophie hat eine Nähe zur Ontologie und erforscht zusammen mit der Philosophie der Biologie, der Philosophie der Chemie und der Philosophie der Physik die Prinzipien der belebten und unbelebten Natur. Bereits Leukipp und Demokrit haben eine Atomtheorie entwickelt und Leben auf anderen Planeten für möglich gehalten. Die Ethik untersucht Voraussetzungen, Eigenschaften und Folgen eines guten Lebens und interessiert sich in diesem Zusammenhang für Lust, Glück und Glückseligkeit. Sie kann sich wie andere Disziplinen der Frage nach dem Sinn des Lebens widmen, die allerdings nicht unbedingt sinnvoll ist. Das Leben auf der Erde ist vor knapp vier Milliarden Jahren entstanden und wird vielleicht noch sechs Milliarden bestehen, bis zum Erlöschen der Sonne, doch in welcher Form, steht in den Sternen.

Lebewesen

Lebewesen sind zum Leben fähige Einheiten, auch als Organismen bekannt, die u. a. zu den Bakterien, Pilzen, Pflanzen und Tieren zählen. Sie haben einen eigenen Stoffwechsel und sind zur Fortpflanzung imstande. Im Zuge der Evolution haben sich Trillionen von Individuen und Millionen von (Unter-)Arten entwickelt. Viren wie HIV oder SARS-CoV-2 gehören nicht zu den Lebewesen, sind jedoch auf deren Stoffwechsel angewiesen. Die Biologie (gr. „bíos": „Leben") erforscht das Leben bzw. Lebewesen, zusammen mit der Chemie, einer weiteren Naturwissenschaft, die ebenso (wie die Physik) auf die unbelebte Natur zielt. Dass es Lebewesen auf anderen Planeten gibt, in welcher Form auch immer, ist wahrscheinlich, doch keineswegs gesichert.
Die Wirtschaft hat über Jahrtausende tierische und menschliche Lebewesen für Vorbereitung, Herstellung, Vertrieb und Entsorgung benötigt. Freiwillige und unfreiwillige Arbeitskräfte (Sklaven bzw. Nutz- und Lasttiere) stehen in Arbeitsprozessen zur Verfügung. Wild- und Nutztiere

werden gefangen, gezüchtet, gehalten und getötet, um Rohstoffe, Kleidungsstücke oder Nahrungsmittel aus ihnen zu gewinnen. In der Industrie 4.0 werden Menschen durch Industrieroboter ersetzt oder ergänzt. Serviceroboter übernehmen Aufgaben in Alten- und Pflegeheimen und in Hotels. Als Endverbraucher und Interaktionspartner (bzw. Datenlieferant) ist nach wie vor das Lebewesen gefragt. Das Geschäft mit dem Tod (und mit dem Leben) beherrschen religiöse Organisationen ebenso wie Bestattungsunternehmen und Versicherungen.

Die Philosophie stellt in der Ontologie die Frage nach dem Sein bzw. Seienden und damit auch nach dem Leben und dem Status der Lebewesen. Die Wirtschaftsethik widmet sich dem Umstand, dass menschliche Arbeitskräfte mehr und mehr durch Industrie- und Serviceroboter, z. T. auch durch soziale Roboter, insgesamt also Nichtlebewesen, substituiert werden. Sie sieht einerseits Risiken für den Lebensunterhalt und die Sinnstiftung (trotz der Entfremdung von der Arbeit), andererseits Chancen für die Lebensgestaltung. Technikethik, Informationsethik und Roboterethik untersuchen die Folgen des Einsatzes von Technik bzw. Informations- und Kommunikationstechnologien und (teil-)autonomen Maschinen, auch mit Blick auf Bodyhacking. Gen- und biotechnische Eingriffe und Entwicklungen, bis hin zu Chimären, sind der Gegenstand der Bioethik.

Leak

Ein Leak (engl. „leak": „Leck", „Loch", „undichte Stelle") ist die nicht erlaubte oder nicht erwünschte Veröffentlichung von Informationen. Es kann mit einem Datenleck (engl. „data leakage") oder einer Datenpanne (engl. „data breach") zusammenhängen. Der deutschsprachigen Öffentlichkeit wurde der Begriff bekannt durch die Enthüllungsplattform WikiLeaks (hawaiianisch „wiki": „schnell"), über die (oft als Geheimsache eingestufte) Dokumente anonym veröffentlicht werden.

Liebespuppen

Liebespuppen (engl. „love dolls") – profaner Sexpuppen (engl. „sex dolls") – unterscheiden sich von klassischen Gummipuppen durch ihre lebensechte Gestaltung. Sie haben Kopf und Körper, die täuschend echt anzusehen sind. Sie verfügen über künstliche Haut, unter der sich Gel befindet, sodass sich ihre Gliedmaßen echt anfühlen. An ausgewählten Stellen erwärmen sie sich oder sondern sie Flüssigkeit ab. Metallskelette erlauben unterschiedliche Positionen. Man kann Liebespuppen kaufen, um sie zu Hause zu benutzen, man kann sie mieten, stunden- oder tageweise, oder in speziellen oder normalen Bordellen antreffen. Die meisten von ihnen sind Mädchen und Frauen nachempfunden, nur wenige dem männlichen Geschlecht.

Man stattet Liebespuppen zuweilen mit künstlicher Intelligenz und Sprachfähigkeit aus und ermöglicht ihnen das Bewegen der Augen und der Lider. Damit werden sie nach und nach zu Sexrobotern – die Unterschiede verwischen, wie bei Harmony, einer vielseitig begabten Figur aus den USA. Die lebensechte Gestaltung kann in der Gesamtschau im Einzelfall in Frage gestellt sein. Das Wunschdenken einiger Hersteller und Nachfrager führt zu übergroßen Brüsten und superschlanken Taillen. Zudem sind Mangamädchen mit riesigen Augen und Elfenfiguren mit spitzen Ohren auf dem Markt bzw. in den Bordellen vorzufinden. Anscheinend werden Fantasy- und Comicfiguren von manchen „Freiern" gezielt gesucht bzw. bevorzugt. Wie weit die Abweichung vom Menschen gehen darf, ist weitgehend unerforscht. Ist jemand bereit, sich sexuell mit Daisy Duck oder Minnie Mouse einzulassen? Es könnte sein, dass für die Mehrheit hier eine Grenze überschritten wäre, zumal es sich für Erwachsene vielfach um Figuren aus der Kindheit handelt. Auch andere Aspekte werden diskutiert, etwa die Frage, ob Liebespuppen und Sexroboter die Einstellung von Männern zu Frauen in negativer Weise verändern oder ob sie eine therapeutische Wirkung entfalten können. Informations- und Roboterethik untersuchen Chancen und Risiken des Einsatzes, Maschinenethik und Ethics by Design die Potenziale angepasster Artefakte.

Like-Button

Der Like-Button ist eine Funktion in Social Networks, Diskussionsforen und Kommentarbereichen, mit dessen Hilfe der Benutzer sein Wohlgefallen gegenüber Inhalten und Ereignissen ausdrücken kann. Er likt beispielsweise eine Fotografie und einen Artikel oder eine Ankündigung bzw. Besprechung. Manche Websites weisen auch einen Dislike-Button auf. Bei anderen Bewertungssystemen werden Sterne, Punkte und Favoriten (Favs) benutzt. Sammelt man diese respektive wird man häufig gelikt, dann steigert man seine Reputation. Immer wieder kommt es vor, dass die Ankündigung oder Darstellung einer Folterung oder einer Hinrichtung gelikt wird, was für moralische Diskussionen und auch für Einlassungen von Medien- und Informationsethik sorgt.

Lineare Medien

Der wesentliche Unterschied zwischen Hypertexten und linearen Medien bzw. Dokumenten liegt in der Ordnung der Inhalte; während in Hypertexten die Informationseinheiten meist in eine Netz-, Baum- oder Gitterstruktur gebracht sind, ist in linearen Dokumenten der Inhalt sequenziell angeordnet.

Allerdings enthalten lineare Dokumente häufig Elemente, die typisch für Hypertexte sind und mit denen sich ein Leser im Text bzw. über den Inhalt orientieren kann, wie z. B. Inhaltsverzeichnis, Index, Fußnoten, Quer- und Literaturverweise. Eine Neuerung sind die hybriden Publikationsformen, bei denen QR-Codes und Funkchips eingebettet werden.

Klassisches Fernsehen mit festen Sendeterminen wird auch als lineares oder analoges Fernsehen bezeichnet. Es wird ergänzt durch Mediatheken sowie mit Funktionen, mit deren Hilfe man eine Sendung, die bereits begonnen hat, von Anfang an anschauen kann, womit es von digitalen Möglichkeiten profitiert.

Lockdown

Ein Lockdown (engl. „lockdown": „Ausgangssperre") ist im ursprünglichen Sinne des Wortes eine Ausgangssperre oder auch eine Absperrung bzw. Versiegelung von Gebäuden und Bereichen. Bei einem Amoklauf oder einem Terroranschlag sollen Täter eingekreist und ausgebremst oder mögliche Opfer geschützt werden. Man beschränkt also gewisse Freiheiten, untersagt bestimmte Handlungen und trifft spezielle Maßnahmen, die extrem sein oder wirken können. Dabei handelt es sich i. d. R. um einen Zeitraum von Stunden oder Tagen. Unterstützen können Absperrvorrichtungen, Barrieren und Barrikaden sowie Polizei- bzw. Antiterrorkräfte.

Der Lockdown war lange Zeit vor allem in den USA bekannt, als Begriff wie als Phänomen. Nach dem Ausbruch von COVID-19 Ende 2019 und der weltweiten Verbreitung der Krankheit Anfang 2020 gebrauchten Medien den Begriff mit Blick auf die Schließung von (halb-)öffentlichen und privaten (einschließlich privatwirtschaftlichen) Einrichtungen, die Abriegelung von Gebieten bis hin zu ganzen Ländern sowie den Stillstand des öffentlichen Lebens, der über Wochen und Monate anhielt. Beliebt wurde er z. B. in Südafrika, auf den Philippinen und in Indonesien, ebenso in der Schweiz und in Deutschland. Bei dieser Bedeutung kann man ebenso von einem Shutdown sprechen (engl. „shutdown": „Schließung", „Stilllegung").

Der Begriff scheint im Falle der erwähnten Pandemie ein gewisses Lebensgefühl der Betroffenen zu treffen, indem er zum einen auf Extremsituationen verweist, denen es bis anhin zu begegnen galt, zum anderen ein Eingesperrtsein anspricht und eine Abwärtsbewegung und Auflösungstendenz einschließt. Die Wirtschaftsethik kann danach fragen, wie weit ein Lockdown oder Shutdown die Wirtschaft schädigt oder den Unternehmen, ihren Mitarbeitern und den Kunden hilft. Die Medienethik kann untersuchen, was die Begrifflichkeit bei den Lesern, Hörern und Zuschauern bewirkt und ob diese in angemessener Weise verwendet wird.

Lüge

Eine Lüge ist die Äußerung einer Unwahrheit. Sie ist an sprachliche Möglichkeiten gebunden. Nach einer engen Definition kann nur jemand lügen, der dies bewusst und absichtsvoll tut. Nach einer weiten kann auch jemand oder etwas lügen, der oder das die Wahrheit kennt bzw. etwas aus verlässlichen Quellen nimmt und ins Gegenteil verkehrt.
Nach der weiten Definition können Chatbots, Voicebots bzw. Voice Assistants (Sprachassistenten) und soziale Roboter ebenfalls lügen. Zu beachten ist, dass diese umgekehrt grundsätzlich nicht immer faktengetreu sein können. So sind viele Dialogsysteme mit Wikipedia verbunden, das neben Wahrheiten auch Halbwahrheiten oder Unwahrheiten enthält. Damit ist wiederum das Lügen nur eingeschränkt möglich.
Der LÜGENBOT (LIEBOT) von 2013 (Idee) bzw. 2016 (Umsetzung) war ein Chatbot, der systematisch die Unwahrheit sagen konnte. Er suchte nach Antworten, die als wahr gelten konnten, und manipulierte sie mit Hilfe von sieben unterschiedlichen Strategien. Sein Avatar veränderte sich je nach Art der Lüge – mal wurde seine Nase länger, wie bei Pinocchio, mal wurden seine Wangen rot. Systeme wie der LIEBOT können in soziale Roboter eingebaut werden.
Eine interessante Frage ist, ob Tiere nur betrügen oder auch lügen können. Wenn sie betrügen, geschieht dies nicht aus einem freien Willen heraus. Ob sie lügen können, hängt von den Möglichkeiten ihrer Sprache ab. Das Anlocken und Locken allein mit Hilfe von Tönen ist noch nicht diesem Bereich zuzurechnen, außer wenn falsche Tatsachen vorgespiegelt werden. Ebenso könnte ein Warnen mit Tönen in ein Lügen umschlagen.

M: Machine Learning – Musik

Machine Learning

Machine Learning oder maschinelles Lernen umfasst unterschiedliche Formen des Selbstlernens bei Systemen der Künstlichen Intelligenz und der Robotik. Diese erkennen beispielsweise Regel- und Gesetzmäßigkeiten in den Daten und leiten Konklusionen und Aktionen daraus ab. Vorbild ist das menschliche oder tierische Lernen, also ein Aspekt menschlicher oder tierischer Intelligenz. Es kann aber ebenso bewusst davon abgewichen werden. Innerhalb der Disziplin der Künstlichen Intelligenz spielt Machine Learning eine immer wichtigere Rolle.

Nach Ethem Alpaydin heißt maschinelles Lernen, „Computer so zu programmieren, dass ein bestimmtes Leistungskriterium anhand von Beispieldaten oder Erfahrungswerten aus der Vergangenheit optimiert wird". Bei Deep Learning werden große Mengen von Daten (Big Data) verarbeitet. Neuronale Netze oder Netzwerke haben eine zentrale Funktion beim maschinellen Lernen. Dieses kann auch die Nachahmung evolutionärer Prozesse bedeuten, etwa beim Einsatz genetischer Algorithmen.

Machine Learning ist für etliche Anwendungsgebiete ein vielversprechender Ansatz. Es kann freilich zu unwillkommenen Ergebnissen führen, etwa wenn die Umgebung, in der das System lernt, problematisch ist, und wenn es mit falschen oder unvollständigen Daten bzw. Datensätzen gefüttert wird. Es gibt verschiedene Möglichkeiten, um Fehler zu korrigieren, etwa Anleitung und Beeinflussung durch Experten. Informations- und Roboterethik widmen sich den Chancen und Risiken maschinellen Lernens, die Maschinenethik nutzt es für ihre moralischen Maschinen.

Manipulation

Manipulation bedeutet, dass Menschen in ihrem Denken und Verhalten gesteuert werden, ohne dass ihnen dies bewusst bzw. ohne dass dies von ihnen gewollt wird. Sie kann mit Informations- und Kommunikationstechnologien und neuen Medien zusammenhängen, die Inhalte auf bestimmte Art und Weise zusammen- und darstellen.
Technische Manipulation ist die gezielte Beeinflussung von Funktionen und Ergebnissen an technischen Einrichtungen bzw. durch technische Hilfsmittel und kann in die Manipulation von Menschen münden. Soziale Roboter können durch ihre Fähigkeit, Emotionen und Empathie zu zeigen, die Benutzer manipulieren.

Maschine

Artikel 2a der Richtlinie 2006/42/EG des Europäischen Parlaments und des Rates vom 17. Mai 2006 begreift eine Maschine als „eine mit einem anderen Antriebssystem als der unmittelbar eingesetzten menschlichen oder tierischen Kraft ausgestattete oder dafür vorgesehene Gesamtheit miteinander verbundener Teile oder Vorrichtungen, von denen mindestens eines bzw. eine beweglich ist und die für eine bestimmte Anwendung zusammengefügt sind". Man kann vereinfachend von komplexen künstlichen Werkzeugen oder auch künstlichen Wesen sprechen. Das Maschinenzeitalter begann im 18. Jahrhundert.

Maschinen sind in der Landwirtschaft, in der Fertigung, im Militär und im Alltag vertreten, als Landwirtschaftsmaschinen, Produktionsanlagen, Industrieroboter, Kampfdrohnen und Fahrkartenautomaten. René Descartes war der Meinung, dass Tiere seelenlose Automaten seien. In der Folge entwickelte sich die Maschinentheorie, in der Lebewesen als Maschinen aufgefasst wurden. Es werden immer mehr (teil-)autonome Systeme verwendet, die in bestimmten Situationen selbstständig entscheiden und handeln müssen, wie Drohnen, Roboter und Chatbots (inzwischen werden auch Softwareroboter als Maschinen verstanden). Der Frage nach ihrer Moral widmet sich die Maschinenethik.

Maschinelle Übersetzung

Maschinelle Übersetzung (engl. „machine translation") ist die automatische Übersetzung von einer natürlichen Sprache in eine andere. Sie wird erforscht und entwickelt innerhalb der Künstlichen Intelligenz. In einem Übersetzungsprogramm gibt man z. B. im linken Feld den deutschen Satz „Dies ist ein Lexikon." ein und erhält dann im rechten das Ergebnis „This is an encyclopedia.", in diesem Falle also einen englischen Satz.
DeepL aus Deutschland gehört zu den fortgeschrittensten Übersetzungsprogrammen. Das Projekt hat sich aus Linguee entwickelt. Dort hat man mehrsprachige Übersetzungen aus verlässlichen Quellen wie der Europäischen Union eingespeist. DeepL gebraucht wie viele andere Projekte neuronale Netze. Zum Ergebnis werden Alternativen vorgeschlagen. Ein anderes bekanntes Übersetzungsprogramm ist Google Translate.
Im Earth Species Project strebt man die maschinelle Übersetzung zwischen tierischer und menschlicher Sprache an. Man sieht sich als eine Open-Source-Gemeinschaft und eine gemeinnützige Organisation, die sich der Entschlüsselung nichtmenschlicher Sprache widmet. Interessant für erste Versuche sind Wale und Affen und andere Tiere, die Töne zur Verständigung benutzen.

Maschinelles Bewusstsein

Maschinelles Bewusstsein (engl. „machine consciousness") ist ein Arbeitsgebiet, das zwischen Künstlicher Intelligenz und Kognitiver Robotik angesiedelt ist. Ziel ist die Schaffung eines maschinellen Bewusstseins oder Selbstbewusstseins. Dieses simuliert das menschliche Bewusstsein oder Selbstbewusstsein, nähert sich diesem ein Stück weit an oder bildet es in Teilen ab. Oder es erreicht das Original, ist mit diesem in wesentlichen Teilen identisch, was bis auf weiteres fernab der Realität ist. Man spricht auch von Maschinenbewusstsein, künstlichem Bewusstsein (engl. „artificial consciousness") oder synthetischem Bewusstsein (engl. „synthetic consciousness"). Zum maschinellen Bewusstsein bzw. Selbstbewusstsein mag man (Selbst-)Wahrnehmung, Erinnerung, Voraussicht, (Selbst-)Lernen sowie subjektive Erfahrung zählen.

Der Begriff des Bewusstseins wird wie der des Selbstbewusstseins nicht einheitlich verwendet. Oft versteht man darunter mentale oder phänomenale Zustände von Menschen oder Tieren. Man erkennt die Welt, indem man sie erlebt, und sich selbst, indem man sich spürt. Solche Zustände sind schwer zu simulieren, wie die Gefühle, die mit ihnen zusammenhängen; dagegen kann man den Ausdruck der Gefühle abbilden. Ähnlich kann man Intelligenz simulieren, indem man Maschinen natürlichsprachliche Möglichkeiten verleiht, und Moral, indem man ihnen Regeln mitgibt, an die sie sich halten. Man kann Bewusstsein und Selbstbewusstsein auch schwächer deuten. Man erkennt die Welt, indem man sie wahrnimmt, und sich selbst, indem man sich verortet und abgrenzt. Ein solches Zugangsbewusstsein kann man Maschinen durchaus einpflanzen, wie erste Prototypen zeigen.

Die Maschinenethik benötigt das maschinelle Bewusstsein oder Selbstbewusstsein nicht, um moralische Maschinen herzustellen. Man könnte damit aber auf eine neue Stufe maschineller Moral gelangen. Zudem wäre es vielleicht in der Zukunft möglich, so etwas wie Gewissensbisse und Schuldgefühle zu erzeugen. Wenn Intuition und Empathie hinzukommen, ist es im Prinzip nicht auszuschließen, dass man sich der menschlichen Moral im Ganzen annähern kann – ein Ziel, das im Moment jedoch weit entfernt ist und kaum angestrebt wird. Die Roboterethik fragt nach den moralischen Rechten von bewussten Maschinen. Nur Entitäten mit Empfindungs- und Leidensfähigkeit bzw. (Selbst-)Bewusstsein können solche Rechte haben, wodurch Maschinen zunächst einmal ausscheiden. Allerdings müsste man wohl Robotern mit künstlichem Bewusstsein, das echte mentale Zustände beinhaltet, moralische Rechte zugestehen, ebenso wie umgekehrten Cyborgs, also z. B. Artefakten mit eingepflanzten biologischen Gehirnen, deren Funktionen im Wesentlichen erhalten bleiben. Rechte und Pflichten im juristischen Sinne sind nicht an ein Bewusstsein oder Selbstbewusstsein gebunden. Das Gebiet des Maschinellen Bewusstseins ist von unterschiedlichen Positionen bestimmt. Während die einen darauf hinweisen, dass menschliches Bewusstsein im engeren Sinne nur schwer abgebildet werden kann, auch weil es schwer zu fassen ist, sind die anderen zuversichtlich, solche mentalen Zustände wie im Original entstehen lassen zu können, etwa indem sie das menschliche Gehirn selbst in seinen wesentlichen Strukturen nachbauen. Einige gehen sogar davon aus, dass ein Superbewusstsein (engl. „superconsciousness") möglich sein wird. Die Schaffung von maschinellem Bewusstsein und Selbstbewusstsein kann der Erforschung der entsprechenden menschlichen Zustände dienen oder auf eine Optimierung der maschinellen Erledigung von Aufgaben ausgerichtet sein, im wissenschaftlichen, wirtschaftlichen und privaten Kontext. Tatsächlich könnten Roboter und KI-Systeme mit Bewusstsein ihre Umwelt anders einschätzen und behandeln und mit Selbstbewusstsein besser ihre Interessen durchsetzen. Ihre Existenz hätte gravierende Folgen, die bereits heute von Roboter- und Informationsethik sowie der Rechtswissenschaft zu untersuchen sind. Zudem muss die Maschinenethik klären, wie sie mit Formen künstlichen Bewusstseins bei der Implementierung moralischer Maschinen umgehen will.

Maschinenethik

Die Maschinenethik erforscht die maschinelle Moral und bringt, zusammen mit Künstlicher Intelligenz und Robotik, moralische Maschinen hervor. Ihr Ausgangspunkt sind in der Regel teilautonome oder autonome Maschinen, etwa Chatbots, Pflegeroboter und Roboterautos. Diese sollen sich moralisch adäquat verhalten. Auch unmoralische Maschinen sind möglich.

Zu beachten ist, dass „maschinelle Moral" (wie „moralische Maschine") ein Terminus technicus ist, so wie „künstliche Intelligenz". Die heutige maschinelle Moral hat mit der menschlichen einfach bestimmte Aspekte gemein. So kann eine moralische Maschine beispielsweise moralische Regeln befolgen. Intuition oder Empathie hat sie nicht, genauso wenig Bewusstsein oder Selbstbewusstsein im Sinne mentaler Zustände.

Der Begriff der Algorithmenethik wird teilweise synonym, teilweise eher in der Diskussion über Suchmaschinen und Vorschlagslisten sowie Big Data verwendet. Die Roboterethik ist eine Keimzelle und ein Spezialgebiet der Maschinenethik (oder ein Gebiet, das gezielt andere Fragen behandelt, etwa zu den Rechten von Robotern).

In der Diskussion der Umsetzung maschineller Moral wird häufig von Top-down- und Bottom-up-Ansätzen gesprochen. Die einen kann man mit Prinzipienethiken verbinden, mit der Pflichtenethik wie mit der Folgenethik. Die anderen passen etwa zur Tugendethik. Insgesamt scheinen sich klassische Modelle normativer Ethik zu eignen.

Maschinenstürmer

Das Maschinenzeitalter begann im 18. Jahrhundert. Schon in der Antike gab es Maschinen aller Art, sogar Automaten. Aber die Mechanisierung und Automatisierung im großen Maßstab erfasste die Welt erst spät. Die Stürmer zerstörten Maschinen, etwa mechanische Webstühle, und ganze Fabriken. Sie wollten sich dadurch ihre Existenzgrundlage erhalten, freilich ohne Erfolg. Erstes Ziel der alten Wirtschaft war die Sicherstellung des Lebensunterhalts: von der Hand in den Mund und von Hand zu Hand, im Handel und im Tausch. Die moderne Ökonomie erreichte bei den Betroffenen das Gegenteil. Handwerker verloren ihre Arbeit und versanken mit ihren Familien in Armut.

In der Informationsgesellschaft können moderne Maschinenstürmer auftreten, die sich gegen Industrieroboter wenden, die Arbeitskräfte ersetzen, oder gegen Roboterautos, die Verkehrsteilnehmer verletzen und töten. Dies ist ein Thema von Technik- und Informationsethik, die die Motive und Motivationen der Aufständischen und ihren moralischen Anspruch herausarbeiten mögen. Die Maschinenethik kann versuchen, solche Maschinen zu schaffen, die die Maschinenstürmer beruhigen und bei deren Aktionen die Vorteile die Nachteile überwiegen.

Mashup

Mashup (engl. „to mash": „mischen") ist das Erstellen neuer Inhalte durch die Kombination bereits bestehender, vor allem im Kontext des Web 2.0. Texte, Bilder, Töne und Videos werden über offene Programmierschnittstellen und einfache Funktionen zusammengefügt. Häufig sind geografische Daten die Grundlage. Beispielsweise reichert man Stadtpläne oder Landkarten mit Beschreibungen, Kommentaren und Fotografien an. Die Wiederverwendung von Inhalten und Daten, die womöglich für einen ganz anderen Zweck gedacht und in einem ganz anderen Kontext verortet waren, berührt Fragen des Datenschutzes und des Urheberrechts.

Matthäus-Effekt

Der Matthäus-Effekt spielt im Web, insbesondere im Web 2.0, eine wichtige Rolle. Frei nach dem Evangelisten kann man sagen, dass die, die viel haben, noch mehr bekommen, und die, die wenig haben, noch weniger. Ursprünglich wurde der Effekt in Bezug auf die Zitationshäufigkeit im Wissenschaftsbetrieb festgestellt, später auf Web und Web 2.0 übertragen. Suchmaschinen wie Google rücken in der Trefferliste diejenigen Websites nach oben, die bereits viel besucht werden bzw. auf die vielfach verlinkt wird. Vorschlagslisten wie Meistgelesen-Rubriken und Wortwolken (Tag Clouds) in Zeitungen und Zeitschriften locken die Leser zu häufig aufgerufenen Artikeln. Der Matthäus-Effekt wird durchaus kontrovers diskutiert, sowohl im Grundsatz als auch im Detail.

Medien

Im allgemeinen Sprachgebrauch werden unter Medien in der Regel entweder Einrichtungen zur Vermittlung von Nachrichten, Meinungen und Informationen wie Rundfunkanstalten bzw. Verlagshäuser verstanden oder Übertragungstechnologien, die der Kommunikation zwischen Personen und der Speicherung und Vermittlung von Information dienen. Beispiele für Medien im letzteren Sinne sind gedruckte Medien wie Bücher, Zeitungen oder Zeitschriften, Audiomedien wie bestimmte Compact Discs oder Tonbänder, visuelle Medien wie Dia, Film oder Video sowie neue Medien wie Computer oder Software. Massenmedien heißen Medien dann, wenn sie, von zentralen Stellen ausgehend, die Distribution von Informationen an große Gruppen erlauben. In den Kommentarbereichen, die vor allem von den Onlineausgaben der Printmedien und von Onlinezeitungen angeboten werden, kann man ein Gegengewicht einbringen und eine Mindermeinung aufscheinen lassen, sofern der Moderator dies zulässt. Soziale Medien (Social Media), eigentlich partizipative Medien, schließen Benutzer zusammen und erlauben ihnen die Verbreitung und Bewertung von Inhalten. Mehr und mehr werden sie vom Marketing ge- und missbraucht.

Medienethik

Die Medienethik hat die Moral der Medien und in den Medien zum Gegenstand. Es interessieren sowohl die Arbeitsweisen der Massenmedien als auch die Verhaltensweisen der Benutzer von sozialen Medien. Zudem rücken Automatismen und Manipulationen durch Informations- und Kommunikationstechnologien in den Fokus, wodurch eine Nähe zur Informationsethik entsteht. Auch zur Wirtschaftsethik sind enge Beziehungen vorhanden, zumal die Medienlandschaft im Umbruch ist und die ökonomischen Zwänge stark sind.
Nach Annemarie Pieper beschäftigt sich die Medienethik mit Fragen einer korrekten Information seitens der Journalisten, Redakteure und übrigen Medienschaffenden, die auf der Basis genauer Recherchen und un-

voreingenommener Berichterstattung ihrer Wahrheitspflicht nachkommen sollen. Otfried Höffe betont, dass die Medienethik vor allem unter Rückgriff auf das journalistische Berufsethos sowie aus der Perspektive der Medienpädagogik behandelt wurde; ein denkbares Paradigma für eine umfassende Disziplin könne unter Umständen eine journalistische Freiheit nach dem Vorbild der akademischen bilden. Nach Pieper disqualifizieren fingierte Fakten, einseitig selektive Nachrichten, manipulative Maßnahmen und tendenziöse Berichte den Journalismus und stehen daher im Mittelpunkt des Interesses.

Neben den Medienschaffenden spielen immer mehr Maschinen eine Rolle, die Nachrichtenportale füttern und Zeitungen zusammenstellen. Der Matthäus-Effekt scheint in verschiedenen Zusammenhängen zu wirken: Suchmaschinen rücken in der Trefferliste diejenigen Websites nach oben, die bereits viel besucht werden bzw. auf die viel verlinkt wird, Vorschlagslisten und Tag Clouds in Onlinezeitungen und -zeitschriften locken die Leser zu Artikeln, die bereits häufig gelesen wurden. Usergenerated Content und Berichte von Leserreportern ersetzen den Qualitätsjournalismus, wo er noch vorhanden ist; umgekehrt sind hochwertige neue Angebote im Internet zu finden. Live- oder Real-time-Journalismus scheint das Gebot der Stunde zu sein, führt aber tendenziell zu oberflächlichen Beiträgen. Fake News, ob von Menschen oder Maschinen erstellt, werden mithilfe von sozialen Medien verbreitet und bestimmen diese mehr und mehr. Die Medienethik muss, zusammen mit Informations- und Wirtschaftsethik, auf diese Umwälzungen reagieren.

Medienkompetenz

Medienkompetenz ist die Befähigung, mit Medien aller Art souverän umgehen zu können, sie also in ihrer Vielfalt und Funktion zu kennen und in ihrer Wirkung zu beurteilen, sie aktiv einzusetzen und passiv zu gebrauchen sowie zu gestalten. Insbesondere in Bezug auf die Beurteilung der Wirkung neuer Medien bestehen Verbindungen mit der Informationsethik. Ob Medienkompetenz als eigenes Fach eingerichtet oder in die vorhandenen Curricula integriert werden sollte, ist bei Experten und Betroffenen stark umstritten. Wenig umstritten ist, dass es Medienbildung in irgendeiner Form braucht, gerade mit Blick auf neue und soziale Medien.

Medizinethik

Die Medizinethik hat die Moral in der Medizin zum Gegenstand. Eine empirische Medizinethik – jede Bereichsethik weist einen empirischen und einen normativen Teil auf – untersucht das moralische Denken und Verhalten in Bezug auf die Behandlung menschlicher Krankheit und die Förderung menschlicher Gesundheit. Eine normative Medizinethik befasst sich nach Bettina Schöne-Seifert „mit Fragen nach dem moralisch Gesollten, Erlaubten und Zulässigen speziell im Umgang mit menschlicher Krankheit und Gesundheit". Zudem kann insgesamt der Umgang mit tierischer Krankheit und Gesundheit – etwa mit Blick auf die Landwirtschaft – reflektiert werden.
In der normativen Medizinethik kann, frei nach einer Einteilung der in Göttingen geborenen und in Münster lehrenden und forschenden Expertin, wie folgt gefragt werden: a) Wie ist die Autonomie von Patienten zu bewerten und zu schützen? b) Wie steht es um die Zulässigkeit fürsorglicher Fremdbestimmung? c) Wie soll mit Patientenverfügungen umgegangen werden? d) Was ist ein lebenswertes Leben und welchen Wert hat das Leben an sich? e) Wie aktiv oder passiv darf man im medizinischen Kontext sein? f) Wie weit darf man in die Natur und in den Körper eingreifen?
Mit der Wirtschaftsethik sollte sich die Medizinethik ständig austauschen, schon insofern das Gesundheitswesen unter einem hohen ökonomischen Druck leidet. In angrenzenden Bereichsethiken wie der Altersethik und der Sterbeethik wird z. B. die Kommerzialisierung und Instrumentalisierung von Alterspflege und Sterbehilfe erforscht. Im Zentrum der angewandten Ethik kann man die Informationsethik verorten. Einige Fragen der Medizinethik sind angesichts technologischer Innovationen neu zu stellen: Wie ist die Autonomie von Patienten in der Informationsgesellschaft zu schützen? Wie steht es um die Zulässigkeit fürsorglicher Fremdbestimmung im virtuellen Raum? Wie soll mit Patientenver-

fügungen umgegangen werden, die den Einsatz von Operations-, Therapie- und Pflegerobotern ansprechen? Mit der Entwicklung von medizinischen Apps, elektronischen Assistenzsystemen, Operations-, Pflege- und Therapierobotern sowie anderen Anwendungen des E-Health sieht sich die Medizinethik vor neuen Herausforderungen. Auch die Verschmelzung von Mensch und Maschine in sogenannten Cyborgs wird ein wichtiges Anwendungs- und Forschungsfeld sein. Mediziner und Medizinethiker müssen sich informationstechnisch weiterbilden, Informationsethiker sich im Medizinischen und Medizinethischen qualifizieren. Bei Erwerb und Nutzung der Apps, Geräte und Roboter ergeben sich informations- und wirtschaftsethische Herausforderungen, etwa hinsichtlich des Missbrauchs von Daten und des Ausschlusses von Risikopatienten von Versicherungsleistungen. Nicht zuletzt muss sich die Medizinethik gesellschaftlichen und politischen Diskussionen öffnen, bspw. solchen um die Beschneidung von Kindern oder die Durchführung von Schönheitsoperationen.

Mehrwert

„Mehrwert" ist ein zentraler Begriff der marxistischen Lehre und bezeichnet in der Arbeitswerttheorie den Unterschied zwischen dem Wert der Arbeitsleistung und dem Arbeitslohn. Im Bereich der Informations- und Kommunikationstechnologien und neuen Medien meint der Begriff ein „Mehr an Wert", wobei ein früherer bzw. alternativer Zustand oder eine einfachere Variante als Bezugspunkt genommen wird. Beispielsweise besitzt ein informationstechnisches Produkt, das veredelt wurde, einen Mehrwert, oder eine informationstechnische Dienstleistung, die man optimiert hat.

Das Mehr an Wert könnte auch im moralischen Sinne aufgefasst und mit einem Return on Morality (ROM) verbunden werden. Zum Beispiel würden ohne Giftstoffe oder Fronarbeit produzierte Smartphones unter Umständen sowohl moralisch wertvoller sein als „normale" Geräte als auch die Rendite steigern. Nebenbei wird deutlich, dass das Mehr an Wert durch ein Weniger an problematischen Substanzen, Bedingungen etc. entstehen kann, ähnlich wie bei Bioprodukten.

Meme

Der Begriff des Memes oder Mems umfasst Gedanken, Ideen, Vorstellungen, Lösungsansätze etc., die kommuniziert und mithin multipliziert werden. Zudem werden damit Phänomene bezeichnet, die sich in sozialen Medien und überhaupt in virtuellen Umgebungen in viraler Weise verbreiten und im besten (oder schlechtesten) Fall in den Köpfen der Menschen festsetzen. Häufig treten Memes in Form von beschrifteten oder nicht beschrifteten, bewegten oder nicht bewegten Bildern auf.

Mensch

Der Mensch gehört zur Gattung Homo, mit der Art des Homo sapiens („verständiger, vernünftiger, kluger, weiser Mensch") und dessen Vorgänger Homo erectus („aufgerichteter, aufrecht gehender Mensch"). Er bewohnt seit Jahrmillionen die Erde und hat nie einen anderen Planeten besucht, wenn man vom Entsenden von Weltraumfähren und -robotern absieht; lediglich auf den Trabanten der Erde, den Mond, hat er seinen Fuß gesetzt. Als Homo oeconomicus maximiert er seinen Nutzen, ist Teil der Wirtschaft, als Produzent, Konsument oder Prosument. Als Homo politicus und Homo sociologicus ist er in ein Staats- und Gemeinwesen eingebunden, in dem er Rechte und Pflichten wahrnimmt und spezifische Handlungen ausführt, die sich auf Regierung, Verwaltung oder Gesellschaft beziehen. Im Homo faber erscheint der ein Handwerk oder eine Kunst ausübende, ein Werkzeug oder eine Technik schaffende Mensch, der damit seine Umwelt und sich selbst verändert.
Der Mensch hat sich in einem langen Evolutionsprozess nach der einen Lesart aus dem Tier heraus entwickelt, nach der anderen ist und bleibt er ein Tier. Auf die Frage, was ihn womöglich von diesem unterscheidet, hat man zahlreiche Antworten gefunden, die auf körperliche und geistige Merkmale sowie kulturelle Techniken und künstlerische Fähigkeiten verweisen. Der aufrechte Gang ist ein Beispiel, der Gebrauch von Werkzeug, der allerdings auch im Tierreich zu finden ist, ein anderes, oder die Sprachfähigkeit, die freilich auch in der Tierwelt vorhanden ist; über-

haupt muss man sagen, dass sich fast jedes scheinbar eindeutige Merkmal bei längerem Nachdenken und Umschauen relativieren lässt. Man muss konkret werden, um die Grenze sichtbar werden zu lassen, das Anfertigen von Geräten und Maschinen herausgreifen, das Herstellen und Verkaufen von Produkten, das Bezahlen mit Geld, das Schreiben und Unterschreiben.

Verknüpft mit dem Menschsein wird vielfach die Moralfähigkeit. Zwar kann man bei (nichtmenschlichen) Tieren vormoralische Qualitäten annehmen, und sie können sich in altruistischer Weise um abhängige und verletzte Lebewesen der eigenen oder einer anderen Art kümmern; sie können sich aber nicht bewusst für eine böse oder gute Handlung entscheiden, sodass man feststellen muss, dass es z. B. keine bösen oder guten Haie oder Hunde gibt. Ob der Mensch als grundsätzlich gut angesehen werden kann, wird oftmals bezweifelt; seine Moral scheint nicht nur ambivalent zu sein, sondern es bestehen auch Dissonanzen zwischen Denken und Verhalten und zwischen Moral und Moralität. Im Ökonomischen wird dies immer wieder sichtbar, sei es in der Zerstörung von Lebensraum, der Ausbeutung von Arbeitskräften oder der Massentierhaltung. Sicherlich lassen sich einige Vorgänge auch mit unterschiedlichen Interessen von Personen und Gruppen erklären, und es würde zu kurz greifen, in jedem Menschen eine gewisse Schizophrenie als Motivation für das erwähnte Destruktive anzunehmen.

Der Humanismus als gesellschaftspolitisches Programm der Gegenwart betont den Menschen als vernunftbegabtes und in gewisser Weise herausragendes Wesen. Meistens wird das Tier ausgeblendet, manchmal berücksichtigt, etwa indem Verwandtschaft (zwischen den Lebewesen) und Verantwortung (des Menschen für das Tier) erkannt werden. Der Transhumanismus, an den Humanismus anknüpfend und ihn zugleich überwindend, wirbt für die selbstbestimmte Weiterentwicklung des Menschen, seine biologische, chemische und technische Erweiterung und Verbesserung, und wenn man nicht als Cyborg das ewige Leben erreicht, von dem manche Anhänger träumen, dann vielleicht, so propagieren es einige Wissenschaftler, durch die Sicherung der individuellen Gedankenwelt und des persönlichen Bewusstseins in virtuellen Speichern. Ob der unsterbliche Mensch noch ein Mensch wäre, muss diskutiert werden, und man könnte als wesentliches Merkmal höheren Lebens durchaus die

Sterblichkeit des Organismus verstehen. Darüber, ob der nicht dem Tod geweihte Mensch überhaupt noch eine Umwelt antreffen würde, in der er dauerhaft existieren könnte, mag man ebenfalls debattieren.

Die Philosophie fragt mit Immanuel Kant u. a. danach, was der Mensch ist und was er wissen kann. Die Technikphilosophie widmet sich dem modernen Homo faber und den Vorstellungen und Überzeugungen des Transhumanismus und erkundet, wiederum mit dem Königsberger Aufklärer, was man hoffen darf. Die Maschinenethik entdeckt im autonomen System ein neues mögliches (überaus merkwürdiges und unvollständiges) Subjekt der Moral. In Technik- und Informationsethik kann der ausdrückliche Wunsch nach dem Cyborg ein Thema sein, wobei moralische Probleme in den Vordergrund rücken, etwa die Bevorzugung oder Schädigung der eigenen oder einer anderen Person, in Wirtschafts-, Umwelt- und Tierethik der sichtbare Wille, die Welt mit ihren natürlichen Ressourcen umzuformen und zu zerstören, wodurch das (höherentwickelte, nichtmenschliche) Tier, das Interessen und Rechte besitzt, seine Lebensgrundlage verliert, und letztlich auch der Homo oeconomicus seine Wirtschaftsgrundlage. Es sind in der Ethik die Pflichten des Menschen zu untersuchen, nicht nur seinen Mitmenschen und seinen Nachkommen, sondern auch seiner Umwelt gegenüber. Am Ende sollte deutlich werden, ob der Homo sapiens seinem Namen gerecht geworden ist.

Mensch-Computer-Interaktion

Der Fachbereich Mensch-Computer-Interaktion der Gesellschaft für Informatik (GI) in Deutschland definiert auf seiner Website unter der Überschrift „Ziele und Aufgaben" als Themen der Mensch-Computer-Interaktion (MCI; engl. „human-computer interaction" bzw. „HCI") u. a. „die benutzerorientierte Analyse und Modellierung von Anwendungskontexten", „Prinzipien, Methoden und Werkzeuge für die Gestaltung von interaktiven, vernetzten Systemen" und „multimodale und multimediale Interaktionstechniken". Evaluation und Zertifizierung spielen ebenfalls eine wichtige Rolle. Zudem wird die Integration der benutzergerechten Gestaltung von Informatiksystemen in die Softwareentwicklung angeführt.

Mensch-Maschine-Interaktion

Die Mensch-Maschine-Interaktion (MMI), im Englischen „human-machine interaction" („HMI") genannt, behandelt die Interaktion zwischen Mensch und Maschine. Synonym oder mehr auf die Kommunikation bezogen spricht man auch von Mensch-Maschine-Kommunikation (engl. „human-machine communication"). In vielen Fällen ist die Maschine ein Computer bzw. enthält Informations- und Kommunikationstechnologien (IKT) und Anwendungs- oder Informationssysteme. Von daher existieren enge Beziehungen zur und erhebliche Überschneidungen mit der Mensch-Computer-Interaktion (MCI), im Englischen „human-computer interaction" („HCI"). Spektakuläre jüngere Produkte, an denen die MMI mitgewirkt hat, sind Touchscreen und Datenbrille. Der Fachbereich Mensch-Computer-Interaktion der Gesellschaft für Informatik (GI) in Deutschland definiert auf seiner Website unter der Überschrift „Ziele und Aufgaben" als Themen der MCI – die auch zentral für die Mensch-Maschine-Interaktion sind – u. a. „die benutzerorientierte Analyse und Modellierung von Anwendungskontexten", „Prinzipien, Methoden und Werkzeuge für die Gestaltung von interaktiven, vernetzten Systemen" und „multimodale und multimediale Interaktionstechniken". Evaluation und Zertifizierung spielen ebenfalls eine wichtige Rolle. Zudem wird die Integration der benutzergerechten Gestaltung von Informatiksystemen in die Softwareentwicklung angeführt. Innerhalb der MMI und neben der MCI ist die Mensch-Roboter-Interaktion (engl. „human-robot interaction") relevant. Roboter sind nicht einfach Computer; oft sind sie mobil und haben, vor allem wenn sie tier- oder menschenähnlich umgesetzt sind, einen Körper und Gliedmaßen. Ihre Art der Verkörperung (engl. „embodiment") hat mannigfache Implikationen, für Fortbewegung und Selbstlernen sowie die Mensch-Maschine-Interaktion. In der Tier-Maschine-Interaktion geht es, wenn man den Begriff analog zu demjenigen der MMI denkt, um Design, Evaluierung und Implementierung von (in der Regel höherentwickelten bzw. komplexeren) Maschinen und Computersystemen, die mit Tieren interagieren und kommunizieren. Im englischsprachigen

Raum taucht der Begriff „animal-machine interaction" („AMI") durchaus auf. Der deutsche Begriff muss sich erst etablieren.
Bei (teil-)autonomen Maschinen wie Agenten, bestimmten Robotern, bestimmten Drohnen und selbstständig fahrenden Autos stellt sich die Frage nach dem adäquaten Design nicht bloß im herkömmlichen, sondern auch im sozialen und moralischen Sinne. Sie sollen sich z. B. zum Wohle ihrer Interaktionspartner verhalten und diese weder verletzen noch beleidigen. Die Maschinenethik („machine ethics", um auch hier den englischen Begriff anzubringen) begreift Maschinen als Subjekte der Moral, Menschen und Tiere als Objekte. Sie kann, wie die Soziale Robotik, die sich mit (teil-)autonomen Maschinen beschäftigt, die in Befolgung sozialer Regeln mit Menschen (evtl. auch mit Tieren) interagieren und kommunizieren, eine wichtige Partnerin der Mensch-Maschine-Interaktion sein.

Die MMI gewinnt offensichtlich neue Bereiche hinzu. Für die beteiligten Disziplinen – die GI nennt auf ihrer Website, ausgehend von der Informatik, u. a. Design, Pädagogik, Psychologie, Organisations-, Arbeits- und Wirtschaftswissenschaften, Kultur- und Medienwissenschaften sowie Rechts- und Verwaltungswissenschaften (hinzuzufügen wären noch Philosophie und Ethik im Allgemeinen und Maschinen- oder Roboterethik im Besonderen sowie die Künstliche Intelligenz) – ergeben sich damit verschiedene Herausforderungen. Sie müssen sich mit bis dato unbekannten Objekten befassen, und sie müssen weitere Disziplinen wie Tierethik und Biologie neben sich zulassen. Ist die interdisziplinäre Kraftanstrengung von Erfolg gekrönt, sind innovative und disruptive Technologien zu erwarten, die auch für die Wirtschaft erhebliche Bedeutung haben, sei es als Teil cyberphysischer Systeme in der Industrie 4.0, sei es in Form von innovativen Endbenutzerwerkzeugen.

Mensch-Roboter-Kooperation

Bei der Mensch-Roboter-Kooperation arbeiten Mensch und Roboter in Kooperationszellen oder Arbeitsräumen zusammen. Es findet eine Arbeitsteilung statt, etwa indem sich Mensch und Roboter bei der Bearbeitung von Produkten abwechseln, wie beim Einsatz von Kooperations- und Kollaborationsrobotern in der Industrie, oder indem der Roboter benötigte Teile und Werkzeuge bringt und holt. Auch besonders schwere oder gefährliche Arbeiten kann die Maschine übernehmen. Damit der Mensch in der Nähe der Zusammenarbeit nicht zu Schaden kommt, braucht es die Soziale Robotik, womöglich auch die Maschinenethik. Die Mensch-Roboter-Kooperation ist ein Thema der Mensch-Roboter-Interaktion.

Metadaten

Unter Metadaten werden Daten über Daten bzw. zu Inhalten verstanden. Man setzt sie ein, um Ressourcen und Objekte aller Art zu beschreiben. Ein Beispiel für Metadaten sind die Angaben in Bibliothekskatalogen zur formalen und inhaltlichen Einordnung eines Mediums (Autor, Titel, Veröffentlichungsdatum, Schlagwörter und Standort). Durch die Verbreitung des Internets und das Aufkommen des elektronischen Publizierens sind digitale Informationen in großer Menge für jedermann frei oder zumindest leicht verfügbar geworden. Metadaten stellen hier eine Möglichkeit dar, den qualitativen Zugriff auf Ressourcen und Objekte zu gewährleisten. Etwa können sie Angaben zum Urheber, zum Kontext, zur Version und zur technischen Spezifikation beinhalten. Zudem sollen sie die Verarbeitung und Wiederverwertung ermöglichen. Mittels Metadaten ist es auch möglich, nichttextuelle Daten wie Grafiken, Fotos, Audio- und Videodateien suchbar zu machen. Mehr und mehr setzen sich Verfahren zur direkten Analyse von Content durch. Insofern scheinen Metadaten eines Tages obsolet zu werden. Allerdings kann man mit ihnen eine hohe Präzision erreichen, und sie dienen nicht nur der Systematisierung und Strukturierung, sondern auch der Kommentierung.

Metaverse

Das Metaverse (dt. „Metaversum") ist ein virtueller Raum, in dem sich Benutzer mit Hilfe von Avataren bewegen und in dem sie virtuelle Artefakte beeinflussen und nutzen können, etwa wenn sie sich Kleidung überziehen, ein Haus bauen und dieses einrichten, eine Tür öffnen und auf die Straße hinaustreten und dort Mitspieler und Gleichgesinnte treffen. Wie in der realen Welt kann man dort leben, arbeiten, lernen, Handel treiben, Gespräche führen und Beziehungen aufbauen. Der Begriff ist aus „Meta-" („auf einer höheren Stufe stehend", „auf einer anderen Ebene angesiedelt") und „Universe" („Universum") zusammengefügt. Je nach Perspektive und Manifestation ist ein Metaverse eine Ausprägung der virtuellen Realität (Virtual Reality) oder auch der Mixed Reality, wenn Elemente der Realität wie auf Text und Ton basierende Konversation und am Körper erfahrene Sexualität wesentlich sind.

Neal Stephenson aus Maryland hat in seinem Buch „Snow Crash" (1992) den Begriff des Metaverse eingeführt, ferner den des Avatars, der aus dem Sanskrit stammt, verwendet. Viele Leser und Zuschauer kennen das Konzept aus den Romanen „Ready Player One" (2011) – von Steven Spielberg unter demselben Titel verfilmt und 2018 in die Kinos gebracht – und „Ready Player Two" (2020) von Ernest Cline aus Ohio. Während der erste Teil präzise und prägnant geschrieben ist und die virtuelle Welt plastisch vor Augen führt, die Game- und Popkultur der 1980er-Jahre feiernd, verliert sich der zweite in kitschigen Abschnitten und hilflosen Versuchen, der Bewegung der Wokeness zu gefallen und im Grunde etwas überexplizit zu machen, was in der im Werk reflektierten Kultur der 80er und der virtuellen Welt der OASIS bereits implizit und explizit vorhanden ist. Zugleich nimmt er in kritischer Weise die Kommerzialisierung vorweg, der ein Metaverse anheimzufallen droht.

Als erstes Metaversum mag das Spiel „Habitat" (1985) angesehen werden, ein grafisches Onlinerollenspiel von Lucasfilm Games. Großen Einfluss hatte die Online-3D-Anwendung namens Second Life, die der Linden-Lab-Gründer Philip Rosedale miterfunden hatte, seit 2003 bestand und ab 2010 in der Bedeutungslosigkeit versank. Sie bot dem Benutzer einen kostenlosen Avatar mit einer Grundausstattung. Besondere Schuhe und Kleidungsstücke kaufte man sich auf Wunsch dazu. Der Avatar konnte sich in andere Gegenden „teleportieren" und dort gehen, laufen, schwimmen und fliegen. Personen und Organisationen erstanden gegen Entgelt Inseln und errichteten darauf Gebäude und Infrastrukturen. So war es beliebt, Firmen und Fachhochschulen oder Universitäten ins Elektronische zu übertragen und Kurse und Präsentationen anzubieten. Von 2004 bis 2008 wurde das von Hugh Perkins und Jorge Lima mitbegründete Open Source Metaverse Project betrieben. 2021 ging der Facebook-Chef Mark Zuckerberg mit dem Plan in die Öffentlichkeit, ein Metaverse errichten zu wollen, und benannte seinen Konzern in Meta Platforms um. Animoca Brands, ein 2014 von Yat Siu gegründetes Unternehmen aus Hongkong, bevorzugt dagegen eine offene, dezentrale Plattform. Im Prinzip könnten die unterschiedlichen Welten, die von unterschiedlichen Entwicklern stammen, miteinander verbunden werden, sodass ein Metaverse im engeren Sinne oder ein Metametaverse entstehen würde.

Ein Metaverse ist ein Ort, an dem man seine Fantasie ausleben kann, etwa in Erweiterung der eigenen Identität, u. a. bezüglich des Geschlecht und der Ethnie, und in Hinsicht auf Welten, die das Gegebene abbilden oder etwas Neues errichten. In diesem Sinne fördert es Empathie und Kreativität, was von Ethik, Psychologie und Soziologie untersucht wird. Es bietet einem Unternehmen die Möglichkeit, seine Produkte im Virtuellen auszuprobieren und sie zuerst in virtueller und dann in physischer Form abzusetzen. Es schafft damit auf künstliche Weise künstliche Bedürfnisse, was ein Thema der Wirtschaftsethik und speziell der Unternehmensethik ist. Phänomene der Immersion und Potenziale der Abhängigkeit können darin münden, dass der Benutzer die virtuelle Welt gegen die reale eintauscht, was zu sozialer Isolation und Realitätsverlust führen und auch schlicht ein Verschwenden von Lebenszeit bedeuten kann, ein Thema von Informationsethik, Technikethik und Medizinethik. Mittels Datenhandschuhen und -anzügen, Implantaten aller Art sowie ferngesteuertem Sexspielzeug (Teledildonics) – also z. T. Formen von Human Enhancement und Bodyhacking – ist eine noch größere Wirkung und festere Bindung möglich, da noch mehr Sinne angesprochen und echt wirkende Erfahrungen erreicht werden können. Aus ethischer und rechtlicher Sicht wurde es unterschiedlich beurteilt, dass in Rollenspielen humanoide und animaloide, weibliche, männliche und diverse sowie erwachsene und kindliche Avatare, die letztlich mehrheitlich von männlichen Erwachsenen gesteuert werden, aufeinandertreffen und Beziehungen und Verhältnisse – auch solche des simulierten Missbrauchs – miteinander eingehen.

Microblog

Microblogs oder Mikroblogs, sozusagen kleine Blogs, wurden ursprünglich als Kurznachrichtendienste im WWW konzipiert. Man informiert sich mithilfe von Posts bzw. Tweets, die nur wenige Zeichen umfassen, oder verkündet bzw. kommentiert Neuigkeiten. Es werden auch Gespräche geführt, Witze gemacht und Werbebotschaften verbreitet. Zudem experimentieren Autorinnen und Autoren mit literarischen Kurzformen, mit Prosa ebenso wie mit Lyrik. Zu den bekanntesten Diensten gehört Twitter. Der dort entstandene Begriff für die Posts (engl. „tweet": „piepsen", „zwitschern") wird inzwischen übergreifend verwendet.
Ausgangspunkt ist der von einer Person oder Organisation betriebene Account mit einer kurzen Bezeichnung und einem kurzen Benutzernamen (dem bei Twitter ein @-Zeichen vorangestellt wird), die zusammen mit einem vorgegebenen Symbol oder selbstgewählten Bild erscheinen. Wenn man sich mit dem verifizierten oder nicht verifizierten Account verbindet, wird man zum Follower. Man sieht in seinem persönlichen Stream die aktuellen Tweets. Diese enthalten häufig Links auf externe Fotos, Filme oder weiterführende Texte. Manche Plattformen bieten den Upload von Ressourcen an.
In die Kritik gerieten Microblogs wegen der starken Verkürzung von Aussagen sowie der enormen Schnelligkeit und geringen Gründlichkeit, mit der Posts abgesetzt werden. In Diskussionen kommen häufig Missverständnisse auf. Die Informationsethik befasst sich mit der Aggregation von Inhalten, mit der Anonymität der Benutzer sowie mit Shit- und Candystorm. Zusammen mit der Wirtschaftsethik untersucht sie moralische Implikationen des viralen Marketings. Tweet-Funktionen sind heute Bestandteil zahlreicher sozialer Medien.

Mobile Business

Mobile Business kann als Teilbereich des E-Business verstanden werden, in dem Information, Kommunikation, Interaktion und Transaktion über mobile Endgeräte und entsprechende Netze stattfinden. So wie E-Business mehr als E-Commerce meint, also nicht nur den Verkauf und Kauf von Produkten und Dienstleistungen, sondern auch andere Belange professioneller Beziehungen, meint Mobile Business mehr als Mobile Commerce. So ist etwa Mobile Learning eine Ausprägung des Mobile Business, ob es sich um entgeltliche oder unentgeltliche Angebote handelt.

Zur Initialzündung des Mobile Business haben Smartphones und Tablets sowie, damit zusammenhängend, die App Stores beigetragen, über die man Software, Anwendungen für das Konsumieren von Medien sowie Produkte wie Spiele und Bücher herunterladen kann. Auch Webapps, die wie native Apps anders als normale Websites wirken, sind von Bedeutung. Etabliert sind Mobile Ticketing (unter Verwendung von DataMatrix- und Aztec-Codes) und Mobile Tagging (mithilfe von QR-Codes). Zu den wichtigsten Experimentierfeldern gehören Bezahlfunktionen im Sinne des Mobile Payment. Dank der starken Verbreitung von mobilen Endgeräten und der hohen Verfügbarkeit von entsprechenden Netzen und Diensten geht E-Business immer mehr in Mobile Business auf.

Beim Mobile Business besteht der Vorteil, dass die Benutzer – anders als im WWW – relativ einfach und eindeutig identifiziert werden können. Dies ist zugleich, wegen der möglichen Überwachung, ein Nachteil. Mehr noch als im klassischen Web wird man zum gläsernen Kunden, der sogar seinen jeweiligen Standort (der über GPS oder mobile Netze festgestellt wird) oder seine persönlichen Kontakte (die auf dem Handy gespeichert sind) verraten mag. Zudem eröffnen die Nutzung von QR-Codes und der Einsatz von Augmented Reality neue Sicherheitsrisiken. Nicht zuletzt nehmen Angriffe und Spam im mobilen Bereich zu. Dennoch wird sich Mobile Business weiter verbreiten und weitere Transformationen im B2B-, B2C- und B2E-Bereich bewirken.

Mobile Learning

Mobile Learning ist Lehren und Lernen, das „unterwegs" (etwa auf Reisen und beim Pendeln) stattfindet und mit mobilen Infrastrukturen, Anwendungen und Geräten unterstützt wird. Der Begriff kam um das Jahr 2000 auf, fast zeitgleich mit „E-Learning", womit das Lehren und Lernen über Computer bezeichnet wird. Mobile Learning kann diesem zugerechnet und im Blended Learning eingesetzt werden. Es ist zudem, nicht nur bei kommerzieller Ausrichtung, eine Form des Mobile Business. Die Mobilität der Lernenden ist sozusagen die Ursache von Mobile Learning. Auch im Informationszeitalter ist man häufig physisch unterwegs. In manchen Situationen ergibt sich die Möglichkeit, mehrere Lerneinheiten am Stück zu bearbeiten; andere sind dergestalt, dass man akut Problemlösungswissen und passende Informationen benötigt. Beim Mobile Learning macht man sich (zumindest temporär) unabhängig von zugewiesenen oder eigenen stationären Geräten, von Arbeitsplatz und -zimmer, und bedient sich Kleinst- und Mikrorechner wie Notebooks, Netbooks, Handys, Smartphones und Tablets oder besucht ein Internetcafé. Der Content für mobile Geräte, Mobile Content genannt, ist über Applikationen (Apps) und den Browser, beispielsweise den Handybrowser, abrufbar. Beispiele für Mobile Content sind Wörterbücher und Lexika als Apps, Artikel von Fachzeitschriften als PDF-Files und Lehrbücher im EPUB-Format. Content auf Lernplattformen und in Lern- und Wissensportalen kann zu Mobile Content werden; entsprechende Schnittstellen werden im E-Learning immer wichtiger. Auch eigenständige Lernanwendungen haben zunehmend Verbreitung gefunden.

Content und Lehr-Lern-Methoden müssen den spezifischen Anforderungen des Mobile Learning gerecht werden, soll das Lernangebot einen Mehrwert für Lehrende und Lernende bieten. Geeignet sind Podcasts oder audio- und videobasierte Formen der E-Collaboration; durch die größeren Displays sind inzwischen auch komplexe textbasierte und multimediale Anwendungen nutzbar. Content aus Lernplattformen und Lern- und Wissensportalen wird direkt oder speziell aufbereitet auf mobile Geräte übertragen. Mithilfe von Touchscreens und der Einbindung der Außenwelt über die Kamera (im Sinne von Augmented Reality oder über QR-Codes) werden neue, spielerische Formen erprobt; es entstehen mobile Varianten des Game-based Learning bzw. von Edutainment. Freie Lehr- und Lernmaterialien („Open Educational Resources") spielen im Mobile Learning genauso wie im E-Learning und Blended Learning generell eine Rolle, und Tools, die den Lernalltag besser bewältigen lassen, sind kostenlos zu haben. In bestimmten Kontexten kollidieren Interessen der Experten, Anbieter und Benutzer und Anforderungen von Institutionen. So könnten Kinder und Jugendliche in vielfältiger Weise mit Smartphones lernen; diese sind an Schulen jedoch häufig verboten. Studierende könnten ihre Notebooks und Tablets für Aufzeichnungen und Lerntagebücher einsetzen, sind aber oft in ihren virtuellen Gewohnheiten gefangen. Schwierig kann auch die Abgrenzung zwischen privatem und dienstlichem Gebrauch sein.

Mobile Tagging

Beim Mobile Tagging werden Gegenstände mithilfe von 2D-Codes wie QR- und DataMatrix-Codes mit Daten und Informationen angereichert, die über mobile Geräte wie Handys, Smartphones oder Tablets ausgelesen und angezeigt werden. Auf diese Weise verbindet man physische und virtuelle Welt miteinander; man spricht auch von der Physical World Connection (PWC).

Eine verbreitete Einteilung ist diejenige in Commercial Tagging, Public Tagging und Private Tagging. Als Commercial Tagging bezeichnet man die Verwendung von Codes im Rahmen von kommerziellen Anwendungen (etwa des Mobile Business) und speziell des Mobile Marketing. Beispielsweise verlinkt man eine gedruckte Anzeige oder einen gedruckten Artikel in einer Zeitung oder Zeitschrift bzw. einen Abschnitt in einem Buch mit einer weiterführenden Website. Die Codes sind manchmal mit dem Logo des Unternehmens ausgestattet. Im Public Tagging werden nichtkommerzielle Inhalte weitergegeben. Als Medium fungieren öffentliche Informationsträger und Kommunikationsmittel, etwa Broschüren oder Plakate, ferner Gebäudefassaden. Beispiele für Inhalte sind kulturelle Informationen, Beschreibungen der Anfahrt zu öffentlichen Gebäuden und verlinkte Bilder von Sehenswürdigkeiten. Mobile

Tagging im privaten Bereich nennt sich Private Tagging. Dabei werden persönliche Daten über einen Code an Dritte transferiert. Ein typischer Anwendungsfall sind Visitenkarten, die neben den normalen Angaben einen QR-Code mit den Kontaktinformationen aufweisen. Dank des Einlesens über das mobile Gerät wird das aufwendige Abtippen unnötig. Durch das Mobile Tagging werden immer mehr Gegenstände mit Daten und Informationen und auch multimedial angereichert; man erfährt etwas über sie und über sie hinaus, kann sie erkennen, einordnen, verstehen und einschätzen. In inhaltlicher Hinsicht rückt der Gegenstand näher; zugleich rückt das mobile Gerät zwischen ihn und den Benutzer. RFID und andere Identifikationssysteme sowie Innovationen im Bereich der Augmented Reality tragen ebenfalls zu dieser Entwicklung bei. Auch in virtuellen Räumen ist Mobile Tagging möglich; so kann etwa ein Gegenstand in Second Life mit einem QR-Code versehen werden. Dadurch entstehen, wie durch das direkte Tagging mit Text oder mit Bildern, sogenannte Mashups. Nicht zuletzt spielt Mobile Tagging inzwischen in Fernsehsendungen, etwa in Kochsendungen, eine gewisse Rolle.

Mobilfunk

„Mobilfunk" bezeichnet die Planung, den Betrieb und den Unterhalt von mobilen Funkgeräten. Das Mobilfunknetz ist die technische Infrastruktur für die Übertragung von Signalen. Mobiltelefone wie Smartphones nutzen das Mobilfunknetz.
„Mobilfunkstandard" ist ein Sammelbegriff für Regeln und Normen zum Mobilfunk. Auf Mobilgeräten werden z. B. 3G oder 4G angezeigt, je nachdem, in welchem Netz man sich befindet. Der 5G-Standard wird kontrovers diskutiert, auch in Bezug auf die Sicherheit.

Moderator

Ein Moderator leitet und steuert eine Veranstaltung oder eine Sendung. Er gibt Impulse, erklärt, vermittelt, stellt Übergänge her, erteilt Redeerlaubnis und unterbricht unfruchtbare oder beleidigende Auseinandersetzungen. Er ist in Chats – dort zuweilen Operator (engl. „operator") genannt – und in Diskussionsforen sowie in Kommentarbereichen von Onlinezeitungen und Weblogs zu finden. Auch Videokonferenzen oder Sessions in Virtuellen Klassenzimmern machen aufgrund ihrer kommunikativen Möglichkeiten oft Moderatoren notwendig. Zu deren speziellen Aufgaben gehören die Überwachung der Einhaltung der Netiquette bzw. Chatiquette und die Strukturierung und Zusammenfassung von Diskussionen.

MOOC

Ein MOOC, ein Massive Open Online Course, ist ein internetbasierter Kurs, der sich an viele Teilnehmende richtet (engl. „massive": „riesig", „enorm"), offen für alle (engl. „open") und meist kostenlos ist. Man unterscheidet zwischen xMOOCs („x" für „extension"; die Harvard University machte mit diesem Buchstaben in ihren Verzeichnissen auf virtuelle Kurse aufmerksam) und cMOOCs („c" für „connectivism").

Vorläufer von MOOCs gab es bereits um die Jahrtausendwende. Auch im deutschsprachigen Raum experimentierten Hochschulen mit Formen, die Videos und Folien integrieren und den heutigen xMOOCs ähneln. Massive Open Online Courses erreichen Menschen mit unterschiedlichem Bildungshintergrund. In einigen Kursen sind zehntausende Teilnehmerinnen und Teilnehmer eingeschrieben. Ein xMOOC ist eher lehrerzentriert und formell, ein cMOOC eher lernerzentriert, informell und den sozialen Medien verpflichtet.

Stanford University, Massachusetts Institute of Technology (MIT) und Harvard University gehören zu den Pionieren und Referenzen. Andere Hochschulen haben sich zu Verbünden zusammengeschlossen oder beliefern mit ihrem Content professionelle Plattformen. Auf diesen kann man Kurse suchen und buchen und sich austauschen. Manche Anbieter tragen dem Bedürfnis nach Mobile Learning Rechnung.

MOOCs sind leicht zugängliche und doch anspruchsvolle Lernumgebungen. In der Kritik stehen sie wegen didaktischer Schwächen und einer teils hohen Abbrecherquote. Unklar ist auch, was die Zertifikate wert sind, ob Marken wegen des massenhaften und kaum kontrollierbaren Geschäfts geschädigt werden und welche Geschäftsmodelle ein hochwertiges und nachhaltiges Angebot sicherstellen.

Moral

Der Begriff der Moral zielt auf die normativen Aspekte im Verhalten des Menschen gegenüber sich selbst, gegenüber anderen Menschen und gegenüber der belebten (und evtl. auch unbelebten) Umwelt. Die Moral ist wie die Sprache intersubjektiv und kann wie diese subjektiv ausgestaltet werden. Zu ihr zählen, Otfried Höffe folgend, Tabus, Verhaltensregeln, Wertmaßstäbe und Sinnvorstellungen. Die Moral ist der Gegenstand der Ethik.

Der Einsatz von IT- und Informationssystemen und die Aktionen von (teil-)autonomen Maschinen können moralische Implikationen haben und sich an moralischen Maßstäben orientieren. Die Informationsethik hat die Moral der Mitglieder der Informationsgesellschaft zum Gegenstand, die Maschinenethik die Moral der Maschinen, wobei „maschinelle Moral" ein Terminus technicus ist und die damit bezeichnete Implementierung nicht bzw. nur teilweise der menschlichen Moral entspricht.

Von religiösen Einrichtungen und totalitären Staaten wird die Moral von oben vorgegeben und als Mittel zur Machtausübung benutzt. Wird diese korrumpierte Form der Moral von den Mitgliedern bzw. Bürgern nicht befolgt, drohen Sanktionen. Viele Menschen internalisieren eine solche Moral, vor allem dann, wenn diese bereits in ihrer Kindheit zur Norm erklärt und eine Abweichung bestraft wurde.

Moralische Maschinen

Moralische Maschinen sind mehr oder weniger autonome Systeme, die über moralische Fähigkeiten verfügen. Entwickelt werden sie von der Maschinenethik, einer Gestaltungsdisziplin im spezifischen Sinne. „Maschinelle Moral" ist ein Terminus technicus wie „künstliche Intelligenz". Man spielt auf ein Setting an, das Menschen haben, und man will Komponenten davon imitieren bzw. simulieren. So kann man etwa moralische Regeln adaptieren. Moralische und unmoralische Maschinen sind nicht gut oder böse, sie haben keinen freien Willen, keine Intuition und keine Empathie.

Moralische Maschinen werden entweder als solche konzipiert oder auf der Basis von gewöhnlichen Maschinen implementiert, die den Prozess des Moralisierens durchlaufen müssen. Eine mögliche Form sind einfache moralische Maschinen. Es ist sehr schwer, komplexe moralische Maschinen zu bauen, die in offenen Welten eine Vielzahl von Situationen beurteilen können, aber relativ simpel, einfache Maschinen in einfache moralische Maschinen zu verwandeln.

Die Maschinenethik benötigt keinen Zugriff auf maschinelles Bewusstsein oder Selbstbewusstsein, um moralische Maschinen herzustellen. Man könnte damit aber auf eine neue Stufe maschineller Moral gelangen. Wenn Intuition und Empathie hinzukommen, wäre es im Prinzip möglich, menschliche Moral im Ganzen zu erreichen – ein Ziel, das im Moment jedoch weit entfernt ist und kaum angestrebt wird.

Beispiele für Konzeptionen und Prototypen sind Saugroboter, die Spinnen und Käfer verschonen, Pflegeroboter, die das Wohl des Patienten in den Mittelpunkt rücken, und Chatbots, die auf heikle Aussagen von Benutzern adäquat reagieren. Robotik, Künstliche Intelligenz und Informatik sind Hilfsdisziplinen der Maschinenethik, Informations- und Technikethik Reflexionsdisziplinen, die sich den Folgen der Artefakte widmen.

Eine wichtige Frage ist, welche Maschinen man moralisieren soll und welche nicht. Gerade bei komplexen moralischen Maschinen, die über Leben und Tod befinden sollen, ist Vorsicht angezeigt. Das autonome Auto könnte Menschen quantifizieren und qualifizieren, aber es gibt gute

Gründe gegen den Versuch, ihm dies beizubringen. Dasselbe gilt für Kampfroboter, die zudem weitere Probleme aufwerfen, etwa in Bezug auf die Automatisierung und Ökonomisierung des Kriegs.

Münchhausen-Maschinen

Der Begriff der Münchhausen-Maschinen steht für Roboter, Chatbots, Sprachassistenten oder Internetdienste, denen man beigebracht hat, die Unwahrheit zu sagen. Es sind Lügen in Wissensbasen abgelegt, oder es werden Informationen und Wissen aus verlässlichen Quellen in Falschinformationen und -behauptungen umgewandelt, etwa durch Negation. Eine bekannt gewordene Umsetzung war der LIEBOT, der sieben verschiedene Strategien zur Lügenbildung (wenn man diesen Begriff bei Maschinen zulässt) benutzte.

Multimedia

Der Begriff „Multimedia" hat sich im Zusammenhang mit Informations- und Kommunikationstechnologien und Informationssystemen herausgebildet und etabliert. Es ist durchaus unüblich, den Begriff in anderen Kontexten zu verwenden, obwohl die Wortbedeutung es erlaubt, etwa mittels Grafiken veranschaulichte Texte (z. B. Enzyklopädien) oder vertonte Filme als multimedial zu bezeichnen. Multimedia, so lässt sich prägnant bestimmen, ist die Integration mehrerer Medien (Text, Bild, Audio, Video), die auf einem Computer parallel und gleichzeitig angewandt werden können.
Häufig wird Multimedialität in Zusammenhang gebracht mit bestimmten Formen der Interaktion. Dies dürfte seine Ursache in der Entwicklung konkreter Anwendungen haben, etwa von multimedialen Lernprogrammen, die Multimedialität und Interaktion integrieren. De facto lassen sehr viele Multimediaanwendungen Interaktivität zu, was freilich kein Grund dafür ist, die Begriffe nicht auseinander zu halten.
Andere Ansätze bringen Multimedialität und Hypertextualität in enge Verbindung. Auch in diesem Fall dürfte die Ursache in konkreten An-

wendungen liegen, die multimediale und hypertextuelle Elemente miteinander verknüpfen. Das World Wide Web selbst, auf dem der erfolgreichste und größte Hypertext aller Zeiten realisiert ist, ist prinzipiell für multimediale Elemente konzipiert und faktisch von Multimedialität durchdrungen. Wiederum ist aber darauf hinzuweisen, dass die eigentliche Bedeutung des Begriffs der Multimedialität lediglich auf eine informationstechnisch realisierte Integration verschiedener Medien abzielt.

Freilich gewinnt Multimedialität im Hypertextraum eine neue Qualität. Grafiken können als Clickable Images, als anklickbare Bilder fungieren, die als grafische Links zu textlichen, visuellen oder auditiven Informationseinheiten führen. Der Benutzer kann über einen Link in einem Text zu erklärenden und veranschaulichenden Stand- und Bewegtbildern springen. Multimediale Elemente ordnen sich im Hypertext also neu zueinander, gehen variierbare Beziehungen ein, können teilweise auch im Hintergrund bleiben und dem bevorzugten Medium den Vortritt lassen.

Musik

Musik ist, neben Literatur, Bildender Kunst und Darstellender Kunst, eine Kunstgattung, die Musik (im Sinne von akustischen Proben und Werken) hervorbringt, mit Hilfe der Notenschrift und von Instrumenten (bereits in Urzeiten von Trommeln und Flöten) bzw. Gesang. Die Töne mit unterschiedlicher Lautstärke, Klangfarbe, Höhe und Dauer reihen sich, zusammen mit Pausen, zu Melodien. In Liedern spielen Refrains eine Rolle, sich wiederholende, eingängige Elemente. Musik steht für sich selbst oder begleitet Werke der Darstellenden Kunst. Die Musikwissenschaft erforscht die Geschichte, die Erzeugung und den Verwendungszweck von Musik, wobei sie Begriffe und Methoden unterschiedlicher Disziplinen heranzieht. Auch mit Komponisten und Musikern beschäftigt sie sich.

Der Mensch musiziert seit zehntausenden Jahren, alleine oder zusammen mit anderen (Duett, Chor oder Orchester). Er lässt sich von Tönen aus dem Tierreich inspirieren, etwa vom Zwitschern und Pfeifen der Vögel, oder nutzt seine Fantasie. Er will seiner Freude oder seiner Trauer Ausdruck verleihen, zudem Partnerinnen und Partner anlocken und für sich gewinnen. Die Minnesänger des Mittelalters sind ebenso im Gedächtnis der Gesellschaft geblieben wie die Komponisten des 18. und 19. Jahrhunderts, von Johann Sebastian Bach über Wolfgang Amadeus Mozart bis hin zu Ludwig van Beethoven. Elvis Presley, die Beatles, die Rolling Stones, Michael Jackson und Madonna setzten in der Rock- und Popmusik neue Maßstäbe, nicht zuletzt in Bezug auf Anzahl und Begeisterung der Fans.

Tonträger waren und sind Schallplatten, Audiokassetten und Compact Discs (CDs). Mit tragbaren Abspielgeräten wie dem Walkman konnte man ab 1979 Musik unterwegs hören. In den 1990er-Jahren kamen Formate wie MP3 auf, durch die Stücke und Lieder auf Servern vorgehalten und auf Clients aller Art, z. B. Geräte wie MP3-Player und später Smartphones, heruntergeladen werden konnten. Heutzutage wird Musik, wie Film, oft gestreamt. Für Künstlerinnen und Künstler sowie die Musikindustrie bedeutete die Digitalisierung eine Herausforderung und eine Umstellung. Sie mussten auf neue Geschäftsmodelle wechseln, etwa Geld mit Werbung verdienen, oder verstärkt Konzerte anbieten. Mit einer speziellen Sprachsynthese kann man künstlichen Gesang produzieren, den man dann einer virtuellen Figur zuordnen mag. So wurde zuerst in Japan und dann weltweit Miku Hatsune berühmt, nicht zuletzt in Form (einer Darstellung) eines Hologramms.

Mit der Musik eroberten Menschen ungeachtet ihrer Herkunft und ihres Aussehens die Herzen des Publikums. Im 20. Jahrhundert drängte das äußere Erscheinungsbild mehr und mehr in den Vordergrund, und man castete Mitglieder von Girlbands und Boygroups nicht nur nach musikalischen Kriterien. Kunst und Kommerz gingen in allen Bereichen immer mehr zusammen. Dennoch gab es weiter Entwicklungen jenseits des Mainstreams. Musik ist für viele Hörerinnen und Hörer eine Inspiration. Sie lernen und arbeiten, während sie Songs hören, sie widmen sich mit ihrer Unterstützung anderen Kunstgattungen. Dabei hilft, dass Musik nebenbei gehört werden kann und eine emotionalisierende und stimulierende Wirkung hat. Ebenso kann sie aber zur Überdeckung und Ablenkung eingesetzt werden. Eine Kunstethik als Bereichsethik vermochte sich bisher kaum zu etablieren. Medien-, Wirtschafts- und Medizinethik decken manche Aspekte der Musikproduktion und -rezeption ab.

N: Nachhaltigkeit – Nudging

Nachhaltigkeit

Nachhaltigkeit – ursprünglich ein Konzept aus der Ökologie – beinhaltet als zentralen Aspekt den umwelt- und generationenverträglichen Umgang mit Ressourcen. Die Produktion von elektronischen Geräten wie Smartphones und Tablets ist in diesem Kontext zu sehen und mit ihren moralischen Konnotationen auch Gegenstand von Umwelt-, Wirtschafts- und Informationsethik. Letztere interessiert sich im Rahmen der Generationengerechtigkeit vor allem für die Informationsgerechtigkeit.

Narrativ

Ein Narrativ ist eine Erzählung in Kulturen, Gesellschaften und Organisationen, die Werte vermittelt, Einheit schafft und Gefühle auslöst. Dabei kommt es weniger auf den Wahrheitsgehalt an, sondern mehr auf die Überzeugungskraft. Digitaler Wandel und Industrie 4.0 können als Narrative der Informationsgesellschaft aufgefasst werden.

Natur

Unter Natur wird der Teil der Welt verstanden, der nicht vom Menschen geschaffen wurde, sondern der von selbst entstanden ist. Bei einem engen Begriff ist die Natur der Erde gemeint, die natürliche Umwelt, bei einem weiten die Natur des Kosmos, sodass beispielsweise der Mond und die Sonne zur Natur zu zählen wären. Die Natur wird von den Naturwissenschaften erforscht, die belebte von der Biologie (einschließlich der Ökologie), die unbelebte u. a. von der Physik und von der Geologie. Die Chemie kann sich auf beide Bereiche beziehen. Die belebte Natur wird von Individuen und Arten von Lebewesen gebildet. Am Anfang war die Erde frei von Leben. Dieses begann mit der chemischen Evolution und bildete sich im Zuge der biologischen Evolution weiter aus. Die Artenvielfalt ist vom Hintergrundsterben bestimmt und vom Massenaussterben bedroht. Zum Leben der Individuen gehört i. d. R. der Tod, die Auslöschung geistiger und mit der Zeit körperlicher Zustände. Man spricht von einem Kreislauf der Natur, vom Entstehen und Vergehen. Der Natur entgegengesetzt wird die Kultur des Menschen, nicht zuletzt seine Kunst. Dennoch ist und bleibt er Teil der belebten Natur. Er macht aus Landschaften sogenannte Kulturlandschaften und baut Dörfer und Städte sowie Wege, Straßen und Schienen für den Verkehr. Wildtiere werden als Teil der Natur gesehen. Einige Arten können Artefakte anfertigen, etwa als Behausungen, und Verhaltensformen weitergeben. Das Nutz- und Haustier ist mit der Kultur des Menschen verbunden und kann seiner Züchtung entstammen. Der Natur gegenübergestellt wird zudem die Technik, die man als Teil der Kultur auffassen kann. Aus ihr heraus entstehen Geräte, Maschinen und Systeme, die der Beherrschung oder dem Verständnis der Natur dienen. Nur wenige Tiere können Artefakte im Sinne von Werkzeugen hervorbringen und diese dann nutzen. Der Homo faber bezwingt mit technischen Mitteln seine Mitmenschen und seine Umwelt. Die Kulturtechnik der Schrift ermöglicht Literatur und Wissenschaft.

Die Wirtschaft beansprucht und verbraucht Ressourcen der belebten und unbelebten Natur. Sie wandelt diese in Rohstoffe und diese dann gegebenenfalls in Produkte um oder prägt Kulturlandschaften mit.

Immer häufiger betreibt sie Raubbau an der Natur. Ökologisches Wirtschaften widersetzt sich diesem Trend und versucht sich an nachhaltigen Formen. Biologische Produkte erfreuen sich großer Beliebtheit, immer mehr auch rein pflanzliche, sodass die Massentierhaltung eines Tages in manchen Ländern zurückgedrängt werden könnte. Naturschutzgebiete dienen dem Schutz vor Besiedlung und Bewirtschaftung. Ein großes Problem sind die Umweltverschmutzung durch Abgase und Abwässer von Industrieanlagen und die Entstehung von Abfall. Insbesondere Plastikmüll vernichtet Leben in Gewässern, lässt Vögel und Säugetiere verenden und Menschen krank werden.

Die Naturphilosophie beschäftigt sich mit dem Wesen der Natur, die Umweltethik mit den moralischen Aspekten einer Nutzung und Unterwerfung. Die Tierethik fragt nach den Pflichten des Menschen gegenüber Tieren und nach deren Rechten. Während die Moralökonomie eher die Interessen der Wirtschaft vertritt und allenfalls versucht, diese mit intrinsischen und instrumentellen Werten der Natur zu verbinden, ist die Moralphilosophie weniger in der Ökonomie bewandert, zugleich weniger von ihr abhängig, sodass sie sich z. B. für einen Erhalt der Natur starkmachen kann. Technikethik, Informationsethik und Roboterethik widmen sich den Folgen des Einsatzes von Technik bzw. Informations- und Kommunikationstechnologien und (teil-)autonomen Maschinen. Naturverklärung findet in Esoterik und Religion statt. Ein Schluss vom Sein auf das Sollen gilt als Sein-Sollen-Fehlschluss oder naturalistischer Fehlschluss. Der Mensch muss sich nicht nach der Natur richten. Er sollte aber in angemessener und befriedigender Weise in ihr und mit ihr leben.

Natural Language Processing

Natural Language Processing (NLP) umfasst Technologien und Methoden zur maschinellen Erkennung und Verarbeitung natürlicher Sprache. Eine zentrale Disziplin in diesem Zusammenhang ist die Computerlinguistik, die zwischen Informatik und Sprachwissenschaft angesiedelt ist. Die Künstliche Intelligenz spielt eine immer größere Rolle. Zum

Einsatz kommt NLP bei Chatbots und virtuellen Assistenten, sowohl bei geschriebener als auch bei gesprochener Sprache.

Navigation

Navigation (lat. „navigare": „fahren", „segeln") ist die Suche, Orientierung und Bewegung des Benutzers in Hypertexten und multimedialen Anwendungen bzw. die Benutzerführung im System selbst.
Die Navigation muss den Regeln der Benutzerfreundlichkeit folgen; aus der Sicht der Anwender ist es wichtig, dass sie möglichst schnell auf alle verfügbaren Seiten und Ressourcen zugreifen können und stets im Bilde sind, wo sie sich gerade befinden. Sie müssen jederzeit in der Lage sein, zum ursprünglichen Ausgangspunkt zurückzukehren oder die Anwendung zu beenden.
Bei der Gestaltung der Benutzerführung sind Navigationsleisten, Symbole und Links wesentlich. Zuweilen finden sich auch Metaphern. Beispielsweise erlaubt es eine Kaufhausmetapher, sich wie gewohnt von Abteilung zu Abteilung zu bewegen und dort nach geeigneten Produkten zu suchen. Auf vielen Websites ist ein Home-Button üblich, der von jedem beliebigen Punkt zurück zur Homepage führt.

Nearshoring

Nearshoring ist die Verlagerung betrieblicher Aktivitäten ins nahegelegene bzw. -stehende Ausland. Es kann als Sonderform von Offshoring und Gegenteil von Farshoring aufgefasst werden. Für Deutschland, Österreich und die Schweiz gelten bzw. galten z. B. die Ukraine, Polen und Serbien als Nearshoring-Destinationen. Bei Outsourcing steht die organisatorische Verlagerung im Vordergrund, nicht die geografische.
Bei Nearshoring werden Nachteile vermieden, die sich bei Farshoring ergeben können, etwa auf die Arbeitsweise, die Zeitverschiebung und die Erreichbarkeit bezogene Probleme. Zugleich werden Vorteile wie hohe Qualifikation in fachlicher und sprachlicher Hinsicht sowie Flexibilität

mitgenommen. Mit Nearshoring wollen Unternehmen wie bei Offshoring überhaupt die Personalkosten (Löhne und Ausgaben für Aus- und Weiterbildung) senken. Abbau von Arbeitsplätzen im eigenen Land, zunehmender Konkurrenzdruck in der Belegschaft und durch Partnerunternehmen, erhöhte Komplexität bei Funktionen und Prozessen, gesteigerter Kommunikationsaufwand sowie Datenschutzrisiken führen dazu, dass Nearshoring (wie Offshoring insgesamt) in die Kritik gerät. Wirtschafts- und Informationsethik können sich dieser Themen annehmen. Eine grundsätzliche Herausforderung ist, dass die verstärkte Nachfrage nach Personal in einem Nearshoring-Land in Lohnanhebungen münden und damit ein wesentlicher Anreiz für die Verlagerung wegfallen kann.

Nerd

Ein Nerd (engl. „nerd") ist ein Streber, Sonderling, Schwachkopf und Langweiler, aber auch ein Fachidiot und ein Computerfreak (engl. „computer nerd"). Ein Geek (engl. „geek") ist ein Streber, ein Außenseiter, ein Stubengelehrter und ein Computerfreak. Wer ein Nerd ist, aber keiner sein will, nennt sich gerne Geek. Inzwischen bekennen sich auch viele Computerexperten, -spieler und -freaks sowie Techniker und Ingenieure zu der Bezeichnung, deren Herkunft bis heute nicht geklärt ist. Der Nerd ist verantwortlich dafür, dass die Informationsethik ein nicht mehr überschaubares Problemfeld zu bearbeiten hat, und interessiert sich zugleich für Fragen der Moral, was in der Hackerethik und auf Konferenzen wie der re:publica zum Ausdruck kommt.

Netiquette

Die Netiquette regelt – wie der Begriff, eine Zusammenziehung aus engl. „net" („Netz") und engl. „etiquette" („Etikette"), schon andeutet – das Verhalten in Computernetzwerken bzw. im Internet. Sie ist gewissermaßen der Knigge für das Kommunizieren, Interagieren, den Umgang miteinander in Communities, in Diskussionsforen, in Chats und im

E-Mail-Verkehr und zielt auf ein verantwortungsvolles Verhalten im virtuellen Raum insgesamt. Da keine allgemein anerkannte Version besteht, muss man eigentlich im Plural sprechen. Netiquetten verbieten Beleidigungen und Verfolgungen (Cybermobbing und -stalking), rassistische und sexistische Äußerungen oder die Aufforderung zu kriminellen Handlungen. Ein Phänomen, das seit 2013 hohe Aufmerksamkeit erzielt und ebenfalls berücksichtigt werden muss, ist die Hassrede (Hate Speech). Internetkodizes bemühen einen breiteren Ansatz und beziehen sich auch auf Datenschutz und -sicherheit sowie Aufgaben von Betreibern.

Die Netiquette in ihren ersten Varianten entstand ursprünglich für das Usenet. Als Mutter der bekanntesten Form gilt Arlene H. Rinaldi, die an der Florida Atlantic University gearbeitet und die vorhandenen Texte und Ansätze zusammengeführt bzw. -geschrieben hat. Es finden sich darin neben verschiedenen Ausführungen zentrale Gebote wie „Du sollst nicht deinen Computer benutzen, um anderen Schaden zuzufügen", „Du sollst nicht anderer Leute Arbeit am Computer behindern" und „Du sollst nicht in anderer Leute Files stöbern". Es handelt sich um einen pragmatischen Katalog, der einerseits scheinbare Selbstverständlichkeiten benennt, andererseits durch den Hinweis auf rechtliche, soziale und moralische Aspekte eine Orientierung bietet.

In Unternehmensnetzwerken und Communities werden oft zusätzlich zu den eher allgemein gültigen Teilen spezifische, auf Unternehmenskultur und -strategie oder die jeweiligen Anforderungen bezogene Regeln eingeführt und bei Zuwiderhandlung Sanktionen ausgesprochen oder Benutzer blockiert bzw. ausgeschlossen. Rechtswissenschaft, Informatik, Soziologie und Philosophie können ihren Beitrag zur Weiterentwicklung leisten. Die empirische Informationsethik beschreibt die Netiquette in ihren verschiedenen Ausprägungen, die normative begründet sie und gestaltet sie mit. Für bestimmte virtuelle Räume haben sich begriffliche Abwandlungen etabliert, zum Beispiel die „Chatiquette" für den Chat. Auch eine Netiquette 2.0 gibt es, die auf das Web 2.0 und die Nutzung der sozialen Medien eingeht.

Netiquette 2.0

Die Netiquette 2.0 ist eine Regelsammlung, die in erster Linie für das Web 2.0 und für die mobile Welt entwickelt wurde. Das erste Gebot gemahnt an das Gleichgewicht der Namen und lautet: „Du sollst im virtuellen Raum deinen Namen nennen, wenn du einen anderen Namen nennst, und auf deiner Website, in deinem Blog und bei deinem Wiki ein Impressum führen." Das zehnte wird in anderer Weise grundsätzlich: „Du sollst Handy und Computer so oft wie möglich ausschalten und dem Gesang der echten Vögel lauschen." Die Sätze sollen weniger zum Befolgen verpflichten, als vielmehr zum Nachdenken anregen. Auf moralische oder ethische Begründungen wird deshalb bewusst verzichtet.

Netzaktivist

Der Netzaktivist setzt sich für Anliegen rund um das und über das Netz ein. Das Netz ist sein Gestaltungsraum und erlaubt ihm – mittels Initiativen und Kampagnen oder in seiner Rolle als Hacker –, Einfluss auf wirtschaftliche, politische und gesellschaftliche Entwicklungen zu nehmen. Den Netzbürger begreift er als Mitstreiter und Zuarbeiter und verlangt ihm digitalen Gehorsam ab; mit ihm zusammen übt er sich aber auch in digitalem Ungehorsam.

Netzbürger

Der Netzbürger (auch Netizen oder Netcitizen) bevorzugt das Netz als Lebensraum und nimmt in diesem seine Freiheit und seine Verantwortung als Bürger wahr. Er übt sich, wenn er genügend aufgeklärt und streitbar ist, in digitalem Ungehorsam und gefällt sich, wenn er ausreichend erfahren ist, als Netzaktivist. E-Demokratie, Informations- und Netzfreiheit gehören zu den vornehmsten Anliegen des Netzbürgers; aber auch vor totalitären Tendenzen ist er nicht gefeit.

Netzfreiheit

Unter Netzfreiheit wird die Freiheit des Netzes und des Netzbürgers verstanden. Ein wichtiger Aspekt ist die Informationsfreiheit. Auch Internet- und IT-Firmen schreiben sich die Netzfreiheit auf die Fahne, selbst wenn sie diese durch Monopolisierung und Überwachung gefährden. Falsch verstandene Netzfreiheit kann in Cyberkriminalität münden.

Netzjargon

Bei der synchronen und asynchronen Kommunikation über Computer im Internet und über Handy und Smartphone (Chat, E-Mail, SMS, Instant Messaging) haben sich sprachliche Formen entwickelt, die sich von der normalen Schrift- und Umgangssprache teilweise stark abheben. Sie werden nicht von allen Benutzern verwendet, sind aber auch kein bloßer Jargon einer Subkultur mehr. Man spricht dennoch vom Netzjargon oder, mehr fokussiert, von der Internetsprache.
Smileys, klassische Emoticons und moderne Emojis, Sound- und Aktionswörter, Kleinschreibweise und Großbuchstaben, Abkürzungen bzw. Akronyme, Dialekte und Nicknames sowie Umdeutungen von Begriffen wie „Troll", „Nerd" und „Geek" sind Beispiele für die sprachliche Vielfalt im Virtuellen. Da der Netzjargon in vielen Bereichen moralisch aufgeladen ist, Wertungen und Abwertungen umfassend, ist er auch ein Gegenstand der Informationsethik.

Netzneutralität

Die Netzneutralität ist die Neutralität bei der Datenübertragung im Netz. Ein Provider, der in ihrem Sinne agiert, behandelt alle Daten gleich, unabhängig von Inhalt, Format, Herkunft und Ziel, transportiert sie also gleich schnell und in gleicher Qualität. Weder Netzbetreiber und Provider noch Benutzer sollen, auch aus Gründen der Informationsgerechtigkeit, gegen die Datengleichberechtigung verstoßen.

Neue Medien

Neue Medien, die auch digitale Medien genannt werden, basieren auf Informations- und Kommunikationstechnologien und können die Aspekte Multimedialität, Hypertextualität, Vernetztheit, Interaktivität und Adaptivität aufweisen. Beispiele sind im Allgemeinen Computer und Software, im Besonderen Internet, elektronische Bücher, Chats und Diskussionsforen. Neue Medien können in unterschiedlichen Kontexten eingesetzt werden, beispielsweise in der Unterhaltung oder für Bildungszwecke, und sind somit zunächst verwendungsneutral.

New Work

New Work ist ein Ansatz von Frithjof Bergmann, nach dem zwei Drittel der klassischen Erwerbstätigkeit ersetzt werden sollen, mit einem Drittel, das aus Arbeit besteht, nach der man wirklich strebt, und einem Drittel, das eine Kombination aus intelligentem Verbrauch und technisch hochstehender Selbstversorgung ist. Der Philosoph hatte eine Analyse des Kapitalismus vorgenommen, Skepsis gegenüber dem Kommunismus gezeigt und eine umfassende Idee von Freiheit entwickelt, Entscheidungs- und Handlungsfreiheit beinhaltend.

Eine Antwort auf Digitalisierung und Automatisierung könnte auch eine Reduktion der Arbeitszeit im Sinne von Halbtags- bzw. Teilzeitarbeit sein. Die Probleme des geringeren Einkommens und der gefährdeten Rente – heute Hauptkritikpunkte – müssten gelöst werden. Der Rest des Tages wird als Freizeit genutzt oder beispielsweise mit Freiwilligenarbeit gefüllt. Eine Verbindung mit dem Ansatz der New Work sowie mit dem des bedingungslosen Grundeigentums ist verschiedentlich möglich.

Newsletter

Ein Newsletter ist ein Informationsdienst, der über E-Mail nach dem Push-Prinzip abgewickelt wird. Er enthält Informationen zu einem Thema oder einer Organisation. Manche Newsletter gestatten eine

Personalisierung; man bekommt also nur Inhalte zugestellt, die einen interessieren oder die man für die Arbeit oder das Lernen benötigt. Viele von ihnen sind mit sozialen Medien verlinkt, etwa mit Blogs oder sozialen Netzwerken, wo dann weitere Informationen oder interaktive Medien zu finden sind.

Es gibt Technologie-, Robotik- und KI-Newsletter, die über Neuigkeiten in Bezug auf Forschung und Entwicklung, Dienstleistung und Produktpalette berichten. Oft dienen sie dazu, für ein Unternehmen zu werben; es existieren aber auch unabhängige Formate ohne kommerzielle Interessen. Während die Kurznachrichten auf Microblogs wie Twitter eine hohe Geschwindigkeit und eine kurze Verfallszeit haben, wenn nicht gerade ein Shitstorm heraufgezogen ist, können Newsletter sorgfältig recherchierte und kuratierte Informationen bieten.

Bereits in den 1990er-Jahren waren Newsletter beliebt. In den 2020er-Jahren etablieren sie sich erneut und reüssieren durch hochwertigen Content, der gut archiviert und zu beliebiger Zeit herangezogen und für den ein Urheber verantwortlich gemacht werden kann. Im Einzelfall können freilich Spam und Fake News verbreitet, dadurch Mehraufwände generiert und Meinungen manipuliert werden. Medien- und Kommunikationswissenschaft untersuchen die Mechanismen dieser Kanäle, Medienethik und Informationsethik die Chancen und Risiken für die Informationsgesellschaft.

Non-Fungible Token

Ein Non-Fungible Token (NFT) ist ein nicht ersetzbarer Verweis. Die Blockchain ist die dahinterliegende Technologie. In ihr wird der Verweis mit dem zugehörigen Hashwert gespeichert. Repräsentiert wird ein konkretes Objekt wie ein digitales Kunstwerk, ein digitales Sammlerobjekt oder ein Meme. Dabei geht es um Einzelwerke oder um Serien.

1,3 Millionen Dollar soll der Popsänger Justin Bieber Anfang 2022 für ein NFT-Bild eines gelangweilten Affen aus der Kollektion des Bored Ape Yacht Club ausgegeben haben. Vor ihm haben angeblich auch Paris Hilton, Serena Williams und Eminem digitale Affen erstanden. Eine

NFT-Auktion in St. Moritz zu Gunsten von UNICEF erbrachte im selben Zeitraum ca. 138.000 Dollar.

Novelty Effect

Der Begriff des Neuheitseffekts (engl. „novelty effect") wird u. a. in der Didaktik und in der pädagogischen Psychologie verwendet. Er verweist dort darauf, dass der Einsatz neuer Medien und von Informations- und Kommunikationstechnologien häufig kurzfristig durch deren Neuheit (für eine bestimmte Person oder Gruppe) begünstigt werden kann. Maike Paetzel und ihre Mitautorinnen stellen fest, dass es aufgrund des Neuheitseffekts oft einfach ist, eine anfängliche Bindung zu (sozialen) Robotern herzustellen. Dagegen habe es sich als schwierig erwiesen, die Bindung über einen längeren Zeitraum aufrechtzuerhalten, vor allem, weil die Benutzer von den limitierten oder sich wiederholenden Interaktionsmöglichkeiten des Roboters gelangweilt werden.

Nudging

Beim Nudging (engl. „nudging": „Anstoßen", „Schubsen" oder „Stupsen") bewegt man jemanden auf mehr oder weniger subtile Weise dazu, etwas Bestimmtes einmalig oder dauerhaft zu tun oder zu lassen. Dabei können Voreinstellungen und Standards (Defaults) ebenso zum Einsatz kommen wie Produktinformationen und Warenpräsentationen. Angestrebt werden die Verhaltensänderungen der Personen und Gruppen etwa von Unternehmen oder vom Staat. Geprägt wurde der Begriff durch das Buch „Nudge: Wie man kluge Entscheidungen anstößt" des Wirtschaftswissenschaftlers Richard Thaler und des Rechtswissenschaftlers Cass Sunstein.
Für die beiden Autoren handelt es sich um Nudging, wenn eine Fliege in einem Urinal abgebildet ist und die Männer beim Urinieren auf sie zielen, oder wenn Gesundes in einem Buffet in einer Kantine in Griffnähe ist, Süßes dagegen nicht. Nach ihrer Meinung sollte die Organ-

spende der Normalfall sein, und wer bei seiner Person dagegen ist, muss dies schriftlich festlegen. Privacy by Default, wie es die Datenschutz-Grundverordnung (DSGVO) vorsieht, mag ebenfalls zu den Nudges gezählt werden. Ein Label für vegane und vegetarische Produkte oder eine Energieetikette liefern Informationen, die dem Konsumenten aufgeklärte, „kluge" Entscheidungen ermöglichen. Eine immer größere Rolle beim Nudging spielen Scoring, Gamification und Künstliche Intelligenz.

In moralischer Hinsicht gilt für Thaler und Sunstein, dass Nudges transparent sein müssen, man sich in einfacher Weise gegen sie entscheiden können und die Verhaltensänderung der Gesellschaft dienen sollte. In diesen Punkten kann aus Wirtschafts-, Politik- und Informationsethik heraus freilich Kritik geäußert werden, etwa mit Blick auf eine unternehmerische oder staatliche Bevormundung von Kunden und Konsumenten (Konsumentenethik), Bürgern und Benutzern bzw. die Unterordnung individueller unter gesellschaftliche Interessen. Manche Nudges führen unter Umständen nicht nur zu einer Verhaltens-, sondern auch zu einer Bewusstseinsänderung und einer Realitätsverschiebung. Wir lassen uns von sozialen Medien und Systemen der Künstlichen Intelligenz animieren und dirigieren, reagieren auf Lob und Tadel, akzeptieren Belohnungen und Geschenke, selbst wenn wir damit auf andere Druck ausüben und zu Gleichschaltung und Überwachung beitragen.

O – P: Open Educational Resources – Publishing on Demand

Open Educational Resources

Open Educational Resources (OER) sind Bildungsmaterialien jeglicher Art und in jedem Medium, die unter einer offenen Lizenz (etwa Creative Commons oder GNU General Public License) veröffentlicht werden. Diese ermöglicht den kostenlosen (mehrheitlich insgesamt bedingungslosen) Zugang sowie die kostenlose Nutzung, Bearbeitung und Verbreitung durch andere Personen und Gruppen ohne oder mit geringfügigen Einschränkungen. Dabei bestimmen die Urheber – gemeinnützige Organisationen, Hochschulen und Unternehmen sowie Privatpersonen – selbst, welche Nutzungsrechte sie einräumen und welche Rechte sie sich vorbehalten. OER können sowohl Lehr- als auch Lernmaterialien sein und damit unterschiedliche Funktionen im formalen und informellen Lernen erfüllen.

Die UNESCO hat den Begriff „Open Educational Resources" ab dem Jahre 2002 geprägt. Sie schreibt auf ihrer deutschsprachigen Website: „Open Educational Resources können einzelne Materialien, aber auch komplette Kurse oder Bücher umfassen. Jedes Medium kann verwendet werden. Lehrpläne, Kursmaterialien, Lehrbücher, Streaming-Videos,

Multimedia-Anwendungen, Podcasts – all diese Ressourcen sind OER, wenn sie unter einer offenen Lizenz veröffentlicht werden." (Website UNESCO) Die OER World Map versucht ein weltweites Bild der OER-Bewegung zu zeichnen. Über sie kommt man auf zahlreiche Institutionen und Ressourcen auch im deutschsprachigen Raum, etwa die Zentrale für Unterrichtsmedien im Internet (ZUM) mit ihren Unterrichtsmaterialien oder die Technische Universität Darmstadt mit ihren Vorlesungen aus den Geistes-, Natur- und Ingenieurwissenschaften.

Die UNESCO „sieht in OER eine Chance zur Förderung von Wissensgesellschaften und zur Förderung von Bildung für alle Menschen weltweit". „OER verfügen über das Potenzial, Bildungsqualität zu verbessern sowie Dialog, Verbreitung von Wissen und Kapazitätsaufbau zu fördern." (Website UNESCO) Allerdings kann man über OER auch Falschinformationen und Pseudowissen weitergeben, und es können Anbieter mit fragwürdigen Qualifikationen und Ambitionen auf dem Bildungsmarkt erscheinen. Zertifizierung und Akkreditierung vermögen dieses Problem abzuschwächen, sind aber nicht für alle Beteiligten eine Option. Die Informationsethik findet auf diesem Gebiet zahlreiche Forschungsgegenstände, etwa die Sicherstellung der Qualität oder die Vertrauenswürdigkeit der Quelle der Information, die Gewährleistung der Informationsfreiheit sowie die Überwindung des digitalen Grabens. Die Rechtswissenschaft widmet sich in diesem Zusammenhang u. a. dem Urheber- und dem Lizenzrecht.

Offline

„Offline" bedeutet, dass ein Computer mit Netzanschluss (oder ein Handy) temporär oder permanent keine Verbindung zum Internet oder Intranet (oder zum Mobilnetz) hat. Ein Benutzer, der offline ist, arbeitet für eine bestimmte Zeit nicht mit dem und am Gerät bzw. ist nicht in der Lage, darüber mit Geschäftspartnern, Freunden und Familie zu kommunizieren. Offline zu sein, kann Unabhängigkeit von virtuellen Welten und finanzielle Ersparnisse implizieren. Oft sind offline erstellte Inhalte zu einem späteren Zeitpunkt online nutzbar; umgekehrt ist es möglich, online bestimmte Informationen auf dem Computer zu speichern und dann offline zu verwenden. Im Internetjargon bezeichnet man mit dem Begriff auch jegliches reales Tun. Offlinebeziehungen sind Beziehungen, die nicht nur online stattfinden. Man trifft sich in Cafés, zu Hause und in Hotels. Offlinesex ist unmittelbarer Sex, kein Telefon- oder Cybersex. Inzwischen wird das Offlinesein auch als Verweigerungsform verstanden bzw. als Form der Enthaltsamkeit und – bei Onlinesucht – des Entzugs.

Offshoring

Offshoring ist die Verlagerung betrieblicher Aktivitäten ins Ausland. Entsprechend hat sich das deutsche Wort „Auslandsverlagerung" herausgebildet. Unterteilt wird in Nearshoring (nahes Ausland, von Deutschland aus z. B. Osteuropa) und Farshoring (weit entferntes Ausland, von Mitteleuropa aus etwa Indien). Bei Outsourcing steht die organisatorische Verlagerung im Vordergrund, nicht die geografische.
Wichtig für Offshoring sind Internetanbindung und Nutzung von Computern und Programmen zur Kommunikation und Kooperation. Betroffen sind u. a. IT-Dienstleistungen, Lektoratstätigkeiten und E-Learning-Produktionen. Mit Offshoring wollen Unternehmen die Personalkosten (Löhne und Kosten für Aus- und Weiterbildung) senken. Dabei treffen sie vor allem bei Nearshoring auf eine hohe Qualifikation in fachlicher und sprachlicher Hinsicht.
Abbau von Arbeitsplätzen im eigenen Land, zunehmender Konkurrenzdruck in der Belegschaft und durch Partnerunternehmen, erhöhte Komplexität bei Funktionen und Prozessen, gesteigerter Kommunikationsaufwand sowie Datenschutzrisiken, Rechtsunsicherheit und Wirtschaftsspionage führen dazu, dass Offshoring in die Kritik gerät. Wirtschaftsethik (Unternehmensethik und Ordnungsethik) und Informationsethik können sich dieser Themen annehmen.

Online

Der Begriff „online" drückt aus, dass von einem Computer mit Netzanschluss aus aktuell eine Verbindung zu einem Server bzw. zum Internet oder Intranet besteht (oder dass ein Handy Empfang hat). Eine Person, die online ist, nutzt eine Netzverbindung, etwa um mit anderen per E-Mail, Chat oder Instant Messaging zu kommunizieren. „Online" wird oft in Wortkombinationen benutzt, wie im Falle von „Onlinezeitung" und „Onlinesucht". Der Gegensatz zu „online" ist „offline".

Onlinesucht

Computer, Smartphones und Internet bzw. damit verbundene Anwendungen und Spiele können süchtig machen. Die betroffenen Benutzer verbringen unverhältnismäßig viel Zeit vor dem und mit dem Gerät und sind nervös und gereizt, wenn sie keinen Zugriff auf Dienste und Medien haben.
Anders als bei lange bekannten Suchtformen mangelt es bei der Computer-, Handy- oder Internetsucht (auch „Onlinesucht", im Englischen „online compulsive disorder" genannt) an weithin anerkannten und eindeutig abgrenzbaren Indikatoren. Seit Juni 2018 wird immerhin die Onlinespielsucht, eine Form der Onlinesucht, von der Weltgesundheitsorganisation (World Health Organization, WHO) als Krankheit geführt. Obwohl Phubbing, das unentwegte Starren auf das Smartphone und gleichzeitige Abweisen des Gegenübers, ein ernstzunehmendes Phänomen darstellt, das ebenfalls mit der Onlinesucht zusammenhängt, ist die Wortschöpfung (engl. „phone": „Telefon"; engl. „snubbing": „Brüskierung") selbst ursprünglich scherzhaft gemeint.

Open Access

Im Rahmen von Open Access wird der freie und kostenlose Zugang zu digitalen Artikeln und Büchern gewährt. Das Konzept findet vor allem in der Wissenschaft Anwendung. Hochschulen schließen Verträge mit Verlagen wie Springer, Elsevier und Wiley, damit ihre Forscher – ohne selbst Gebühren zu bezahlen – Open-Access-Artikel veröffentlichen können. Dies führt zu einer tendenziell höheren Publikationsrate und zu einer wesentlich höheren Zugriffsrate. Bei Open-Access-Büchern – die zuweilen von Vereinen und Stiftungen finanziert werden – fallen meist die Verdienste für die Autoren bzw. Herausgeber weg. Creative Commons sind eine Möglichkeit, Open-Access-Publikationen zu kennzeichnen.

Open Content

Unter „Open Content" (dt. „freier Inhalt") werden veröffentlichte digitale Inhalte wie Texte, Bilder, Audio oder Video subsumiert, die in unterschiedlichem Umfang von Dritten verwendet werden können. Anders als der Begriff suggeriert, ist Open Content allerdings nicht immer gänzlich frei verfüg- und manipulierbar. Der Umfang der Nutzung ist vielmehr durch Bestimmungen und Lizenzen genau geregelt und mehr oder weniger stark eingeschränkt. So gibt es neben Lizenzen, die den freien Zugang und die freie Nutzung und Verwertung für alle oder für eine bestimmte Nutzergruppe festlegen, auch Lizenzen, die die freie Nutzung, nicht aber die Änderung von Inhalten erlauben. Zudem ist häufig ein kommerzieller Gebrauch untersagt. Die Open-Content-Lizenzen – wie die von GNU oder Creative Commons – gehen auf Modelle zurück, die im Rahmen der Open-Source-Bewegung entwickelt worden sind.

Ein Gefäß für Open Content ist die ebenso beliebte wie umstrittene Onlineenzyklopädie Wikipedia, deren Inhalte im Internet prinzipiell frei zugänglich, nutz- und bearbeitbar sind. Einschränkungen bezüglich Erstellung und Bearbeitung treten bei einzelnen (zur Löschung vorgeschlagenen oder gesperrten) Artikeln auf. Beispiele für frei zugängliche Inhalte, die kopiert, aber nicht verändert werden dürfen, sind die Materialien des Massachusetts Institute of Technology (MIT), die über OpenCourseWare angeboten werden, oder das Literaturprojekt Gutenberg. Für soziale Roboter ist Open Content eine wichtige, oft zu wenig spezifische Ressource. Es bräuchte mehr domänenbezogenes und auch mehr abgesichertes Wissen.

Open Data

Open Data ist der Versuch, öffentliche Daten offen – also frei verfügbar und nutzbar – zu machen. Zum einen wird die Informationsfreiheit gefordert, zum anderen die Abwesenheit von Copyright und Patenten. Open Data gliedert sich damit in Bewegungen wie Open Source, Open Government und Open Education ein. Es kann bei einer massenhaften Verbreitung und Nutzung von Daten zum Phänomen des Big Data führen. Im Ausnahmefall sind auch private Daten gemeint, die veröffentlicht werden, etwa im Rahmen von Quantified Self. Der Gegenbegriff ist „Closed Data".

Open Source

Bei Open Source handelt es sich um Software, deren Quellcode frei verfügbar ist und kopiert, geändert und weitergegeben werden kann. Das Prinzip wird auch auf Roboter und soziale Roboter übertragen. Mehrere Projekte wollen die technischen Hürden zur Programmierung und Entwicklung von robotischen Systemen abbauen und geeignete Programmierumgebungen und Quellcodes oder Baupläne für Teile (etwa für den 3D-Druck) zur Verfügung stellen (Open-Source-Hardware oder Open Hardware). Dazu gehören Open Roberta unter der Schirmherrschaft des deutschen Bundesministeriums für Bildung und Forschung (BMBF) sowie die Open Dynamic Robot Initiative.

Operationsroboter

Mit einem Operationsroboter (engl. „surgery robot") lassen sich Maßnahmen innerhalb einer Operation oder gar ganze Operationen durchführen. Er ist in der Lage, sehr kleine und sehr exakte Schnitte zu setzen und präzise zu fräsen und zu bohren. Er wird entweder – das ist die Regel – durch einen Arzt gesteuert, der vor Ort ist, oder er arbeitet – in einem engen zeitlichen und räumlichen Rahmen – mehr oder weniger autonom. Eine Operation ist ein mithilfe von Instrumenten und Geräten vorgenommener Eingriff am oder im Körper eines menschlichen bzw. tierischen Patienten zum Zweck der Behandlung, der Erkennung oder der Veränderung. Sie findet im besten Falle in geschützten Räumen statt, etwa in einem Krankenhaus oder einer Arztpraxis. Der Operationsroboter wurde ursprünglich mit Blick auf ungeschützte Räume geschaffen, etwa ein Schlachtfeld. Der Arzt sollte die Verwundeten aus sicherer Entfernung operieren können.

Das da Vinci Surgical System von Intuitive Surgical ist weit verbreitet und in Kliniken für die radikale Prostatektomie und die Hysterektomie zuständig. Es ist ein Teleroboter und als solcher nicht autonom oder auch nur teilautonom, kann aber z. B. das Zittern der Hände ausgleichen. Das Amigo Remote Catheter System wird bei Herzoperationen eingesetzt, das CyberKnife Robotic Radiosurgery System zur Krebsbehandlung, das Magellan Robotic System für Eingriffe in Blutgefäße. Der Smart Tissue Autonomous Robot (Star) des Sheikh Zayed Institute, ein autonomer Operationsroboter, kann Wunden mit großer Sorgfalt und Gleichmäßigkeit zunähen, ist aber noch zu langsam für den regulären Einsatz. MIRO vom DLR ist ein Roboterarm für chirurgische Anwendungen. Er ist verwandt mit Kooperations- und Kollaborationsrobotern (Co-Robots oder Cobots) in der Industrie und kann dem Chirurgen assistieren und sich mit ihm bei Tätigkeiten so abwechseln, dass beide ihre Stärken auszuspielen vermögen und ihre Schwächen ausgeglichen werden.

Zu den Vorteilen eines Operationsroboters gehört, dass die Operation meist schonender ist als bei konventionellen Verfahren und damit vom Patienten besser vertragen wird. Der Arzt kann das Operationsfeld bei vielen Apparaturen optimal einsehen und beherrschen. Zu den Nachteilen gehört, dass künstliche Operationsassistenten sehr teuer sind und nach einer zusätzlichen gründlichen Einarbeitung der bedienenden und betreuenden Personen verlangen. Überhaupt ist die Amortisierung umstritten. Aus Sicht der Ethik, etwa der Informationsethik oder Medizinethik, ist die Frage der Verantwortung zentral. Diese wird bei manchen Modellen einfach zu beantworten sein, da sie lediglich Werkzeuge des Arztes sind. Allerdings gibt es zuweilen die Option, eine definierte (Teil-)Aufgabe autonom ausführen zu lassen, und es wird eben mit autonomen Systemen experimentiert. Bei ihrem Gebrauch wäre nicht nur der Mediziner (wenn überhaupt), sondern auch der Hersteller bzw. der Entwickler in die Verantwortung zu nehmen, mithin das Krankenhaus.

Ontologie

Ontologien stellen ein einheitliches Vokabular mit einheitlicher Syntax und Semantik zur Verfügung. Das Vokabular bezieht sich auf Phänomene eines Realitätsausschnitts und versucht sie hinsichtlich eines bestimmten Zwecks möglichst treffend zu beschreiben. Auf diese Weise rekonstruieren Ontologien die Bedeutung natürlichsprachlich gedachter und ausgedrückter Realitätswahrnehmung und erschließen und strukturieren Wissen. Von praktischer Bedeutung sind Ontologien z. B. im Zusammenhang mit dem Semantic Web und der Sozialen Robotik.

Pädagogische Agenten

Pädagogische Agenten sind Softwareagenten, die bei Anforderungen und Aufgaben im Lernbereich assistieren. In manchen Fällen – wie bei Gandalf aus den 1990er-Jahren – sind sie mit Hardwarekomponenten wie Eye-Trackern und Sensoren für die Messung der Armbewegungen des Benutzers verbunden.
Bei zahlreichen Aufgaben ist ihre Sichtbarkeit unverzichtbar, ja in vielen Fällen bedarf es einer Gestalt, die Handlungsmöglichkeiten besitzt, sei es über Mimik und Gestik, sei es mittels der über die Körpersprache hinausgehenden Aktionen einer Hand oder anderer Gliedmaßen. Nahe liegt hierbei die anthropomorphe, also menschenähnliche Gestaltung. Diese geht über das rein Äußerliche hinaus und schließt Verhalten und Sprache mit ein.
In vielen Fällen schlüpft der pädagogische Agent – wie bei den frühen Entwicklungen namens Adele, Steve, Herman the Bug, Cosmo und Einstein – in die Haut eines Lehrers, Trainers, Tutors, Ratgebers und Experten. In dieser Rolle – sozusagen aus einer Position des anerkannten Fortgeschrittenen heraus – vermittelt er Wissen, leitet den Lernenden an und

begleitet ihn. Pädagogische Agenten können in soziale Roboter integriert werden, die Funktionen im Bildungsbereich übernehmen.

Peer-to-Peer

Die Peer-to-Peer-Kommunikation und -Kooperation findet zwischen zwei Computern statt, ohne dass ein Server vermitteln muss. Ein solcher kann bei Bedarf zur Sicherung von Daten zur Verfügung stehen. Auch bestimmte soziale Netzwerke wurden nach dem Peer-to-Peer-Prinzip konzipiert.
Peer-to-Peer-Verbindungen sind für den eigenständigen, selbstbestimmten Austausch von Meinungen bzw. Dateien und damit für die informationelle Autonomie von Bedeutung. Freilich fehlt oftmals, wie bei den erwähnten sozialen Netzwerken, das Interesse der Benutzer.

Person

Die Person ist aus Sicht der Ethik das Subjekt der Moral, der moralische Akteur. Der Mensch kommt im Heranwachsen von der Freiheit von Entscheidung zur Freiheit der Entscheidung und wird zur Person, die Verantwortung tragen und zur Verantwortung gezogen werden kann, die nicht bloß Rechte, sondern auch Pflichten hat. Nicht jeder Mensch ist also von Anfang an eine Person in diesem Sinne, und nicht jeder muss es bis zum Ende seines Lebens bleiben. Kleinstkinder können nicht verantwortlich für etwas gemacht werden, sie haben Rechte, selbst wenn manche davon eingeschränkt sind, aber keine Pflichten; das Gleiche gilt für Demenzkranke in einem fortgeschrittenen Stadium.
Ganz anders wird der Personenbegriff von manchen Tierethikern, Tierrechtlern und Biologen gedeutet, die eine starke Ausweitung der Tierrechte (als Grundrechte) oder sogar die Anwendung der Menschenrechte auf Tiere anstreben. Für sie sind Menschenaffen, Elefanten oder Delfine durchaus Personen, etwa aufgrund ihrer Intelligenz, ihrer Kommunikationsfähigkeit und ihrer Zielorientiertheit.

Auch die Maschine kann – ein Gegenstandsbereich der Maschinenethik – ein (unvollständiges und merkwürdiges) Subjekt der Moral sein. Das Objekt der Moral muss keine Person, sondern mag ein Tier oder zukünftig unter Umständen auch ein Roboter sein (dafür müsste er z. B. empfinden und leiden können, ein hehres Ziel, das derzeit außer Reichweite ist). Der Benutzer ist nicht per se eine Person im engeren Sinne, und man kann in der Informationsethik fragen, ob seine Verantwortung mit seiner Medienkompetenz zusammenhängt.

In der Rechtswissenschaft deutet man Rechte und Pflichten abweichend. Ein Roboter kann im Moment keine moralischen Rechte haben, womöglich aber Ansprüche im Zivilrechtlichen. Seine Pflichten können mit der Haftung zusammenhängen. Möglich macht dies alles das Konstrukt der elektronischen Person, das von Rechtswissenschaftlern und politischen Gremien vorgeschlagen wurde.

Personalisierung

Personalisierung bezeichnet den Vorgang, eine Dienstleistung, ein Produkt, ein System oder eine virtuelle Umgebung an individuelle oder gruppenbezogene Anforderungen und Bedürfnisse anzupassen, oder das Ergebnis, zu dem der Vorgang führt. Sie ist verwandt mit der Individualisierung.

Bei Informations- und Kommunikationstechnologien und Informationssystemen mit der Fähigkeit der Adaptivität wird die Personalisierung von selbst vollzogen. Die Nutzung von Algorithmen kann zur sogenannten Filter Bubble (Filterblase) führen, vor allem bei Websites und Apps. Ansonsten ist die Anpassung Sache der Benutzer oder anderer zuständiger Personen, wobei diese meist von den Technologien unterstützt werden.

Pflegeroboter

Pflegeroboter (engl. „care robots") unterstützen menschliche Pflegekräfte bzw. Betreuerinnen und Betreuer und stehen Pflegebedürftigen zur Verfügung. Sie bringen und reichen Kranken und Alten die benötigten

Medikamente und Nahrungsmittel, helfen ihnen beim Hinlegen und Aufrichten oder alarmieren den Notdienst. Manche haben natürlichsprachliche Fähigkeiten, sind lernende und intelligente Systeme. Einige Patienten bevorzugen Maschinen gegenüber Menschen bei bestimmten Tätigkeiten, etwa Waschungen im Intimbereich. Andere Tätigkeiten, vor allem sozialer Art, scheinen ungeeignet für Pflegeroboter zu sein. Allerdings werden diese mehr und mehr als soziale Roboter konzipiert. Therapieroboter sind nahe Verwandte, Sexroboter ferne. Der Begriff „Roboter in der Pflege" zielt nicht nur auf Serviceroboter, die speziell für Pflege und Betreuung entwickelt wurden, eben Pflegeroboter, sondern z. B. auch auf Reinigungs- und Transportroboter, die in diesem Bereich eingesetzt werden können.

Beispiele für Prototypen und Produkte sind JACO, Care-O-bot, Cody, Robear (Vorgängerversionen RIBA und RIBA-II), HOBBIT und TWENDY-ONE. JACO, ein Arm samt Hand mit drei Fingern, kann alles in Griffnähe besorgen, Care-O-bot, ein mobiler Assistent, sogar alles aus dem Nebenraum. Cody wäscht ans Bett gefesselte Patienten. Robear, der an einen Teddy erinnert, hebt sie hoch und lagert sie um, zusammen mit einem Pfleger. Der als wandelndes Infoterminal gestaltete HOBBIT soll Seniorinnen und Senioren helfen. Er soll das Sicherheitsgefühl stärken und kann Gegenstände vom Boden aufheben. TWENDY-ONE, ein humanoider Roboter, hilft Bettlägerigen beim Sichaufrichten und bei Haushaltsarbeiten. P-Rob ähnelt JACO, hat aber lediglich zwei Finger. Er kann sowohl in der Pflege als auch in der Therapie seine Funktion erfüllen. Weitere Modelle des Unternehmens und seiner Partner sind Lio, ein mobiler Roboter mit einem Arm, und P-Care, ein mobiler, animaloider oder humanoider Roboter mit zwei Armen. Sie liegen als Kleinserien in Europa respektive in China vor. 2021 wurde der Android Grace präsentiert.

Vorteile von Pflegerobotern sind durchgehende Verwendbarkeit, beschränkt auch in Zwischenphasen, in denen keine Pflege notwendig ist, und gleichbleibende Qualität der Dienstleistung. Nachteile sind Kostenintensität (bei möglicher Amortisation) und Komplexität der Anforderungen. Ein Pflegeroboter, der die vielfältigen Aufgaben einer Pflegekraft erledigen könnte, ist nicht in Sicht. Bereichsethiken wie Wirtschafts-, Medizin- und Informationsethik müssen Fragen dieser Art stellen: Wer trägt die Verantwortung bei einer fehlerhaften Betreuung und Versorgung durch die Maschine? Inwieweit kann diese die persönliche und informationelle Autonomie des Patienten unterstützen oder gefährden? Ist der Roboter in unpassender Weise umgesetzt, etwa in Form einer stereotyp dargestellten Krankenschwester? Ist er eine Entlastung oder ein Konkurrent für Pflegekräfte? Antworten müssen von Wissenschaft und Gesellschaft gefunden werden. Die Maschinenethik kann Pflegeroboter als moralische Maschinen denken und bauen.

Philosophie

Die Philosophie (gr. „philosophía": „Weisheitsliebe") ist die Lehre vom Erkennen und Wissen und die Prinzipien- und Methodenlehre der Einzelwissenschaften, als deren Ursprung und Rahmen sie angesehen werden kann. Ihre Erkenntnisse gewinnt sie u. a. mithilfe der logischen, analytischen, dialektischen, diskursiven und hermeneutischen Methode, in neuerer Zeit auch in Zusammenarbeit mit empirischen Wissenschaften. Zu ihren heutigen Disziplinen gehören Logik, Ethik, Ästhetik und Wissenschaftstheorie. An diesen kann man ihr enormes Spektrum erkennen und ihren Brückenschlag bzw. Treppenbau zwischen formal unterschiedlichen Ansprüchen, verschiedenen (Meta-)Ebenen und einer mathematisch-naturwissenschaftlichen und geisteswissenschaftlichen Ausrichtung. Die Theologie zeigt sich meist entweder als Fremdkörper oder Feindin der Philosophie, die ihr Selbstverständnis im Kontrast zu mythologischen und religiösen Deutungen entwickelt hat. Scharf getrennt werden sie durch ihre Grundannahmen und ihre Haltung zur Rationalität.
Die Vorsokratiker der griechischen Antike verantworteten (vor-)wissenschaftliche Prognoseinstrumente und Modellbildungen, wobei das Atommodell von Demokrit hervorgehoben werden kann. Auf Sokrates, den mündlichen Philosophen, folgten Platon und Aristoteles, die sich mit schriftlichen Äußerungen gegenüber ihren Zeitgenossen und Schülern und für die Nachwelt festlegten. Aristoteles ist als früher Hauptvertreter des systematischen, wissenschaftlichen Denkens anzusehen und hat die Ethik ebenso geprägt wie die Logik. In ganz anderer Tradition

erblühte die östliche Philosophie unter der Obhut des legendären Laotse und des chinesischen Konfuzius. Höhepunkte in der westlichen Philosophie als Erkenntnistheorie waren die Leistungen von René Descartes, David Hume und Immanuel Kant. In der Ethik sind neben Aristoteles u. a. Jeremy Bentham (Begründer des Utilitarismus) und Arthur Schopenhauer herauszustellen, nicht zuletzt wegen ihrer Betonung der Leidensfähigkeit und des Mitleids, über die Tiere als moralische Objekte sichtbar werden. Ludwig Wittgenstein gab Logik und Sprachphilosophie neue Impulse, Jürgen Habermas der Kritischen Theorie, welche die gesellschaftlichen und geschichtlichen Bedingungen der Theorieentwicklung untersucht. Friedrich Nietzsche und Martin Heidegger sind nicht allein als bemerkenswerte Stilisten in die Philosophiegeschichte eingegangen.

Die Wirtschaftsphilosophie, mit Fritz Berolzheimer als geistigem Vater, behandelt die Grundlagen der Wirtschaft und – zusammen mit der Wissenschaftstheorie – die Methoden der Wirtschaftswissenschaften. Die Wirtschaftsethik hat die Moral in der Wirtschaft zum Gegenstand. Dabei ist der Mensch im Blick, der wirtschaftliche Interessen hat, der produziert, handelt, führt, ausführt (verschiedene Formen der Individualethik) und konsumiert (Konsumentenethik), und das Unternehmen, das Verantwortung gegenüber Mitarbeitern, Kunden und Umwelt trägt (Unternehmensethik). Zudem interessieren die moralischen Implikationen von Wirtschaftsprozessen und -systemen sowie von Globalisierung und Monopolisierung (Ordnungsethik). Unterschieden werden eine moralphilosophische, moralökonomische und integrative Position. In der Informationsgesellschaft ist die Wirtschaftsethik eng mit der Informationsethik verzahnt. Mehr und mehr rückt auch die Umweltethik, mitsamt der Tierethik, in den Wahrnehmungsbereich.

Die Philosophie hat einerseits ihre ehemalige Bedeutung verloren, andererseits über Sachbücher und Massenmedien neue Popularität erlangt. Ihr Potenzial wird von manchen Personen und Gruppen nicht in genügender Weise erkannt, was mit einer Begriffsverwirrung („Philosophie" als Wort der Umgangssprache mit ganz anderer Konnotation), mit der Lobbyismustätigkeit wissenschaftsfremder, esoterischer und religiöser Kreise und mit Kompetenzstreitigkeiten zu tun haben mag. Ethik z. B. wird häufig als Angelegenheit der Kirchen und der Religion missverstanden. Gläubige und Theologen zementieren die Verhältnisse, indem sie die von ihnen vertretene theonome bzw. theologische Ethik nicht als solche kennzeichnen, sich in Bereichsethiken einmischen und etwa den Deutschen Ethikrat und die Ethikzentren an Hochschulen besetzen. Gerade in der Wirtschaftsethik engagieren sich religiöse Vertreter stark, wobei sie sich gerne auf untergegangene Gesellschafts- und Wirtschaftsformen und pauschale Wertvorstellungen beziehen. Vor diesem Hintergrund muss sich die Philosophie, will sie sich erneut und dauerhaft etablieren, auf ihre Wesensmerkmale besinnen, muss ihre Streitlust wiederentdecken, ihren Platz an Schulen und Hochschulen zurückerobern und sich in den gesellschaftlichen, politischen und wirtschaftlichen Diskurs einbringen, ihren methodischen Zweifel, ganz im Sinne von Descartes, auf sich und die Welt anwendend.

Phubbing

„Phubbing" (engl. „phone": „Telefon"; engl. „snubbing": „Brüskierung"), ein im Rahmen von viralem Marketing erfundener (Scherz-)Begriff, zielt auf das Phänomen, dass Benutzer ständig auf ihr Handy oder Smartphone starren, beim Essen, beim Gehen und beim Fahren, selbst wenn sie am Steuer sitzen. Der Hans Guck-in-die-Luft wird zum Hans Starr-ins-Handy oder zur Hanna Starr-auf-das-Display.

Pilot

Ein Pilot steuert ein Luftfahrzeug, einen Roboter oder ein Exoskelett. Der Flugzeugpilot startet, navigiert und landet den Flieger, koordiniert sich mit dem Flugverkehrsleiter und informiert Passagiere über den Flugverlauf. Der Roboterpilot benutzt den Roboter entweder als Avatar, etwa im Schulunterricht, den er krankheitshalber nicht besuchen kann, oder als Maschine, in der er sich selbst befindet und mit der er sich umherbewegt. Der Pilot des Exoskeletts richtet sich mit diesem auf oder setzt sich mit diesem hin, oder er nimmt Lasten auf und transportiert sie durch die Gegend. Der Autopilot lenkt ein Fahr- oder Flugzeug über eine bestimmte Zeit ohne Zutun des Menschen.

Piraten

Piraten sind Mitglieder der Piratenpartei, die auf regionaler, nationaler und u. a. europäischer Ebene aktiv ist und sich einsetzt für eine Stärkung der Bürgerrechte, Möglichkeiten der Mitbestimmung, die Reform des Urheberrechts und die Informationsfreiheit, mit dem Grundgedanken, dass die Informationsgesellschaft innovative Ansätze und Lösungen braucht. Die säkularen und libertinären Kräfte sind in ihr besonders stark. Manche Piraten können als Nerds angesehen werden bzw. verstehen sich selbst als solche.

Plug-in

Ein Plug-in ist ein Softwareprogramm, das die Funktionalität eines Programms erweitert und manche Anwendungen durch die Verarbeitung besonderer Dateiformate erst ermöglicht. Es gibt z. B. Zusatzprogramme, die Animationen abspielen oder PDF-Dokumente darstellen. Plug-ins können oft kostenlos vom Internet auf den eigenen Computer heruntergeladen werden. Bei Browsern sind häufig bereits bestimmte Plug-ins integriert.

PNG

PNG (Portable Network Graphics) ist ein Grafikformat mit der Dateiendung .png, das sich seit ca. 2006 stark im WWW verbreitet hat. Es erlaubt wie GIF eine verlustfreie Kompression und hat dieses weitgehend abgelöst. Mit PNG sind transparente Hintergründe möglich. Bildbearbeitungsprogramme wie Adobe Photoshop unterstützen das Freistellen von Objekten.

Podcast

Podcasts – der Begriff setzt sich zusammen aus „iPod" und „Broadcast" – sind, technisch gesehen, Audiodateien, die sich ein Benutzer auf seinen Computer, seinen Multimedia-Player bzw. sein Smartphone laden kann. Formal und inhaltlich handelt es sich um Hörbeiträge aller Art.
Eine Besonderheit sind automatisch generierte Podcasts mit synthetischen Stimmen, etwa für das Vorlesen von Nachrichten. Vorreiter in diesem Bereich im deutschsprachigen Raum ist die Hessische Niedersächsische Allgemeine, die mit den Aflorithmic Labs zusammenarbeitet. Diese Firma aus London und Barcelona wiederum ist mit einer synthetischen Stimme bekanntgeworden, die der von Albert Einstein nachempfunden und einem Chatbot auf einer Website geliehen ist, ganz in der Tradition des pädagogischen Agenten namens Einstein, eines Klassikers der Jahrtausendwende von Artificial Life.
Mithilfe eines Computers und eines Mikrofons (in Einzelfällen auch mit einer Text-to-Speech-Engine) lässt sich der Podcast auf einfache Weise produzieren und über das Internet distribuieren; dafür wird z. B. die Audiodatei im MP3-Format über eine Website bereitgestellt und gleichzeitig die Internetadresse im RSS-Feed veröffentlicht oder anderweitig informiert.
Um einen Podcast zu beziehen, subskribiert ein Benutzer sich für einen bestimmten Podcast-Dienst. Eine spezielle Software (z. B. ein Podcatcher) prüft ab diesem Zeitpunkt regelmäßig, ob neue Podcast-Dateien verfügbar sind, und lädt sie automatisch auf den Computer oder Multimedia-Player des Users herunter. Alternativ sucht dieser über Verzeichnisse nach Podcasts und downloadet diese bzw. streamt sie.
Ab 2015 fand ein regelrechter Boom der eigentlich schon lange bekannten Medienform statt, was mit einem veränderten Konsumverhalten und Lebensstil zu tun haben mag. Beispiele für Podcasts sind Audiotagebücher, gesprochene Briefe, Sendung und Verbreitung eigener Musik oder Radioshows sowie Vortrags-, Interview- und Gesprächsreihen. Neben Audio- können auch Videodateien per Podcast verbreitet werden.

Political Correctness

Political Correctness ist die strikte und penible Einhaltung und Einforderung von gesellschaftlichen und sprachlichen Normen, vor allem in Bezug auf angeblich oder tatsächlich benachteiligte Gruppen, etwa Frauen, Homosexuelle und People of Color (PoC). Der Begriff wurde aus dem Englischen ins Deutsche übernommen, wo man ansonsten noch von „politisch korrekt" (engl. „politically correct") spricht, z. B. mit Blick auf Inklusion.
Die Political Correctness wird entweder als etwas Positives (eine Pflicht für verantwortungsvolle Menschen und ein Segen für benachteiligte Gruppen) oder als etwas Negatives (eine Beschränkung und Zurechtweisung direkt und spontan sprechender und eigenverantwortlich handelnder Personen) aufgefasst. Der Wokeness immanent ist die Political Correctness oder deren Fortführung, die Cancel Culture, sofern es eine solche überhaupt gibt.
Die Ethik untersucht den Moralismus, der in der Woke-Bewegung verankert ist, und die Verhältnismäßigkeit der Mittel und Folgen. Medien- und Informationsethik interessieren sich für diejenigen Aspekte der Political Correctness und der Cancel Culture, die die sozialen Medien betreffen, Politik- und Wirtschaftsethik für die politischen und wirtschaftlichen Implikationen. In Unternehmen sorgt Political Correctness für einen erhöhten Aufwand, aber auch für einen gewissen Schutz benachteiligter Gruppen.

Portal

Portale bieten als elektronische Plattformen einen zentralen Zugang zu Inhalten, Anwendungen, Funktionen und Services. Die verbreitetste Form ist das Internet- bzw. Intranetportal; es sind aber auch Portale mit anderen technologischen Grundlagen und Benutzerschnittstellen möglich, etwa Audioportale, die man über das traditionelle Telefon erreicht.

Man unterscheidet nach der Businessaktivität Business-to-Customer-Portale (B2C) bzw. Business-to-Consumer-Portale, Business-to-Business-Portale (B2B) sowie Business-to-Employee-Portale (B2E). Erstere zielen als von (einzelnen oder mehreren) Unternehmen zur Verfügung gestellte Systeme auf die Bedürfnisse von Endkunden, zweitere dienen Kommunikation und Kooperation von Geschäftskunden und Unternehmen, letztere unterstützen als Mitarbeiterportale u. a. Arbeitsvorgänge und Weiterbildungen.

Weiter differenziert man zwischen horizontalen und vertikalen Portalen. Horizontale Portale geben Benutzern einen breiten inhaltlichen Einstieg, indem sie Informationen und Ressourcen in ganz verschiedenen Kategorien anbieten oder vermitteln. Vertikale Portale konzentrieren sich auf ein einzelnes Thema (respektive einen Themenkomplex) oder beziehen sich auf spezifische Kundenbedürfnisse bzw. als sogenannte Prozessportale auf einen zu befriedigenden Kundenprozess, wie Hochzeitsportale, die vom Rendezvous bis zur Scheidung jeden notwendigen oder gewünschten Schritt begleiten.

Schließlich kann man zusätzlich zu den „normalen" Formen noch Metaportale identifizieren. Diese geben eine Übersicht über vorhandene Portale in einem bestimmten Bereich, bewerten teilweise deren Angebote und Funktionen und führen zuweilen auch Inhalte zusammen, mithilfe von Redakteuren oder Maschinen (Robo-Content). Auch Metasuchmaschinen können als Metaportale aufgefasst werden.

Predictive Analytics

Bei Predictive Analytics werden historische Daten genutzt, um künftige Ereignisse voraussagen und passende Handlungen vorschlagen zu können. Dabei spielen Big Data und Machine Learning eine wichtige Rolle.

Privacy by Default

Mit Privacy by Default soll durch entsprechende Voreinstellungen bei Diensten, Geräten und Systemen die Privatsphäre bewahrt und der Datenschutz sichergestellt werden. „Privacy" ist das englische Wort für

Privatsphäre und Privatheit. Es wird auch mit Blick auf den Datenschutz verwendet. Der Besitzer bzw. Benutzer kann die Einstellungen in der Regel verändern und dadurch z. B. zusätzliche Funktionen freischalten, mit dem Risiko der Beeinträchtigung der Privatsphäre und der Preisgabe und Verarbeitung personenbezogener Daten.

Privacy by Default ist neben Privacy by Design eines der wesentlichen Konzepte der Datenschutz-Grundverordnung (DSGVO). Diese vereinheitlicht die Regeln zur Verarbeitung personenbezogener Daten durch Unternehmen, Behörden und Vereine, die innerhalb der Europäischen Union einen Sitz haben. Man kann Privacy by Default als einen Aspekt von Privacy by Design (der Schutz der Daten wird schon bei der Gestaltung der Systeme berücksichtigt) oder als eigenen Ansatz auffassen (der Schutz der Daten ist durch „Werkseinstellungen" gewährleistet, kann aber durch den Anwender ausgehebelt werden).

Mit Privacy by Default soll eine Logik umgekehrt werden, die jahrzehntelang den Betrieb von Diensten und das Angebot von Geräten und Systemen beherrscht hat. Unternehmen und Behörden sind an personenbezogenen Daten interessiert, um ökonomische und informationelle Vorteile zu erlangen. Die Voreinstellungen waren daher meist in ihrem Sinne, nicht unbedingt im Sinne des Verbrauchers und Bürgers. Die Informationsethik untersucht Voraussetzungen und Auswirkungen von Privacy by Default, auch im Zusammenhang mit Informationsfreiheit und informationeller Autonomie. Die Wirtschaftsethik beschäftigt sich ebenfalls mit dem Thema.

Privatsphäre

Die Privatsphäre ist der nichtöffentliche Raum eines Menschen, in dem er seine Persönlichkeit und Individualität auslebt und entfaltet und Grundbedürfnisse wie Sexualität, Reinigung und Entleerung befriedigt (Intimsphäre). Das Recht auf Privatsphäre ist ein Menschenrecht und vom allgemeinen Persönlichkeitsrecht abgedeckt. Mit dem englischen Begriff „privacy" wird die Privatsphäre oder das Privatleben bezeichnet. Im Deutschen hat er sich ebenfalls durchgesetzt, etwa mit Blick auf Luxusimmobilien. Auch Tieren kann eine Privatsphäre zugesprochen werden. Diese bleibt freilich gewahrt, wenn man ihnen mit versteckten Kameras und anderen verdeckten Mitteln auf den Leib rückt.

Die Privatsphäre (wie die Intimsphäre) wird zu unterschiedlichen Zeiten unterschiedlich verstanden. So konnten sich im Mittelalter und in der Renaissance nicht viele in ihrem Alleinsein oder in ihrer Zweisamkeit einrichten. Die Armen mussten rund um die Uhr die Blicke der Mitbewohner ertragen. An Höfen war es entgegen der allgemeinen Sitte im Barock nicht unüblich, dass die Könige vor den Augen ihrer Untertanen ihre Notdurft verrichteten. Die Digital Natives sind angeblich weniger an Privatheit interessiert als frühere Generationen, gerade im virtuellen Raum. Allerdings versuchen sie i. d. R. ebenso ihre Intimsphäre zu schützen, außer bei gewollten Tabubrüchen.

Die Digitalisierung ist mit unterschiedlichen Gefahren für die Privatsphäre verbunden. Persönliche bzw. personenbezogene Daten können auf einfache Weise an zahlreichen Orten – sowohl im privaten als auch im halböffentlichen oder öffentlichen Raum – gesammelt und dann weitergegeben und ausgewertet werden. Technologien wie Sprachassistenten (womöglich zusammen mit Stimmerkennung und Emotionserkennung) und Gesichtserkennungssysteme (womöglich zusammen mit Emotionserkennung) – etwa bei sozialen Robotern – stellen bei allen Vorzügen bei der Bedienung und Möglichkeiten der Forschung in der Anwendung eine Bedrohung für den Einzelnen und die Gesellschaft dar. Die Datenschutz-Grundverordnung (DSGVO) vereinheitlicht die Regeln zur Verarbeitung personenbezogener Daten durch Unternehmen, Behörden und Vereine, die innerhalb der EU einen Sitz oder ihre Kundschaft haben. Es sind technische, wirtschaftliche, gesellschaftliche und individuelle Aspekte vorhanden. In der DSGVO sind Prinzipien verankert wie Privacy by Design (der Schutz der Daten wird schon bei der Gestaltung der Systeme berücksichtigt) und Privacy by Default (der Schutz der Daten ist der Normalfall, wobei der Benutzer ihn unter Umständen selbst durch Anpassung der Dienste oder Geräte abschwächen kann).

Die Privatsphäre wurde immer wieder in der Medienethik und in der Rechtsethik behandelt, etwa im Zusammenhang mit der Berichterstattung über Prominente. Sie ist ein wichtiges Thema der Informationsethik, vor allem mit Blick auf die informationelle Autonomie, also die Möglichkeit, selbstständig auf Informationen zuzugreifen, über die Verbreitung von eigenen Äußerungen und Abbildungen selbst zu bestimmen sowie die Daten zur eigenen Person einzusehen und gegebenenfalls anzupassen. Nicht zuletzt können Wirtschaftsethiker diverse Fragen aufwerfen. So mag der Arbeitsplatz, auch wenn er in einem Büro oder in einer Fabrik angesiedelt ist, die Privatsphäre verletzen, z. B. wenn private E-Mails gelesen werden oder Überwachungskameras installiert sind.

Profil

Ein Profil ist der Platzhalter und die Beschreibung eines Benutzers, etwa in Communities und Social Networks. Neben dem Namen bzw. Pseudonym gehören häufig Foto, Kontaktdaten und persönliche Interessen dazu. Man orientiert sich bei der Profilpflege am Original bzw. weicht bewusst oder unbewusst davon ab. Bei Social Networks und anderen Plattformen, die sich an ein Massenpublikum richten, haben sich besondere Phänomene herausgebildet. So ist das Foto häufig ein Selfie, ein Selbstporträt, für das man die Kamera bzw. das Smartphone in der eigenen Hand hält oder an einer Stange (Selfie-Stick) befestigt. Bei Jugendlichen, eher bei Mädchen als bei Jungen, ist die Entenschnute beliebt, eine auch als Duckface bekannte Grimasse.

Programmierung

Programmierung ist die Entwicklung von Computerprogrammen. Verwendet wird dabei eine Programmiersprache. Erstellt wird Programmcode, weshalb man auch von Coding spricht. Programmiererinnen und Programmierer (zuweilen Coder genannt) übersetzen Pflichtenheft und Algorithmen in die Programmiersprache. Immer wichtiger werden in der Softwareentwicklung agile Methoden. In den 1940er- und 1950er-Jahren war Programmieren eher ein Frauen- als ein Männerberuf.

Prostitution

Prostitution ist die Bereitstellung sexueller Dienstleistungen gegen Entgelt. Sie kann in Freiheit und Freiwilligkeit erfolgen oder unter Zwang (Zwangsprostitution), in Verbindung mit Menschenhandel und Sklaverei. Man spricht augenzwinkernd vom horizontalen Gewerbe (wobei es sich gerade beim schnellen Sex häufig um ein vertikales handelt), übertreibend vom ältesten Gewerbe der Welt und mehrdeutig von käuflicher Liebe. Die Existenzsicherung kann ebenso das Ziel sein wie die Beschaffung von Konsum- und Luxusgütern (in diesem Sinne meist Gelegenheitsprostitution, wie im Falle von Schülerinnen in Japan) oder (eher die Ausnahme) der Lustgewinn. In der Antike trat neben der Erwerbs- womöglich die Tempelprostitution auf.

Es prostituieren sich vor allem Frauen, weibliche Jugendliche und Kinder (was zu Kindesmissbrauch führt). Sie werden umgangssprachlich bzw. abwertend Huren, Dirnen und Nutten genannt. Begriffe wie „Liebesdienerin", „Freudenmädchen" und „Bordsteinschwalbe" ironisieren und romantisieren die Tätigkeit. Hetären, Mätressen, Kurtisanen und Geishas sind in ihrer Zeit respektive ihrer Kultur mehr oder weniger angesehene Anbieterinnen sexueller und anderweitiger Dienstleistungen. Auch Männer und männliche Jugendliche und Kinder nehmen sexuelle Handlungen gegen Entgelt vor und bieten ihren Körper sowohl Männern als auch Frauen an. Man spricht von Strichern und Strichjungen, Lustknaben und Callboys. Die Vermittler zwischen Prostituierten und Kunden (Freiern) bzw. Kundinnen sind die Zuhälter. Liebespuppen und Sexroboter ersetzen oder ergänzen menschliche Prostituierte. In mehreren Ländern haben Bordelle eröffnet, in denen ausschließlich Liebespuppen zu finden sind.

Prostitution findet in Bordellen und Laufhäusern statt, in Nachtclubs und Striplokalen, in Privat- und Modellwohnungen – oder im Freien (Raststätten, Straßenstrich), wobei Toiletten, Parkanlagen und Fahrzeuge zum Vollzug verwendet werden. In Swingerclubs kommen Prostituierte mit Einzelnen und Paaren zusammen. Massagestudios bieten entweder erotische Massagen oder die ganze Bandbreite sexueller Handlungen an, ähnlich wie Einrichtungen und Personen, die sich mit Sexualassistenz an

Behinderte und Betagte richten. Ob Pflegeroboter solche Aufgaben übernehmen sollen, wird kontrovers diskutiert. Callgirls und -boys als Selbstständige oder Mitarbeitende von Escortservices bedienen die Kunden und Kundinnen zu Hause oder im Hotel oder begleiten sie auf Reisen. Liebespuppen sind in immer mehr Freudenhäusern zu finden und können über Agenturen ausgeliehen werden. Portale und Websites dienen der Werbung, Vermittlung und Bewertung. Tatsächlich ist das Internet zur wesentlichen Informationsquelle und Kommunikationsplattform in Bezug auf die Prostitution geworden. Frauen und Männer offerieren auf eigenen Homepages und über die Websites von Laufhäusern und Escortservices ihre Liebesdienste, Bordelle veröffentlichen den Tagesplan online und liefern Informationen zu Praktiken, Preisen und Anfahrt. Meist stellt sich jeder Sexworker mit mehreren Fotos zur Schau. Manchmal sind die Gesichter und Geschlechter verschwommen oder verpixelt, manchmal klar und deutlich zu erkennen; tendenziell handelt es sich um echte, wenngleich nicht ausnahmslos aktuelle Bilder. Bewertungsplattformen erlauben den Austausch zum Straßenstrich und zu Etablissements und ihren Mitarbeiterinnen und Mitarbeitern.

Prosumer

Prosumer (engl. „prosumers") sind Konsumenten, die zugleich Produzenten sind, oder auch Produzenten, die zugleich als Konsumenten auftreten. Der Begriff ist eine Zusammensetzung aus engl. „producer" und engl. „consumer". Unter Verwendung deutscher Begriffe kann man von „Prosument" (aus „Produzent" und „Konsument") sprechen.
Es gibt sozusagen schwache und starke Prosumenten. Ein schwacher ist nur indirekt in die Produktion involviert, etwa indem er bewusst oder unbewusst seine Interessen und Vorlieben offenlegt, die entsprechend berücksichtigt werden. Ein starker Prosument ist direkt an der Produktion beteiligt, indem er an bestimmten oder allen Schritten mitwirkt, entweder als Teil eines Kollektivs oder als Individuum in Eigenregie bzw. im Auftrag.

Beispiele für Prosumer sind Besucher eines Wikis, die gelegentlich mitarbeiten, Blogger, die Beiträge anderer Blogger lesen und kommentieren, und Kunden von Videoplattformen, die eigene Produktionen einstellen. Im Web 2.0, im Mitmachweb, dominiert der User-generated Content, der von Benutzern bereitgestellte digitale Inhalt. Auch Personen, die auf Ideen- und Innovationsplattformen, auf Prämien hoffend, Vorschläge für Produkte und Dienstleistungen einreichen, fallen unter den Begriff.

Im Kontext partizipativer, sozialer Medien wird der Prosument zum Normalfall. Phänomene wie Crowdfunding und -sourcing fördern die Verschmelzung weiter. Dabei entstehen neben offensichtlichen Chancen verschiedene Probleme und Risiken. Der Mitarbeiter wird während seiner Arbeitszeit oder in seiner Freizeit zum Handlanger der Konkurrenz. Der Kunde verhilft durch seinen Vorschlag einem Produkt zum Durchbruch, ohne dafür angemessen entschädigt zu werden. Der Profi wird durch den Laien an den Rand gedrängt und verliert seine Bedeutung und seine Aufträge.

Prototyp

Ein Prototyp (gr. „protos": „Erster"; gr. „typos": „Urbild, Vorbild, Gestalt") ist ein Modell, das in Wissenschaft oder Wirtschaft erstellt wird, um die wesentlichen Elemente bzw. Funktionen eines erdachten und gewünschten Bauteils oder Produkts zu zeigen. Es sollen damit Ideen überprüft, Reaktionen getestet und Sponsoren gefunden werden. Grundsätzlich will man demonstrieren, dass etwas im Prinzip umsetzbar ist. Prototypen spielen in der Technik und in der Informatik eine große Rolle. Ein Prototyp geht oft über ein statisches Modell hinaus und kann dynamische Züge haben bzw. durch den Benutzer (etwa den möglichen Kunden) manipuliert werden. Digitale Zwillinge können als virtuelle Prototypen eingesetzt werden. Allerdings bilden sie hauptsächlich fertige Produkte (sowie Produktionsstätten und -prozesse) ab und unterstützen eine Weiterentwicklung. Virtuelles Prototyping hat eine gewisse Tradition und kann Kosten sparen. Mit dem 3D-Druck haben sich neue, ebenfalls relativ günstige Möglichkeiten für die Erstellung von Prototypen und Modellen überhaupt eröffnet (Rapid Prototyping). Prototypen sind essenziell für den Entwicklungsprozess. War ihre Herstellung früher u. U. mit erheblichen Kosten verbunden, kann heute durch moderne Mittel ein überzeugendes Ergebnis erzielt werden. Es gibt dennoch nach wie vor Ausprägungen, etwa im Automobilbereich, die einen hohen Aufwand verursachen, der sich freilich rechnen mag. Der Frage, ob ein Prototyp falsche Vorstellungen vermittelt und damit zu falschen Entscheidungen führt, können Wissenschaftsethik und Wirtschaftsethik – vor allem in ihrer Form als Unternehmensethik – nachgehen.

Pseudonym

In virtuellen Räumen – in Kommentarbereichen von Onlinemedien, in Chats und Diskussionsforen sowie in Internetspielwelten – geben sich Benutzer oft Pseudonyme, u. a. in Form von Nicknames oder Abkürzungen, sei es aus Gründen der Anonymität, sei es, um in eine bestimmte Rolle oder einen bestimmten Charakter zu schlüpfen und damit in spielerischer Weise die Identität zu wechseln. Die Informationsethik untersucht den Wandel der Selbst- und Fremdwahrnehmung und, damit zusammenhängend, der Moralität.

Publishing on Demand

Die digitale Drucktechnik ermöglicht das so genannte Publishing on Demand (auch Print on Demand oder – spezifischer – Books on Demand bzw. Books in Time genannt). Das Dokument oder Buch wird als Satzdatei im System vorgehalten. Erfolgt eine Bestellung, etwa über das Internet, wird die Publikation – auch in einzelnen Exemplaren – gedruckt, gebunden und ausgeliefert. Im Prinzip kann das Buch an den Endkunden auch als Datei weitergegeben werden; es handelt sich dann um ein elektronisches Buch und eine Form des elektronischen Publizierens.

Weil bei Publishing on Demand keine hohen Auflagen hergestellt werden müssen, können Druck- und Lagerhaltungskosten vermieden bzw. eingespart werden. Es ist für Autorinnen und Autoren interessant, die keinen Verlag für ihr Erzeugnis finden und ihre Eigenleistung niedrig halten müssen oder die ein Buch sehr schnell auf den Markt bringen wollen. Auch Verlage können – dies ist gerade bei risikoreichen Publikationen von Bedeutung – ihre Kosten niedrig halten und bedarfsgerecht produzieren.

Q: QR-Code – Quantified Self

QR-Code

Der QR-Code – die Abkürzung steht für „quick response" (engl. für „schnelle Antwort" oder „schnelle Reaktion") – wurde im Jahre 1994 von der japanischen Firma Denso Wave, einer Tochter von Toyota, entwickelt. Man hatte nach einer einfachen und günstigen Möglichkeit gesucht, die Autoteile in den Produktionsstätten zu markieren und automatisch ihre Position und ihre Art zu ermitteln. Der QR-Code war also ursprünglich zur Verbesserung der Logistik eines Autoherstellers gedacht. Er ist ein Hauptvertreter der 2D-Codes und besteht aus mindestens 21 mal 21 und höchstens 177 mal 177 quadratischen Elementen. Speichern kann er bis zu 7089 Ziffern.

In QR-Codes können u. a. Webadressen, Telefonnummern und freier Text enthalten sein. Es besteht die Möglichkeit, ein Logo oder ein anderes Bild zu integrieren, wobei eine gute Kenntnis des Aufbaus der in sich strukturierten Kacheln erforderlich ist und sich die Fehleranfälligkeit erhöhen kann. So wie jede Person den QR-Code mithilfe von Handys, Smartphones oder Tablets (und deren Kamera und Reader) einscannen und auslesen kann, kann sie auch ihren eigenen produzieren. Voraussetzung hierfür ist ein Generator, der als Webanwendung und lokal installierbare Anwendung für den Computer, das Handy und das Smartphone verfügbar ist. Man kann den Code, sobald er erstellt bzw. das Aussehen bekannt ist, ausdrucken und kopieren; auch wenn man ihn mit Farbe auf eine Leinwand überträgt oder in ein Getreidefeld fräst, ist er maschinenlesbar.

Ein wichtiges Anwendungsgebiet von QR-Codes ist das Mobile Tagging. Tagging bedeutet im vorliegenden Zusammenhang in der Regel, dass Objekte der physischen Welt mit zusätzlichen Informationen angereichert werden. Beispielsweise wird ein Plakat mit einem Code versehen, in dem ein Link zu einer Website mit weiterführendem Material steckt, oder auf ein Gebäude wird ein Code aufgebracht, der Informationen zu Baujahr, Höhe oder Architekt speichert. In Artikeln und Büchern verweisen QR-Codes auf ergänzende Texte, Bilder, Videos und Websites. Auch virtuelle Objekte können getaggt werden, wie eine Litfaßsäule in Second Life oder ein Prospekt auf einem Bildschirm in einem Schaufenster. Eine verbreitete Einteilung ist diejenige in Commercial Tagging, Public Tagging und Private Tagging, also in Bezug auf kommerzielle, nichtkommerzielle bzw. öffentliche und private Anwendungen. Des Weiteren kann man nach Einsatzgebieten im engeren Sinne (Tracking, Ticketing, Frankierung) differenzieren.

QR-Codes weisen verschiedene Sicherheitsrisiken auf. Das grundsätzliche Problem ist, dass man ihnen nicht ansieht, was sie beinhalten. Ein Mensch vermag kaum zwischen einem originären und einem manipulierten oder gefälschten Code zu unterscheiden. Reader und Generatoren können dazu missbraucht werden, Daten von Anwendern einzusammeln. Weiterhin ist es möglich, auf Gegenstände aufgebrachte QR-Codes zu überkleben und auszutauschen. Auf diese Weise kann ein Benutzer auf Websites mit fragwürdigen Informationen oder mit Malware gelockt und dem Anbieter auf unterschiedliche Weise geschadet werden.

Es gibt mehrere Weiterentwicklungen von Denso Wave. Ein Beispiel ist der Micro-QR-Code, der kleiner ist und weniger speichern kann. Weiterhin sind der Secure-QR-Code, der die Verschlüsselung von Daten erlaubt, und der iQR-Code in rechteckiger Form zu nennen. Mit den 3D- und 4D-Codes (die auf QR-Codes aufsetzen können) werden weitere

(Offline-)Anwendungen möglich. So kann man dank der höheren Speicherkapazität Lieder, Bilder und Videos direkt im Code unterbringen. Benötigt werden geeignete Generatoren und Reader.

Qualität

Qualität ist die Güte von Produkten, Prozessen, Dienstleistungen oder auch von Kompetenzen und Handlungen von Personen. Sie setzt sich immer aus mehreren Eigenschaften zusammen, und die Qualitätsbestimmung ist stets abhängig von der Zielgruppe, den Zielen, der Umwelt und dem Ressourceneinsatz. Grundsätzlich ist zwischen einer objektiven Qualität, die sich auf vorab definierte und messbare Eigenschaften im Erstellungsprozess oder beim fertigen Produkt bezieht, und der subjektiven Qualität, die sich in der Zufriedenheit eines Kunden oder Benutzers mit einem Produkt oder einer Dienstleistung manifestiert, zu unterscheiden. Qualität kann entweder produkt- und dienstleistungsbezogen (mit Blick auf Funktionen und Merkmale) verstanden werden, oder kundenbezogen, also hinsichtlich der Erfüllung von Kundenbedürfnissen. Um die definierten Qualitätsziele zu erreichen, bedarf es einer Qualitätssicherung.

Qualitätssicherung

Qualitätssicherung stellt Methoden bereit, um die Qualität in allen Prozessen und für alle Produkte, Dienstleistungen und Beteiligten zu gewährleisten und zu verbessern. Qualitätssicherung kann in die drei Bereiche Qualitätsplanung, -steuerung und -kontrolle untergliedert werden. Bei der Qualitätsplanung werden die Qualitätskriterien sowie die Komponenten, auf die diese angewendet werden, bestimmt. Die Qualitätssteuerung regelt Durchführung und Überwachung der Qualitätssicherungsverfahren. Im Rahmen der Qualitätskontrolle findet eine Überwachung der Einhaltung der Kriterien sowie der sachgerechten Durchführung der Qualitätssicherungsmaßnahmen statt.

In bestimmten Bereichen nennt man Qualitätssicherung auch Audit, etwa in der Ethik und in der Ökologie. Zusammenhänge gibt es mit der Evaluation.

Quantencomputer

Bei Quantencomputern werden keine Bits verwendet, wie bei normalen Computern, sondern Qubits oder Qbits. Diese können Nullen und Einsen gleichzeitig darstellen. Damit nutzen sie Ansätze der Quantenphysik. Ein Quantencomputer kann ein Problem schneller lösen als ein klassischer Computer. Qubits auf Basis von Supraleitung sind eine Möglichkeit der Umsetzung.

Quantified Self

„Quantified Self" steht für Self-Tracking-Lösungen, vor allem im sportlichen und medizinischen Bereich, und eine damit verbundene Bewegung. Es werden Daten des Körpers zusammen mit anderen Daten (Zeit, Raum, Konkurrenz etc.) erfasst, ausgewertet und dokumentiert sowie teilweise – über Streamingdienste und über Erfahrungsberichte – mit anderen geteilt. Beanstandet wird Quantified Self u. a. aus Datenschutzsicht, begrüßt im Zusammenhang mit der Kontrolle von Alten und Kranken.

R: Racheporno – Rolle

Racheporno

Ein Racheporno ist eine explizite sexuelle Darstellung, die oft vom Opfer selbst oder aus seinem persönlichen Umfeld stammt und vom Täter aus Gründen der Rache weitergegeben bzw. im Netz verbreitet wird. Damit sind enge Beziehungen zum Cyberporn und zum Sexting vorhanden.

Raumfahrt

Zur Raumfahrt (Weltraumfahrt) gehören Reisen und Transporte in den, durch den und aus dem Weltraum zu zivilen oder militärischen Zwecken. Der Start auf der Erde erfolgt in der Regel mit einer Trägerrakete. Das Raumschiff (Raumfahrzeug) ist, wie die Landefähre, bemannt oder unbemannt. Das Ziel kann die Umlaufbahn eines Himmelskörpers sein, ein Trabant, Planet oder Komet, der durch einen Astronauten respektive Kosmonauten oder Roboter (etwa einen Rover) erkundet, oder eine Gegend, die fotografiert und analysiert wird. Nicht nur Menschen, auch Tiere wurden wiederholt ins All geschossen, Fliegen, Affen und Hunde. Raumsonden dringen immer weiter ins Universum vor und hinterlassen immer mehr Spuren.

Die Geschichte der Raumfahrt begann 1957 mit dem sowjetischen Satelliten Sputnik 1. Davor hatte es jahrelange Planungen und Entwicklungen gegeben, ganz abgesehen von fiktionalen Erkundungen von Autoren wie Jules Verne, H. G. Wells und Stanisław Lem. Der Sputnik-Schock führte zur Intensivierung amerikanischer Bemühungen und schließlich zum Start von Apollo 11 im Jahre 1969 und zum Betreten des Monds durch Neil Armstrong und Buzz Aldrin, nebenbei zur Erfindung des Internets, das als Kommunikations- und Kommandonetzwerk unzerstörbar sein sollte. Die Mondlandung war das erste Ereignis, das die Menschheit vor den Fernsehapparat brachte, so wie die Lewinsky-Affäre das erste war, das die Massen in das Internet (genauer das WWW) lockte. Die Weltraumstation MIR wurde ab 1986 aufgebaut, die ISS ab 1998. 1997 hob die europäische Rakete Ariane 1 ab. Die kommerzielle Nutzung begann früh, mit Kommunikations- und Fernsehsatelliten.

Die Raumfahrt ermöglicht neue Ein- und Ausblicke, in Bezug auf Erde und Sonne sowie fremde Planeten und Sterne. Die Erkenntnisse, die von Astronomie bzw. Astrophysik gewonnen werden, befruchten andere Wissenschaften. Robotik und Informatik (speziell Künstliche Intelligenz) werden ständig wichtiger für die Missionen. Die Raumfahrt bedeutet die Zunahme von Müll im Weltraum. Mond, Mars und Venus werden mit Blick auf Bodenschätze betrachtet und jetzt oder künftig ausgebeutet. Das All, der Mond und der Mars gelten als touristische Ziele, die vor allem von Unternehmen erschlossen werden sollen. Die Umweltethik, die sich für gewöhnlich auf die Umwelt der Erde richtet, muss verstärkt Weltraum, Trabanten und Planeten einbeziehen. Die Informationsethik kann sich mit ihr zusammen mit den Folgen des Einsatzes von Informations- und Kommunikationstechnologien in einer unberührten, nichttechnisierten Welt befassen. Die Raumfahrt könnte sich als Rettungsanker der Menschheit erweisen, aber auch als Todesstoß für bewohnbare Planeten und Exoplaneten.

Recht am eigenen Bild

Das Recht am eigenen Bild ist das Recht einer Person, über die Veröffentlichung und Verbreitung einer Fotografie, die sie klar und deutlich zeigt, selbst bestimmen zu können. Es gilt, unterschiedlich geregelt, in mehreren europäischen Ländern. Das Erstellen des Abbilds kann das allgemeine Persönlichkeitsrecht tangieren und muss im Einzelfall beurteilt werden.

Recht auf Vergessenwerden

Das Recht auf Vergessenwerden, auch (eher missverständlich) Recht auf Vergessen genannt, steht in einem engen Zusammenhang mit der informationellen Selbstbestimmung und der (philosophisch verstandenen) informationellen Autonomie. Personenbezogene Daten, vor allem im Internet und im mobilen Bereich, sollen auf Wunsch der Benutzer gelöscht oder unzugänglich gemacht werden, damit diese nicht unzumutbar lange mit Aussagen und Vorfällen in Verbindung gebracht werden können. Die automatische Entfernung, nach einer gewissen Zeit oder nach Eintreten eines bestimmten Ereignisses, wird ebenfalls als Option gesehen.
Der Europäische Gerichtshof (EuGH) entschied am 13. Mai 2014, der Richtlinie 95/46/EG der Kommission folgend, dass das Recht auf Vergessenwerden für die Suchmaschine von Google, die über eine erhebliche Marktmacht verfügt, verbindlich ist. Benutzer in Europa können über ein Webformular des Unternehmens beantragen, dass Ergebnisse für Suchanfragen mit ihrem Namen entfernt werden, etwa solche, die mit kompromittierenden Videos oder Texten mit falschen Tatsachenbehauptungen verlinkt sind. Es wird individuell geprüft und entschieden und gegebenenfalls bei den europäischen Domains (z. B. google.de) umgesetzt. Das Recht auf Vergessenwerden ist in die Datenschutz-Grundverordnung von 2016 bzw. 2018 eingeflossen.
Das Recht auf Vergessenwerden wird kontrovers diskutiert. Die einen loben den Schutz von Betroffenen, die anderen befürchten eine Einschränkung der Meinungs- und Pressefreiheit, die Zunahme von Zensur und im Einzelfall den Streisand-Effekt. Die Praxis, dass das Unternehmen begutachtet und nicht eine Behörde oder eine unabhängige Stelle, ist umstritten, ebenso das Beharren darauf, dass die Suchergebnisse auf google.com nicht angetastet werden. Die Informationsethik untersucht, welche Personen das Recht auf Vergessenwerden in welcher Weise in Anspruch nehmen und welche moralischen Begründungen dafür gelten können sowie – mit anderer Schwerpunktsetzung auch ein Arbeitsgebiet der Informatik – welche technischen Umsetzungen adäquat sind.

Rechte

Rechte im moralischen Sinne werden in der Regel denjenigen zugesprochen, die die Fähigkeit haben zu denken oder zu fühlen. Diese muss sozusagen prinzipiell vorhanden sein, sodass auch Wesen mit eingeschlossen sind, die man vorübergehend der Fähigkeit – etwa durch Narkotisierung oder Gewaltanwendung – beraubt hat. Wer Rechte hat, hat noch keine Pflichten; diese hat nur eine Person im engeren Sinne. Denken kann die Form von Interessen (Pläne, Wünsche etc.) annehmen, Fühlen die Form von Leiden oder Glück. Die Wahrnehmung von Rechten kann in der Bewahrung von Interessen bestehen oder in der Maximierung von Glück bzw. in der Minimierung von Leiden. Der Utilitarismus in seinen verschiedenen Ausprägungen ist die dazugehörige Strömung. Existenzielle Rechte werden auch Grundrechte genannt.

Kinder sind nach der vorgetragenen Argumentation ebenso Träger von Rechten wie Tiere. Mindestens allen geborenen Menschen kommen Menschenrechte zu, mindestens allen höheren Tieren Tierrechte. Die Tierethik begründet Tierrechte oder Grundrechte von Lebewesen und sucht nach Argumenten über die Empfindungs- und Leidensfähigkeit hinaus, wie der Interessensbekundung oder dem Lebenswillen. Roboter und Computer sind keine Objekte der Moral in diesem Sinne; es ist aber nicht ausgeschlossen, dass sie es eines Tages sein werden. Dass sie Subjekte der Moral sein können, ist das Thema der Maschinenethik. Ob der Zugang zum Internet zu den Grundrechten gehört, ist umstritten und wird von der Informationsethik abgehandelt.

Regulierung

Regulierung im Sinne von Marktregulierung bezeichnet nach Bernd-Thomas Ramb die „Verhaltensbeeinflussung von Unternehmen und Konsumenten durch gesetzgeberische, meist marktspezifische Maßnahmen mit dem Ziel der Korrektur bzw. Vermeidung von vermutetem Marktversagen, z. B. zur Verhinderung monopolistischen Machtmissbrauchs und ruinöser Konkurrenz". In Deutschland ist die Bundesnetzagentur für

Elektrizität, Gas, Telekommunikation, Post und Eisenbahnen regulierend tätig. Nach eigener Aussage will sie nicht zuletzt Verbraucherrechte stärken. In den Medien, in der Politik und in der Wissenschaft wird die Art und Weise der Regulierung von Facebook, Google, Twitter und Co. diskutiert. Auch Robotikunternehmen werden mehr und mehr betroffen sein, vor allem bei einem Einsatz von KI-Systemen.

Die EU-Kommission entwirft in ihrem am 21. April 2021 veröffentlichten „Vorschlag für eine Verordnung des Europäischen Parlaments und des Rates zur Festlegung harmonisierter Vorschriften für künstliche Intelligenz (Gesetz über künstliche Intelligenz) und zur Änderung bestimmter Rechtsakte der Union)" einen Rechtsrahmen für den Einsatz von KI-Systemen. Diese werden nach ihrem vermeintlichen Risiko kategorisiert. Als inakzeptabel gilt alles, was als eindeutige Bedrohung für die EU-Bürger angesehen wird, von Social Scoring durch Regierungen bis hin zu Spielzeug mit Sprachassistenz, etwa in der Art von Hello Barbie.

Zu den Bereichen mit hohem Risiko gehören laut EU-Kommission kritische Infrastrukturen, die das Leben und die Gesundheit von Personen gefährden könnten. Damit wird das autonome Fahren einer ständigen Kontrolle unterworfen sein. Auch Operationsroboter fallen in diese Kategorie, obwohl diese heute fast ausnahmslos vom Arzt gesteuert werden. Ein begrenztes Risiko wird etwa bei Chatbots gesehen. Hier sollen lediglich minimale Transparenzpflichten gelten. So kann die Maschine deutlich machen, dass sie nur eine Maschine ist. Ein minimales Risiko ist laut Kommission bei der Mehrheit der KI-Systeme vorhanden. Als Beispiele werden KI-fähige Videospiele oder Spamfilter genannt.

Bei den Anbietern von KI-Systemen im Hochrisikobereich sollen laut EU-Kommission vier Schritte durchlaufen werden. Nach der Entwicklung finden Überprüfung und Eintrag in eine Datenbank statt. Dann wird eine Konformitätserklärung unterzeichnet und eine CE-Kennzeichnung aufgebracht. Mit dieser wird laut Verordnung (EG) Nr. 765/2008 erklärt, „dass das Produkt den geltenden Anforderungen genügt, die in den Harmonisierungsrechtsvorschriften der Gemeinschaft über ihre Anbringung festgelegt sind". Am Ende kann man das KI-System in die Anwendung einbauen bzw. auf den Markt werfen.

Replika

Replika ist ein Chatbot, der auf künstlicher Intelligenz basiert. Er wurde 2017 der Öffentlichkeit vorgestellt. Er kann über eine Website oder über eine App aufgerufen werden. Der Chatbot wird ergänzt durch einen weiblich gestalteten Avatar, der mit der Maus (etwa um die eigene Achse) bewegt und der an die Vorlieben des Benutzers angepasst bzw. ausgestattet und angekleidet werden kann.

Das Replika-Projekt wurde von Eugenia Kuyda und Phil Dudchuk mit der Idee begonnen, ein persönliches KI-System zu schaffen, das einem hilft, sich auszudrücken, zu beobachten und „zu erfahren". Zu diesem Zweck bietet es ein hilfreiches Gespräch an. So sehen es zumindest die Macher und formulieren es auf ihrer Website replika.ai. Es sei ein Raum, in dem man seine Gedanken, Gefühle, Überzeugungen, Erfahrungen, Erinnerungen und Träume sicher teilen kann, eine „private perceptual world".

Replika stellt viele Rückfragen, fordert gar ein Selfie des Benutzers an, lernt aus den Antworten und zeigt Emotionen und Empathie, natürlich ohne solche zu haben. Einige Benutzer leben ihre Fantasie, die auch Beschimpfung, Erniedrigung und Vergewaltigung umfasst, mit dem Chatbot aus, wobei sie den – attraktiv gestalteten – Avatar vor Augen haben.

Reputation

Die Reputation ist der Ruf, den man hat. Sie scheint auf in der Achtung oder Anerkennung. Dass ein Benutzer einem anderen Benutzer hilft, in einem Forum oder in einem sozialen Netzwerk, kann nicht nur auf den (Hang zum) Altruismus, sondern auch auf die (Sehnsucht nach) Anerkennung zurückzuführen sein. Er oder sie will sich – in der allgemeinen Ausdeutung Otfried Höffe folgend – einen guten Ruf verschaffen, zu Ehre oder gar zu Ruhm kommen.

Responsible AI

Mit dem Begriff der Responsible AI (engl. „AI" steht für „artificial intelligence") werden Bestrebungen zusammengefasst, Systeme künstlicher Intelligenz in verantwortungsvoller Weise zu entwickeln respektive einzusetzen und Systeme zu schaffen, die über bestimmte Merkmale und Fähigkeiten – etwa sozialer oder moralischer Art – verfügen. Angesprochen werden damit u. a. Erklärbarkeit (Explainable AI), Vertrauenswürdigkeit (Trustworthy AI), Datenschutz, Verlässlichkeit und Sicherheit. Der Ausdruck hat sich allmählich seit der Jahrtausendwende und dann verstärkt ab ca. 2010 verbreitet. Er wird – wie „Explainable AI" und „Trustworthy AI" – vielfach im Marketing von Staaten und Verbünden wie der EU, technologieorientierten Unternehmen bzw. Unternehmensberatungen sowie wissenschaftsfördernden Stiftungen verwendet, die sich, ihre Produkte, ihr Consulting und ihr Funding ins rechte Licht rücken wollen. Er kann aber ebenso den Namen einer Forschungsgruppe mit entsprechender Ausrichtung schmücken.

Responsible AI kann als Arbeitsgebiet der Künstlichen Intelligenz oder von Informations-, Roboter- und Maschinenethik angesehen werden, zudem als gewünschtes Ergebnis dieser Disziplinen, womit ein normativer Charakter gegeben wäre, entweder mit Blick auf Forschung und Entwicklung oder auf die Anwendung. Entsprechend würde man fordern, dass nur bestimmte, etwa moralischen und sozialen Kriterien genügende KI-Systeme hervorgebracht oder betrieben werden sollen. Während in KI, Informationsethik und Roboterethik vor allem das verantwortungsbewusste Handeln des Herstellers oder Entwicklers thematisiert und mit Entscheidungen von Ethikkommissionen und mit ethischen Leitlinien flankiert wird, programmiert die Maschinenethik den Systemen bestimmte moralische Regeln ein, die entweder strikt befolgt oder je nach Situation adaptiert werden. Die entstehende künstliche oder maschinelle Moral, die menschliche simuliert, kann vor allem bei autonomen Systemen, die in überschaubaren und beschränkten Räumen unterwegs sind, als sinnvolle Lösung gelten, etwa bei Haushaltsrobotern oder Sicherheitsrobotern auf dem Betriebsgelände.

Wissenschaft, mithin wissenschaftliche Methoden gebrauchende Ethik, verfolgt in erster Linie Erkenntnisgewinn. Ein Arbeitsgebiet, das sich verantwortungsvollen Systemen (also solchen, die verantwortungsvoll entwickelt oder mit bestimmten Regeln und Grenzen ausgestattet werden) verschrieben hat, kann dieses Ziel durchaus erreichen. Problematisch wird es, wenn Responsible AI zur allgemeinen Forderung wird, und zwar zunächst eben aus philosophischen und wissenschaftstheoretischen Gründen. Im Labor darf durchaus auch „verantwortungslose KI" entstehen, wenn dies dem Erkenntnisgewinn dient, wie ein Gesichtserkennungssystem, eine Münchhausen-Maschine (eine Maschine, die die Unwahrheit sagt) oder ein autonomer Kampfroboter. Per Gesetz kann dann bestimmt werden, was in der Praxis zulässig ist. Wenn ein Moralisieren in die Wissenschaft einzieht, ist das dieser nicht zuträglich, da es sie beschränkt, was nicht bedeutet, dass in ihr alles möglich sein soll – so gibt es gute Gründe, Tierversuche abzulösen, Genmanipulationen zu beschränken und das Abgreifen von Fotos auf Plattformen für den Zweck von Machine Learning und Deep Learning zu verbieten. Es ist weiter die Frage, wer überhaupt definiert, was verantwortungsvoll ist, und wer davon profitiert, dass bestimmte Systeme entstehen und andere nicht. Letztlich ist „Responsible AI" ein diffuser Begriff, der hohe Erwartungen weckt, jedoch kaum erfüllt.

Ressourcen

Ressourcen sind Bestände und Mittel, die bestimmten Zielen und Zwecken dienen, wie der Erstellung und Bereitstellung von Produkten und Dienstleistungen. In der Wirtschaft gehören immaterielle und materielle Güter wie Betriebsmittel, Geld, Energie, Rohstoffe und Menschen dazu. Natürliche Ressourcen entstammen der Natur, personelle werden in Organisationen von der Belegschaft und gegebenenfalls von Aushilfskräften gebildet, die für eine vertraglich vereinbarte Arbeitszeit zur Verfügung stehen. Das Ressourcenmanagement ist dazu da, Ressourcen in der Organisation festzulegen und optimal einzusetzen.

Um beispielsweise eine Möbelfabrik zu betreiben, benötigt man zunächst Betriebsmittel wie ein Grundstück, ein Gebäude und Maschinen. Man erwirbt oder mietet diese mit Geld. Dieses braucht man auch für das Bezahlen der Energie, etwa den Strom der Produktionsanlage, der Rohstoffe, etwa das Holz, und der Arbeitskraft. Die Produktion der Möbel ist häufig mit Netzwerkressourcen wie Dateien (die Angaben zur Konstruktion oder zur Verfügbarkeit von Ressourcen enthalten können) verbunden. Die Industrie 4.0 mit ihrer Smart Factory ist durch einen Abbau der personellen und den Aufbau der technischen Ressourcen gekennzeichnet.

Wenn man Ressourcen lediglich als Mittel für bestimmte Zwecke begreift, was im Begriff bereits angedeutet ist, neigt man dazu, sie auszuschöpfen und auszubeuten. Gerade bei natürlichen Ressourcen steht der instrumentelle Wert im Vordergrund, wobei man in der Umweltethik auch (etwa in Bezug auf Pflanzen und Tiere) nach ihrem intrinsischen fragen kann. Die Technikethik untersucht die Verantwortung der Technik, die der Ressourcenverwendung und -verschwendung dient, speziell auch das Verhältnis zwischen Technik und Natur, die Informationsethik die Veränderung (im Gebrauch) der Ressourcen angesichts der Digitalisierung, die Wirtschaftsethik die Verantwortung des Arbeitgebers gegenüber dem Arbeitnehmer als Humanressource.

Revenge Editing

Revenge Editing ist das Bearbeiten aus Rache, etwa innerhalb von Wikipedia. Wer bei den Mitarbeitern des Lexikons in Ungnade gefallen ist und dort selbst einen Eintrag zur Person hat, wird zuweilen mit Kürzung oder Löschung bestraft. Revenge Editing kann in einen Editing War, einen Redigierkrieg, münden.

RFID

Die Abkürzung RFID steht für engl. „radio-frequency identification". Sinn und Zweck von RFID-Systemen ist die automatische Identifizierung und Lokalisierung von Dingen, Tieren und Menschen. Mehr und mehr bringt man Funkchips unsichtbar in Schuhen und Kleidungsstücken und an sonstigen Alltagsgegenständen an. Diese werden zu einem Teil des Internets der Dinge oder zu Objekten für Tracking- und Überwachungssysteme.

Roboselfie

Roboselfies oder Roboter-Selfies sind Selfies von Robotern, vor allem von Weltraumrobotern. Sie ermöglichen es Ingenieuren, den Zustand der Hülle, der Räder und der Werkzeuge zu überprüfen. Manche Roboter und Fahr- bzw. Flugzeuge können die Kamera mit Hilfe ihres Arms auf sich richten (wie Curiosity im Jahre 2012), andere fotografieren ihren Schatten, wie Hayabusa (2005) oder Ingenuity (2021).

Robot Enhancement

Robot Enhancement ist die Erweiterung und damit einhergehende Veränderung oder Verbesserung des Roboters durch den Benutzer bzw. eine Firma, etwa in funktionaler, ästhetischer, ethischer oder ökonomischer Hinsicht. Das Wort wurde in Anlehnung an „Human Enhancement" und „Animal Enhancement" gebildet, und man kann damit sowohl das Arbeitsgebiet als auch den Gegenstand bezeichnen. Eine Form des Robot Enhancement ist das Social Robot Enhancement, bei dem ein sozialer Roboter erweitert bzw. verändert und verbessert wird. Insgesamt bietet der Hersteller z. B. vor dem Finishing unterschiedliche Optionen an, eine Tuningfirma nach der Produktion diverse Add-ons. Auch der Benutzer selbst kann in verschiedener Weise aktiv werden, etwa indem er das Gegenüber markiert und es dadurch personalisiert.
Ein Beispiel für Robot Enhancement (und für Social Robot Enhancement) ist die Ausstattung von NAO, Pepper und Co. mit Kleidungsstücken, Perücken und Accessoires. Die erweiterten sozialen Roboter erhalten oft je nach Einsatzgebiet, etwa im Pflege- oder Altenheim, einen anderen Namen. Eine weitere Methode ist, den Plastik- oder Metallkopf mit Silikonhaut zu überziehen oder Make-up-Aufkleber zu verwenden. Dabei muss man – wenn dies nicht standardmäßig vorgesehen ist – auf

eine mögliche Überhitzung und Einschränkung ebenso achten wie auf eine unbeabsichtigte Wirkung. Weiter können die Gliedmaßen verlängert und verändert sowie die Körper mit Komponenten ergänzt werden. So sind für Liebespuppen und Sexroboter zusätzliche oder andersartige Geschlechtsteile erhältlich. Nicht zuletzt ist es zuweilen möglich, die Stimme oder die mit künstlicher Intelligenz zusammenhängenden Fähigkeiten anzupassen.

Robot Enhancement spielt insbesondere bei sozialen Robotern eine Rolle, die sich weltweit verbreiten, die eine gewisse Uniformität besitzen und die man an Anwendungsfelder und Bedürfnisse adaptieren und für den eigenen Gebrauch markieren will. Man kann dadurch eine Maschine menschlicher und individueller wirken lassen. Zudem kann man ein Geschlecht und ein Alter zuschreiben. Nicht immer ist die Veränderung eine Verbesserung, vor allem dann nicht, wenn das Original dafür technisch gar nicht vorgesehen ist. Es besteht die Gefahr, dass es Schaden nimmt und sein Nutzen eingeschränkt ist. Die Roboterethik untersucht zusammen mit der Informationsethik die Chancen und Risiken von Robot Enhancement und fragt bei sozialen Robotern danach, welche Transformationen welche Implikationen in moralischer Hinsicht haben, etwa wenn Erwartungen geweckt und enttäuscht werden.

Roboter

Roboter sind nach Thomas Christaller sensumotorische (sensomotorische) Maschinen zur Erweiterung der menschlichen Handlungsfähigkeit. Entsprechend bestehen sie aus mechatronischen Komponenten, Sensoren und rechnerbasierten Kontroll- und Steuerungsfunktionen. Die Komplexität eines Roboters unterscheidet sich nach demselben Autor deutlich von anderen Maschinen durch die größere Anzahl von Freiheitsgraden und die Vielfalt und den Umfang seiner Verhaltensformen. Mit dem Begriff der Freiheitsgrade sind Achsen bzw. Gelenke angesprochen.
Neben der Erweiterung der Handlungsfähigkeit wäre die Abschaffung der Arbeitsmöglichkeit, die teilweise oder vollständige Ersetzung des Menschen durch die Maschine, zu nennen. Auch die Entscheidungs-

fähigkeit ist mehr und mehr von Relevanz, und die menschliche Autonomie, die wiederum an die Freiheit (auch von der Fremdgesetzlichkeit) denken lässt, wird durch die maschinelle (die einen anderen Charakter hat) verdrängt.

Unterscheiden kann man Roboter in verschiedene Typen wie Industrieroboter, Serviceroboter, Weltraumroboter und Kampfroboter, zudem in Hardwareroboter – zu denen die genannten Arten zählen – und Softwareroboter wie Chatbots, Social Bots, Agenten und Crawler. Seit einigen Jahren wird eine Brücke geschlagen zwischen Industrie- und Servicerobotern, und man darf sagen, dass Kooperations- und Kollaborationsroboter sozusagen Spuren des zweitgenannten Typs enthalten bzw. dass sie in der Regel Industrieroboter sind, aber auch als Serviceroboter auftreten können, etwa im Pflegebereich.

Roboterauto

Selbstständig fahrende oder autonome Autos bewegen sich als Prototypen durch die Städte und Landschaften, in den USA genauso wie in Europa und Asien. Umgangssprachlich werden sie als Roboterautos bezeichnet. Sie nehmen dem Fahrer (bzw. dem Insassen) wesentliche oder sogar sämtliche Aktionen ab. Ein Verkehr, der von Wagen dieser Form geprägt wird, ist eine Vision, allerdings eine, deren Umsetzung von Herstellern und anderen Unternehmen verfolgt, von verschiedenen Disziplinen erforscht und in Gesellschaft und Medien eifrig diskutiert wird sowie technisch gesehen ohne weiteres möglich ist. Vorstufen sind das assistierte sowie teil- und hochautomatisierte Fahren.

Ziele des Einsatzes von selbstständig fahrenden Autos sind Erhöhung der Fahrsicherheit, Steigerung des Fahrkomforts und Verbesserung der Effizienz (z. B. durch Senkung des Verbrauchs). Einige Systeme sind so konzipiert, dass der Insasse sie temporär deaktivieren kann, sodass eine manuelle Steuerung bzw. eine individuelle Anweisung möglich wird. Dies hat nicht zuletzt haftungs- und sicherheitstechnische Gründe. Manche Produzenten verzichten aber auch bewusst auf Lenkrad und Gaspedal, mit dem Argument, dass menschliche Aktionen nicht notwendig oder nicht erwünscht sind. Die Freiheit, die für andere Tätigkeiten entsteht, wird von Wissenschaft und Wirtschaft untersucht. Man überlegt beispielsweise, die Sitze wie in Straßenbahnen oder Zügen anzuordnen und Bildschirme zur Unterhaltung und für die Arbeit einzubauen.

Die Informationstechnologie im Automobil, die sogenannte Car IT, nimmt in diesem Fall breiten Raum ein. Das selbstständig fahrende Auto ist ein rollender Computer und, wie der alternative Name sagt, ein Roboter, und zwar einer, der mobil ist, seine Umwelt beobachtet und seine Schlüsse daraus zieht. Wichtig ist die Car-to-Car Communication, die Kommunikation zwischen autonomen sowie zwischen autonomen und konventionellen, aber mit IT angereicherten Fahrzeugen. Diese verständigen sich hinsichtlich ihrer Abstände, sowohl innerhalb der Spur als auch von Spur zu Spur, der Dichte des Verkehrs sowie der Gefahren in der näheren und weiteren Umgebung. Möglich könnte eine selbstständige Einigung sein, z. B. wenn ein geparktes Auto beschädigt wurde. Ein übergeordneter Rahmen ist die Maschine-Maschine-Kommunikation. Selbstständig fahrende Autos sind eingebunden in ein Netzwerk, das Internetanwendungen, u. a. das Internet der Dinge, und Informationssysteme aller Art umfasst.

Fahrerassistenzsysteme (FAS) stellen wichtige Bausteine des selbstständig fahrenden Autos dar. Sie unterstützen den Lenker von PKW und übernehmen in bestimmten Situationen seine Aufgaben. Es handelt sich mehrheitlich um Car IT, die mit Ein- und Ausgabegeräten (auditiv oder visuell realisiert) gekoppelt ist und Zugriff auf ausgewählte Komponenten und Funktionen der Fahrzeuge hat. Beispiele sind Antiblockiersystem (ABS), elektronisches Stabilitätsprogramm (ESP), Lichtautomatik, Scheibenwischerautomatik, Verkehrszeichenerkennung, elektrische Feststellbremse, Bremsassistent, Notbremsassistent, Stauassistent, Spurwechselassistent, Spurwechselunterstützung, intelligente Geschwindigkeitsassistenz, Abstandsregeltempomat, Abstandswarner, Reifendruckkontrollsystem und Einparkhilfe. Die Akzeptanz gegenüber FAS ist hoch, und Wert und Preis von Autos werden immer mehr von ihnen bestimmt.

Autonome Autos können nach Ansicht verschiedener Experten die Unfallzahlen senken und Staus vermeiden helfen, insbesondere bei einer weiten Verbreitung und starken Vernetzung. Der eine oder andere spricht sich allerdings dafür aus, dass sie nur in festgelegten Bereichen – auf der

Notfallspur der Autobahn oder auf speziellen Trassen – und zu festgelegten Zeiten fahren dürfen. Ein vollkommen automatisierter und autonomisierter Verkehr würde weitgehende Entscheidungen der Fahrzeuge, nicht zuletzt in moralisch relevanten Situationen, erforderlich machen. Diesbezüglich ist die Maschinenethik gefragt, die sich mit der Moral von Maschinen befasst. Der robotergeprägte Verkehr wird anhand klassischer Gedankenexperimente und theoretischer Dilemmata wie des Trolley- und des Fetter-Mann-Problems sowie mit Blick auf praktische Dilemmata diskutiert. Gefragt ist zudem die Informationsethik, etwa in Bezug auf die informationelle Autonomie der Insassen, die Fahrzeug- und die Datensicherheit. Informations- und Technikethik können sich mit der persönlichen Autonomie befassen, z. B. mit dem Verlust menschlicher angesichts zunehmender maschineller Autonomie, und auch mit dem Wegfall der Freude am Fahren.

Roboterethik

Die Roboterethik ist, so eine mögliche Auslegung, eine Keimzelle und ein Spezialgebiet der Maschinenethik. Gefragt wird danach, ob ein (weitgehend autonomer) Roboter ein Subjekt der Moral sein und wie man diese implementieren kann. Im Fokus sind auch mimische, gestische und natürlichsprachliche Fähigkeiten, sofern diese in einem moralischen Kontext stehen. Man kann indes nicht nur nach den Pflichten (oder, schwächer formuliert, Verpflichtungen bzw. Aufgaben), sondern ebenso nach den Rechten der Roboter fragen. Allerdings werden ihnen – im Gegensatz zu Tieren – solche üblicherweise nicht zugestanden. Nicht zuletzt kann man die Disziplin in einem ganz anderen Sinn verstehen, nämlich in Bezug auf Entwicklung und Herstellung und die Folgen des Einsatzes von Robotern, und in ihr Richt- und Leitlinien für den Gebrauch erarbeiten. In dieser Ausrichtung mag man sie in Technik- und Informationsethik verorten.

Die Robotik oder Robotertechnik beschäftigt sich mit dem Entwurf, der Gestaltung, der Steuerung, der Produktion und dem Betrieb von Robotern. Sie muss, was die Wirkung von Emotionen und die Glaubwürdigkeit von Aussagen, Handlungen und Bewegungen angeht, eng mit der Psychologie und der Künstlichen Intelligenz (KI) zusammenarbeiten.

Je mehr ein Roboter durch sein Aussehen verspricht, desto perfekter muss er umgesetzt sein, damit er nicht unheimlich wirkt (Uncanny-Valley-Effekt). Das betrifft auch Fragen der Moral; von einem humanoiden Roboter erwartet man adäquate Aussagen und Entscheidungen. Bei hohen Ambitionen in diesem Kontext muss sich die Robotik mit Roboter- und Maschinenethik sowie Roboterpsychologie zusammentun, nicht ohne kritische Fragen von Technikethik und Informationsethik zuzulassen. Über moralische Maschinen haben nicht bloß Wissenschaftler, sondern auch Schriftsteller nachgedacht. Robotiker, KI-Experten und Philosophen beziehen sich gerne auf den Science-Fiction-Autor Isaac Asimov und seine drei Robotergesetze („The Three Laws of Robotics"), die in einer Kurzgeschichte aus dem Jahre 1942 enthalten sind. Der Katalog ist hierarchisch aufgebaut und gibt so eine Priorisierung vor. Nach dem ersten Gesetz darf kein Roboter einen Menschen verletzen oder durch Untätigkeit erlauben, dass ein menschliches Wesen zu Schaden kommt. Nach dem zweiten muss ein Roboter den ihm von Menschen erteilten Befehlen gehorchen, es sei denn, einer der Befehle würde mit dem ersten Gesetz kollidieren. Nach dem dritten muss ein Roboter seine Existenz beschützen, solange er dabei nicht mit dem ersten oder zweiten Gesetz in Konflikt kommt. Asimov hat in einem späteren Werk den Katalog erweitert und modifiziert. Aus wissenschaftlicher Sicht sind die Robotergesetze, so durchdacht und visionär sie sein mögen, nicht befriedigend. Wenn es um die Moral von (und gegenüber) Maschinen ging, war man lange Zeit auf Roboter fokussiert. Zum einen erfüllten sie die Anforderung, mehr oder weniger autonome Systeme zu sein (wenn man Teleroboter einmal ausnimmt), zum anderen erweckten sie – gerade wenn es sich um humanoide Roboter handelte – den Eindruck, als müssten sie in sittlicher und sozialer Hinsicht mehr leisten können als normale Maschinen. Als sich zu den Robotern weitere (teil-)autonome Maschinen wie Softwareagenten, Chatbots, bestimmte Drohnen, Computer im automatisierten Handel und selbstständig fahrende Autos gesellten, war es vorbei mit der Einzigartigkeit. Der Vielfalt von Systemen mit ihren unterschiedlichen Möglichkeiten widmet sich die Maschinenethik, wobei sich diese auf Maschinen als Subjekte der Moral konzentriert. Der Begriff der Roboterethik wird sicherlich nicht verschwinden, allenfalls verstärkt auf Roboter als Objekte der Moral und als Verursacher von Problemen und Herausforderungen angewandt.

Robotergesetze

Über die Moral von Maschinen haben nicht nur Wissenschaftler, sondern auch Schriftsteller nachgedacht. Robotiker, KI-Experten und Philosophen sowie Technikjournalisten beziehen sich im Kontext von Roboter- und Maschinenethik gerne auf den Science-Fiction-Autor Isaac Asimov und seine berühmten Robotergesetze bzw. Gesetze der Robotik („The Three Laws of Robotics"), die in der Kurzgeschichte „Runaround" aus dem Jahre 1942 und in weiteren Shortstorys enthalten sind. Der Katalog ist hierarchisch aufgebaut und gibt so eine Priorisierung vor. Nach dem ersten Gesetz darf kein Roboter einen Menschen verletzen oder durch Untätigkeit erlauben, dass ein menschliches Wesen zu Schaden kommt. Nach dem zweiten muss ein Roboter den ihm von Menschen erteilten Befehlen gehorchen, es sei denn, einer der Befehle würde mit dem ersten Gesetz kollidieren. Nach dem dritten muss ein Roboter seine Existenz schützen, solange er dabei nicht mit dem ersten oder zweiten Gesetz in Konflikt kommt. Asimov hat in einem späteren Werk den Katalog erweitert und modifiziert. Zudem spricht er in der 1974 erschienenen Geschichte „… That Thou Art Mindful of Him" von den „Three Laws of Humanics", erdacht von Robotern, die die Macht an sich reißen wollen.
Es ist beim Heranziehen der Robotergesetze zu bedenken, dass diese eben für den fiktionalen, nicht den realen Kontext geschaffen wurden. Die Regeln erfüllen damit primär eine Funktion in einer Geschichte, können dort (und in der Literaturwissenschaft) thematisiert und kritisiert werden. Natürlich darf man sich von ihnen inspirieren lassen, und es ist häufig sinnvoll, gerade bei moralischen Maschinen, von bestimmten Metaregeln oder Prinzipien auszugehen.

Roboterphilosophie

Roboterphilosophie (engl. „robot philosophy" oder „robophilosophy") ist ein Teilgebiet der Philosophie, das sich mit Robotern (Hardware- und Softwarerobotern) sowie mit Erweiterungsoptionen wie künstlicher

Intelligenz befasst. Dabei geht es vor allem (aber nicht nur) um mehr oder weniger autonome Serviceroboter, Pflege-, Transport- und Kampfroboter eingeschlossen, und um Chatbots und virtuelle Assistenten, und nicht allein um die Entwicklungs-, sondern auch die Ideengeschichte, angefangen bei den Werken von Homer und Ovid bis hin zu Science-Fiction-Büchern und -Filmen. Beteiligt sind Disziplinen wie Erkenntnistheorie, Ontologie, Ästhetik und Ethik, darunter Roboterethik und Maschinenethik; die Technikphilosophie kann einerseits als übergeordnete Instanz verstanden werden, andererseits auch als gleichgestellte, insofern sie Roboter meist lediglich als technische Hilfsmittel und weniger als künstliche Mitgeschöpfe und Zeitgenossen begreift und die Roboterphilosophie mit ihrer spezifischen Perspektive neben sich braucht. Die Philosophie ist die Lehre vom Erkennen und Wissen und die Prinzipien- und Methodenlehre der Einzelwissenschaften, als deren Ursprung und Rahmen sie angesehen werden kann, durchaus auch von Robotik und Informatik.

Die Roboterphilosophie wendet ihren Blick scheinbar zunächst weg vom Menschen (den sie freilich ständig als Vorbild bemüht) und stellt Fragen zu den Eigen- und Beschaffenheiten von Robotern. Kann der Begriff der Autonomie sinnhaft auf diese angewandt werden? Können sie eines Tages, mittels Sensoren und Formen der künstlichen Intelligenz, Bewusstsein erlangen? Können sie eines Tages denken, fühlen und leiden? Wie Menschen, wie Tiere oder in anderer Weise? Was können sie (wiederum im Vergleich zu Menschen, nach denen die Philosophie im Allgemeinen fragt) erkennen und wissen? Wie wichtig ist ihr funktionsfähiger Körper, sind mimische und gestische Fähigkeiten? Sollen Roboter wie Menschen gestaltet werden, als Androiden, oder wie Tiere – oder als abstrakte Gebilde? Zusammen mit der Roboterethik untersucht die Roboterphilosophie die Möglichkeit von Rechten von Robotern, zusammen mit der Maschinenethik von Pflichten, wobei diese ebenso schwächer als Verpflichtungen oder einfach als Vorschriften, die Maschinen einzuhalten haben, gedeutet werden können. Selbstlernende Systeme sind allerdings in der Lage, eigene moralische Haltungen (im weitesten Sinne) einzunehmen, was wiederum von der Roboterphilosophie erörtert werden mag. Diese fragt zudem, zusammen mit Informationsethik, Technikethik,

Roboterethik, Wirtschaftsethik und Technikfolgenabschätzung, nach den Folgen des Einsatzes von Robotern, etwa dem Vorhandensein, der Veränderung und der Bewertung menschlicher Arbeit. Dabei geht es nicht bloß um Service-, sondern auch um Industrieroboter.
Robotiker warnen regelmäßig davor, (Hardware-)Roboter und künstliche Intelligenz gleichzusetzen. Tatsächlich haben Robotik und Künstliche Intelligenz (KI) eine unterschiedliche Entstehungsgeschichte, und ihre Entwicklungen müssen zunächst getrennt betrachtet werden. Ohne Zweifel können Roboter aber dank der Teildisziplin der Informatik ganz neue Möglichkeiten gewinnen, und bei einer entsprechenden Integration wirken sensomotorische Einheit und künstliche Intelligenz zusammen. Bei Softwarerobotern und KI-Systemen besteht häufig eine noch engere Beziehung, bis hin zur Verschmelzung. Andere Experten beanstanden die Überhöhung von Robotern. Diese sind und bleiben sicherlich Maschinen (selbst wenn sie in Organismen eingepasst werden, sodass Cyborgs resultieren), und es kann zum Beispiel nicht überzeugend begründet werden, warum sie Rechte erhalten sollten; eine Leidensfähigkeit etwa ist derzeit nicht in Sicht. Unbestritten kann man ihnen moralisch begründete Regeln einpflanzen, ohne dass sie ein Bewusstsein davon haben, was sie tun und warum sie es tun. Eine weitere Kritik betrifft das Reden über Roboter. Einige Experten sind der Meinung, dass diese nicht entscheiden, nicht handeln etc. Allerdings wird es schwierig bei einer solchen Striktheit, überhaupt über bestimmte Roboter zu sprechen, und vermutlich darf man Metaphern zulassen, die nicht überdehnt und die unmissverständlich sind.
Letztlich sind Roboter, nicht nur Serviceroboter, neuartige, merkwürdige Subjekte (mithin der Moral), mit denen wir uns Lebensräume teilen, die ihre Umwelt und uns beobachten und bewerten, um reagieren und menschliche Subjekte informieren zu können. Dabei werden sie auch wirtschaftlich immer relevanter, gerade dann, wenn sie die Käfige der Fabriken verlassen, als Kooperations- und Kollaborationsroboter eng mit uns in der Produktion zusammenarbeiten und als Serviceroboter auf Straßen und Plätzen, in Einkaufszentren, an Hotelrezeptionen und im Haushalt uns ergänzen und ersetzen. In diesem Zusammenhang sind Ideen und Konzepte wie Robotersteuer und Roboterquote (etwa für öffentliche Räume) zu diskutieren.

Roboterrecht

Roboterrecht ist die rechtswissenschaftliche Beschäftigung mit Robotern als Rechtssubjekten oder -objekten bzw. der Erlass von Regelungen und Gesetzen und die Rechtsprechung zum Einsatz und Gebrauch von teilautonomen und autonomen Maschinen. So wird etwa die Idee der elektronischen Person diskutiert, nach der man einen Roboter verklagen und haftbar machen könnte. Es geht in erster Linie um das Zivilrecht. Allerdings werden auch Vorschläge für das Strafrecht unterbreitet.

Robotersex

Robotersex, Sex mit und zwischen Robotern, ist ein Sujet von Science-Fiction-Büchern und -Filmen und – dort teilweise mithilfe von Avataren visualisiert – von Computerspielen. Auf dem Markt sind Sexroboter als handliches Spielzeug und (wie im Falle von Roxxxy und Harmony) in Lebensgröße erhältlich. Mit Cybersex gibt es Berührungspunkte, wenn Sexroboter über das Netz gesteuert werden. Informations-, Technik- und Sexualethik gehen beim Robotersex eine Liaison ein; zudem können Fragen der Maschinenethik aufgeworfen werden, wenn der künstliche Sexarbeiter ein autonomes System ist.

Robotersteuer

Die Robotersteuer ist eine Ausprägung der Maschinensteuer, die man wiederum als Wertschöpfungsabgabe begreifen kann. Die Idee ist, den Betrieb respektive die Arbeit von Robotern (allenfalls von Agenten) in der Produktion und in anderen Bereichen zu besteuern und die Gelder entweder dem System der Sozialversicherung oder beispielsweise dem Bildungswesen zuzuführen. Auch eine Kopplung an das bedingungslose Grundeinkommen wird vorgeschlagen. Zugleich ist die Frage, ob im Gegenzug die Arbeit von Menschen steuerlich entlastet werden soll.

Die Maschinensteuer wurde bereits in den 1970er- und 1980er-Jahren in Deutschland und Österreich diskutiert. Für Joachim Becker handelt es sich um einen sozialpolitischen Begriff bzw. eine politische Forderung „nach Einführung eines zusätzlichen Beitragsanteils zur Sozialversicherung, um die Lohnsummenverluste auszugleichen, die durch die zunehmende Rationalisierung der Arbeitsplätze durch Maschinen und Computer entstehen, weil dadurch weniger Arbeitnehmer den gleichen wirtschaftlichen Ertrag erbringen können, die Beitragseinnahmen zur Sozialversicherung aber (möglicherweise) sinken". Vor dem Hintergrund der Industrie 4.0 bzw. mit Blick auf die weitgehende Automatisierung mithilfe von modernen, teilweise mobilen und intelligenten Robotern ist die wirtschaftliche und politische Forderung nach einer Robotersteuer entstanden, die nicht zwangsläufig mit der Sozialversicherung verbunden sein muss.

Gegen die Robotersteuer spricht, dass nicht klar ist, was man genau besteuern soll. Welche Systeme sind betroffen? Um welche Arbeit geht es konkret? Auch könnten Entwicklung und Einsatz von Robotern, die Menschen ergänzen und entlasten, gehemmt und Wege zur Befreiung von der Bürde des beruflichen Alltags blockiert werden. Für die Steuer spricht, dass der Roboter als Risiko für die Vollbeschäftigung im Vollzeitmodell erkannt und eine sozialpolitische Antwort auf die zunehmende Automatisierung gefunden wird. Die Wirtschaftsethik ist gefragt bei der Beurteilung der Chancen und Risiken für Betriebe, Mitarbeitende und Arbeitslose. Auch Technik- und Informationsethik können einbezogen werden, da es um das Verhältnis von Technik und Mensch und die Nutzung von Informations- und Kommunikationstechnologien und Resultaten von Robotik und Künstlicher Intelligenz geht.

Robotik

Die Robotik oder Robotertechnik beschäftigt sich mit dem Entwurf, der Gestaltung, der Steuerung, der Produktion und dem Betrieb von Robotern, z. B. von Industrie- oder Servicerobotern. Bei anthropomorphen oder humanoiden Robotern geht es auch um die Herstellung von Gliedmaßen und Haut, um Mimik und Gestik sowie um natürlichsprachliche Fähigkeiten. Im Fokus sind Hardwareroboter mit Hard- und Software.

Reine Softwareroboter (Bots) werden in erster Linie in der Informatik entwickelt, Nanoroboter in der Zukunft in der Nanotechnologie.
Die Robotik integriert Ansätze aus Maschinenbau, Elektrotechnik und Informatik, insbesondere Künstlicher Intelligenz (KI). Sie muss eng mit Mensch-Maschine-Interaktion, Psychologie, Soziologie (Soziale Robotik) und Philosophie (Maschinenethik) zusammenarbeiten. Die Ergebnisse der Robotik sind wichtig u. a. für Wirtschaft (Industrie-, Landwirtschafts- und Serviceroboter), Wissenschaft (Forschungs- und Experimentierroboter), Gesellschaft (Serviceroboter, Assistenzsysteme), Gesundheitswesen (Pflege- und Therapieroboter), Verkehrswesen (Roboterautos) und Militärwesen (Kampfroboter).
Die Robotik entwickelt sich neben und mit der Informatik (mitsamt KI) zu einer der Leitdisziplinen des 21. Jahrhunderts, was im Fach selbst nicht durchgehend ausreichend reflektiert wird. Die sozialen und moralischen Implikationen des Einsatzes der Maschinen sind Gegenstand von Technikfolgenabschätzung, Technikethik, Informationsethik und Roboterethik. Auch die Wirtschaftsethik ist von Bedeutung, da menschliche durch maschinelle Arbeitskraft unterstützt und ersetzt wird. Neue Herausforderungen entstehen nicht zuletzt für Rechtswissenschaft (Roboterrecht), Rechtsprechung und Gesetzgebung.

Rolle

Der Begriff der Rolle ist vielschichtig. In der Soziologie bezeichnet man damit ein System von Verhaltensweisen, die durch die Erwartungen und Vorgaben der Gesellschaft dem Einzelnen gemäß seiner sozialen Position abverlangt werden. Allgemeiner kann man Rollen auch als Verantwortungen, Aufgaben, Kompetenzen, Eigenschaften und Verhaltensweisen von Personen und Gruppen in einem bestimmten Kontext und unter einer bestimmten Zielsetzung ansehen.
Rollen verändern sich durch externe Faktoren (Umwelt im weitesten Sinne, strukturelle Veränderungen, inhaltliche Neuausrichtung), ihre Träger (persönliche Neuausrichtung, Kompetenzenerwerb und -verlust) und ihre Neubestimmung (Änderung bei der Verantwortung, Aufgabenerweiterung und -einschränkung).

In elektronischen Systemen werden Rollen – zusammen mit Profilen – auch im Rahmen von Berechtigungskonzepten gebraucht. Je nachdem hat man – etwa als Leser, Autor, Manager oder Administrator – bestimmte Zugriffsrechte auf das System bzw. einzelne Anwendungen, Dokumente und Dateien.

S: Schlüsselqualifikation – Systemrelevanz

Schlüsselqualifikation

„Schlüsselqualifikation" ist ein Sammelbegriff für all diejenigen Fähigkeiten und Kompetenzen, die notwendig oder auch wünschenswert für die erfolgreiche Beherrschung von in einem bestimmten Kontext wiederkehrenden Anforderungen sind.

Unter den Begriff werden insbesondere Softskills bzw. Sozialkompetenzen wie Kommunikations- und Teamfähigkeit, auch in verteilten Strukturen, sowie Methodenkompetenzen (beispielsweise mit Blick auf virtuelles Projektmanagement) subsumiert.

Häufig werden auch persönliche Einstellungen (verknüpft mit individueller Bereitschaft) wie Flexibilität, Verfügbarkeit, Belastbarkeit, Leistungsbereitschaft, Verantwortungsbewusstsein, Ehrlichkeit und Anständigkeit als Schlüsselqualifikationen bewertet.

Schrift

Der Begriff der Schrift zielt auf Zeichensysteme, die Daten, Informationen und Wissen sowie Emotionen vermitteln. Es kann sich um Handschrift handeln oder um Maschinengeschriebenes (das mithilfe von bzw. von Maschinen erstellt wurde). Die Schrift wird von Menschen oder Maschinen gelesen. Sie bildet sich aus Schriftzeichen sowie Sonderzeichen (einschließlich Satzzeichen) und Regelapparat (Orthografie und Grammatik). Auch Symbole und Bilder sind von Bedeutung, als Vorgänger der Zeichen oder Bestandteile der Schrift.

Die Schrift entstand wohl im 4. Jahrtausend v.u.Z. in Vorderasien. Wurden damals u. a. Steintafeln zur Niederschrift verwendet, kamen später Pergament, Papyrus und Papier auf. Es wurde gemeißelt und geritzt respektive mit Farbe und Tinte gearbeitet. Heute sind vielfach digitale Speicher im Einsatz. Gestempelt und gedruckt hat man bereits in der Antike und im frühen Mittelalter. Im 15. Jahrhundert erfand Johannes Gutenberg den modernen Buchdruck, der Schrift und Bild (das zunächst auch noch händisch eingefügt wurde) zur Massenware machte. In der Gegenwart beeinflussen Emoticons und Emojis (Bildschriftzeichen) die Schrift, in Diensten wie E-Mail, Chat und Instant Messaging und bei Geräten wie Notebooks und Smartphones.

In der Philosophie wurde die Mündlichkeit eines Sokrates von der Schriftlichkeit des Platon und des Aristoteles abgelöst. Die Schrift ist Grundlage jeder Wissenschaft. Zu den ältesten Schriftstücken gehören Wirtschaftstexte. In der Antike spielte die Schrift auf dem Marktplatz ebenso eine Rolle wie beim Besuch von Bordellen (Namen der Prostituierten an der Wand). Der Begriff der Digitalisierung bezog sich ursprünglich auf die Umwandlung von Handschriften, Drucksachen, Kunstwerken etc. im Kontext der Datenverarbeitung. Die Textverarbeitung hat Einfluss auf die Typografie und auf die Orthografie, nicht zuletzt durch falsche Vorschläge in den Standardprogrammen. Unternehmen schenken der einheitlichen Kunden- und Mitarbeiteransprache, dem Tone of Voice, immer mehr Beachtung.

Die Schrift ist wichtiges Kulturgut und -werkzeug sowie wesentliche Grundlage der Menschheitsentwicklung. Sie ermöglicht die Bewahrung von Wissen ebenso wie dessen Verzerrung und Verfälschung. Die Notenschrift erlaubt das Festhalten von Musikstücken, die Lautschrift das Abbilden des Gesprochenen, die Blindenschrift die Teilhabe von Sehbehinderten. Lesen und Schreiben ermöglichen Informiertheit, Wissensaufbau und Bildung, ein Zusammenhang, der von Pädagogik, Psychologie und Informationsethik thematisiert werden kann. Die einheitliche Kunden- und Mitarbeiteransprache mit ihrer Beziehung zur Markenpersönlichkeit und ihrer Beschränkung des Handlungsspielraums ist Gegenstand der Wirtschaftsethik.

Schwarmintelligenz

Der Begriff der Schwarmintelligenz hat unterschiedliche Bedeutungen, die sich auf die Entscheidungsfindung von Menschen, das Verhalten von Tieren oder das Zusammenwirken von Agenten (Schwarmintelligenz als Forschungsgebiet der Künstlichen Intelligenz, auch unter der Bezeichnung „Verteilte Künstliche Intelligenz") und Robotern (Schwarmintelligenz als Forschungsgebiet der Künstlichen Intelligenz und der Robotik, unter Berücksichtigung der Bionik) beziehen.

Science-Fiction

Science-Fiction ist ein Literatur- und Filmgenre. Die Handlung ist meist in der Zukunft, auf der Erde, die kaum wiederzuerkennen ist, auf Weltraumschiffen oder auf Exoplaneten angesiedelt. Es werden Alternativen des Seins, des Zusammenlebens und des Bewohnens und für Technik, Politik und Wirtschaft entwickelt, bis hin zur Utopie, sodass auch einschlägige Romane, beginnend mit „Utopia" (1516) von Thomas Morus, dazuzählen können. Die Eutopie ist in der Science-Fiction möglich, die Dystopie wahrscheinlich, da sie mehr Spannung verspricht.
Etliche Serien und Filme sind ein mögliches oder tatsächliches Vorbild für die Soziale Robotik, z. B. „Star Wars" (ab 1977) von George Lucas mit R2-D2 und C-3PO, „WALL-E" (2008) von Andrew Stanton mit WALL-E und EVE, „Real Humans" (ab 2012) von Stefan Baron und Henrik Widman (Produzenten) mit den Hubots, „Ex Machina" (2015) von Alex Garland mit Ava sowie „Blade Runner 2049" (2017) von Denis Villeneuve mit Joi, wenn man erweiterte Hologramme einbeziehen will.

Andere Filme sind wichtig für die Maschinenethik, wie „2001: Odyssee im Weltraum" („2001: A Space Odyssey") von Stanley Kubrick mit dem KI-System namens HAL (1968) und „Moon" von Duncan Jones mit GERTY (1999). Besonders einflussreich sind die Robotergesetze („The Three Laws of Robotics") aus Isaac Asimovs Kurzgeschichte „Runaround" von 1942 geworden, und auch Stanisław Lems Geschichten inspirieren Wissenschaftler auf der ganzen Welt.

Selfie

Ein Selfie ist ein Selbstporträt, das mit dem Handy, dem Tablet oder dem Fotoapparat aufgenommen wird, indem man diese möglichst weit von sich weghält oder an einer Selfie-Stange (Selfie-Stick) befestigt. Es wird über soziale Medien bzw. über Kommunikationsdienste verteilt. Sonderformen sind Dronies, also Selfies, die man mit Fotodrohnen erstellt, und Roboselfies, also Aufnahmen, die Roboter aus verschiedenen Gründen von sich selbst machen. Daneben tauchen in den Medien immer wieder Neologismen wie „Polfies" (Selfies, die die Ersteller zusammen mit Polizisten zeigen) oder „Velfies" (Video-Selfies) auf.
Viele Selfies werden von jungen Leuten geschossen. Bei Mädchen ist die Entenschnute beliebt, eine weltweit als Duckface bekannte Grimasse, die zu einem vorübergehend volleren Mund führen soll. Zu sehen sind neben Einzelpersonen auch Gruppen. Wenn Nacktheit vorhanden ist, können Selfies zum Sexting gehören. Egozentrik, Sexualisierung und Schädigung der informationellen Autonomie sind Probleme, die auch in der Informationsethik diskutiert werden. Selfies sind allerdings nicht bloß das hässliche Gesicht der Informationsgesellschaft, sondern auch ihr experimenteller, verspielter und ironischer Ausdruck. Sie können damit eine Form des Cyberhedonismus sein.

Server

Ein Server ist ein Rechner, der innerhalb eines Netzwerks Speicher und Ressourcen wie Informationen, Datenbestände, Programme und Peripheriegeräte verwaltet und diese auf Anfrage anderen Rechnern, sogenannten Clients, zur Verfügung stellt. Man spricht bei dieser Konstellation auch von einer Client-Server-Architektur oder vom Client-Server-Prinzip. Ein verwandter Begriff ist „Host". Server müssen sehr leistungsfähig sein, etwa weil die parallele Nutzung von Ressourcen zu organisieren ist. Wenn sie die Angebote des World Wide Web (WWW) bereitstellen, werden sie als Webserver oder WWW-Server bezeichnet. Mailserver sind Rechner, die E-Mails empfangen und verwalten. Auch beim Betrieb von sozialen Robotern spielen Server eine Rolle, etwa wenn Cloud Computing verwendet wird.

Serviceroboter

Serviceroboter sind für Dienstleistungen und Hilfestellungen aller Art zuständig, sie bringen und holen Gegenstände, überwachen die Umgebung ihrer Besitzer oder das Befinden von Patienten und halten ihr Umfeld im gewünschten Zustand. Wenn sie mit Sensoren ausgestattet sind, wenn sie über künstliche Intelligenz und Erinnerungsvermögen verfügen, werden sie nach und nach zu allwissenden Begleitern. Sie wissen, was ihr Eigentümer oder Gegenüber tut und sagt oder was die Passanten in der Umgebung umtreibt und melden es womöglich an ihre Betreiber oder an Geräte und Computer aller Art. So wie Industrieroboter immer mehr ihre geschützten Bereiche verlassen, so wie sie immer mobiler und universeller geraten, und so wie sie immer mehr an den Menschen heranrücken, so werden Serviceroboter immer eigenständiger und „unternehmungslustiger" und hier und da zu sozialen Robotern. In privaten und (teil-)öffentlichen Bereichen trifft man auf ganz unterschiedliche Typen: a) Sicherheits- und Überwachungsroboter, b) Transport- und Lieferroboter, c) Informations- und Navigationsroboter, d) Unterhaltungs- und Spielzeugroboter, e) Pflege- und Therapieroboter und f) Haushalts- und Gartenroboter. Ob man Kampfroboter und Weltraumroboter ebenfalls dazuzählen kann, ist umstritten. Manche der Modelle sind als Prototypen unterwegs, andere im ständigen und standardisierten Einsatz.
Im Folgenden werden die Typen in Bezug auf ihre Ziele, Zwecke und Merkmale skizziert. a) Sicherheits- und Überwachungsroboter verbreiten sich in den Stadtteilen, in den Einkaufszentren und auf den Firmengeländen, als rollende und fliegende Maschinen. Sie sollen für die Sicher-

heit der Unternehmen, Besucher und Kunden sorgen. b) Transport- und Lieferroboter befördern Gegenstände aller Art, wie Pakete und Einkäufe, von einem Akteur (oft der Anbieter oder Vermittler) zum anderen (oft der Kunde) oder begleiten und entlasten Fußgänger und Fahrradfahrer. c) Informations- und Navigationsroboter fahren oder gehen durch Parks und über Gelände, durch Museen, Messen und Verkaufsräume und informieren Besucher und Kunden über Veranstaltungen und Möglichkeiten der Besichtigung und führen sie an die gewünschte Stelle. Zudem werden sie in Hotels eingesetzt, etwa an der Rezeption. Sie besitzen häufig Displays respektive Touchscreens und natürlichsprachliche Fähigkeiten. d) Unterhaltungs- und Spielzeugroboter dienen der Unterhaltung und Zerstreuung von Benutzern, von Kindern und Jugendlichen sowie von Erwachsenen. Auch zum Lernen kann man manche von ihnen verwenden. Sie tanzen, singen, spielen Musik, erlauben ihre Konstruktion und Dekonstruktion. e) Pflegeroboter komplementieren oder substituieren menschliche Pflegekräfte. Sie bringen den Pflegebedürftigen benötigte Medikamente und Nahrungsmittel und helfen ihnen beim Hinlegen und Aufrichten und bei ihrem Umbetten. Sie unterhalten Patienten und stellen auditive und visuelle Schnittstellen zu Experten bereit. Manche verfügen über natürlichsprachliche Fähigkeiten und sind in einem bestimmten Umfang lernfähig und intelligent. Therapieroboter unterstützen therapeutische Maßnahmen oder wenden selbst solche an. f) Haushalts- und Gartenroboter helfen im Haushalt oder im Garten, als Saug- und Mähroboter, als Poolroboter oder Fenster- und Grillputzroboter. Sie sind stark verbreitet und fast schon so selbstverständlich wie Wasch- und Spülmaschinen.

Durch Serviceroboter, die sich unter die Menschen begeben, mit ihnen die Wege, Zonen und Plätze teilen und in ihren Gebäuden und Zimmern weilen, entstehen Herausforderungen in Bezug auf unser leibliches Wohl, unsere körperliche Unversehrtheit und unser Weiterleben, womit moralische und soziale Aspekte angesprochen sind. Sie machen uns unseren Lebensraum streitig, können Stolperfallen und Hindernisse darstellen und benötigen teilweise die gleichen Ressourcen wie wir. Sie vermögen uns zu unterstützen und zu ersetzen. Und sie können uns ausspionieren und überwachen. Im vorletzten Problemkreis ist die Wirtschaftsethik einzubeziehen. Eine Frage ist, ob aus dem Umstand, dass Serviceroboter unsere Tätigkeiten übernehmen, nicht nur Risiken resultieren, wie drohende Arbeitslosigkeit, sondern auch Chancen, etwa indem der Betroffene den übermächtigen Brotberuf relativiert und sich an einer andersgelagerten Sinnstiftung probiert. Beim letzten Konfliktbereich ist es naheliegend, die Perspektive der Informationsethik einzunehmen und von ihren Begriffen aus zu denken und zu handeln. Die informationelle Autonomie ist die Möglichkeit, selbst auf Informationen zuzugreifen und die Daten zur eigenen Person einzusehen und gegebenenfalls anzupassen. Gesellschaftliche und politische Gruppen und Einrichtungen müssen auf diese moralische Dimension, jenseits der rechtlichen, immer wieder hinweisen, auch mit Blick auf Serviceroboter. Die informationelle Notwehr entspringt dem digitalen Ungehorsam oder stellt eine eigenständige Handlung im Affekt dar und dient der Wahrung der informationellen Autonomie und der digitalen Identität. Es muss diskutiert werden, wann man sich gegen Serviceroboter zur Wehr setzen und in welcher Weise man sich schützen darf.

Sexroboter

Sexroboter (engl. „sex robots") sind Roboter, mit denen Menschen bestimmte Formen von Sex haben können. I. d. R. sind Hardwareroboter gemeint, physisch vorhandene Maschinen. Bei einem weiten Begriff können auch Softwareroboter, also Bots bzw. Agenten, hinzugezählt werden, wobei v. a. Chatbots relevant sind. Es gibt eine Palette von Produkten für den Hausgebrauch. Manche von ihnen werden für den Gesundheitsbereich in Betracht gezogen, etwa als Möglichkeit der Erleichterung für Behinderte und Alte und zur Unterstützung von Therapien. Robotersex, Sex mit und zwischen Robotern, ist ein Sujet von Science-Fiction-Büchern und -Filmen und – dort teilweise mit Hilfe von Avataren visualisiert – von Computerspielen. In den Medien wird emsig über Robotersex berichtet, in der Wissenschaft eifrig über ihn diskutiert.

Sexroboter sind je nach Geldbeutel und Geschmack als handliches Spielzeug oder in Lebensgröße erhältlich. Sie helfen bei der Befriedigung, indem sie Menschen penetrieren (aktive Sexroboter, nur im Ausnahmefall) oder sich penetrieren lassen (passive Sexroboter, der Normalfall). Manche

haben – wie auch Chatbots – natürlichsprachliche Fähigkeiten, und es ist daran zu denken, dass in Chats verbale Erotik beliebt und die Nachfrage nach Telefonsex nicht völlig eingebrochen ist. Einschlägige Formulierungen („dirty talk") und erotische Stimmen wirken offenbar, ob Menschen oder Maschinen die Urheber und Besitzer sind. Die sexuellen Interaktionen in 3D-Welten wie Second Life können ebenfalls dem Vergleich dienen. Wichtig ist zudem Virtual Reality (VR), die i. d. R. mit doppelten Bildern umgesetzt und über VR-Brillen oder -Apps für Smartphones erschlossen wird. Die entstehenden Peripheriegeräte sind einfache Stimulationsmaschinen oder echte Sexroboter mit Eigeninitiative. Fuckzilla, vorgestellt auf der Arse Elektronika 2007, verfügt über ein ganzes Arsenal an Spielzeugen und Hilfsmitteln, vom Dildo bis zur Kettensäge, an der Zungen befestigt sind. Das Ganze wirkt eher (passend zum avantgardistischen Kontext) wie ein randseitiges Kunstprojekt, weniger wie ein ernstzunehmender Liebespartner. Roxxxy von TrueCompanion. com (New Jersey) kann auf ihre Weise zuhören und sprechen sowie auf Berührungen reagieren. Man kann unter verschiedenen Persönlichkeiten auswählen, von „Wild Wendy" bis „Frigid Farrah". Das männliche Pendant ist Rocky. Ob Roxxxy und Rocky wirklich jemals existiert haben bzw. käuflich erwerbbar waren, ist umstritten. Harmony von Realbotix gehört zu den ambitioniertesten Exemplaren, verfügt sie doch über überzeugende mimische Fähigkeiten und künstliche Intelligenz. Zu erwähnen sind ferner Pepper und NAO, die nicht als Sexroboter konzipiert sind, aber als aktive oder passive Komponenten fungieren können. Der japanische Hersteller von Pepper hat sexuelle Handlungen ausdrücklich untersagt, aus moralischen oder Haftungsgründen. Bei Virtual Reality existieren zahlreiche Anwendungen, etwa für Samsung Gear VR oder Oculus Rift, entweder als reine Kunst- oder als reale Filmwelten.
Als Vorteile von Sexrobotern werden die passgenaue Befriedigung persönlicher Vorlieben, die ständige Verfügbarkeit sowie eine gewisse Entlastung von Sexarbeiterinnen und -arbeitern genannt, als Nachteile die Bedienung von spezifischen Stereotypen, die geringe Bandbreite bei der Befriedigung und die geringe Akzeptanz in der Gesellschaft. Bei der Gestaltung der Roboter und aus Sozialer Robotik und Maschinenethik heraus stellen sich verschiedene Fragen: Soll der Roboter selbst aktiv werden und die Partnerin bzw. den Partner zum Sex bewegen? Soll er sich unter bestimmten Voraussetzungen weigern können, einen Akt durchzu-

führen? Soll er gegenüber Partnerinnen und Partnern betonen, dass er nur eine Maschine ist? Sollte die Umsetzung moralischen Kriterien genügen, etwa ein kindlicher Sexroboter verboten sein? Sollten ganz neuartige Möglichkeiten vorgesehen werden oder Menschen das Vorbild sein? Technik- und Informationsethik fragen nach der Abhängigkeit von Technik im Sexuellen oder der Verantwortung bei Verletzungen und nach der informationellen Selbstbestimmung angesichts auditiver und visueller Schnittstellen. Es muss sich zeigen, ob Sexroboter lediglich eine Nische besetzen oder der Normalfall in Privatwohnungen, Betreuungseinrichtungen und Freudenhäusern werden.

Sexting

Sexting ist das Produzieren und Versenden von digitalen Fotos und Videos mit sexuellen Inhalten, vornehmlich durch Kinder, Jugendliche und junge Erwachsene, die ihren eigenen oder einen anderen nackten Körper (respektive Teile davon) zur Schau stellen wollen. Es kann als Form des Cybersex gelten, wenn man auch mobile Geräte und entsprechende Netze zum Cyberspace zählt. Der Racheporno basiert häufig auf dem Sexting.

Sharing Economy

Der Begriff der Sharing Economy (auch „Shared Economy") meint das systematische Ausleihen von Gegenständen und gegenseitige Bereitstellen von Gegenständen, Räumen und Flächen, insbesondere durch Privatpersonen und Interessengruppen. Der Begriff der Share Economy wird synonym oder – neben der ursprünglichen Definition von Martin Weitzman – in Bezug auf das Teilen von Informationen und Wissen verwendet. Nach der Idee der Ökonomie des Teilens soll man als Nachfrager etwas nicht zum Eigentum machen, sondern vorübergehend benutzen, bewohnen und bewirtschaften. Voraussetzung dafür ist freilich meist das Eigentum eines Anbieters. Im Mittelpunkt steht die Collaborative Consumption, der Gemeinschaftskonsum. Die Güter wechseln den Besitzer, solange sie brauch- bzw. verfügbar sind. Die Instandsetzung ist in der Regel Sache des Eigentümers.

Mit elektronischen Plattformen und sozialen Netzwerken erreicht man einen großen Interessentenkreis, kann kurzfristig agieren und reagieren und eine optimale Nutzung und Auslastung erzielen. Manche Plattformen sind auf Wohnungssharing und Landsharing spezialisiert, andere ermöglichen Varianten wie Book- und Schmucksharing. Auch Tausch- und Schenkbörsen gehören zur kaum noch zu überblickenden Landschaft. Mithilfe von Funktionen sozialer Medien bewertet man Nachfrager und Anbieter und sanktioniert damit Vandalismus und Missbrauch. Die Ökonomie des Teilens wird von der Wirtschaft einerseits kritisch betrachtet, andererseits produktiv genutzt. Carsharing etwa ist in einigen Ländern ausgesprochen beliebt und in der Hand von Genossenschaften und Firmen. Zudem werden private Autos zu öffentlichen Taxis umfunktioniert und über Apps die Fahrer und die Gäste zusammengebracht. Kritisiert wird mit Blick auf die Benutzer, dass überwiegend diejenigen, die Zutritt zur virtuellen Welt haben, auch Zugang zur Sharing Economy erhalten, was mit den Begriffen der Informationsethik einen digitalen Graben bzw. digitale oder informationelle Ungerechtigkeit bedeutet. Mit Blick auf die Anbieter fällt auf, dass diese allein durch ihre Plattformen, ohne eigene Wohnungen, Fahrzeuge, Inhalte etc. zu besitzen, ganze Branchen ins Wanken bringen können. Dieser „Plattformkapitalismus" (Sascha Lobo) kann von Informations- und Wirtschaftsethik thematisiert werden. Positiv ist, dass die Umwelt geschont und der Verbrauch bewusster und sozialer wird. Auftrieb erhält die Sharing Economy in Krisenzeiten; zugleich dürfte sie Ausdruck der Erlebnis- und Spaßgesellschaft sein.

Shitstorm

Ein Shitstorm ist ein Sturm der Entrüstung im virtuellen Raum, in sozialen Medien, in Blogosphären sowie in Kommentarbereichen von Onlinezeitungen und -zeitschriften. Er richtet sich gegen Personen oder Organisationen und kann die Grenze zum Cybermobbing überschreiten. Ebenso kann er in manchen Fällen ein Umdenken und Einlenken nach sich ziehen. Die Cancel Culture, wenn es sie gibt, bedient sich seiner, um Andersdenkende und Unliebsame aus dem Weg zu räumen. Das Gegenteil des Shitstorms ist der Candystorm.

Mit dem Candystorm, der wohl wesentlich seltener auftritt als der Shitstorm, geht eine Welle des Zuspruchs im virtuellen Raum einher, z. B. in sozialen Netzwerken, Microblogs und Blogs sowie Kommentarbereichen von Onlinezeitungen und -zeitschriften. Personen oder Organisationen werden mit Worten des Zuspruchs und Wörtern wie „Flausch" bedacht. Es entstehen unter gewissen Umständen sogenannte Blasen oder Filterblasen (engl. „filter bubbles"), in denen man sich in seiner eigenen Meinung bestärkt fühlen kann.

Shitstorm und Candystorm werden verursacht durch den Moralismus der Informationsgesellschaft und die Wut bzw. die Empathie und Euphorie der Netzbürgerinnen und -bürger. Zuweilen ist der Shitstorm ein probates Mittel des Angriffs und der Gegenwehr, etwa von Aktivisten und speziell Cyberaktivisten. Die Ethik hinterfragt den Moralismus in diesem Zusammenhang. Die Implikationen des Shitstorms für Gesellschaft und Informationsgesellschaft untersucht die Informationsethik, die für die Wirtschaft die Wirtschaftsethik.

Sicherheit

„Sicherheit" ist im Deutschen ein schillernder Begriff. Im Englischen wird zwischen „security" (Sicherheit vor einem Angriff) und „safety" (Sicherheit im Betrieb) unterschieden. IT-Sicherheit (Cybersecurity) kann beide Aspekte umfassen. Datensicherheit meint den Schutz von Daten vor unerwünschter Verfälschung, ungewollter Zerstörung und unzulässiger Verbreitung. Sicherheitsroboter, ob als klassische Serviceroboter oder als soziale Roboter, widmen sich der Sicherheit von Personen und Einrichtungen.

Sicherheitsroboter

Sicherheitsroboter (engl. „security robots") verbreiten sich in den Stadtteilen, in den Einkaufszentren und auf den Firmengeländen, als rollende und fliegende Maschinen. Sie sollen für die Sicherheit der Unternehmen, Besucher und Kunden sorgen. Sie sind autonom bzw. teilautonom oder werden von Menschen oder weiteren Systemen zu Einsatzorten und Problemfällen navigiert. Je nach Zusammenhang werden sie auch als Überwachungsroboter oder Polizeiroboter bezeichnet. Manche von ihnen können mit Hilfe von Kameras und Mikrofonen „sehen" und „hören", einige zudem „riechen", d. h. Gefahrenstoffe und Rauchentwicklung wahrnehmen. Man kann Sicherheitsroboter zu den Servicerobotern zählen.

Serviceroboter sind für Dienstleistungen und Hilfestellungen aller Art zuständig, sie bringen und holen Gegenstände, überwachen die Umgebung ihrer Besitzer oder das Befinden von Patienten und halten ihr Umfeld im gewünschten Zustand. Wenn sie mit Sensoren ausgestattet sind, wenn sie über künstliche Intelligenz und Erinnerungsvermögen verfügen, werden sie nach und nach zu allwissenden Begleitern. Dies ist bei Sicherheitsrobotern durchaus intendiert. Einige Serviceroboter sind als soziale Roboter gestaltet. Manche Sicherheitsroboter sind z. B. humanoid und besitzen natürlichsprachliche Fähigkeiten, mit deren Hilfe sie Rede und Antwort stehen und Informationen übermitteln. Andere dagegen kommen abstrakt bzw. dinglich daher und begnügen sich mit der diskreten Überwachung.

Sicherheitsroboter sind für den Außen- und den Inneneinsatz geeignet; neuere Modelle können mit ihren Rollen und Achsen auch schwieriges Gelände bewältigen. Gebaut und genutzt werden sie u. a. in Kalifornien, vor allem im Silicon Valley. Auch in Dubai wird mit ihnen experimentiert, wie sich überhaupt arabische sowie asiatische Länder interessiert an solchen Technologien zeigen. Diese erwiesen sich als heikel in Gebieten, in denen bereits durch Fußgänger und Fahrradfahrer eine hohe Komplexität und eine gewisse Kollisionstendenz vorhanden sind. Die fliegenden Varianten, also Sicherheitsdrohnen, können den Flugverkehr und Vogelschwärme gefährden, zudem bei einem Absturz Autos treffen und Menschen verletzen oder töten.

Durch Serviceroboter wie Sicherheitsroboter, die sich unter die Menschen mischen, mit ihnen die Wege, Zonen und Plätze teilen, entstehen Herausforderungen in Bezug auf unser leibliches Wohl, unsere körperliche Unversehrtheit und unser Weiterleben, womit moralische und soziale Aspekte angesprochen sind. Sie machen uns unseren Lebensraum streitig, können Stolperfallen und Hindernisse darstellen und benötigen teilweise die gleichen Ressourcen wie wir. Sie vermögen uns zu unterstützen und zu ersetzen. Und sie können uns nebenbei oder gezielt ausspionieren und überwachen. Im vorletzten Problemkreis ist die Wirtschaftsethik einzubeziehen. Eine Frage ist, ob aus dem Umstand, dass Serviceroboter unsere Tätigkeiten übernehmen, nicht nur Risiken resultieren, wie drohende Arbeitslosigkeit, sondern auch Chancen, etwa indem der Betroffene den übermächtigen Brotberuf relativiert und sich an einer anders gelagerten Sinnstiftung probiert. Beim letzten Konfliktbereich ist es naheliegend, die Perspektive der Informationsethik einzunehmen und von ihren Begriffen und Konzepten aus zu denken. Informationelle Autonomie ist die Möglichkeit, selbst auf Informationen zuzugreifen und Daten zur eigenen Person einzusehen und gegebenenfalls anzupassen. Bei Sicherheitsrobotern ist dies besonders wichtig, zumal diese nicht bloß an den Wänden hängen wie Überwachungskameras, sondern uns auch auf Schritt und Tritt folgen können. Insgesamt ist zu erwarten, dass Sicherheitsroboter ebenso wie Pflegeroboter und Transportroboter sowie Desinfektionsroboter eine wichtige Rolle bei Krisen und Katastrophen spielen werden, wo Menschen eingeschränkt handlungs- und leistungsfähig sind. Hier könnten die Chancen die Risiken überwiegen, wobei jederzeit Persönlichkeits- und Menschenrechte einzuhalten sind.

Silicon Valley

Das Silicon Valley ist ein Tal südlich von San Francisco, in dem bedeutende Hightech-, IT- und Internetfirmen ihren Sitz haben. Der englische Begriff „silicon" verweist auf das Silizium, der „silicon chip" auf den Siliziumchip, der in Computern steckt. Menlo Park, Mountain View, Sunnyvale und Palo Alto sind bekannte Städte der Region, die von San Mateo bis nach San José reicht und das Santa Clara Valley mit einschließt. Die berühmte Stanford University hat vom Silicon Valley stark profitiert und beeinflusst es ihrerseits durch Absolventen, Kooperationen und Konferenzen (etwa im Bereich der Künstlichen Intelligenz). Mit dem Geist des Tals werden häufig disruptive Technologien und Plattformkapitalismus verbunden.

Nicht nur im Silicon Valley sind technisch orientierte Einhörner (Startups mit einer Marktbewertung von über einer Milliarde US-Dollar vor Börsengang oder Exit) und etablierte Hightech-, IT- und Internetunternehmen angesiedelt, sondern auch in San Francisco (wie Uber) und in Los Angeles (wie Snap Inc.). Damit ist die ganze Küste von Kalifornien prägend für die Digitalisierung.

Der Boom im Silicon Valley hat dieses mitsamt seinem Umfeld weltweit bekannt gemacht und einigen Unternehmen und Personen großen Wohlstand gebracht. Andere leiden unter den gestiegenen Mieten und dem grundlegenden Umbau der Gegend. Es kommt zu Attacken gegen Busse von Google und Apple, die die Mitarbeiter in San Francisco einsammeln und auf der Interstate 280 unterwegs sind, und – ausgehend von Taxifahrern, die sich bedroht sehen – zu Blockaden gegen Uber-Fahrzeuge.

Simulation

Simulationen sind modellhafte Nachbildungen eines Systems. Sie stellen leistungsfähige Instrumente dar, um Fertigkeiten und spezifische Rollen einzuüben, Entscheidungsprozesse zu analysieren sowie Systemkomplexität und -dynamik zu verstehen. Man kann sie alleine oder im Team durchspielen bzw. anwenden.

Meist werden Simulationen mit Hilfe von Informations- und Kommunikationstechnologien und Anwendungssystemen – in diesem Zusammenhang auch Simulatoren genannt – umgesetzt. Der Benutzer steht in Interaktion mit dem System, das Bedingungen, Situationen, Prozesse und Daten vorgibt und – auf die jeweiligen Eingaben oder Veränderungen hin – anpasst und neu ordnet. Wichtig ist z. B., dass der Benutzer Konsequenzen seines Handelns erkennt und einzuschätzen lernt.

Eine besondere Form der Simulation ist die 3D-Simulation mit Elementen Virtueller Realität. Die Wirklichkeit wird in diesem Fall visuell und dreidimensional simuliert. Der Benutzer kann Objekte manipulieren und sich durch den Raum bewegen.

Singularität

„Singularität" (engl. „singularity") ist ein schillernder Begriff. Die „technologische Singularität" soll nach Catrin Misselhorn den Zeitpunkt bezeichnen, „ab dem Maschinen in der Lage sind, mit Hilfe künstlicher Intelligenz Maschinen zu schaffen, die weit intelligenter sind als der Mensch".

Anhänger des Transhumanismus hoffen, dass der Mensch von diesem Fortschritt profitieren und beispielsweise länger leben kann. Andere glauben, dass eine künstliche Superintelligenz (engl. „superintelligence") nicht mehr kontrolliert werden kann und gefährlich ist.

Den Begriff der Singularität benutzen auch Einrichtungen wie die kalifornische Singularity University. Diese bietet Bildungsprogramme an und propagiert exponentielles Denken. Zeitweise haben sich ihr einige Unternehmen ohne Vorbehalte angedient und die Angebote ihren Mitarbeitern vermittelt.

Smart City

Die Smart City ist die von Informations- und Kommunikationstechnologien und Informationssystemen sowie anderen modernen Technologien durchdrungene und durch diese anscheinend verbesserte Stadt bzw. Agglomeration.

Verkehrsleitsysteme helfen im Zusammenspiel mit modernen Fahrzeugen Staus zu vermeiden, Beleuchtungsanlagen richten sich in ihrem Betrieb nach Tageszeit, Wetterlage und Anwesenheit von Personen, Solaranlagen auf Hausdächern erlauben eine dezentrale Erzeugung und Einspeisung von Strom, auch im Zusammenhang mit Smart Grid.

Befürworter machen geltend, dass die Smart City sicherer und sauberer ist. Gegner wenden ein, dass sie den Angriffen von Hackern ausgesetzt ist und sich eine Abhängigkeit von IT-Systemen und -Anbietern ergibt, mit Blick auf Geräte, Sensoren und Software und deren Betrieb und Wartung.

Smart Clothes

Der Begriff der Smart Clothes zielt auf elektronifizierte bzw. computerisierte Kleidungsstücke. Diese ermöglichen Funktionen aller Art, etwa das Erheben von Daten, die Anzeige von Angaben oder die Bedienung von Geräten. Ein Smartphone, das mit den Kleidungsstücken verbunden wird, kann dabei eine zentrale Rolle spielen, ebenso unterschiedliche Wearables, die wiederum oft mit dem Smartphone zusammengeschlossen sind. Gebraucht man den Begriff der Wearables weit, darf man auch Smart Clothes darunter zählen.

Wie bestimmte Wearables im engeren Sinne, etwa intelligente Armbänder, Smartwatches, Smart Rings und Datenbrillen, können Smart Clothes die Vitalfunktionen des Trägers überprüfen, Daten zu seinen körperlichen Aktivitäten sammeln und seinen Aufenthaltsort bestimmen (Quantified Self). Intelligente (Hand-)Schuhe können dazu dienen, Gefahrenstoffe zu erkennen, eingebaute Kameras, Mikrofone und Sensoren dazu, die Umgebung zu überwachen. Gegenüber den genannten Wearables besteht der Vorteil, dass Smart Clothes keine zusätzlichen Gadgets sind. Dies bedeutet zugleich, dass der Träger evtl. vergisst oder gar nicht weiß, dass er elektronifizierte Komponenten an sich trägt, was ihm zum Nachteil gereichen mag.

In der Informationsethik interessiert, ob durch die (Nicht-)Verfügbarkeit von Optionen aus finanziellen oder anderweitigen Gründen die Informationsgerechtigkeit in Frage gestellt und ob die persönliche oder informationelle Autonomie des Menschen eingeschränkt oder erweitert wird. Quantified Self wird aus Datenschutzsicht hinterfragt, wegen der Personendaten und der Bewegungsprofile. Speziell das Verschwinden des Digitalen im Analogen stellt vor besondere Herausforderungen, vor allem wenn die Träger oder andere Betroffene nicht über die Funktionen aufgeklärt wurden. Smart Clothes können nicht zuletzt ein Mittel für das sogenannte Human Enhancement sein und in diesem Zusammenhang – auch kritisch – diskutiert werden.

Smart Farming

Der Begriff „Smart Farming" bezeichnet den Einsatz von Informations- und Kommunikationstechnologien, Anwendungssystemen und Robotern in der Landwirtschaft. Es geht um die Automatisierung von Abläufen, verbunden u. a. mit der Erhöhung des Ertrags durch bessere Planung und Bewirtschaftung, mit der Verbesserung der Gesundheit der Pflanzen bei gleichzeitiger Reduzierung von chemischen Stoffen und mit der Erhöhung der Sicherheit von Nutz- und Wildtieren. Ein verwandter Ansatz ist Precision Farming (Teilschlagbewirtschaftung).

Smart Grid

Smart Grid ist die Vernetzung und Steuerung von Stromerzeugungsanlagen und -speichern und anderen Betriebsmitteln sowie elektrischen Verbrauchern vor dem Hintergrund zunehmend dezentraler Strukturen und liberalisierter Märkte. Im Deutschen spricht man auch vom intelligenten Stromnetz.
Privathaushalte (Smart Home) und Unternehmen als Kunden legen ihren Stromverbrauch in einem meist automatisierten Verfahren gegenüber Produzenten und Anbietern offen, damit die Elektrizitätsversorgung zeitlich und logistisch optimiert werden kann.
Damit verraten sie mehr als nur mathematische Werte; sie verraten, soweit dies aus dem energetischen Fingerabdruck (im weitesten Sinne verstanden) herauszulesen ist, was sie und wie oft sie es tun, was sie einsetzen und wie sie es betreiben. Aus Sicht des Umweltschutzes ist Smart Grid unter Umständen hilfreich, aus Sicht der Informationsethik und des Datenschutzes in der Regel problematisch.

Smart Home

Der Begriff „Smart Home" zielt auf das informations- und sensortechnisch aufgerüstete, in sich selbst und nach außen vernetzte Zuhause. Verwandte Begriffe sind „Smart Living" und „Intelligent Home". Enge

Beziehungen gibt es im Allgemeinen zum Internet der Dinge und im Speziellen zu Smart Metering, zudem zur Smart City. Angestrebt wird eine Erhöhung der Lebens- und Wohnqualität, der Betriebs- und Einbruchsicherheit und der Energieeffizienz, was sowohl ökonomische als auch ökologische Implikationen hat.

Automatisch gesteuerte Heizungen, Lüftungen, Türen, Fenster, Markisen, Jalousien und Lampen (Gebäude- oder Hausautomation) sowie manuell über mobile Geräte wie Smartphones kontrollier- und manipulierbare Systeme gehören genauso zu Smart Home wie Smart Metering und Smart Grid. Intelligente Kühlschränke und Kaffeemaschinen (Haushaltsgeräteautomation), die selbst eine Verknappung erkennen und selbstständig eine Bestellung auslösen, werden seit Jahren beschworen, haben sich aber kaum durchgesetzt. Waschmaschinen passen Wasserzufuhr und Waschdauer automatisch an, ohne deshalb zwangsläufig mit anderen Systemen vernetzt zu sein.

Das intelligente Haus war bereits in den 1990er-Jahren eine verbreitete Vision. Auch die regelmäßige Umbenennung des Phänomens hat nicht zu den gewünschten Fortschritten geführt. Manche Komponenten sind inzwischen Standard, ohne dass das große Ganze erreicht wurde, außer in Vorzeigeprojekten und Musterhäusern. Nachteilhaft und Thema der Informationsethik sind der Verlust der informationellen Autonomie und die Möglichkeit des Datenmissbrauchs, auch im Kontext von Big Data. Eine feindliche Übernahme von Systemen ist kaum zu verhindern; diese können unter Umständen an- und ausgeschaltet, fehlbetrieben und überhitzt oder verschlissen werden, was wiederum Informations- und Technikethik auf den Plan ruft.

Smart Metering

Smart Metering ist das computergestützte Messen, Ermitteln und Steuern von Energieverbrauch und -zufuhr. Dabei sind Unternehmen und Privathaushalte (Smart Home) gleichermaßen relevant. Smart Meter sind intelligente, vernetzte Zähler für Ressourcen und Energien wie Wasser, Gas oder Strom. Als Stromzähler sind sie Teil des Smart Grid, des intelligenten Stromnetzes. Smart-Metering-Systeme umfassen neben den Zählern zusätzliche Ein- und Ausgabegeräte und Onlineanwendungen. Die anfallenden Daten werden bei einem übergeordneten Ansatz einem Messdienstleister übermittelt. Mit Smart Metering kann der Benutzer genau erkennen, zu welchem Zeitpunkt er welche Menge an welchem Punkt verbraucht. Der Messdienstleister kann, wenn er die Erlaubnis dafür hat, die Daten auswerten und an Energiebetriebe weitergeben, die sie wiederum für die Optimierung des Smart Grid und allgemein für Netz- und Lastmanagement benötigen. Smart Metering ist ein Aspekt von Big Data. Damit werden große Mengen an Daten bezeichnet, die auch aus Haushalten und Energiewirtschaft und konkret von Smart-Metering-Systemen stammen und die mit speziellen Lösungen gespeichert, verarbeitet und ausgewertet werden. Energiemanagement ist die Kombination aller Maßnahmen, die bei einer geforderten Leistung einen minimalen Energieeinsatz sicherstellen. Ein Anliegen ist es, den privaten oder betrieblichen Energieverbrauch und den Verbrauch von Roh-, Hilfs- und Zusatzstoffen zu senken. Das Energiemanagementsystem dient der systematischen Erfassung und Kommunikation der Energieströme und der automatischen Steuerung von Einrichtungen und Apparaten zur Verbesserung der Energieeffizienz. Es kann Smart Metering umfassen und mithilfe eines Smart Grid umgesetzt sein. Grundsätzlich ist unklar, ob bzw. wann Smart Metering wirklich Effektivität und Effizienz erhöht. Da die Verbrauchsmessung mannigfache Rückschlüsse auf Lebensweise, Verhalten und Leistung erlaubt, wird sie in Datenschutz, Informationsethik und Technikethik hinterfragt. Einsparmöglichkeiten und Ressourcenschonung – für die sich auch Wirtschafts- und Umweltethik interessieren – stehen Verlusten bei der informationellen und persönlichen Autonomie und Risiken im Bereich von Big Data gegenüber. Ein weiteres Problem sind Manipulationen durch Hacker. Diese können Messwerte verändern und Energiesysteme und -netze beeinflussen.

Smart Speaker

Ein Smart Speaker oder Smartspeaker ist ein System mit Lautsprechern und Mikrofonen, das mit Hilfe natürlicher Sprache über einen Sprachassistenten bzw. einen virtuellen Assistenten bedient wird. Man hört mit ihm Musik, spielt Podcasts ab oder bestellt Waren. Der Smart Speaker ist i. d. R. über WLAN permanent mit dem Internet verbunden.

Amazons Echo, ein bekannter Smart Speaker, liegt in mehreren Formen mit unterschiedlichen Bezeichnungen vor (Echo, Echo Dot, Echo Plus etc.). Das Kommunikations- und Transaktionsgerät wird mit Sprachbefehlen und einer App gesteuert. Aktiviert wird es über den Mädchennamen Alexa, den Rufnamen der virtuellen Assistentin.

Fragen nach dem Wetter werden von Alexa ebenso beantwortet wie nach Fernsehserien. Zudem kann man sich Witze erzählen, Nachrichten vorlesen, To-do-Listen generieren und an Termine erinnern lassen. Das ausschnittsweise Vorlesen von Wikipedia-Artikeln wird – wie beim Google Assistant – ebenfalls beherrscht. Vor allem aber hilft das System beim Shoppen zu Hause.

Alexas Stimme wird immer menschenähnlicher. Sie kann auch flüstern, mit Hilfe eines für sie geschaffenen SSML-Befehls. Sie regt Bedürfnisse an und befriedigt diese, unter Vermeidung von Medienbrüchen. Sie ist in der Lage, unterschiedliche Personen anhand der Stimme zu erkennen und auseinanderzuhalten. Damit können peinliche Missverständnisse vermieden und individuelle Wünsche erfüllt werden.

Smartphone

Das Smartphone ist ein Kleinstrechner und ein Allzweckgerät für das Lesen (von Zeitungen, Zeitschriften und Büchern), Hören (von Musik und Hörspielen und -büchern), Schauen (von Fotos und Videos), Kommunizieren (Texten und Telefonieren) sowie Gamen. Es dient als Transaktionssystem im Mobile Commerce, als Interaktionsmedium im Mobile Learning und als Assistenzgerät im E-Health. Bei Robotern wird es zum Gehirn und zum Gesicht, in Autos zum Navigationssystem und zum Herzen der Musikanlage. Als Software dominieren neben Betriebssystem und Browser native und nichtnative (auf HTML basierende) Apps. Das Smartphone unterstützt und gefährdet die persönliche und informationelle Autonomie. Einerseits hilft es bei einem verantwortungsbewussten, selbstbestimmten Leben, auch und gerade Jugendlichen und Alten, andererseits drohen Zwang zur ständigen Verfügbarkeit und Hang zur totalen Überwachung.

Smartring

Ein Smartring oder Smart Ring ist ein digitaler Ring, der in der Regel mit einem Smartphone verbunden ist. Er zeigt Zeit und Datum an, überwacht den Schlaf, misst den Puls und zählt die Schritte. Der Smartring gehört wie die Smartwatch und die Datenbrille zu den Wearables. Wie bei der Smartwatch können diverse Sicherheitsrisiken für den Träger ermittelt werden.

Smartwatch

Eine Smartwatch ist eine digitale, dem Namen nach „schlaue" Armbanduhr, die über ein flaches, eckiges oder rundes Display verfügt und ähnlich wie ein modernes Handy bedient und mit diesem verbunden werden kann, etwa über Near Field Communication (NFC) oder Bluetooth. Sie zeigt Zeit und Datum an, misst den Puls, zählt die Schritte und vermittelt Informationen aller Art. So kann man Wetterbericht, Flugdaten und Verkehrsmeldungen oder E-Mails, Nachrichten und Tweets abrufen. Auch Zahlfunktionen sind möglich. Die Smartwatch gehört wie die Datenbrille zu den Wearables, zu den unmittelbar am Leib bzw. am Kopf getragenen Kleinstcomputern.

Das zentrale Aus- bzw. Eingabegerät ist das Display, das meistens als Touchscreen realisiert ist. Eine wichtige Rolle spielt die Audioschnittstelle, etwa für MP3-Player und Sprachassistent. Sensoren erfassen Daten der Umwelt und des Trägers, Aktoren setzen Befehle um und lösen Aktionen aus. Über vorinstallierte und downloadbare Software passt man die Benutzeroberfläche an. Die Smartwatch kann wie eine klassische Uhr (mit analoger oder digitaler Anzeige) oder ein übliches Gadget aussehen. Über Apps sind die Grundfunktionen erweiterbar. Die Datenuhr ist internetfähig und interagiert mit dem Benutzer und mit anderen Geräten und Systemen, in erster Linie dem Smartphone. Damit ist sie Teil des Internets der Dinge und kann aus der Mensch-Maschine- und der Maschine-Maschine-Interaktion heraus beschrieben werden.

Die Smartwatch erlaubt eine diskrete Abfrage von Informationen durch den Träger. Dadurch, dass sie am Handgelenk getragen wird, kann sie besonders effektiv über Vibration kommunizieren. Sie kann zudem den Körper beobachten und dessen Funktionen auswerten. So entstehen Optionen für Gesundheitsvorsorge, Senioren- und Patientenbegleitung sowie den Fitness- und Sportbereich, aber auch Probleme für informationelle Autonomie und Datenschutz. Risiken sind weiter wegen der Omnipräsenz des Geräts (und der Abhängigkeit von diesem) und seiner Überwachungsmöglichkeiten vorhanden. Rechtswissenschaft, Technikethik und Informationsethik erarbeiten Grundlagen von Lösungen. Eine wirtschaftliche Herausforderung ist die Integration in das Mobile Business, wobei der einfache und sichere Austausch zwischen „Cyberchronometer" und Smartphone entscheidend sein wird. Eine technische Herausforderung ist die Akkulaufzeit. Ein Ansatz zur Verbesserung ist die Stromgewinnung durch die Bewegung des Arms.

Social Bot

Social Bots sind Bots, also Softwareroboter bzw. -agenten, die in sozialen Medien (Social Media) vorkommen. Sie liken und retweeten, und sie texten und kommentieren, können also natürlichsprachliche Fähigkeiten haben. Sie können auch als Chatbots fungieren und als solche mit Benutzern synchron kommunizieren. Nach einem weiteren Begriff sind Social Bots auf soziale Aktivitäten ausgerichtete Softwareroboter, also kompetent in Gespräch und Hinwendung.

Social Bots operieren von Accounts in sozialen Medien aus. Sie geben sich als Menschen aus – in diesem Falle handelt es sich um Fake Accounts mit entsprechenden Profilen – oder als Maschinen zu erkennen. Sie analysieren Posts und Tweets und werden dann, etwa wenn sie auf bestimmte Hashtags stoßen, automatisch aktiv. Social Bots werden zur Sichtbarmachung und Verstärkung von Aussagen und Meinungen eingesetzt. Dabei können sie werbenden Charakter besitzen bzw. politische Wirkung entfalten.

Social Bots wurden in mehreren Wahlkämpfen verwendet, etwa in den USA und in Großbritannien. Sie können, zusammen mit anderen Maßnahmen, sowohl Demokratien als auch Diktaturen gefährden. In jedem

Falle vermögen sie ein Instrument der Agitation und Manipulation und – beispielsweise als Münchhausen-Maschinen – eine Quelle für Fake News zu sein.

Die Informationsethik fragt nach den Chancen und Risiken von Social Bots und deren Bedeutung für die Mündigkeit des Netzbürgers sowie die (elektronische) Demokratie, die Maschinenethik nach Regeln, welche die Bots erhalten und einhalten sollen, die Wirtschaftsethik (wie die Politikethik) nach Grenzen im Marketing.

Social Distancing

Mit Social Distancing oder Physical Distancing soll die Ausbreitung von Infektionskrankheiten verhindert oder verlangsamt werden. Man hält untereinander Abstand, berührt möglichst wenig Gegenstände und Lebewesen, die andere berührt haben könnten, und vermeidet den Besuch von Veranstaltungen, Geschäften und (halb-)öffentlichen Einrichtungen wie Schulen, Bibliotheken und Restaurants. So blockiert man die Übertragungswege von Tröpfchen- und Schmierinfektionen. Isolation und Quarantäne sind zu Hause möglich, aber auch in speziell eingerichteten bzw. ausgestatteten Räumen und Gebäuden mit medizinischer Versorgung.

Schon im Mittelalter fand Social Distancing statt, etwa mit Blick auf Pest- und Leprakranke. Während der Influenza-Pandemien zwischen 1918 und 1920 (Spanische Grippe) und in den Jahren 1957 und 1958 (Asiatische Grippe) führten die Behörden u. a. Schulschließungen durch. In der jüngeren Geschichte war COVID-19 mit SARS-CoV-2 Anlass für zahlreiche Maßnahmen (Reisebeschränkungen, Schließungen von Grenzen und Einrichtungen), die enorme gesellschaftliche und wirtschaftliche Folgen hatten. In dieser Zeit etablierte sich der Begriff des Social Distancing auf der ganzen Welt, sofern er nicht schon bekannt war und verwendet wurde. In einigen Ländern unterstützten Serviceroboter das Physical Distancing, wie es auch genannt wurde.

Während mit Social Distancing einerseits Infektionskrankheiten eingedämmt und damit Menschenleben gerettet werden können, entstehen andererseits Probleme wie Einsamkeit, Wegfall von Geselligkeit und Beziehungspflege sowie Minderung der Produktivität. Informations- und

Kommunikationstechnologien und Informationssysteme können hier Lösungen sein. So ist es mit ihnen möglich, private und berufliche Kommunikation und Arbeitsprozesse aufrechtzuerhalten. Soziale Roboter mögen zumindest vorübergehend einen Ersatz für Mitmenschen darstellen. Bereichsethiken wie Medizin-, Wirtschafts- und Informationsethik sowie Roboterethik nehmen sich der Herausforderungen an.

Social Media

Soziale Medien (Social Media) dienen der – häufig profilbasierten – Vernetzung von Benutzern und deren Kommunikation und Kooperation über das Internet. Das Attribut kann im Sinne der menschlichen Gemeinschaft oder eines selbstlosen und gerechten Umgangs verstanden werden. Für manche Betreiber ist das Soziale bloß Mittel zum Zweck (der Datennutzung), und Cybermobbing und -stalking sind gerade in sozialen Netzwerken verbreitet („Antisocial Media"). Unter Betonung des Technischen spricht man auch von Social Software. Das Web 2.0, das Mitmachweb, ist wesentlich durch soziale Medien geprägt.

Mithilfe von sozialen Medien kann man sich austauschen, etwa unter Privatpersonen oder unter Mitarbeitern. Man kommuniziert, man arbeitet und gestaltet zusammen, wobei Text, Bild und Ton verwendet werden. Man kann sich als Unternehmen mit Kunden vernetzen, zum Zweck des Marketings, der Marktforschung, des Kundensupports und -feedbacks oder des Crowdsourcings, oder als Verwaltung mit Bürgern, zum Zweck der Information und der Partizipation. Auch der HR-Bereich profitiert, indem er sich über Bewerber informiert und Mitarbeiter akquiriert.

Social Networks (Facebook, Diaspora), Weblogs, Microblogs (Twitter), Wikis und Foto- und Videoplattformen (Instagram, YouTube, TikTok) werden als typische Vertreter sozialer Medien angesehen. Aber auch Chats und Diskussionsforen, virtuelle Kontakt- und Tauschbörsen (Tinder) und bestimmte Apps zur Kommunikation und Bewertung (WhatsApp) kann man bei einem weiten Begriff dazuzählen. Ferner können Medien wie Mashups und Podcasts in diesem Sinne genutzt werden. Soziale Medien haben eine große Bedeutung für E-Learning, Blended Learning und Wissensmanagement. Sie werden zur E-Collaboration, zum Brainstorming oder im Sinne von Lerntagebüchern genutzt und dienen allgemein dem informellen Lernen. Häufig sind sie in Lernplattformen und Knowledge-Management-Lösungen integriert. Auf Sharing-Economy-Plattformen spielen Funktionen sozialer Medien eine Rolle.

Insbesondere der Gebrauch sozialer Medien im Betrieb und aus dem Betrieb heraus sowie im Namen des Unternehmens bedarf der Regelung. Sogenannte Social-Media-Richtlinien sind eine Mischung aus Vorschlägen und Regeln zum respektvollen und praktikablen Umgang (wie in der Netiquette) und zum moralisch richtigen Handeln (wie in der Netiquette und in Kodizes) sowie aus einschlägigen Gesetzen und Vorschriften bzw. Schlussfolgerungen aus der Rechtsprechung. Im besten Falle werden sie aus der Social-Media-Strategie abgeleitet und sind mit den Kommunikationsleitlinien abgestimmt. Typische Themen sind Eigenverantwortlichkeit, Transparenz, Redlichkeit, Authentizität und die Trennung von privaten und dienstlichen Belangen.

Neben den genannten Problemen existieren weitere Herausforderungen wie Matthäus-Effekt – die Verstärkung von Phänomenen und die Durchsetzung von Angeboten durch die klickende Masse –, Erstellung und Verbreitung von Fake News sowie Sicherstellung von Privatheit und Datenschutz. Unterscheiden muss man zwischen öffentlichem und betrieblichem Bereich. Soziale Medien erweisen sich im offenen Web oftmals als Datenschleudern, im Unternehmen als Kommunikationsmotoren, wobei sie hier wie dort zur Informationsüberflutung beitragen. Es finden immer wieder Wanderungen zwischen den Diensten statt, die die Bedeutung der einen stärken und der anderen schwächen. Die Gesamtbedeutung dürfte sich über lange Zeit erhalten, wobei Augmented Reality, das Internet der Dinge und andere Innovationen die sozialen Medien weiter transformieren werden.

Social-Media-Richtlinien

Social-Media-Richtlinien sind Richtlinien, die sich an die Mitarbeiterinnen und Mitarbeiter eines Unternehmens oder einer Organisation richten, sich auf verschiedene Aspekte der Nutzung von sozialen Medien während der und für die Arbeit beziehen und je nach Art mehr oder weniger verbindlich sind. Sie sind eine Mischung aus Vorschlägen und Regeln zum respektvollen und praktikablen Umgang (wie in der Netiquette) und zum moralisch richtigen Handeln (wie in der Netiquette und in Kodizes) sowie aus einschlägigen Gesetzen und Vorschriften bzw. Ableitungen aus der Rechtsprechung.

Social-Media-Richtlinien schützen sowohl Unternehmen als auch Mitarbeiterinnen und Mitarbeiter und helfen, eine erfolgreiche Kommunikation sicherzustellen. Im besten Falle sind sie aus der Social-Media-Strategie abgeleitet und mit den Kommunikations- und Verhaltensleitlinien abgeglichen. Sie thematisieren die Nutzung von Social Networks, Weblogs, Microblogs, Wikis sowie Foto- bzw. Videoplattformen und regeln u. a. private und berufliche Nutzung, Eigenverantwortlichkeit, Herstellung von Transparenz, Kenntlichmachung von individuellen Meinungsäußerungen, Einhaltung gesetzlicher Bestimmungen, Verbreitung unternehmensrelevanter Informationen, Höflichkeit und Respekt, Sorgfalt und Kontinuität sowie Monitoring und Expertise.

Social-Media-Richtlinien verlangen von Mitarbeiterinnen und Mitarbeitern eine permanente Reflexion ihrer Tätigkeit. Wenn sie zu sehr auf die Interessen des Unternehmens bzw. der Organisation abgestimmt sind, verlangen sie unter Umständen das Unmögliche. Man soll sich einerseits als Person zurücknehmen, andererseits Botschafter für das Unternehmen sein. Erfolg oder Misserfolg einer Aktion entscheiden im Nachhinein über Deutung und Wertung. Wenn in den privaten Gebrauch der sozialen Medien hineingeredet wird, kann die allgemeine Akzeptanz gefährdet sein. Im schlimmsten Falle werden Bürger- und Menschenrechte tangiert. Diese müssen grundsätzlich berücksichtigt und gestärkt werden mit Blick auf den kommerziellen Betrieb von sozialen Medien sowie auf Privatheit und Datenschutz.

Social-Media-Strategie

In der Social-Media-Strategie definiert man Verhaltensweisen und Maßnahmen zur Verwirklichung langfristiger Ziele mithilfe von und in den sozialen Medien (Social Media). Die Nutzung von Social Networks,

Weblogs, Microblogs, Wikis und Foto- und Videoplattformen wird auf die strategische Bedeutung hin untersucht und für das eigene Unternehmen bzw. die eigene Organisation festgelegt. Dabei sind Schnittstellen zu Kunden und Partnern zu berücksichtigen. Die Social-Media-Strategie sollte in Abhängigkeit zur Unternehmensstrategie entstehen. Zunächst werden die Ziele festgeschrieben, die über den Einsatz von sozialen Medien erreicht werden sollen. Dabei ist zu überlegen, ob man z. B. die interne und externe Kommunikation oder das Gewinnen von Erkenntnissen und von Mitarbeitern in den Vordergrund stellt. Dann wird die Zielgruppe bestimmt. Wichtig sind Aussagen zu den Inhalten in den einzelnen Medien, auch zu Umfang, Form und Stil, zu den Ressourcen, zum Wachstum und zum Monitoring. Zur Konkretisierung der strategischen Ziele und zur Spezifizierung der operativen Schritte werden u. a. Social-Media-Richtlinien und -Leitbilder entwickelt; zur Spezifizierung der operativen Schritte bieten sich zudem Aktionspläne und Checklisten an.

Zu den Chancen einer Social-Media-Strategie gehört, dass sie eine Zersplitterung in Gruppen und Interessen verhindert und eine langfristige Nutzung von sozialen Medien zugunsten des Unternehmenserfolgs und von Wettbewerbsvorteilen sichert. Zu den Risiken gehört, dass über Festlegung und Verbreitung die Bedeutung der sozialen Medien überhöht wird, man sich von bestimmten Anbietern abhängig macht und manche Kanäle bevorzugt werden, während andere längst führend sind. Grundsätzlich müssen soziale Medien hinterfragt werden, von Betriebswirtschaftslehre, Rechtswissenschaft sowie Medien- und Informationsethik, in Bezug auf ihren kommerziellen Betrieb, auf Privatheit und Datenschutz. Unternehmen und Organisationen sollten nicht nur die externe, sondern auch die interne, im geschützten Raum stattfindende Kommunikation verändern und stärken.

Solid POD

Der Solid POD („POD" als Abkürzung für „Personal Online Data") ist ein Speicher für persönliche und soziale Daten. Er wird vom Besitzer kontrolliert und von diesem für bestimmte Anwendungen geöffnet.

Er kann auf dem eigenen oder einem fremden Rechner (etwa eines Hosts) liegen. Solid (das Akronym steht für „Social Linked Data") ist das übergeordnete Projekt, das wiederum bestimmte Anwendungen kontrolliert und authentifiziert. Tim Berners-Lee, der Initiator von Solid und des Solid POD, will die informationelle Autonomie stärken und letztlich die Privatsphäre schützen.

Das Internet war von Anfang an als dezentrale Struktur angelegt. Berners-Lee nutzte diese für das World Wide Web (WWW), dessen Inhalte auf zahlreiche Server unterschiedlicher Betreiber verteilt und als Kopien auf die individuellen Computer herunterladbar sein sollten. Durch Social-Media-Plattformen und Cloud-Computing-Dienste wurden zentrale Strukturen errichtet und die persönlichen und sozialen Daten bei wenigen weltweit operierenden Anbietern zusammengeführt. Mit dem Solid-Projekt sollen die dezentralen Mechanismen wiederhergestellt werden. Dabei spielen die von Befugten gepflegten und beaufsichtigten Solid PODs eine wichtige Rolle.

Es gab bereits mehrere Projekte, bei denen die informationelle Autonomie zurückgewonnen werden sollte. Die meisten von ihnen, etwa Social Networks, die als Peer-to-Peer-Systeme angelegt waren, scheiterten an der mangelnden Kompetenz oder am fehlenden Interesse der Benutzer, das selbst durch Datenskandale nicht wiederkehrte. Die Informationsethik beschäftigt sich mit diesem Phänomen und auch mit dem Verlust der Privatsphäre in Zeiten der Digitalisierung. Sie widmet sich zusammen mit der Wirtschaftsethik der Verantwortung der Internet- und IT-Firmen bei der Zentralisierung der Daten und der Monopolisierung der Dienste.

Soziale Roboter

Soziale Roboter sind sensomotorische Maschinen, die für den Umgang mit Menschen oder Tieren geschaffen wurden. Sie können über fünf Dimensionen bestimmt werden, nämlich die Interaktion mit Lebewesen, die Kommunikation mit Lebewesen, die Nähe zu Lebewesen, die Abbildung von (Aspekten von) Lebewesen sowie – im Zentrum – den Nutzen für Lebewesen. Bei einem weiten Begriff können neben Hardwarerobotern auch Softwareroboter wie gewisse Chatbots, Voicebots (Sprachassistenten oder virtuelle Assistenten) und Social Bots dazu zählen, unter Relativierung des Sensomotorischen. Die Disziplin, die soziale Roboter – ob als Spielzeugroboter, als Serviceroboter (Pflegeroboter, Therapieroboter, Sexroboter, Sicherheitsroboter etc.) oder als Industrieroboter in der Art von Kooperations- und Kollaborationsrobotern (Co-Robots bzw. Cobots) – erforscht und hervorbringt, ist die Soziale Robotik.

Die Robotik oder Robotertechnik beschäftigt sich mit dem Entwurf, der Gestaltung, der Steuerung, der Produktion und dem Betrieb von Robotern, ihr Teilgebiet der Sozialen Robotik (engl. „social robotics") mit Wurzeln in den 1940er- und 1950er-Jahren und einem Boom seit ca. 2000 mit (teil-)autonomen Maschinen, die mit Menschen und Tieren interagieren und kommunizieren – hier ist u. a. die Künstliche Intelligenz gefragt – und zuweilen humanoid oder animaloid realisiert und mobil sind. Ein Teilbereich ist die „emotionale Robotik" oder „sozialemotionale Robotik" mit ihrem Fokus auf Emotionen (welche Roboter zeigen und erkennen) und Empathie (welche Roboter zeigen). In diesem Zusammenhang ist die Disziplin des Künstlichen oder Maschinellen Bewusstseins von Bedeutung. Wenn die Maschinen zu moralisch adäquaten Entscheidungen fähig sein sollen, ist die Maschinenethik gefragt. Soziale Roboter zeigen oft Emotionen, ohne solche zu haben. Von den Entwicklern werden positive wie Freude, Begeisterung und Zuneigung bevorzugt. Diese sind in vielen Situationen angemessen, aber nicht in allen. Um z. B. in Notlagen überzeugen zu können oder um den Roboter selbst vielfältiger und lebensechter auszugestalten, kommen negative Gefühle wie Angst, Trauer, Ärger und Wut hinzu. Empathie, also Einfühlungsvermögen, Verständnis und Mitgefühl, kann ebenfalls simuliert werden, wobei es hier wichtig ist, dass die Zustände des menschlichen (oder tierischen) Gegenübers erkannt werden. Eingesetzt werden beim Präsentieren von Emotionen visuelle, auditive und haptische bzw. taktile Mittel. So spielen der Augenausdruck und die Mundbewegung eine große Rolle (Dimension der Abbildung), die Töne, die Stimme und die Sprache (Dimension der Kommunikation) sowie die physische und nichtphysische Aktions- und Reaktionsfähigkeit (Dimension der Interaktion), unter Berücksichtigung von Koexistenz und Kollaboration (Dimension der Nähe).

Soziale Roboter mischen sich unter Menschen und Tiere und gewinnen diese mit wohlvertrauten Verhaltensweisen für sich, ohne ein eigentliches Verhalten in Zeit und Raum, im Spiegel der Mitwelt, erworben zu haben. Aus technischer und funktionaler Sicht sind simulierte Emotionen und simulierte Empathie zur Erreichung des Nutzens für Menschen wichtig, ebenso aus psychologischer, wenn eine Beziehung initiiert und etabliert werden soll. So wäre es merkwürdig, wenn der soziale Roboter, der als Lehrer fungiert, die Schülerin nicht loben, wenn diese fleißig und erfolgreich ist, und wenn er sich an ihre Person und ihre Aktivitäten nicht erinnern würde. Ebenso seltsam wäre es, wenn der soziale Roboter, der als Rezeptionist fungiert, den Gast nicht freundlich und zuvorkommend behandeln und nicht wiedererkennen würde. Aus philosophischer und speziell ethischer Sicht stellen sich freilich auch Fragen zu Täuschung und Betrug sowie zur informationellen Autonomie. Die Informationsethik kann sich ebenso wie die Roboterethik an Antworten versuchen, die Maschinenethik die sozialen Roboter lehren, auf ihr Maschinensein aufmerksam zu machen, mit dem Menschsein zu rechnen und zu enge Bindungen durch Wort und Tat zu stören.

Soziale Robotik

Die Soziale Robotik (alt. Schreibweise „soziale Robotik"; engl. „social robotics") mit ersten Anfängen in den 1940er- und 1950er-Jahren und einer starken Entwicklung im 21. Jahrhundert beschäftigt sich als Teilgebiet der Robotik mit sensomotorischen Maschinen, die für den Umgang mit Menschen oder Tieren geschaffen wurden und z. T. humanoid oder animaloid gestaltet sind. Beispiele finden sich unter den Pflegerobotern, Therapierobotern und Sexrobotern. Auch Unterhaltungs- und Spielzeugroboter sind zuweilen sogenannte soziale Roboter.
Soziale Roboter können über fünf Dimensionen bestimmt werden, nämlich die Interaktion mit Lebewesen, die Kommunikation mit Lebewesen, die Nähe zu Lebewesen, die Abbildung von (Aspekten von) Lebewesen sowie – im Zentrum – den Nutzen für Lebewesen. Bei einem weiten Begriff können neben Hardwarerobotern auch Softwareroboter wie gewisse Chatbots, Voicebots bzw. Voice Assistants (Sprachassistenten oder virtu-

elle Assistenten) und Social Bots dazu zählen, unter Relativierung des Sensomotorischen. Soziale Roboter täuschen oft Empathie und Emotionen vor, was von der emotionalen Robotik (oder sozial-emotionalen Robotik) behandelt wird, die sich wiederum mit dem Gebiet des Maschinellen Bewusstseins auseinandersetzen muss. Wenn die Maschinen zu moralisch adäquaten Entscheidungen fähig sein sollen, ist die Maschinenethik gefragt. Grundsätzlich trägt die Künstliche Intelligenz zu Robotern bei, die natürlichsprachliche Fähigkeiten haben, Entscheidungen treffen und Probleme lösen sollen.

Die Soziale Robotik gewinnt im 21. Jahrhundert mehr und mehr an Bedeutung. Ihre Prototypen werden aber in vielen Fällen nicht weiterentwickelt, und ihre Produkte kommen nicht immer erfolgreich und längerfristig in den Markt. Mit Blick auf das Zeigen von Empathie und Emotionen stellen sich Fragen zu Täuschung und Betrug, mit Blick auf das Erheben und Verbreiten von Daten zu Datenschutz und informationeller Autonomie. Die Informationsethik kann sich ebenso wie die Roboterethik an Antworten versuchen.

Sozialkreditsystem

Das Sozialkreditsystem (engl. „social credit system") ist ein elektronisches Überwachungs-, Erfassungs- und Bewertungssystem zur Harmonisierung des Verhaltens der Bürger, Behörden und Firmen von China mit den moralischen, sozialen, rechtlichen, wirtschaftlichen und politischen Ansprüchen der Kommunistischen Partei (KP). Es findet ein permanentes Rating und Scoring (engl. „citizen score" bzw. „social scoring") mit Blick auf die Lebenssituation, das Sozialverhalten oder Verwaltungs- und Wirtschaftsaktivitäten statt. Dabei werden vernetzte Datenbanken sowie Bild- und Tonsysteme in Verbindung mit Big-Data-Analysen und Methoden der Künstlichen Intelligenz eingesetzt. Bei Identifizierung, Quantifizierung, Qualifizierung und Evaluierung in öffentlichen Bereichen, etwa über Sprach-, Stimm- und Gesichtserkennung, verbunden mit Emotionserkennung, sind Echtzeitverfahren von Bedeutung.

Im Anschluss an die mehrjährige Testphase – die u. a. in Rongcheng stattfand – geht das „moralische und soziale Bonitätssystem" (Kai Strittmatter) laut Plan in den Normalbetrieb über. Das Punktekonto wird je nach Bewertung nach oben oder unten korrigiert. In Rongcheng startete man laut dem Journalisten mit 1000 Punkten, bei über 1050 Punkten galt man als mustergültig, bei weniger als 599 als unehrlich. Es sind einerseits Belohnungen vorgesehen, andererseits Bestrafungen wie Karrierebehinderungen, Reiseverbote, Steuererhöhungen oder Betriebsbeschränkungen. Chinesische Unternehmen wie Huawei, Baidu, Alibaba, Tencent und iFlytek sind nicht nur – neben Bürgern und Behörden – Ziel, sondern auch Teil der Kontrolle. In der Zukunft könnten mobile Roboter eine Rolle spielen, die die Menschen auf Schritt und Tritt verfolgen, sowie Wearables, Brain-Computer-Interfaces und Hirn- und Körperimplantate.

Das Sozialkreditsystem kann als Automatisierung des Totalitarismus gelten. Es führt zu einer völligen Unterwerfung unter die Vorstellungen und Vorgaben von Staat und Gesellschaft. Das nichtkonforme Individuum wird im Extremfall innerhalb der Grenzen der Volksrepublik gefangen gehalten, der konforme Bürger mit einer Freiheit belohnt, die er in erster Linie im Räumlichen und Wirtschaftlichen nutzen wird. Bei Firmen, die dem Scoring und Rating unterzogen werden, kann einerseits Korruption (in der Definition der KP) verhindert, andererseits Innovation behindert werden. Offen ist, was das Sozialkreditsystem für Besucher bedeutet. Die Ethik widmet sich der fragwürdigen Idee einer von oben verordneten und von unten unfreiwillig und unkritisch gestützten Moral von Personen und Einrichtungen, die Wirtschaftsethik der zweifelhaften Rolle der beteiligten Internet- und IT-Firmen. Deren Entwicklungen wendet sich die Informationsethik zu, wobei sie nicht zuletzt nach den Möglichkeiten des Hackens und Manipulierens bzw. Modifizierens fragt.

Spam

„Spam" stand ursprünglich für das Dosenfleisch einer amerikanischen Firma. Seit Jahrzehnten werden darunter auf der ganzen Welt unverlangt zugestellte E-Mails und andere unerwünschte Nachrichten verstanden. Ein guter Teil der elektronischen Post, die Mitarbeiter heute erhalten, ist

Spam. Es handelt sich dabei um (oft verbotene) Werbung, Kettenbriefe oder durch Viren versandte E-Mails. Spam hat hohe Kosten und erheblichen Ärger zur Folge. Server und Netzwerke werden belastet, der interne IT-Support muss intensiviert, die eine oder andere externe Dienstleistung in Anspruch genommen werden, Mitarbeiter verlieren Zeit durch das Öffnen und Lesen der Nachrichten sowie das Vertrauen in das Kommunikationssystem, die Unternehmen Geld durch eingeschränkte Produktivität, und angehängte Viren, Würmer und Trojaner können Schäden verursachen.

Spieleindustrie

Die Spieleindustrie widmet sich der Erfindung, Entwicklung, Produktion und Vermarktung von Spielen aller Art. Seit den 1970er-Jahren gilt das Interesse mehr und mehr Computerspielen (Videospielen), die bereits in den 1940er-Jahren erfunden wurden. In diesem Zusammenhang spricht man auch von der Computerspielindustrie (engl. „video game industry").
Für einige Computerspiele benötigt man Joystick oder Gamepad. Andere laufen auf dem Smartphone oder dem Tablet. Es handelt sich insgesamt um einen riesigen und stetig wachsenden Markt, wobei nicht nur Jungen und Männer, sondern auch Mädchen und Frauen adressiert werden. Dies hat Einfluss auf das Personal der Spielindustrie und das Game-Design.

Spin Doctor

Ein Spin Doctor ist ein spezieller und spezialisierter Kommunikationsberater. Er rückt z. B. den Politiker, der ihn beauftragt hat, in ein positives, den Politiker der Gegenpartei in ein negatives Licht. Sein „Dreh" entspricht einer subtilen Manipulation und wird argwöhnisch von Konkurrenten und Aktivisten beäugt. Im Web wimmelt es von den Schönheitschirurgen der besonderen Art, und auch Beiträge in Wikipedia – nicht nur über Politiker, sondern auch über Unternehmen und Wissenschaftler – werden aufgehübscht und weißgewaschen.

Sprachassistent

Sprachassistenten sind natürlichsprachliche Dialogsysteme, die Anfragen der Benutzer beantworten und Aufgaben für sie erledigen, in privaten und wirtschaftlichen Zusammenhängen. Sie sind auf dem Smartphone ebenso zu finden wie im Smart Speaker, in Robotern ebenso wie in Fahrzeugen. Sie verstehen mit Hilfe von Natural Language Processing (NLP) gesprochene Sprache und wenden sie selbst an, unter Gebrauch eines Text-to-Speech-Systems. Auf die Stimme der Maschine (oder des Benutzers) zielt „Voicebot" (engl. „voicebot") oder „Voice Assistant" (engl. „voice assistant"). „Virtueller Assistent" oder „digitaler Assistent" wird als Überbegriff oder Synonym verwendet. Verwandtschaft besteht zu Chatbots, die oft textuell, manchmal auch auditiv umgesetzt sind und eine längere Tradition haben. Sie und Voicebots sind wiederum wie andere natürlichsprachliche Dialogsysteme Conversational Agents bzw. Conversational User Interfaces.

Siri, Cortana und Google Assistant sind bekannte Anwendungen für das Smartphone. Sie werden teils zur Bedienung von Diensten und Geräten (etwa im Smart Home) und in Autos und Shuttles (zur Steuerung der Bordelektronik) eingesetzt. Auch auf Weltraumflügen – etwa zum Mars – sollen sie zur Verfügung stehen. Mit Google Assistant ist das Projekt Google Duplex verbunden. Man teilt, so die Grundidee, bestimmte Daten mit, und die Maschine reserviert telefonisch einen Tisch oder vereinbart einen Termin beim Frisör. Die meisten Sprachassistenten sind, anders als viele Chatbots, nicht grafisch erweitert, haben also keinen Avatar. Hologramme in der Fiktionalität, beispielsweise in Filmen wie „Blade Runner 2049", dienen als virtuelle Assistenten. In der Realität gibt es erste Produkte wie die Gatebox aus Japan mit einem Manga- oder Animemädchen im Inneren des durchsichtigen Behälters. Hier kann man von einem Sprachassistenten mit holografischer Visualisierung sprechen.

Sprachsynthese hat eine lange Geschichte, die bis ins 18. Jahrhundert zurückreicht, wenn man an die Konstruktionen von Wolfgang von Kempelen denkt. Die computerbasierten synthetischen Stimmen, die aus der Mitte des 20. Jahrhunderts stammen, wurden nach und nach immer natürlicher gestaltet. So brachte man Alexa auf Echo von Amazon das Flüstern bei, und Google Assistant streut „Ähs" und „Mmhs" in seine

Rede ein. Man versucht also einerseits, typisch menschliche Ausdrucksweisen nachzuahmen, andererseits Imperfektion anzuwenden, um Perfektion (im Sinne von Glaubwürdigkeit und Echtheit) zu erreichen. Synthetische Stimmen können mit der Speech Synthesis Markup Language (SSML) manipuliert werden. Sie klingen dank bestimmter Befehle z. B. weicher, jünger und euphorischer oder verstummen für einen definierten Moment. Oder sie flüstern eben – auch in diesem Fall ist SSML im Spiel. Bei Sprachassistenten herrschen weibliche Stimmen vor. Immer mehr Hersteller verzichten darauf, sie als Standardeinstellung vorzugeben, und es können männliche und neutrale Stimmen ausgewählt werden. Letztere werden von manchen Experten als politisch korrekt angesehen, sprechen aber viele Benutzer nicht an (oder werden von diesen als ungewöhnliche männliche oder weibliche Variante interpretiert). Sprachassistenten sind längst Alltag geworden und erleichtern diesen in vielfältiger Weise. Problematisch ist eine Aufnahme, die mit Überwachung verbunden ist, etwa in Bezug auf das Gesprochene oder die Stimme. Mit Hilfe von Stimmerkennung kann der Benutzer identifiziert und analysiert werden. In den meisten Fällen ist bei der Verwendung von Sprachassistenten klar, dass es sich um Artefakte handelt, und man bedient sie wie Werkzeuge. Auch bei Telefonsystemen weiß man in der Regel, womit man spricht. Bei SMS-Flirtdiensten wurden bereits um die Jahrtausendwende Automatismen integriert, ohne dass die Benutzer dies immer wussten. Mit Systemen wie Google Duplex kehren sich die Verhältnisse in gewisser Hinsicht um. Man nimmt einen Anruf entgegen, kommuniziert wie gewohnt, hat aber vielleicht, ohne es zu wissen, einen Computer am Apparat, keinen Menschen. Für Chatbots wurde bereits früh vorgeschlagen, dass diese klarmachen sollen, dass sie keine Menschen sind. Möglich ist es zudem, die Stimme roboterhaft klingen zu lassen, sodass kaum Verwechslungsgefahr besteht. Dies alles sind Themen für Informationsethik, Roboterethik und Maschinenethik und allgemein Roboterphilosophie.

Spracherkennung

Spracherkennung (engl. „speech recognition") ist das Erkennen von Inhalten gesprochener Sprache, u. a. von Schlüsselbegriffen. Dank dieser Technologie kann man Sprachassistenten und soziale Roboter aktivieren, mit Zurufen wie „Hey, Siri" (oder „Ok, Siri"), „Hey, Alexa" oder „Ok, Google". Man kann mit ihnen in natürlicher Sprache ein Gespräch führen (wobei ihre gesprochene Sprache auf Sprachsynthese beruht) und ihnen bestimmte Anweisungen geben, die sie „verstehen" und ausführen. Zudem ist es ihnen möglich, das Gesprochene automatisch zu deuten. Damit drohen Überwachung und Verletzung der Privat- und Intimsphäre sowie der informationellen Autonomie. Dies sind Themen der Informationsethik. Die Stimmerkennung fokussiert auf die Analyse der Stimme.

Sprachsynthese

Das erste computergestützte Sprachsynthesesystem wurde Ende der 1950er-Jahre fertiggestellt, das erste volle Text-to-Speech-System (TTS) 1968. John Larry Kelly, Jr. entwickelte 1961 in den Bell Labs mit einer IBM 704 ein Sprachsynthesesystem und ließ es das Volkslied „Daisy Bell" singen. Stanley Kubrick nahm es für seinen Film „2001: A Space Odyssey" (1968). IBM Watson, ein bekanntes KI-System der Gegenwart, verfügt über eine Text-to-Speech-Engine, mit der der Benutzer seine eigenen Textkreationen in verschiedenen Stimmen und Sprachen sprechen lassen kann, während er die Aussprache und Betonung über die Speech Synthesis Markup Language (SSML) steuert.

In der modernen Sprachsynthese lassen sich zwei unterschiedliche Konzepte unterscheiden: Zum einen kann sich die sogenannte Signalmodellierung auf Sprachaufnahmen (auch Sprachsamples oder Samples genannt) beziehen. Zum anderen kann das Signal durch sogenannte physiologische (artikulatorische) Modellierung vollständig im Computer erzeugt werden. Heute ist das erstgenannte Konzept vorherrschend. Im Laufe der Jahrzehnte wurden Sprachproben von professionellen Sprechern, hauptsächlich Schauspielern und Moderatoren, angefertigt. In letzter Zeit wurden neue Konzepte entwickelt. So kann man etwa Spender seiner eigenen Stimme werden.

Die Sprachsynthese wird heute meist mit einem Text-to-Speech-System realisiert, mit einem Automaten, der interpretiert und vorliest und sich auf Text bezieht, der beispielsweise in einer Datenbank, einer Wissensbasis oder auf einer Website verfügbar ist. Einige Systeme, wie Chatbots und virtuelle Assistenten, können Text autonom generieren, aggregieren und reproduzieren. Aus Sicht der Informationsethik stellen sich verschiedene Fragen. Unter welchen Umständen sollte man eine Stimme verstorbener oder lebender Personen nachbilden dürfen? Soll ein System, das menschenähnlich klingt und das einen anruft, deutlich machen, dass es kein Mensch ist?

SSML

Künstliche Stimmen können mit der Speech Synthesis Markup Language (SSML) modifiziert werden. Dank der Tags, Attribute und Werte ist es möglich, den Hardware- oder Softwareroboter bzw. das Text-to-Speech-System (TTS) zu einer bestimmten Sprechweise und Aussprache zu zwingen und z. B. die Tonhöhe, die Lautstärke, die Betonung und den Ausdruck der Stimme zu verändern.
SSML basiert auf der Extensible Markup Language (XML). Wurzelelement ist der Tag <speak>, der mit </speak> abgeschlossen wird (so wie <html> bzw. </html> bei der Hypertext Markup Language, kurz HTML, der Seitenbeschreibungssprache für das World Wide Web). Es gibt spezifische Elemente, etwa <voice>, die die Kategorie der Sprachsynthese angeben, zudem eben Attribute und die Werte der Attribute.
Über die Werte kann man die synthetische Stimme auch mit einem Ausdruck der Begeisterung oder des Bedauerns respektive einer Spur der Unsicherheit sprechen lassen. Alexa, der virtuellen Assistentin, wurde mithilfe von SSML das Flüstern beigebracht. All diese Möglichkeiten führen dazu, dass die Stimme menschenähnlicher und überzeugender klingt. Wenn noch Pausen, „Ähs" und „Mmhs" hinzukommen sowie Kopf-, Körper- und Hintergrundgeräusche (Rülpsen, Furzen, Hupen), ist die Illusion fast perfekt.

Stimme

Die Stimme wird mit dem Kehlkopf erzeugt, mit den dort befindlichen Stimmlippen, und in den Mund- und Nasenhöhlen sowie im Rachenraum abgewandelt. Auch der Körper eines Menschen spielt für den Klang und das Volumen eine Rolle. Das Akustische, das mit der Stimme um-

gesetzt wird, ist neben dem Optischen und dem Olfaktorischen entscheidend bei der Partnerwahl.
Die Stimme ist ein wichtiges Thema der griechischen Mythologie. Die Bergnymphe Echo etwa trat mit ausgestreckten Armen auf den von ihr geliebten Narziss zu. Der entzog sich jedoch ihrer Umarmung. Die Unglückliche versteckte sich daraufhin in einer Höhle und verschmähte die Nahrung, bis sie nur noch aus Stimme bestand. Wir hören sie, wenn wir selbst unsere Stimme erheben.
Mit Hilfe von Sprachsynthese wird eine künstliche Stimme generiert. Diese wird zum bestimmenden Merkmal von Sprachassistenten und zu einem wichtigen Merkmal von sozialen Robotern. Sie kann weiblich, männlich oder neutral, hoch oder tief sein, jung oder alt klingen. Neben der Stimme ist die Sprechweise von Bedeutung. So kann man durch Imperfektion – wie Unterbrechungen, „Ähs" und „Mmhs" – Perfektion erzeugen, also eine hohe Echtheit und Lebensähnlichkeit.

Stimmerkennung

Stimmerkennung (engl. „voice recognition") ist das automatisierte Erkennen von Merkmalen einer Stimme, um die Identität einer Person (engl. „speaker recognition") oder deren Geschlecht, Gesundheit, Herkunft, Alter und Gefühlslage (engl. „emotion recognition") festzustellen. Sie ist zu unterscheiden von Spracherkennung (engl. „speech recognition"), wo es vor allem um die Inhalte des Gesprochenen geht, etwa in Hinsicht auf das „Verstehen" und Befolgen von Sprachbefehlen.
Bei der Stimmerkennung werden wie bei der Gesichtserkennung biometrische Merkmale analysiert. Es handelt sich um eine Anwendung der Mustererkennung, womit sich die Informatik beschäftigt. Es können u. a. Tonhöhe, Stimmlippenspannung, Atmungsaktivität, Lautstärke, Sprechtempo und Aussprache einbezogen werden. Manches davon ist der Stimme zuzuordnen, anderes der Sprechweise. Die Merkmale der Stimme sind wesentlich für die Sprachsynthese, wo sie künstlich erzeugt werden. Stimmerkennung wird bei Sprachassistenten (Voicebots oder Voice Assistants) verwendet, um Befugte zu authentifizieren und zwischen Benutzern zu differenzieren. Beispielsweise soll in einem Haushalt ver-

mieden werden, dass Unbefugte wie Kinder bestimmte Bestellungen vornehmen oder bestimmte Informationen abfragen. Verbreitet ist sie überdies bei sozialen Robotern, wo sie die gleichen Aufgaben hat, darüber hinaus aber auch häufig der Emotionserkennung dient. Stimmerkennung ist wie Gesichtserkennung (mit der sie zusammen auftreten kann) ein mächtiges Instrument zur Identifizierung von Personen und zur Analyse von Emotionen. Sie kann damit auch Überwachung ermöglichen und Privat- und Intimsphäre sowie die informationelle Autonomie verletzen. Dies sind Themen der Informationsethik. Wenn Serviceroboter und soziale Roboter mit Stimmerkennung in Einkaufszentren eingesetzt werden, um etwas über Kundenwünsche und -befindlichkeiten herauszufinden, ist zusätzlich die Wirtschaftsethik gefragt.

Streaming

Streaming (engl. „stream": „strömen", „fließen") ist das gleichzeitige Übertragen und Wiedergeben von Audio- bzw. Videodaten über ein Netz bzw. ein Gerät (Smartphone, Tablet, Notebook, Fernseher etc.). Bekannt sind Musik- und Podcastdienste wie Spotify und Unternehmen wie Netflix, Disney Plus, Amazon Prime Video und Sky Ticket, die Filme und Serien produzieren und distribuieren. Beim Streaming wird i. d. R. eine Direktverbindung zwischen Client und Server hergestellt.

Suchmaschine

Eine Suchmaschine (Search Engine, engl. „search engine") ist ein Suchdienst in virtuellen Umgebungen, etwa im Internet, in einem Intranet oder auch in einem Anwendungsprogramm. Meist wird eine Stichwortsuche durchgeführt, wobei Begriffe kombiniert oder verkürzt werden können.
Bei Internetsuchmaschinen wie Google oder DuckDuckGo wird der Inhalt der zugrunde liegenden Datenbank durch ein spezielles Programm – Bot, Robot oder Spider genannt und teilweise auf Agententechnologien beruhend – erzeugt, das automatisch Websites und Webseiten absucht,

auswertet, indexiert und verzeichnet. Aufgrund der Explosion des World Wide Web seit der Mitte der 1990er-Jahre ist in den Datenbanken nur ein Teil aller Sites und Seiten verzeichnet.

Die Ergebnisse einer Benutzeranfrage werden in Form von Trefferlisten dargestellt. Das Ranking kann auf verschiedene Art und Weise zustande kommen; die Listenplätze werden aufgrund von Berechnungen und Wertungen, aber auch nach individuellen Absprachen gezielt vergeben. Einige Suchmaschinen blenden in bestimmten Sektionen passend zu Suchanfragen Werbung mit Links ein. Die einzelnen Einträge enthalten z. B. den Titel der Seite, den Link zu ihr und eine Kurzzusammenfassung bzw. Textausschnitte. Diese Informationen stammen von den Metabeschreibungen der HTML-Seite oder von der Webseite selbst.

Eine Suchmaschine ist generell ein mögliches Instrument des Information Retrieval, der Gewinnung von Information. Sie erlaubt eine recht präzise Suche, setzt aber eine begriffliche Vorarbeit bzw. ein gewisses Verständnis des Gegenstands beim Benutzer voraus. Ein anderes Konzept zur Suche in virtuellen Umgebungen ist der Katalog. Bei vielen Suchmaschinen gibt es inzwischen indizierte Begriffe, sodass die Suche nach diesen erfolglos bleibt. Motiviert ist dies durch die Gesetzgebung der jeweiligen Länder bzw. vorauseilenden Gehorsam und Angst vor der Rechtsprechung, oder durch Anforderungen bei der Zielgruppe, wie bei Suchmaschinen für Kinder (Blinde Kuh).

Bei Suchmaschinen können verschiedene Verfahren für das Einschränken und Erweitern von Suchräumen angewandt werden: Boolesche Operatoren wie AND, OR oder NOT; Strings im Sinne von Wortketten; Trunkierung als Abkürzung von Suchbegriffen (mit Wildcards wie * (Asterisk) oder ? (Fragezeichen) – * für beliebig viele, ? für ein Zeichen); Einschränkungen auf Format, Sprache und Region und Begrenzungen des Zeitraums. Man gibt die Befehle direkt in das Suchfeld ein oder benutzt ein entsprechendes Formular für die erweiterte Suche.

Manche Suchmaschinen im Internet verfügen über interessante Zusatzfunktionen. So kann man Websites übersetzen lassen, Seiten auflisten, die auf das eigene Angebot verlinken, oder nach Bildern, Videos und Audiofiles oder Newsgroups suchen. Auch Newsticker und redaktionelle Beiträge, elektronische Marktplätze, E-Mail und Chats gehören zu einigen Diensten. Nicht zuletzt gibt es spezialisierte Suchmaschinen, die etwa nur auf Veranstaltungen oder bestimmte Angebote abzielen, und Metasuchmaschinen, die bei der Suche mehrere Suchmaschinen mit einbeziehen. Auch das Semantic Web erfordert spezielle Fähigkeiten der Suchprogramme.

Synchron

„Synchron" bedeutet „gleichzeitig". Im Zusammenhang mit Kommunikationsplattformen und -medien bedeutet synchrone Kommunikation, dass Beiträge zeitgleich oder annähernd zeitgleich auftreten. Instant Messaging, Chats und Videokonferenzen sind synchrone Medien bzw. Kommunikationswerkzeuge. Teilweise ermöglichen synchrone Medien auch die eigentlich entgegengesetzte asynchrone Kommunikation, wobei dann der eigentliche Verwendungszweck meist nicht erreicht wird. So kann man etwa auf Chats stoßen, in denen alte Nachrichten und gar keine Benutzer vorzufinden sind. Asynchrone Verfahren können sich aber ebenso durch neue Gewohnheiten durchsetzen, wie bei Sprachnachrichten für Instant Messengers.

Systemrelevanz

Systemrelevanz ist die Relevanz (also die Bedeutsamkeit oder Wichtigkeit in einem bestimmten Zusammenhang), die Staaten, Organisationen, Unternehmen, Produkte, Dienstleistungen und Berufsgruppen (respektive ihre Angehörigen) für den Betrieb und die Aufrechterhaltung eines Systems, etwa eines Wirtschafts- oder Gesundheitssystems oder der Grundversorgung, haben.
Kreditinstitute werden häufig als systemrelevant wahrgenommen („too big to fail"), zudem Abfallentsorgung, Einzelhandel, Apotheken und Ärzte sowie Feuerwehr und Polizei, seit dem Ausbruch von COVID-19 auch Pflegeberufe bzw. -kräfte. Die Digitalisierung (mitsamt IT-Infrastrukturen, Telekommunikationsnetzen und Servicerobotern bzw. sozialen Robotern) kann ebenfalls Systemrelevanz aufweisen und in Zukunft bei Krisen und Katastrophen an Bedeutung gewinnen.

Was wirklich systemrelevant ist, wird unterschiedlich gesehen, und die Rettung von Banken mit Steuergeldern kann kritisiert werden. Welches System man wiederum schützen soll, ist ein weiterer Streitpunkt. So können Politik- und Wirtschaftsethik grundsätzlich den Kapitalismus in Frage stellen, Technik- und Informationsethik die Abhängigkeit von der Digitalisierung. Umwelt- und Tierethik untersuchen, inwieweit ein System (und dessen Gefährdung) auf der Ausbeutung der Natur und von Lebewesen beruht.

T: Tablet – Turing-Test

Tablet

Ein Tablet ist ein kleiner, dünner, leichter Computer mit einem Touchscreen. Es verfügt über Kameras, Mikrofon und Lautsprecher sowie eine virtuelle oder mechanische (ergänzbare bzw. abnehmbare, selten auch fest verbaute) Tastatur. Über vorinstallierte Programme und heruntergeladene Apps werden Dienste und Funktionen zur Verfügung gestellt.

Tablets werden wie Smartphones, die geringere Abmessungen haben, zum Betrachten von Fotos und Videos, Informieren und Kommunizieren, Buchen von Hotelzimmern und Mietwagen, Einkaufen und Fotografieren sowie für das Steuern von Geräten eingesetzt. Dabei spielen auditive und visuelle Schnittstellen und spezialisierte Software eine wichtige Rolle.

Manche Tablets eignen sich als Arbeitsgeräte, andere kaum oder nicht, wegen ihrer Größe, ihrer Tastatur und ihres Displays. Sie alle bewähren sich als Medien für den schnellen Konsum, für das Spielen und teils auch das Lernen. Im Haushalt ergänzen sie meist Notebook und Smartphone.

In einigen sozialen Robotern sind Tablets für die Texteingabe und -ausgabe verbaut. Separate Gadgets mit speziellen Apps dienen als Spracheingabe- und Sprachausgabegeräte bzw. Texteingabe- und Textausgabegeräte sowie Steuerungssysteme.
Die Vielzahl der Computer ist, im Zusammenhang mit Produktion und Entsorgung, Gegenstand von Wirtschafts- und Umweltethik. Auch die Informationsethik kommt ins Spiel. Sie kann danach fragen, wie der Hype um die Digitalisierung zu der Vielzahl oder Überzahl beiträgt.

Tagging

Tagging ist eine Form der individuellen Kennzeichnung oder subjektiven Verschlagwortung, die häufig im Web 2.0 bzw. im Kontext von sozialen Medien vorkommt. Die feste Verschlagwortung war Kernkompetenz der Bibliothekarinnen und Bibliothekare, die freie ist Spielwiese der Social-Media-Verantwortlichen, der Influencer und der Benutzer.
Mit den (meist textuellen) Kennzeichnungen (Tags, im Falle von Microblogs, Bildplattformen etc. auch Hashtags) werden z. B. Städte, Landschaften oder Personen auf Fotos identifiziert oder kommentiert und Einträge in einem Weblog einem Thema zugeordnet. Über Verlinkungen oder Suchfunktionen können die getaggten Objekte aufgefunden werden. Tags gehören zu den Metadaten, wobei sie durch ihre Individualität und Subjektivität eine besondere Gruppe bilden.
Tagging kann nicht bloß von Menschen ausgehen, sondern auch von Maschinen. Seine Bedeutung schwächt sich in dem Moment ab, wo Content direkt maschinell analysiert wird, ohne Zuhilfenahme der Sprache. Allerdings braucht es selbst in diesem Fall am Ende ein Gerüst, eine Referenz, ein Hilfsmittel zur Verbindung der multimedialen Objekte mit dem menschlichen Denken.

Technikethik

Die Technikethik bezieht sich auf moralische Fragen des Technik- und Technologieeinsatzes. Es kann um die Technik von Häusern, Fahrzeugen oder Waffen ebenso gehen wie um die Nanotechnologie. Zur Wissenschaftsethik und (in der Informationsgesellschaft) zur Informationsethik besteht ein enges Verhältnis. Zudem muss die Technikethik mit der Wirtschaftsethik kooperieren.

Technikfolgenabschätzung (TA), auch Technologiefolgenabschätzung genannt, ist für Analyse und Bewertung der Wirkungen und Folgen einer Technik bzw. Technologie zuständig und ein wichtiges Instrument bei der Beratung der Politik. In Deutschland gibt es das Büro für Technikfolgen-Abschätzung beim Deutschen Bundestag (TAB), in der Schweiz das Zentrum für Technologiefolgen-Abschätzung TA-SWISS, in Österreich das Institut für Technikfolgen-Abschätzung (ITA). Die Technologiefolgenabschätzung ist interdisziplinär und bedient sich der Methoden verschiedener Wissenschaften, etwa von Soziologie und Philosophie. In moralischen Fragen der Informations- und Wissensgesellschaft trifft sich die TA mit mehreren Bereichsethiken.

Nach Otfried Höffe sind Technikfolgen ein bedeutendes Thema der Ethik geworden, weil die wissenschaftlich geleitete Technik die Arbeits- und Lebenswelt der Menschen immer nachhaltiger beeinflusse, umgestalte und schaffe. Primäre Problemfelder praktischer Verantwortung und ethischer Reflexion seien in diesem Zusammenhang u. a. die Klärung der moralischen Berechtigung der Nutzung von Kernenergie, die Abschätzung von Gefahren und Chancen der Prägung, Bildung, Manipulation und Deformation des Menschen durch die Medien- und Computertechnik sowie „die Sicherung der Humanität der Arbeitswelt im Rahmen der Globalisierung der marktgesellschaftlichen Ökonomie", die durch die neuen Techniken und durch Systeme der Information und Mobilität ermöglicht und vorangetrieben werde. Annemarie Pieper verweist auf die ethischen Voraussetzungen des „Herstellungshandelns" und fordert eine Verantwortungsethik für „jene Personengruppen, die durch die Erzeugung technischer Produkte massiv in unsere Lebensverhältnisse eingreifen".

Mit der Technisierung der unbelebten und belebten Welt, wie sie sich etwa bei den denkenden Dingen, bei cyberphysischen Systemen, in der Gentechnik und im Transhumanismus zeigt, nimmt die Bedeutung der Technikethik zu. Mit der Computerisierung der Technik wächst die Technikethik noch mehr mit der Informationsethik zusammen, die aus der einen Perspektive innerhalb ihrer Grenzen entstanden ist, aus einer anderen Perspektive sich eigenständig entwickelt und längst als Bereichsethik etabliert hat. Hinsichtlich der Entwicklung und Produktion von Technik und Technologien, im E-Business, in der Industrie 4.0 und überhaupt bei ökonomischer Relevanz ist zudem die Wirtschaftsethik gefragt, bei auf Wissenschaft basierenden (also immer mehr) Erkenntnissen und Produkten die Wissenschaftsethik. Jetzt und in Zukunft geht es darum, Pieper folgend, dass das technisch Machbare durch das ethisch Wünschenswerte restringiert wird. Allerdings ist zu beachten, dass auch das technisch Versäumte unwillkommene Auswirkungen haben kann.

Technikfolgenabschätzung

Die Technikfolgenabschätzung oder Technologiefolgenabschätzung zielt auf Analyse und Bewertung der Wirkungen und Folgen einer Technik bzw. Technologie ab und ist trotz der kaum noch zu übersehenden Problemgebiete und der kaum noch zu bewältigenden Komplexität nach wie vor ein wichtiges Instrument, vor allem bei der Beratung der Politik. Das Büro für Technikfolgen-Abschätzung beim Deutschen Bundestag (TAB) wird vom Institut für Technikfolgenabschätzung und Systemanalyse (ITAS) des Karlsruher Instituts für Technologie (KIT) unterhalten, auf der Basis eines Vertrags mit dem Deutschen Bundestag. In der Schweiz berät das Zentrum für Technologiefolgen-Abschätzung TA-SWISS im Rahmen seines gesetzlich verankerten Auftrags die Politik. In Österreich ist das Institut für Technikfolgen-Abschätzung (ITA), eine Einrichtung der Österreichischen Akademie der Wissenschaften, für die „Entscheidungsträger" unterwegs.

Die Technologiefolgenabschätzung ist interdisziplinär und bedient sich der Methoden verschiedener Wissenschaften, u. a. der Soziologie, der Psychologie und der Philosophie. Prognostik und Statistik sind elementar für sie. In moralischen Fragen der Informationsgesellschaft trifft sie sich mit der Informationsethik, in moralischen Fragen des Technikzeitalters mit der Technikethik, in technisch-philosophischen Angelegenheiten mit der Technikphilosophie.

Technikphilosophie

Die Technikphilosophie ist eine Disziplin der Philosophie, die sich mit der Bedeutung der Technik für Mensch, Gesellschaft, Umwelt und Welt befasst (was ist und kann Technik). Sie hat Beziehungen zur Technikethik (was soll Technik) und Informationsethik (was soll Informationstechnik) und zur Technikfolgenabschätzung (welche Folgen hat Technik) sowie zur Roboterphilosophie. Ihre Wurzeln liegen in Werken von Platon und Aristoteles („Nikomachische Ethik").

Telearbeit

Telearbeit (Mobile Work) ist Arbeit, die zu einem guten Teil über Informations- und Kommunikationstechnologien und Softwarewerkzeuge erbracht wird. Angestellte oder Selbstständige operieren von zu Hause aus (Homeoffice) oder zumindest (temporär) räumlich getrennt von der Arbeitsstelle bzw. dem Kunden und Auftraggeber. Nach jahrelanger Zurückhaltung haben einige Unternehmen die Telearbeit aus Kostengründen entdeckt und beschränken sogar die Zahl der Arbeitsplätze, um die Mitarbeiter fernzuhalten und Kosten für Wasser, Strom, Reinigung etc. einzusparen. Das Konzept „Bring Your Own Device (BYOD)" entstammt ebenfalls dieser ökonomischen Logik, mag aber nebenbei an den Bedürfnissen von Arbeitnehmern orientiert sein.

Je nach zeitlichem Umfang der über die Technologien erbrachten Leistungen unterscheidet man Teleheimarbeit und Teilzeittelearbeit (alternierende Telearbeit). Teleheimarbeit ist die von zu Hause für die Institution geleistete Tätigkeit, wobei die beauftragende Zentrale lediglich zu bestimmten Terminen und Gelegenheiten aufgesucht wird. Alternierende Telearbeit wird bestimmt durch den regelmäßigen Wechsel des Arbeitsorts; man arbeitet sowohl daheim bzw. unterwegs als auch im Büro. Ein mögliches Problem ist die soziale Isolation. Diese wird wiederum aufgehoben in Coworking Spaces, die in der Telearbeit ebenfalls in Erscheinung treten können.

Therapieroboter

Therapieroboter (engl. „therapy robots") unterstützen therapeutische Maßnahmen oder wenden selbst, häufig als autonome Maschinen, solche an. Sie sind mit ihrem Aussehen und in ihrer Körperlichkeit wie traditionelle Therapiegeräte präsent, machen aber darüber hinaus selbst Übungen mit Gelähmten, unterhalten Betagte und fordern Demente und Autisten mit Fragen und Spielen heraus. Manche verfügen über mimische, gestische und sprachliche Fähigkeiten und sind in einem bestimmten Umfang denk- und lernfähig (wenn man diese Begriffe auf Computersysteme anwenden will). Als Therapie bezeichnet man Maßnahmen zur Behandlung von Verletzungen, Krankheiten sowie Fehlstellungen und -entwicklungen. Ziele sind die Ermöglichung oder Beschleunigung einer Heilung, die Beseitigung oder Linderung von Symptomen und die (Wieder-)Herstellung der gewöhnlichen bzw. gewünschten physischen oder psychischen Funktion. Es bestehen mehr oder weniger enge Beziehungen zur Pflege, und Therapie- und Pflegeroboter können als Verwandte angesehen werden.

Wohlbekannt auch bei nicht betroffenen Personen und Gruppen ist die Kunstrobbe Paro, die seit Jahren im Einsatz ist. Sie versteht ihren Namen, erinnert sich daran, wie gut oder schlecht sie behandelt und wie oft sie gestreichelt wurde, und drückt ihre Gefühle (die sie in Wirklichkeit natürlich nicht hat) durch Geräusche und Bewegungen aus. Ebenfalls bekannt ist Keepon, ein kleiner, gelber Roboter, der die soziale Interaktion von autistischen Kindern beobachten und verbessern soll und inzwischen auf dem Massenmarkt erhältlich ist. Zora, die auf NAO von Aldebaran bzw. SoftBank basiert und von Zora Robotics (ZoraBots) softwareseitig angepasst wurde, soll junge Menschen zu Fitnessübungen anregen. Automaten, die Patienten massieren und stimulieren, existieren schon seit geraumer Zeit und werden nun durch die Robotik optimiert und im Sinne des Patienten individualisiert. Ein Beispiel ist P-Rob, ein Produkt einer Schweizer Firma, das als automatisierte Lösung für die sogenannte therapeutische Impulsgebung eingesetzt wird.

Vorteile von Therapierobotern sind Einsparmöglichkeiten und Wiederverwendbarkeit, Nachteile eventuell unerwünschte Effekte bei der Therapie und mangelnde Akzeptanz bei Angehörigen. Der Frage der Verantwortung widmen sich Informationsethik und Medizinethik sowie Roboterethik. Der Hersteller (respektive der Entwickler) muss, zusammen mit dem Heim oder der Anstalt bzw. einer sonstigen Einrichtung, die Verantwortung tragen und die Haftung übernehmen. Allerdings kann er sich darauf berufen, dass die Effekte insgesamt positiv sein mögen, und darauf beharren, dass Einzelfälle mit negativen Implikationen in Kauf zu nehmen und zu verkraften seien. Nicht von der Hand zu weisen ist, dass Therapieroboter wie Paro bei mündigen Personen zuweilen Abwehrreflexe hervorrufen. Offenbar wird Patienten etwas vorgegaukelt, wird durch die Äußerlichkeit und die Lernfähigkeit der Maschine suggeriert, dass diese wie ein Mensch oder wie ein Tier reagiert, und unter Ausnutzung der eingeschränkten Fähigkeiten der Probanden werden diese zufrieden- bzw. ruhigstellenden Scheinwelten errichtet und Emotionen erzeugt und gelenkt.

Three Horizons Framework

Das Three Horizons Framework (Drei-Horizonte-Modell) soll dabei helfen, aktuelle und zukünftige Wachstumschancen gleichzeitig zu nutzen. Die vertikale Achse zeigt die Entwicklung des Profits, die horizontale den Verlauf der Zeit. Erweiterung und Verteidigung des Kerngeschäfts (Horizont 1), Aufbau neuer Geschäftsfelder (Horizont 2) und Schaffung tragfähiger Optionen (Horizont 3) stellen die drei von links unten nach rechts oben ansteigenden Stufen dar. Das Modell gilt als Strategie- und Innovationswerkzeug.

Tierfreundliche Maschinen

Tierfreundliche Maschinen sind Maschinen, die etwas tun, das den Tieren mittelbar oder unmittelbar hilft, nämlich ihr Leben schützt und verlängert, sie vor Verletzungen bewahrt oder sie etwas tun lässt, das sie sonst (als gesunde oder kranke Wesen) nicht tun könnten.

Dazu zählen etwa Artefakte der Maschinenethik, nämlich tierfreundliche Saugroboter wie LADYBIRD und Rasenmähroboter wie HAPPY HEDGEHOG, oder Ergänzungen für Windkraftanlagen in der Art des DTBird, die beim Näherkommen von Vogel- oder Fledermausschwärmen für einen Stopp der Rotoren sorgen.

Tier-Maschine-Interaktion

Die Tier-Maschine-Interaktion (engl. „animal-machine interaction") ist die Interaktion von Tier und Maschine über eine entsprechende Schnittstelle. In der im Artikel „Considerations about the Relationship between Animal and Machine Ethics" (2013) erwähnten und in anderen Beiträgen skizzierten Disziplin mit dieser Bezeichnung geht es um Design, Evaluierung und Implementierung von Maschinen, die sich in Interaktion mit Tieren befinden. Ansätze einer spezielleren Tier-Computer-Interaktion (engl. „animal-computer interaction") sind im angelsächsischen Sprachraum bereits vorhanden. Die Mensch-Maschine-Interaktion ist – inklusive der spezielleren Mensch-Computer-Interaktion – eine etablierte Disziplin, die sich mit dem Design, der Evaluation und der Implementierung von Maschinen befasst, die in Interaktion mit Menschen treten.
Die Systeme und Maschinen treffen gewollt oder ungewollt auf Tiere, können zwischen Individuen oder Arten unterscheiden oder können dies nicht, begegnen Haus-, Arbeits-, Nutz-, Wild- oder Labortieren, sie nutzen Tiere aus, verändern sie, verletzen und töten sie oder helfen Tieren und verschonen sie. Sie funktionieren unabhängig von Tieren (außerhalb ihres Körpers) oder werden Teil von ihnen (wandern in Form von Chips und Implantaten in den Körper, etwa im Kontext von Animal Enhancement). Sie können im Haus, im Garten, in städtischen Gebieten, in der Landwirtschaft oder in der freien Natur (sogar in der Wildnis) vorkommen, sind passiv (hauptsächlich beobachtend), aktiv (z. B. auf ein Tier reagierend) oder proaktiv (z. B. kooperierend und kollaborierend mit einem Tier, oder ein Tier erkennend, versorgend und wegbringend).

Tone of Voice

Der Tone of Voice ist der Tonfall eines Unternehmens, die Art und Weise, wie es über etwas schreibt und spricht, u. U. auch, worüber es schreibt und spricht. Er wird in der Unternehmensstrategie, in den Kommunikationsleitlinien, in den Social-Media-Richtlinien, in der Social-Media-Strategie und in den Dokumenten zur Corporate Identity (CI) festgelegt. Insgesamt sollen Einheitlichkeit, Verständlichkeit und Wiedererkennung resultieren. Ein verwandter Begriff in diesem Zusammenhang ist „Corporate Code".

Mit dem Tone of Voice kann ein Unternehmen seine Haltung und seine Überzeugung vermitteln und sein Kerngeschäft bzw. seine Kundschaft sprachlich angemessen reflektieren oder adressieren. Es klingt beispielsweise in seinen Mitteilungen und Materialien gesetzt und sachlich oder jugendlich und mitreißend, unter Verwendung von Akronymen und Slogans. Zu all dem mag eine passende Bildsprache gehören. Auch Chatbots und Sprachassistenten sowie soziale Roboter kann man mit dem Tone of Voice in geeigneter Weise prägen.

Der Tone of Voice kann eine Möglichkeit sein, das Unternehmen und seine Marken zu positionieren. Im besten Falle stellt er eine hohe Wiedererkennbarkeit und damit verbundene Wirkungskraft her. Er kann zugleich eine Begrenzung der Mitarbeitenden beinhalten, die über ihre eigene Tonalität verfügen und diese mit ihrer Individualität verknüpft sehen. Die Wirtschaftsethik, speziell die Unternehmensethik, nimmt sich solcher Konflikte an.

Totalitarismus

Der Totalitarismus entspricht und entsteht aus Arten der Diktatur und zielt auf die Formung des Menschen nach einer bestimmten Ideologie, unter radikalem Ausschluss jedweder Gegenideologie und auch gemäßigter Formen der Wirklichkeitswahrnehmung und -deutung. Charakteristisch sind die Omnipräsenz des Staats und seiner Anhänger und Aufpasser, die uneingeschränkte Verfügung über die Betroffenen und deren völlige Unterwerfung unter ein politisches bzw. wirtschaftliches Ziel.

Eine weitgehende Elektronifizierung und Automatisierung des Privat- und Berufslebens fördert totalitäre Strukturen. Die Arbeit der Geheimdienste und Behörden lässt zunehmend, auch mitten in Europa, an einen Polizeistaat denken, die Gesetzgebung in Bezug auf Datenspeicherung und -auswertung (Vorratsdatenspeicherung) an den Big Brother. Die Omnipräsenz der Informations- und Kommunikationstechnologien ist typisch für Überwachungsstaat und -gesellschaft des 21. Jahrhunderts.
Das Sozialkreditsystem in China kann als Automatisierung des Totalitarismus bezeichnet werden. Es führt, um die obigen Begriffe nochmals aufzunehmen, zu einer völligen Unterwerfung unter die Vorstellungen und Vorgaben von Staat und Gesellschaft, indem es eine totale Überwachung von oben und von unten flächendeckend und lückenlos ein- und durchsetzt – dies lässt sich zumindest aus den Verlautbarungen und Testphasen ableiten. Informationelle Notwehr ist naheliegend, wird aber vermutlich auf brutale Abwehr durch die Partei stoßen.

Transhumanismus

Der Transhumanismus ist eine Bewegung, die die selbstbestimmte Weiterentwicklung des Menschen mithilfe wissenschaftlicher und technischer Mittel propagiert. Er sieht sich damit in der Tradition des Humanismus – der ihn auch, den Verlust des Menschlichen und den Vorrang des Technischen beklagend, vehement kritisiert – und der Aufklärung.
Eine Möglichkeit ist der Umbau zum Cyborg. Sich etablierende Technologien sind Gehirn-Computer-Kopplung und Gehirnimplantate. Zu den konzeptionellen Technologien ist die „whole brain emulation" (engl.) (auch engl. „mind uploading") zu zählen, eine Vision der Transhumanisten um Ray Kurzweil, sowie der Exocortex, ein künstliches externes Informationsverarbeitungssystem.

Transparenz

Transparenz ist die Nachvollziehbarkeit von Prozessen und die Durchschaubarkeit von Strukturen. Im politischen, medialen und ökonomischen Bereich beinhaltet sie die Offenlegung von Interessen und

Abhängigkeiten und die Offenheit der Kommunikation zwischen Akteuren und Betroffenen. Die Verfügbarkeit von Informationen in einem und über einen Markt ist entscheidend für die Markttransparenz. Informationstransparenz (im Sinne der Informationsfreiheit) bedeutet etwa die Möglichkeit der Einsicht in Dokumente und Akten, vor allem mit Blick auf die Verwaltungstransparenz. Von Internet- und insgesamt IT-Unternehmen wird, auch aus der Informationsethik heraus, Transparenz in Bezug auf die Bereitstellung und Funktionsweise von Diensten und die Nutzung von Daten gefordert.

Transportroboter

Transportroboter (engl. „transport robots") befördern Gegenstände aller Art, wie Pakete, Einkäufe und Laborproben, von einem Akteur (oft der Anbieter oder Vermittler) zum anderen (oft der Kunde) oder begleiten und entlasten Fußgänger und Fahrradfahrer. Sie sind autonom oder teilautonom oder werden von Menschen oder weiteren Maschinen von Ort zu Ort navigiert. Sie haben ein Fassungsvermögen von 5 bis 20 Litern. Je nach Zusammenhang werden sie auch als Lieferroboter oder als Paketroboter bezeichnet. Man kann Transportroboter zu den Servicerobotern zählen. Allerdings ist es ebenso möglich, sie als Industrieroboter zu sehen, wenn sie in der Fabrik tätig sind, unterwegs mit Komponenten auf vorbestimmten Spuren. Manche Geräte bilden Aspekte von Lebewesen ab, etwa mit animierten Augen und Mündern oder mit Tönen, und haben daher eine Nähe zu sozialen Robotern.

Serviceroboter sind für Dienstleistungen und Hilfestellungen aller Art zuständig, sie bringen und holen Gegenstände, überwachen die Umgebung ihrer Besitzer oder das Befinden von Patienten und halten ihr Umfeld im gewünschten Zustand. Wenn sie mit Sensoren ausgestattet sind, wenn sie über künstliche Intelligenz und Erinnerungsvermögen verfügen, werden sie nach und nach zu allwissenden Begleitern. Sie wissen, was ihr Eigentümer oder Gegenüber tut und sagt oder was die Passanten in der Umgebung umtreibt, und melden es womöglich an ihre Betreiber oder an Geräte und Computer aller Art. Einige Serviceroboter sind als soziale Roboter gestaltet. Dies trifft sogar für manche Transportroboter zu, die z. B. auf einem integrierten Display animierte Augen zeigen.

Über Jahre erprobt wurden kleine Transportroboter, die für den Außeneinsatz vorgesehen waren, etwa für die Paketzustellung. Sie erwiesen sich als heikel in Städten, in denen bereits durch Fußgänger und Fahrradfahrer sowie Autos und Busse eine hohe Komplexität und eine gewisse Stolper- und Kollisionstendenz vorhanden sind, und mussten streckenweise manuell gesteuert werden. Alternativ oder zusätzlich können Transportdrohnen verwendet werden. In Räumen und Gebäuden werden teils größere Modelle eingesetzt, bei denen weniger eine Stolper-, sondern mehr eine Kollisionsgefahr besteht. Manche generieren beim erstmaligen Befahren der Räume und Gänge ein 3D-Modell, das von Anwendern einfach modifiziert und konkretisiert werden kann. So kann man Punkt-zu-Punkt-Verbindungen vorgeben. Solche Transportroboter eignen sich u. a. für Dienste in Pflegeheimen, Krankenhäusern und Hotels.

Durch Serviceroboter wie Transportroboter, die sich unter die Menschen mischen, mit ihnen die Wege, Zonen und Plätze teilen, entstehen Herausforderungen in Bezug auf unser leibliches Wohl, unsere körperliche Unversehrtheit und unser Weiterleben, womit moralische und soziale Aspekte angesprochen sind. Sie machen uns unseren Lebensraum streitig, können Stolperfallen und Hindernisse darstellen und benötigen teilweise die gleichen Ressourcen wie wir. Sie vermögen uns zu unterstützen und zu ersetzen. Und sie können uns ausspionieren und überwachen. Im vorletzten Problemkreis ist die Wirtschaftsethik einzubeziehen. Eine Frage ist, ob aus dem Umstand, dass Serviceroboter unsere Tätigkeiten übernehmen, nicht nur Risiken resultieren, wie drohende Arbeitslosigkeit, sondern auch Chancen, etwa indem der Betroffene den übermächtigen Brotberuf relativiert und sich an einer andersgelagerten Sinnstiftung probiert. Beim letzten Konfliktbereich ist es naheliegend, die Perspektive der Informationsethik einzunehmen und von ihren Begriffen und Konzepten aus zu denken. Informationelle Autonomie ist die Möglichkeit, selbst auf Informationen zuzugreifen und Daten zur eigenen Person einzusehen und gegebenenfalls anzupassen. Insgesamt ist zu erwarten, dass Transportroboter ebenso wie Pflegeroboter und Sicherheitsroboter sowie Desinfektionsroboter eine wichtige Rolle bei Krisen und Katastrophen spielen werden, wo Menschen eingeschränkt handlungs- und leistungsfähig sind. Hier könnten die Chancen die Risiken überwiegen, wobei jederzeit Persönlichkeits- und Menschenrechte einzuhalten wären.

Troll

Ein Troll ist in der Informationsgesellschaft ein Benutzer, der durch seine Äußerungen in virtuellen Räumen lediglich provozieren, nicht aber partizipieren bzw. inhaltlich beitragen will. Oft handelt er aus der Anonymität heraus und betreibt Fake-Accounts. Das Trollen (oder Flaming) ist ein Massenphänomen im Internet und Bestandteil von Cybermobbing und -stalking. „Do not feed the troll(s)" (DNFTT) oder „Don't feed the troll(s)" ist die Aufforderung, sich nicht auf die Provokationen einzulassen und das Phänomen dadurch einzudämmen.

Turing-Test

Beim Turing-Test ist ein menschlicher Fragesteller mit einer Maschine und einem Menschen in einem anderen Raum oder hinter einem Vorhang verbunden. Wenn er durch seine Fragen nicht herausfinden kann, wer die Maschine ist, hat diese den Test bestanden und scheinbar ein Denkvermögen vorzuweisen, das dem menschlichen vergleichbar ist, oder zumindest ein solches erfolgreich imitiert.
Der Logiker, Mathematiker und Informatiker Alan M. Turing hat die fiktive Konstellation in seinem Artikel „Computing Machinery and Intelligence" (1950) vorgestellt. Er ging aus von dem bekannten Imitationsspiel (engl. „imitation game"), bei dem man das Geschlecht zweier unbekannter Kommunikationspartner, Mann und Frau, ohne Sicht- und Hörkontakt herausfinden muss.
Der Turing-Test ist für die Maschinenethik von Relevanz, insofern bei teilautonomen und autonomen Systemen das Denkvermögen der Moralfähigkeit vorausgeht und die Moral der Maschinen als Simulation oder Imitation gedeutet werden kann.

U: Ubiquitous Computing – Utopie

Ubiquitous Computing

Ubiquitous Computing ist die Allgegenwärtigkeit der Informationsverarbeitung. Informations- und Kommunikationstechnologien werden in beliebige Gegenstände integriert. Die so entstandenen „denkenden Dinge" können ihre Umwelt erfassen, sich austauschen oder Kontakt zu einem zentralen Rechner aufnehmen. Ein verwandter Begriff ist Pervasive Computing.

Überkonsum

Beim Überkonsum (engl. „overconsumption") werden so viele natürliche Ressourcen verbraucht, dass das Ökosystem überlastet und in seiner Nachhaltigkeit beeinträchtigt ist. Die Umweltzerstörung nimmt zu, der Klimawandel beschleunigt sich, die natürlichen Ressourcen werden weniger oder verschwinden. Konsum, der Verzehr oder Verbrauch von Gütern, führt unter bestimmten Voraussetzungen (auf starkes Wachstum ausgerichtete Wirtschaftsordnung, Überproduktion, Wohlstand, Überbevölkerung) fast unausweichlich zur Konsumgesellschaft und zu einem

Überkonsum innerhalb eines regionalen oder überregionalen Systems. Der Begriff wurde 2020 einer breiten Öffentlichkeit bekannt, als Greta Thunberg (Fridays for Future) ihn mit Blick auf den Black Friday benutzte.

Ressourcen sind Bestände und Mittel, die bestimmten Zielen und Zwecken dienen, wie der Erstellung und Bereitstellung von Produkten und Dienstleistungen. In der Wirtschaft gehören immaterielle und materielle Güter wie Betriebsmittel, Geld, Energie, Rohstoffe und Menschen dazu. Natürliche Ressourcen entstammen der Natur. Beim Überkonsum werden sie in einem Übermaß benötigt. Nachwachsende Rohstoffe und erneuerbare Ressourcen sind ein Lösungsansatz, verfolgt z. B. von der Forst- und Landwirtschaft, können aber im Falle von Monokulturen und Massentierhaltung ebenfalls das Ökosystem stören und zerstören. Der Welt- oder Erdüberlastungstag (Earth Overshoot Day) ist das Datum, zu dem die Menschheit die natürlichen Ressourcen eines Jahres erschöpft hat. 2021 war dies der 29. Juli.

Die Technikethik untersucht die Verantwortung der Technik, die die Ressourcenverwendung und -verschwendung im Zusammenhang mit dem Überkonsum vorantreibt, die Informationsethik die Veränderung (im Gebrauch) der Ressourcen und die Herstellung und Nutzung von Apps und Gadgets im Kontext der Digitalisierung, etwa in Bezug auf den Stromverbrauch und die Lebenszeit von Smartphone und Tablet sowie den Einsatz von Gamification zur Bindung, die Wirtschaftsethik das Verhältnis zwischen Konsum und Überkonsum, und zwar auf Mikro-, Meso- und Makroebene. Auf der Mesoebene ist die Frage, in welcher Weise das Unternehmen den Überkonsum nährt (Unternehmensethik), auf der Makroebene, in welcher Form das Gesellschafts- und Wirtschaftssystem dazu beiträgt (Ordnungsethik). Auf der Mikroebene bringt sich u. a. die Konsumentenethik ein (Konsument als direkter Verursacher des Überkonsums).

Überwachung

Unter den Begriff der Überwachung fällt die zielgerichtete Beobachtung von Zuständen, Objekten und Personen ebenso wie die Erhebung von Daten in Bezug auf Personen und Situationen. Überwachung findet auf der Straße statt, in Gebäuden und Verkehrsmitteln, im Intra- und Internet, über Kameras und Mikrofone, über Tracking- und Monitoringsoftware, über Bild- und Gesichtserkennung.

Wenn der Staat generell und systematisch seine Bürger observiert, wird er zum Überwachungsstaat und zum Big Brother à la George Orwell („1984"), wodurch er dem Totalitarismus verfällt. Wenn man andere ausspioniert, in sozialen Netzwerken oder mithilfe von Überwachungssoftware, ist man ein aktives Mitglied der Überwachungsgesellschaft, was an Aldous Huxleys „Brave New World" denken lässt. Unternehmen und Einrichtungen können soziale Roboter zur Überwachung missbrauchen. Überwachung im Sinne von Monitoring kann auch ein selbstständiges Leben unterstützen, wenn man als Alter oder Kranker mit Hilfe von Pflegerobotern, medizinischen Assistenzgeräten bzw. geeigneten Wearables und im Kontext von Quantified Self weiter zu Hause wohnen kann. Die Informationsethik fokussiert in diesem Kontext auf elektronische Überwachung und widmet sich u. a. der informationellen und persönlichen Autonomie; zudem stellt sie den Überwachungsimperativ in Frage.

Umweltethik

Die Umweltethik bezieht sich auf moralische Fragen beim Umgang mit der belebten und unbelebten Umwelt des Menschen. Im engeren Sinne verstanden, beschäftigt sie sich in moralischer Hinsicht mit dem Verhalten – sowohl von Personen als auch von Unternehmen – gegenüber natürlichen Dingen und dem Verbrauch von natürlichen Ressourcen. Im weiteren Sinne umfasst sie auch Tierethik und (sofern man eine solche zulassen will) Pflanzenethik.

Zu den zentralen Fragen der Umweltethik gehört, welche Dinge bzw. Lebewesen einen Wert oder Rechte im moralischen Sinne haben. Üblicherweise gesteht man Tieren durchaus Rechte zu, im Gegensatz zu Pflanzen, Bergen und Seen. Ob diese einen Eigenwert haben, ist umstritten, und man hält sie meist lediglich mit Blick auf den Menschen für schützenswert. Einen solchen Anthropozentrismus kritisierend, bezieht der Physiozentrismus auch Pflanzen (Biozentrismus) oder Berge und Seen ein (Holismus), mit der Gefahr, esoterisch zu wirken. Mit dem Schutz von Arten und Ökosystemen beschäftigen sich Tier- und Pflanzenethik sowie Umweltethik im engeren Sinne.

Die Umweltethik hat Verbindungen mit Umwelt- und Naturschutz. Sie versteht sich als ökologische Ethik und setzt sich in ihrer normativen Ausprägung für den Erhalt von Tieren und Pflanzen bzw. deren Arten und eine Schonung von Ressourcen ein. Wenn sie Unternehmen thematisiert, ist zusätzlich die Wirtschaftsethik gefragt. Wenn sie nicht nur Menschen und Betriebe als moralische Subjekte begreift, die auf die Umwelt einwirken und sie verändern, sondern auch Maschinen, muss sie sich mit der Maschinenethik verständigen, wenn sie nicht nur die natürliche Umwelt meint, sondern auch Artefakte wie Fahrzeuge und Roboter, mit Technik- bzw. Roboterethik. Bei der Gentechnik sind je nach Ausprägung verschiedene Bereichsethiken relevant.

Uncanny Valley

Der Effekt des Uncanny Valley (engl. „uncanny valley": „unheimliches Tal") wurde vom japanischen Robotiker Masahiro Mori im Jahre 1979 beschrieben. Ob er existiert, ist umstritten – es gibt in der Praxis aber durchaus Anhaltspunkte dafür, und man scheint ihn beim Lächeln der humanoiden Roboterfrau Sophia von Hanson Robotics aus Hongkong ebenso zu bemerken wie beim Gespräch zwischen Hiroshi Ishiguro und seinem Geminoid. Es stimmt jeweils etwas nicht, ja etwas verunsichert uns, wobei der berühmte japanische Robotiker dies mit Blick auf seine Kreaturen wohl bestreiten würde.
Martina Mara und Markus Appel beschreiben, wie sich Masahiro Mori dem Phänomen genähert hat: „Er skizzierte eine Kurve, die den von ihm angenommenen Zusammenhang zwischen der Menschenähnlichkeit künstlich erschaffener Figuren und der emotionalen Reaktion des Publikums reflektiert." Diese Kurve steigt in der Dimension der Vertrautheit stetig an, fällt rapide ab und steigt dann ebenso rapide wieder an. Solange man sich im Spektrum einer generell niedrigen Menschenähnlichkeit befinde, so führen die Autoren aus, habe man noch kein Problem. „Ein Roboter mit angedeutetem Kopf- und Rumpfbereich – Typus R2-D2 etwa – führt zu positiverer Resonanz als ein industrieller Schwenkarm." Dasselbe könnte man freilich für den zwar karikaturenhaften, aber durchaus menschenähnlichen Pepper sagen.

„Dieser Effekt verkehrt sich allerdings ins Gegenteil, sobald wir ein Level sehr hoher Menschenähnlichkeit erreichen. Hier, sagt Mori, sinkt unsere Akzeptanz im Sturzflug." Die Figur landet im Tal und kommt kaum mehr heraus. Erst wenn sie einen „durch bravouröse Menschengleichheit vollends täuschen würde, könnte sie das Tal überspringen und damit wiederum hohe Akzeptanzwerte erreichen". Bei Avataren besteht heute schon Hoffnung, bei Androiden noch nicht. Im Film kann bereits bewundert werden, was sein könnte, wenn man an Serien wie „Real Humans" und „Better Than Us" denkt. Bis dahin ist in der Realität noch ein weiter Weg.

Uniform Resource Locator

Der Uniform Resource Locator (URL) ist die Adresse eines Internetangebots. Er erscheint in der Adressleiste des Browsers bzw. muss dort eingegeben werden. Der vordere Teil – z. B. „http://" – enthält die Protokollspezifikation (heute meist „https://"). „www" bedeutet, dass es sich um ein Angebot im World Wide Web handelt. Man spricht auch von „host name". Es folgt ein Teil der Adresse, der beispielsweise den Namen einer Einrichtung bzw. einer Person oder kurz und treffend den Zweck des Angebots angibt; dieser Teil heißt „second level domain" oder „domain name". Die Kennung am Ende des URL („top level domain") gibt an, wo sich die Einrichtung befindet bzw. die Website gehostet wird oder welcher Art das Angebot ist. Beispiele für Endungen sind .at, .ch und .de als Länderkennungen oder .com, .org, .edu und .info als funktionale bzw. die Organisationsform betreffende Endungen. Hinter einem URL steht übrigens stets eine numerische Internet-Protocol-Adresse eines Rechners, kurz IP-Adresse genannt.

Uniform Resource Name

Der Uniform Resource Name (URN) ist, wie die Deutsche Nationalbibliothek auf ihrer Website schreibt, ein Persistent Identifier (PI), mit dem Onlineressourcen „im Gegensatz zu URLs unabhängig vom Ort der

Speicherung eindeutig und beständig identifiziert werden können". Mit der URN werde die Langzeitverfügbarkeit von Onlineressourcen gesichert. Die Deutsche Nationalbibliothek verwaltet den Namensraum „urn:nbn:de".

Unternehmensethik

Die Unternehmensethik ist ein Teilbereich der Wirtschaftsethik und ein Hauptgebiet der Institutionenethik. Sie widmet sich moralischen Problemen, die sich innerhalb von oder durch Unternehmen ergeben, und fragt nach der Verantwortung, die diese gegenüber Mitarbeitern, Kunden und Umwelt tragen. Sind IT-Unternehmen bzw. Benutzer betroffen, bestehen Überschneidungen mit der Informationsethik.

Utopie

Eine Utopie beschreibt eine politische, wirtschaftliche, technische oder religiöse Entwicklung bzw. Ordnung, die von der gegebenen Wirklichkeit weit entfernt sein kann. Die Figuren und Handlungen werden oft, nach den Bedeutungen der griechischen Bestandteile des Worts („ou": „nicht"; „tópos": „Ort"), in einem zeitlichen und räumlichen Nirgendwo angesiedelt. „Utopia" ist der Titel eines 1516 erschienenen Buchs des Humanisten Thomas Morus, in dem ein idealer republikanischer Staat entworfen wird. Eine Utopie von Ray Kurzweil im Kontext des Transhumanismus beinhaltet das Transferieren des Bewusstseins in digitale Speicher. Die Frage, ob es sich dabei um eine negative (Dystopie) oder positive Utopie (Eutopie) handelt, kann unterschiedlich beantwortet werden. Auch das bedingungslose Grundeigentum, eine Alternative zum bedingungslosen Grundeinkommen, kann man als Utopie bezeichnen.

Urheberrecht

Das Urheberrecht ist die Gesamtheit der Gesetze und Bestimmungen, die ein individuelles geistiges Werk aus Wissenschaft, Literatur oder Kunst vor unbefugtem Zugriff bewahren sollen. Der Forscher, Autor oder Künstler genießt mit der Erstellung eines Textes oder Bildes das subjektive Urheberrecht, das seine geistigen und persönlichen Interessen schützt und ihm ausschließliche Verwertungsrechte gibt. Er kann anderen Nutzungsrechte einräumen, z. B. einem Verlag das Vervielfältigungs- und Verbreitungsrecht für ein Buch.
In Deutschland existiert das „Gesetz über Urheberrecht und verwandte Schutzrechte (Urheberrechtsgesetz)", in der Schweiz das „Bundesgesetz über das Urheberrecht und verwandte Schutzrechte (Urheberrechtsgesetz, URG)", in Österreich das „Bundesgesetz über das Urheberrecht an Werken der Literatur und der Kunst und über verwandte Schutzrechte (Urheberrechtsgesetz)". Das angelsächsische Copyright unterstreicht eher den Nutzen für die (am Werk interessierte) Gesellschaft als für das (das Werk schaffende) Individuum.
In der Informationsgesellschaft und im Internet gilt das Urheberrecht in gleicher Weise, wobei international gesehen Varianten auftreten; im Zuge eines regen elektronischen Publizierens und der Leichtigkeit, Werke zu kopieren und weiterzuverbreiten, wird es aber in vielen Fällen verletzt. Betroffen sind Bücher, Artikel, Musikstücke und insgesamt alle Werke, die digitalisiert werden können.

V: Verantwortung – VUCA

Verantwortung

Verantwortung kann nach Otfried Höffe eingeteilt werden in Primärverantwortung (die man trägt), Sekundärverantwortung (zu der man gezogen wird) und Tertiärverantwortung (zu der man gezogen wird und die mit einer Sanktionierung verbunden ist). Mit der Primär- und Sekundärverantwortung wird der Mensch als Subjekt der Moral sichtbar, mit der Tertiärverantwortung auch als Subjekt (und Objekt) von Recht und Ordnung. Voraussetzung ist die Primärverantwortung, die lediglich (mündigen, urteilsfähigen) Personen zukommt. Eine Wiedergutmachung ist in der Informationsgesellschaft besonders schwierig, etwa wenn sich Falschbehauptungen im virtuellen Raum verbreitet und verselbstständigt haben; dieses Problem wird in der Informationsethik behandelt.

Verlässlichkeit

Verlässlichkeit ist etwas, was sich nicht allein auf Menschen bezieht. Auch Software, technische Systeme wie Anwendungs- und Informationssysteme sowie Materialien können diesbezüglich beobachtet und überprüft werden. Es geht darum, dass Versprechungen (im wörtlichen und übertragenen Sinne) eingehalten und Erwartungen erfüllt werden, und zwar über einen gewissen Zeitraum hinweg. Jemand oder etwas ist also verlässlich, und jemand oder etwas wird als verlässlich wahrgenommen. Eng mit dem Begriff der Verlässlichkeit ist der der Zuverlässigkeit verbunden, zudem der der Vertrauenswürdigkeit, und auch „Gründlichkeit", „Sicherheit" und „Sorgfalt" sind nicht weit.

Bei sozialen Robotern ist Verlässlichkeit genauso bedeutsam wie bei anderen technischen Systemen – dort kommt hinzu, dass in besonderer Weise Versprechen gegeben und Erwartungen geweckt werden. Dies hängt mit ihren fünf Dimensionen zusammen und überhaupt mit der Grundidee, dass sie ein Teil im sozialen Gefüge sind. Dass es bedeutsam ist, bedeutet freilich nicht, dass nicht ebenso soziale Roboter denkbar sind, die nicht durch Verlässlichkeit auffallen. Zu Forschungszwecken könnten diese durchaus wichtig sein – oder in der Praxis, um Menschen blindes Vertrauen in die Technik zu nehmen.

Verlag

Ein Verlag vervielfältigt und verbreitet Werke aller Art, etwa der Literatur, der Musik, der Kunst oder der Wissenschaft. Er kann ein Lektorat oder Korrektorat anbieten und vermitteln. Er arbeitet mit weiteren Dienstleistern wie Druckereien und Händlern zusammen. Für den Vertragsnehmer ist es wichtig, dass der Verlag einen guten Namen hat und Vertrieb und Werbung in sachgerechter und erfolgreicher Weise verantwortet. Von einem Selbstverlag spricht man, wenn der Autor, Künstler oder Wissenschaftler ein Werk selbst verlegt.

Viele Verlage für Belletristik und sogar Wissenschaft waren anfangs zögerlich in Bezug auf E-Books. Diese gehören inzwischen in der Regel zum Sortiment und ergänzen oder ersetzen im PDF- oder EPUB-Format zusammen mit Smartphone, Notebook oder Reader das gedruckte Buch. Selbstverlage boomen, auch durch Books-on-Demand-Dienste und die Möglichkeit, über Amazon Kindle und andere Plattformen zu veröffentlichen. Vorübergehende Trends wie Handyliteratur wurden verzögert wahrgenommen, dann aber im eigenen wirtschaftlichen Interesse ausgenutzt.

Große Wissenschaftsverlage lassen Artikel und Bücher häufig in Indien oder anderen Billiglohnländern produzieren, im Zuge von Outsourcing bzw. Offshoring (insbesondere Farshoring). Dabei findet eine Aufbereitung im XML-Format statt, sodass eine Einspeisung in ganz unterschiedliche Kanäle möglich ist. Bei der Produktion entstehen mannigfache Probleme. So werden Vereinheitlichungen von Titeln im Literaturverzeichnis durchgeführt, die nicht in allen Sprachen passen, oder die automatische Rechtschreibprüfung wird ohne entsprechende Sprachkompetenz angewandt. Herausgeber und Autoren müssen notgedrungen immer mehr die Arbeit der Verlage übernehmen.

Die Wirtschaftsethik untersucht die Monopolisierung in der Verlagslandschaft in moralischer Hinsicht und in der Unternehmensethik die Verantwortung von Verlagen gegenüber Autoren und Lesern. In der Medienethik interessiert man sich für die Beziehung zwischen Verlagen und Medien, etwa mit Blick auf Unabhängigkeit und Ausgewogenheit. Die Wissenschaftsethik kommt ins Spiel bei Wissenschaftsverlagen. Eine Frage ist, ob die Verlage die Wissenschaftsfreiheit beachten, indem sie sich offen für Forschung aller Art zeigen und in Vertragswerken und Autorenrichtlinien den Gestaltungsraum der Autoren achten, und ob sie wissenschaftlichen Ansprüchen genügen, etwa indem sie Peer-Review-Prozesse fördern und einführen.

Verschlüsselung

Mit Hilfe von Verschlüsselung will man Informationen schützen, verbergen oder geheim übermitteln. Man wendet vor allem kryptografische Verfahren an. Verschlüsselung ist im E-Mail-Verkehr von Bedeutung, ebenso bei Cloud Computing, wo sie auf Benutzerseite vorgenommen werden sollte, also bevor sich die Daten auf den Weg zu den Servern machen. Die digitale Signatur ist ein asymmetrisches Kryptosystem. Es braucht einen öffentlichen und einen privaten Schlüssel.

Vertrauen

Vertrauen (engl. „trust") wird als moralische und als soziale Kategorie aufgefasst. Es dient nach Rainer Kuhlen der Kompensation von Unsicherheit beim Umgang mit sozialen und technischen Systemen. Nach Niklas Luhmann kann man durch persönliches Vertrauen oder das Vertrauen in gesellschaftliche Systeme den Bereich der rationalen Handlungen erweitern, etwa indem man sich auf höhere Risiken einlässt. Dass man zu Servicerobotern und sozialen Robotern Vertrauen hat, ist ein Anliegen bestimmter Bereiche der Robotik. Ihre Vertrauenswürdigkeit hängt nicht zuletzt von ihrer Gestaltung ab, ihrer Mimik und Gestik und insgesamt ihrer Fähigkeit, Emotionen auszudrücken oder andere Rückmeldungen zu geben. Das Uncanny Valley ist ein Problem in diesem Zusammenhang.

Ob man das Vertrauen gegenüber künstlicher Intelligenz oder sozialen Robotern systematisch aufbauen soll, darf man hinterfragen – es gibt sogar gute Gründe dafür, ein Misstrauen zu entwickeln und mit einem systematischen Zweifel an philosophische Traditionen anzuschließen. Auf jeden Fall muss das menschliche Vertrauen durch den maschinellen Betrieb (mitsamt dem informationellen Gehalt) gerechtfertigt sein.

Vertrauenswürdigkeit

Vertrauenswürdigkeit (engl. „trustworthiness") wird von KI-Systemen wie von Robotern gefordert. Der Begriff wird – wie „Explainable AI" und „Responsible AI" – vielfach im Marketing von Staaten und Verbünden wie der EU, technologieorientierten Unternehmen bzw. Unternehmensberatungen sowie wissenschaftsfördernden Stiftungen verwendet, die sich, ihre Produkte, ihr Consulting und ihr Funding ins rechte Licht rücken wollen.

Vertrauenswürdigkeit kann von manchen Robotern schon im Prinzip nicht hergestellt werden, etwa im Falle von bestimmten Kampfrobotern, die den Gegner in die Irre führen sollen. Auch bei Pflege- und Therapierobotern kann sie in manchen Fällen höchstens eingeschränkt vorhanden sein. Zudem ist Vertrauenswürdigkeit ein Stück weit von Vertrauensseligkeit abhängig. Ein eher taugliches Konzept ist das der Verlässlichkeit, das wiederum mit Vertrauenswürdigkeit und Sicherheit verbunden werden kann.

Videokonferenz

Eine Videokonferenz schließt Teilnehmer mithilfe von Informations- und Kommunikationstechnologien, die das synchrone Übertragen von Video und meist auch Audio erlauben, zusammen. Angestrebt wird z. B. das gemeinsame Lernen und Arbeiten.
Der Videokonferenzraum erlaubt das Sitzen und Sprechen einer Gruppe an einem Ort. Bild und Ton werden in einen anderen Raum dieser Art übertragen, wo wiederum eine Person oder eine Gruppe anwesend ist. Der Eindruck bei der Durchführung ist ähnlich wie der bei einer normalen Konferenz.
Für eine internetbasierte Videokonferenz benötigt man neben einer Webcam oder einer vergleichbaren Digitalkamera Mikrofon, Lautsprecher oder Kopfhörer sowie einen leistungsstarken Netzzugang. Oft sind Videokonferenzen Teil von integrierten Anwendungen, etwa komplexen Videokonferenzsystemen, Virtuellen Klassenzimmern oder Instant Messengers.

4D-Drucker

4D-Drucker berücksichtigen, anders als 3D-Drucker, eine vierte Dimension, nämlich die Zeit. So bewegen oder verformen sich bestimmte Erzeugnisse beim Kontakt mit Wasser, Wärme oder Schall.

Virales Marketing

Virales Marketing ist eine Form von Marketing, bei der sich textuelle oder visuelle Inhalte, die oft nicht als Werbung wahrgenommen werden, in viraler Weise verbreiten, also schnell und unaufhaltsam wie ein Virus.

Es kann der Manipulation dienen, unterhaltend, faszinierend, schockierend sein. Beispiele sind Filme mit unterschwelligen Botschaften, die weitergeschickt und eingebunden werden, und produkt- und markenbezogene Bilder, die über soziale Medien gestreut werden.

Virtualität

Der Begriff der Virtualität ist ebenso vieldeutig wie unklar. Oft ist damit einfach gemeint, dass etwas auf einer elektronischen Basis stattfindet. In diesem Sinne stellen Informations- und Kommunikationstechnologien und Informationssysteme – vom einfachen Chat bis hin zu komplexen 3D-Welten – virtuelle Räume bereit.

Virtualität wird zudem so verstanden, dass etwas unwirklich, ja nicht vorhanden bzw. ein bloßes Abbild der Realität ist. Bei der Umsetzung einer solchen Virtualität kann auf elektronische Medien zurückgegriffen werden, wie im Falle der Virtuellen Realität (VR).

Virtualität kann weiter eine Organisationsform bezeichnen, die auf dem Flüchtigen, Vorübergehenden oder dem Verzicht einer organisatorischen und räumlichen Einheit beruht. In diesem Sinne spricht man von virtuellen Unternehmen. Elektronische Hilfsmittel können, müssen aber nicht zur Bildung dieser Netzwerke beitragen.

Virtuelle Realität

Virtuelle Realität (Virtual Reality, VR) ist ein Arbeits- und Forschungsgebiet zur computergenerierten Wirklichkeit mit 3D-Bild und in vielen Fällen auch Ton – bzw. die computergenerierte Wirklichkeit selbst, die über Großbildleinwände, in speziellen Räumen (Cave Automatic Virtual Environment, kurz CAVE) oder über ein Head-Mounted-Display (Video- bzw. VR-Brille) übertragen wird. Bei Mixed Reality wird entweder Realität erweitert (Augmented Reality), wobei man für die Darstellung und Wahrnehmung eine AR-Brille (oft Datenbrille genannt) benötigt, oder aber Virtualität, im Sinne der Kopplung mit der Realität. Bei einem weiten Begriff kann sie auch VR inkludieren.

Meist gibt es in VR Formen der Interaktion, und sei es nur im Sinne der körperlichen Bewegung durch die virtuelle Welt. Zur Interaktion mit Objekten werden neben der Video- oder VR-Brille spezielle Eingabegeräte gebraucht, etwa 3D-Maus und Datenhandschuh. Virtuelle Realität spielt eine Rolle bei der Aus- und Weiterbildung (Benutzung von Flug- oder Operationssimulatoren), bei der Informationsvermittlung (Aufklärung in Bezug auf Massentierhaltung oder Bauvorhaben) und in der Unterhaltung (Erkundung von und Erprobung in Abenteuer- und Fantasywelten, Fortbewegung mit Rennauto und Achterbahn, Stimulation über Pornografie). Die Immersion, die Erfahrung des Eintauchens in die virtuelle Realität, kann bereichernd und verstörend sein. Während ihrer Dauer wird die normale Wirklichkeit je nach Grad mehr oder weniger zurückgedrängt, und es kann schwierig und aufwendig sein, in diese zurückzukehren und sich wieder in dieser zurechtzufinden, was Thema von Technik- und Informationsethik sein mag. Manchen Benutzern wird schwindlig, insbesondere wenn künstliche und tatsächliche Bewegung bzw. Beschleunigung voneinander abweichen. Die wirtschaftliche Bedeutung von Virtual Reality und Mixed Reality ist hoch, wenn man an die unterschiedlichen Anwendungsgebiete und -systeme (nicht nur Hard-, sondern auch Software) und das Engagement von Anbietern und Benutzern denkt.

Virtuelle Universität

Virtuelle Universitäten sind Hochschulen bzw. Zusammenschlüsse von akademischen Aus- und Weiterbildungseinrichtungen, die ihren Lehrbetrieb teilweise oder ganz computer- und vor allem internetbasiert abwickeln. Sie sind nicht nur für normale Studiengänge interessant, sondern auch für die wissenschaftliche Weiterbildung.

Virtueller Assistent

Ein virtueller Assistent ist ein natürlichsprachliches Dialogsystem, das Anfragen der Benutzer beantwortet und Aufgaben für sie erledigt, in privaten und wirtschaftlichen Zusammenhängen. Er ist auf dem Smartphone ebenso zu finden wie in Unterhaltungsgeräten und in Fahrzeugen. Ein typischer Vertreter ist der Sprachassistent (Voicebot oder Voice Assistant). Der Chatbot kann ebenfalls als virtueller Assistent oder als enger Verwandter aufgefasst werden.

Siri, Cortana und Google Assistant sind bekannte Anwendungen für das Smartphone. Sie werden teils zur Bedienung von Diensten und Geräten (etwa im Smart Home) und in Autos und Shuttles eingesetzt. Hologramme in der Fiktionalität, beispielsweise in Filmen wie „Blade Runner 2049", dienen ebenfalls als virtuelle Assistenten. In der Realität gibt es Produkte wie die Gatebox aus Japan, in der ein Manga- oder Animemädchen „wohnt".

In den meisten Fällen ist bei der Verwendung von virtuellen Assistenten klar, dass es sich um Artefakte handelt, und man bedient sie wie Werkzeuge. Für Chatbots wurde bereits früh vorgeschlagen, dass diese klarmachen sollen, dass sie keine Menschen sind. Möglich ist es bei Sprachassistenten, die Stimme roboterhaft klingen zu lassen, sodass kaum Verwechslungsgefahr besteht. Dies sind Themen für Informationsethik, Roboterethik und Maschinenethik und allgemein Roboterphilosophie.

Vorratsdatenspeicherung

Vorratsdatenspeicherung ist die vorsorglich und angeblich fürsorglich erfolgende Speicherung personenbezogener Daten durch oder im Auftrag von Behörden. Es geht u. a. um Verbindungsdaten im Rahmen der Telekommunikation. Kritiker fürchten, dass Bürger und Bürgerinnen unter Generalverdacht gestellt, persönliche Daten missbraucht und informationelle Autonomie und Privatsphäre beschädigt werden.

Voting

Votings sind Abstimmungsmöglichkeiten in virtuellen Umgebungen, vor allem im Sinne von Onlineumfragen, oder in realen Umgebungen, in Präsenzlehre und -unterricht. Jeder Teilnehmer gibt seine Stimme ab oder

beantwortet Fragen; das Ergebnis wird in aller Regel umgehend angezeigt, in (Prozent-)Zahlen oder in Form eines anschaulichen Diagramms.
(Remote) E-Voting (oder I-Voting) ist die Stimmabgabe bzw. Wahl über das Internet. Befürworter weisen auf die Vorzüge der höheren Geschwindigkeit und die räumliche Ungebundenheit bei der Durchführung sowie die bessere Nachverfolgbarkeit hin, Gegner auf die Möglichkeiten des Hackens und der Manipulation.

VPN

Über VPN (Virtual Private Network) greift man über ein Netzwerk (z. B. über einen privaten oder öffentlichen Hotspot) auf ein anderes, etwa ein betriebliches, zu. Die Verbindung ist relativ sicher, und es können alle Dienste – beispielsweise der Hochschule oder des Unternehmens – genutzt werden, wie Zugänge zu Fachdatenbanken und Datenlaufwerke. In totalitären Staaten sind VPN-Verbindungen wichtig, damit die Bürgerinnen und Bürger an Informationen herankommen (etwa auf Websites, die gesperrt sind), weswegen sie freilich bekämpft und verboten werden, und im offenen WLAN, etwa in einem Café, damit niemand die persönlichen Daten einsehen kann.

VUCA

VUCA ist ein Akronym, das sich auf „volatility" („Volatilität"), „uncertainty" („Unsicherheit"), „complexity" („Komplexität") und „ambiguity" („Mehrdeutigkeit") bezieht. Damit werden vermeintliche Merkmale der modernen Welt erfasst.
VUCA wurde in den 1990er-Jahren zur Standardbeschreibung der modernen Umgebung, in die US-Armee tätig ist. Später wurde der Begriff von Unternehmen und Hochschulen übernommen. Diese sehen die Phänomene, auf die das Akronym anspielt, oft in einem Zusammenhang mit der Digitalisierung und suchen nach Strategien und Konzepten, um sich in der veränderten Umwelt zu behaupten.

Nach Ansicht einiger Führungskräfte und Unternehmensberatungen ist die Antwort auf VUCA wiederum VUCA, wobei dieses Mal die Buchstaben für „vision" („Vision"), „understanding" („Verstehen"), „clarity" („Klarheit") und „agility" („Agilität") stehen. Damit wird der negativen Sichtweise eine positive gegenübergestellt, wobei beide durch ihre Schablonenhaftigkeit und Vereinfachung auffallen.

W – X – Y – Z: Wearables – Zoom-Fatigue

Wearables

Wearables sind Computertechnologien, die man am Körper oder am Kopf trägt. Sie sind eine Konkretisierung des Ubiquitous Computing, der Allgegenwart der Datenverarbeitung, und ein Teil des Internets der Dinge. Man spricht auch von Wearable Technology und vom Wearable Computer. Sinn und Zweck ist meist die Unterstützung einer Tätigkeit in der realen Welt, etwa durch (Zusatz-)Informationen, Auswertungen und Anweisungen. Wearable Computing ist das entsprechende Gebiet, mit dem sich die gleichnamige Disziplin der Informatik zusammen mit der Mensch-Maschine-Interaktion befasst. Elektrotechnik, Designtheorie und Künstliche Intelligenz (KI) spielen ebenfalls eine Rolle. Wesentlich für Wearables sind eine hochentwickelte Sensorik, eine permanente Verarbeitung von Daten und ein akuter Support des Benutzers.

Beispiele für Technologien sind intelligente Armbänder, spezielle Kleidungsstücke mit Zusatzfunktionen, Smartrings, Smartwatches und Datenbrillen. Einige davon sind im Kontext des „Quantified Self" zu sehen. Dieser Begriff steht für Self-Tracking-Lösungen, vor allem im sportlichen und medizinischen Bereich, und eine damit verbundene Bewegung. Es werden Daten des Körpers zusammen mit anderen Daten

(Zeit, Raum etc.) erfasst, analysiert und dokumentiert sowie teilweise – etwa über Streaming und über Erfahrungsberichte – mit anderen geteilt. Manche Werkzeuge beherrschen Augmented Reality. Hierbei handelt es sich um eine mithilfe von Computern erweiterte und gebildete Wirklichkeit. Grundlage sind Abbilder der Außenwelt, die über Smartphones und Datenbrillen angezeigt und in die Texte und Bilder eingeblendet werden. Anwendungsfelder sind Produktion und Logistik genauso wie polizeiliche und militärische Operationen.

Wearables können ein Mittel für das sogenannte Human Enhancement sein. Dieses dient der Erweiterung der menschlichen Möglichkeiten und der Verbesserung menschlicher Leistungsfähigkeit, letztlich also – aus Sicht der Betroffenen und Anhänger – der Optimierung des Menschen. Man unterscheidet die körperliche und die geistige Dimension. Wearables werden, wie deutlich wurde, in der Regel nicht im, sondern am Körper (und am Kopf und im Gesicht) getragen. Relevant ist demnach zuvörderst die geistige Erweiterung, für die Smartphones mit passenden Apps und die genannten Smartwatches und Datenbrillen relevant sind. Im Transhumanismus werden Wearables eher skeptisch gesehen, da von dieser idealistischen oder ideologischen Strömung der radikale Umbau des Menschen gefordert wird.

In der Informationsethik interessiert, ob durch die (Nicht-)Verfügbarkeit von Optionen die Informationsgerechtigkeit in Frage gestellt und ob die Autonomie des Menschen (auch seine informationelle) eingeschränkt oder erweitert wird. Quantified Self wird aus Datenschutzsicht kritisiert, wegen der Personendaten und der Bewegungsprofile, Augmented Reality mit Blick auf den Persönlichkeitsschutz und das Recht am eigenen Bild. Human Enhancement ist in Informationsethik und Wirtschaftsethik ein Thema. Es fragt sich beispielsweise, ob man Arbeitnehmer dazu zwingen darf, bestimmte Wearables zu verwenden. Für die Medizinethik ist von Belang, ob grundsätzlich das körperliche und geistige Wohl tangiert wird.

Web 2.0

„Web 2.0", ein ebenso beliebter wie unscharfer Begriff, steht für interaktive und kollaborative Anwendungen des World Wide Web. Inhalte werden nicht mehr allein „von oben", von Kommunikationsabteilungen,

Medien und Verlagen, verbreitet, sondern auch „von unten", insbesondere durch private Benutzer (User-generated Content). Dies geschieht über eigene Homepages und Websites, vor allem aber über soziale Medien, etwa Wikis, Weblogs, Foto- und Videoplattformen sowie soziale Netzwerke. Manche der Dienste waren bereits in der Mitte der 1990er-Jahre oder noch früher bekannt; eine massenhafte Verbreitung fand ab ca. 2004 statt.

Web 3.0

Das Web 3.0, auch Semantic Web genannt, nutzt Konzepte zur semantischen Erweiterung und Erschließung des World Wide Web zur Verbesserung und Vereinfachung der Mensch-Maschine-Interaktion und der Datenverarbeitung. Das W3C-Konsortium verwendet den Begriff „Web of Data" („Web der Daten"), auch in Abgrenzung zum „Web of Documents" („Web der Dokumente"). Einerseits ergänzt man Texte und Bilder mit Metaangaben, andererseits bringt man Technologien bei, digitale Inhalte in bestimmter Art und Weise zu kategorisieren und zu interpretieren. Eine bekannte Anwendung ist die Bildersuche bei Google.

Web3

Jürgen Geuter führt in einem Artikel zur Idee des Web3 aus, dass die bestehenden Backend-Infrastrukturen aus Datenbanken, Protokollen und Standards ersetzt werden sollen durch Systeme, die auf der Blockchain basieren. Alles, was passiere, werde in unveränderlichen Transaktionen gespeichert. „Diese radikale Umgestaltung des Internets, wie wir es kennen, soll Werte wie Dezentralität und Zensurresistenz zurückbringen und damit eine neue, bessere Ära des Internets bringen." Genau dies bezweifelt der Autor allerdings. Es gehe letztlich „um die komplette Finanzialisierung des Internets": „Alles von Websites über Domain-Namen bis hin zu Accounts und Identitäten soll im Rahmen eines Goldrauschs in handelbares Eigentum verwandelt werden." Für zentrale Ideen des modernen Internets wie die Etablierung von Commons habe „die Web3 Crowd" nur Spott übrig: „Have fun staying poor."

Weblog

Weblogs (kurz „Blogs") sind mehr oder weniger persönliche Log- bzw. Tagebücher in webbasierten Umgebungen. Die Blogger verlinken auf Ressourcen, Websites und andere Weblogs und beschreiben und kommentieren diese für potenziell viele Benutzer, die die Referenzen, Beschreibungen und Kommentare ihrerseits kommentieren. Es entstehen „logs of the web" (engl.), wie bei den ersten Linksammlungen von Tim Berners-Lee in der ersten Hälfte der 1990er (der Begriff „Weblog" kam dann um 1997 auf). Längst reflektieren die Autoren auch sich selbst, ihre Umwelt und die Welt, und viele Weblogs werden zum bloßen „log in the web" (engl.). Der Gegenstand wird von der subjektiven Meinung der Blogger bestimmt und von ihnen kontrolliert. Es werden regelmäßig neue Beiträge gepostet, mit Datum versehen und zeitlich geordnet, sodass der jüngste ganz oben steht. Ältere Postings wandern in ein meist offen einsehbares Archiv.

Website

Eine Website ist ein Angebot im World Wide Web, manchmal auch nur als Site bezeichnet. Sie ist meist hierarchisch aufgebaut, beginnend mit einer Homepage als Einstiegsseite (die eine Webseite ist). Der Gesamtinhalt besteht aus mehreren miteinander über Links oder eine Möglichkeit der Navigation verbundenen Webseiten. Eine Website ist in der Regel einem einzigen Server bzw. Host zugeordnet, kann sich bei größeren Organisationen (z. B. internationalen Unternehmen) aber genauso über mehrere Hosts verteilen.

Weltwirtschaftsforum

Das vom Wirtschaftswissenschaftler Dr. Klaus Schwab gegründete Weltwirtschaftsforum (World Economic Forum, WEF) ist eine im Kanton Genf ansässige Stiftung bzw. die gleichnamige jährlich stattfindende Veranstaltung, auf der sich Politiker, Wissenschaftler, Wirtschaftsvertreter und andere Personen treffen und austauschen. Das Annual Meeting wurde bis 2020 in Davos durchgeführt, der höchstgelegenen Stadt Europas. Wegen COVID-19 – die Schweiz war zu dieser Zeit schwer davon betroffen – gab es danach einen Unterbruch. Im Mai 2022 wurde es in Davos weitergeführt.

In Davos fanden jeweils öffentliche und nichtöffentliche Sitzungen statt. Die ersteren werden gemeinhin über die Website des WEF gestreamt und von den internationalen Medien kolportiert und kommentiert. Wirtschaftswissenschaftliche Analysen weichen nach Meinung von Experten in den letzten Jahren mehr und mehr medienwirksamen Präsentationen. Der Klimawandel wird von Akteuren diskutiert, die aus der ganzen Welt einfliegen und die nicht allen Journalistinnen und Journalisten bzw. Aktivistinnen und Aktivisten glaubwürdig erscheinen.

Das WEF als Veranstaltung gilt als wirtschaftsfreundlich und männerlastig. Für die Bevölkerung von Davos und die Touristen bedeutete es eine erhebliche Einschränkung, für die Hotels eine wichtige Einnahmequelle. Dem Staat entstanden hohe Kosten, etwa mit Blick auf die Sicherheit. Auf Gegenveranstaltungen wie dem Weltsozialforum (WSF) protestierte man gegen das WEF und stellte alternative Denkansätze vor. Die Wirtschaftsethik befasst sich mit allen möglichen Aspekten, die ein Format dieser Art mit sich bringen kann, mit seinem elitären Charakter, dem intransparenten Herbeiführen von Entscheidungen und der Abhängigkeit der Wirtschaft vor Ort.

Werkzeug

Ein Werkzeug ist ein Hilfsmittel, das den Handlungsspielraum erweitert. Es wird von Menschen oder Tieren erschaffen und von diesen genutzt, um ein bestimmtes Problem zu lösen und ein bestimmtes Ziel zu erreichen. Aristoteles beschrieb in seiner „Politik" das Potenzial des Werkzeugs, zum Automaten zu werden: „Wenn nämlich jedes einzelne Werkzeug auf einen Befehl hin, oder einen solchen schon voraus ahnend, seine Aufgabe erfüllen könnte, … wenn also auch das Weberschiffchen so webte und das Plektron die Kithara schlüge, dann bedürften weder die Baumeister der Gehilfen, noch die Herren der Sklaven." Der Automat wiederum wird zum teilautonomen oder autonomen Roboter, und wenn dieser als Werkzeug gesehen wird, bedeutet das, dass er keinen Selbstzweck haben, sondern Mittel zum Zweck bleiben soll. Das Werkzeug im ursprünglichen Sinne liegt oft in der Hand seines Benutzers und manipuliert dessen Umwelt: Der Hammer schlägt den Nagel ein, die Zange zieht ihn heraus und drückt ihn gerade.

Whistleblowing

Beim Whistleblowing (von engl. „to blow the whistle", sinngemäß „etwas aufdecken", „jemanden verpfeifen") werden Hinweise auf Missstände in Unternehmen, Hochschulen, Verwaltungen etc. gegeben. Der Whistleblower ist meist ein (etablierter oder ehemaliger) Mitarbeiter oder ein Kunde und berichtet aus eigener Erfahrung. Er informiert Mittler und Medien oder direkt die Öffentlichkeit. Dabei riskiert er Stelle, Karriere und Ruf und muss mit Disziplinarmaßnahmen rechnen; insofern ist Whistleblowing mit Zivilcourage verbunden.

Damit man von Whistleblowing sprechen kann, müssen verschiedene Kriterien erfüllt sein: Es handelt sich um Missstände von erheblicher Tragweite; es geht nicht nur um die persönlichen Umstände des Whistleblowers, sondern um einen Vorfall von allgemeinem Interesse; es wird etwas aufgedeckt und enthüllt und letzten Endes die Öffentlichkeit oder in Ausnahmefällen der Verantwortliche respektive Arbeitgeber informiert; die Hinweise eröffnen die Möglichkeit, die Missstände zu beseitigen. Die Motive sind häufig rechtlicher oder moralischer Art oder beziehen sich auf die Reputation des Informanten.

Whistleblowing-Plattformen dienen dazu, relevante Informationen zu publizieren. Sie stehen Bürgerrechtsbewegungen oder Hackergruppen nahe bzw. werden von Medien initiiert und unterhalten. Auch Beispiele für staatliche Angebote liegen vor. Eine spezielle Form sind Whistleblowing-Plattformen in den Organisationen selbst; sie können ein Teil des Compliance-Managements und des Reputationsmanagements sein und dazu beitragen, dass Missstände intern bekannt gemacht und rasch beseitigt werden.

Whistleblowing wird einerseits kritisiert und attackiert, andererseits begrüßt und gefördert. Netzwerke und Vereine setzen sich für Whistleblower und ihre Zusammenarbeit ein, Preise führen zu einer öffentlichen Anerkennung und Aufwertung. Whistleblowing ist Gegenstand mehrerer Bereichsethiken, etwa von Wissenschafts-, Verwaltungs-, Wirtschafts- und Informationsethik. Zudem versucht die Politik dem Phänomen zu begegnen, mit ergänzenden Regelungen oder eigenständigen Gesetzen.

Wiki

Wikis entstanden um 1995 nach Ideen der „Entwurfsmuster"-Theoretiker, die Konzepte des Wissensmanagements erfinden und ausprobieren wollten. Die Grundidee indes stammt wohl von Tim Berners-Lee, der eine Zeitlang erwog, das World Wide Web – das er vor allem für Zwecke des Wissensmanagements und der Wissenschaftskommunikation vorsah – in diesem offenen Sinne umzusetzen. Ein Wiki (auch WikiWiki und WikiWeb) ist nämlich eine Website, bei der angemeldete oder anonyme Benutzer Lese- und Schreibrechte haben, wie bei Brettern oder Wänden, auf die man etwas malt oder pinnt. Beiträge können von allen erstellt, verändert und gelöscht werden. Dies geht einfach – u. a. über Eingabefenster und Uploadmöglichkeiten – und schnell, eben (nach dem hawaiianischen Wort) „wiki".
Verlinkt wird auf andere Websites, Weblogs und Wikis, und viele Wikis sind auch in sich stark verlinkt. Die internen Links verweisen auf gegebene oder noch zu erstellende Beiträge und strukturieren das vorhandene und sich bildende Wissen. Es gibt beliebige Zielsetzungen und Themen, die durch die Zusammenarbeit der Autoren intersubjektiv angegangen werden. Unsicher scheint dabei alles zu sein, die Qualität, die Konsistenz und der Bestand des Beitrags. Protokolle helfen bei der Nachverfolgung von Destruktion und Konstruktion und der Wiederherstellung früherer Versionen.

Wikipedia

Wikipedia ist ein angewandtes Wiki mit dem Zweck der gemeinsamen Erstellung und weltweiten Zurverfügungstellung einer Onlineenzyklopädie. Träger ist die Wikimedia Foundation Inc. Die Finanzierung der

Infrastruktur erfolgt über Spenden. Entstehen sollen möglichst viele Artikel in möglichst vielen Sprachen. Es handelt sich um ein ambitioniertes, facettenreiches Projekt. Problematisch ist, dass der rote Faden fehlt, der gemeinsame Hintergrund, die Abstimmung der Begriffe. Dies liegt an den Produktionsbedingungen und an der enormen Masse der Beitragenden bzw. ihrer zweifelhaften Schwarmintelligenz. Teilweise kann das Forum im Wiki diesen Mangel beseitigen und die Qualität verbessern helfen. Immer wieder kommt es zu Machtkämpfen und überhaupt zur Machtausübung, etwa durch Revenge Editing. Auch dies kann im Forum nachverfolgt werden, zudem über eine Analyse der IP-Adressen und der Aktivitäten in der Versionsgeschichte.

Wirtschaft

Die Wirtschaft, auch Ökonomie (gr. „oikonomia": „Hausverwaltung" oder „Haushaltsführung") genannt, besteht aus Einrichtungen, Maschinen und Personen, die Angebot und Nachfrage generieren und regulieren. Einrichtungen sind Unternehmen bzw. Betriebe und öffentliche bzw. private Haushalte. Maschinen unterstützen und ersetzen auf Produktion, Transformation, Konsumation und Distribution von Gütern zielende Aktivitäten von Arbeitskräften, Mittelsmännern und Endkunden. Ebenso sind Gewinnung (von Ressourcen aller Art), Werbung (für Produkte und Dienstleistungen) und Entsorgung relevant. Ziel der Wirtschaft ist die Sicherstellung des Lebensunterhalts und, in ihrer kapitalistischen Form, die Maximierung von Gewinn und Lust mithilfe unternehmerischer Freiheit, zugleich die Erzeugung von Abhängigkeit, ob von Anbietern oder Produkten, und Wachstum, bis zum (nicht unbedingt gewünschten, aber erwartbaren) Kollaps des Systems.
Bereits Jäger, Sammler und Hirten bilden traditionelle Wirtschaftsformen aus. Im Vordergrund steht die Eigenversorgung in Sippen und Stämmen an einem festen Ort oder in wechselnden Gegenden (Bedarfswirtschaft). Die Landwirtschaft fördert die Sesshaftigkeit, insofern Bauern ihre Felder wiederholt bestellen wollen und Flächen zunehmend begehrt und besetzt werden. Die Erwerbswirtschaft ist vom Austausch von Waren bestimmt, auch über größere Distanzen hinweg, und führt nach und nach zur globalen

Wirtschaftswelt. Der Händler wird zu einer zentralen Figur. Die beteiligten Parteien erhalten oder entrichten Geld für Erstellung, Vermittlung und Anforderung bzw. Erwerb oder tauschen ihre Eigentümer und Leistungen aus, auch in der digitalen Moderne (Sharing Economy). In der freien Marktwirtschaft wird nur in Ausnahmefällen interveniert, in der sozialen der gesellschaftliche Fortschritt anvisiert. In der Planwirtschaft weist eine zentrale Einheit, die kommunistischen Prinzipien verpflichtet sein kann, Wissen, Arbeit, Kapital und Boden der Produktion zu. Wirtschaftssektoren sind u. a. Primärsektor (Anbau von Getreide, Abbau von Eisenerz und Holzschlag), Sekundärsektor (Industriesektor), Tertiärsektor (Dienstleistungssektor) und Quartärsektor (Informationssektor mit Informations- und Kommunikationstechnologien sowie Informationswesen), Wirtschaftszweige (Branchen) z. B. Gesundheits- und Sozialwesen, Finanz- und Versicherungsindustrie sowie Handel.

Die Ökonomik (Wirtschaftswissenschaft bzw. Wirtschaftswissenschaften) hat die Ökonomie zum Gegenstand. Sie bringt Wirtschaftstheorien wie die neoklassische Theorie, den Marxismus und den Keynesianismus hervor. Die Volkswirtschaftslehre (VWL) widmet sich der Wirtschaft einer Gemeinschaft oder eines Lands, die Betriebswirtschaftslehre (BWL) der Wirtschaft eines Betriebs bzw. Unternehmens. Die Wirtschaftsinformatik verbindet die BWL mit der Informatik. Mithilfe ihrer Kenntnisse und Fähigkeiten werden Informationssysteme als soziotechnische Systeme geplant, umgesetzt und betrieben. In der Wirtschaftsethik werden die moralischen Implikationen der Wirtschaft untersucht. Die Unternehmensethik fragt nach der Verantwortung und der Haftung des Unternehmens und seiner Gründer und Manager, die Konsumentenethik nach der Verantwortung der Konsumenten. Die Wirtschaftsphilosophie behandelt die Grundlagen der Wirtschaft und die Methoden der Wirtschaftswissenschaften. Weitere Disziplinen sind Wirtschaftsrecht, -geschichte, -soziologie und -pädagogik.

Der Mensch ist zum Homo oeconomicus geworden, der wesentlich durch ökonomische Denkweisen und Interessenabwägungen bestimmt wird, sei es als Anbieter, als Mittler oder als Nachfrager. Er wird in der Informationsgesellschaft zum Zahlungsmittel, durch seine Daten, und zum Produkt, das verkauft und verbraucht wird. Nicht bloß in Unternehmen, sondern auch in Bildungseinrichtungen und Verwaltungseinheiten wird der

Wirtschaftlichkeitsnachweis zum alles beherrschenden Kriterium, die Kosten-Nutzen-Analyse zur allem vorausgehenden Prämisse. In der Industrie 4.0 werden Wirtschaftssektoren, werden Automatisierung, Autonomisierung (von Maschinen), Flexibilisierung (von Produktionen) und Individualisierung auf bislang nicht gekannte Art und Weise miteinander verbunden, zum Zwecke der Effizienzsteigerung und des Effektivitätsgewinns. Die Wertschöpfung der IT- und Internetwirtschaft und die (Gratis-)Nutzung durch den technikaffinen Konsumenten, der immer wieder selbst zum Produzenten wird, zum Prosumenten, werden kritisch von Wirtschaftsethik, Informationsethik, Technikethik und Technikfolgenabschätzung reflektiert, ebenso wie Überwachung, Hacking und andere mit Informations- und Kommunikationstechnologien verbundene Phänomene. Der Raubbau an der Natur, den das ständige Wachstum der Wirtschaft und der Bevölkerung nach sich zieht, ist Thema von Wirtschafts- und Umweltethik.

Wirtschaftsethik

Die Wirtschaftsethik hat die Moral (in) der Wirtschaft zum Gegenstand. Dabei ist der Mensch im Blick, der wirtschaftliche Interessen hat, der produziert, handelt, führt und ausführt (verschiedene Formen der Individualethik) sowie konsumiert (Konsumentenethik), und das Unternehmen, das Verantwortung gegenüber Mitarbeitern, Kunden und Umwelt trägt (Unternehmensethik als Hauptgebiet der Institutionenethik). Zudem interessieren die moralischen Implikationen von Wirtschaftsprozessen und -systemen sowie von Globalisierung und Monopolisierung (Ordnungsethik). In der Informationsgesellschaft ist die Wirtschaftsethik eng mit der Informationsethik verzahnt.

Wirtschaftsinformatik

Wirtschaftsinformatik ist die Wissenschaft von Entwurf, Entwicklung und Einsatz betrieblicher und kommerzieller Informations- und Kommunikationssysteme und verbindet Informatik und Betriebswirtschaftslehre. Galt früher vor allem die Beschäftigung mit ERP-Systemen als typisch für Wirtschaftsinformatiker, traten später faktisch Aktivitäten rund um E-Business und E-Commerce dazu. Inzwischen ist der Gegenstandsbereich der Disziplin sehr groß geworden.

Wissen

Wissen ist im Vergleich zu Informationen eher statisch (z. B. als persönliche Erfahrung oder als Text in einem Buch). Es besteht aus wahren oder für wahr gehaltenen Aussagen, aber auch aus bestimmten Bildern und Tönen. Es gibt „falsches Wissen", wobei es in dem Moment, wo man erkennt, dass es falsch ist, kein Wissen mehr ist. Zu unserem Wissensschatz gehört, dass die Erde rund ist, durch die Evolution die heutigen Tiere und der Mensch entstanden sind und Penicilline gegen bakterielle Krankheitserreger wirken (es sei denn, es haben sich Resistenzen entwickelt). Die wahren und für wahr gehaltenen Aussagen des Wissens sind auf eine eindeutige und verständliche Sprache ebenso angewiesen wie auf eine angemessene textliche und grafische Darstellung. Orte des Wissens sind Bibliotheken, Archive und Hochschulen. Wissenschaft entwickelt und hinterfragt Wissen.

Wissenschaft

Die Wissenschaft strebt Erkenntnisgewinn (Forschung) und -vermittlung (Lehre) an, wobei sie anerkannte und gültige Methoden benutzt und Resultate veröffentlicht bzw. einbezieht. Sie ist in gewissem Sinne voraussetzungslos und ergebnisoffen, anders als etwa die christliche Theologie. Die westliche Philosophie kann als Mutter mehrerer Einzelwissenschaften gelten. Diese zeichnen sich durch einen klar benennbaren Gegenstandsbereich aus. So widmet sich die Physik der unbelebten Natur, die Biologie der belebten, die Psychologie dem menschlichen Erleben, Verhalten und Bewusstsein. Es finden sich bei ihnen rationale oder empirische, generelle oder spezifische Methoden, die in der Wissenschaftstheorie (einem Teilgebiet der Philosophie) erklärt und begründet werden.

Die westliche Philosophie, wie sie sich im antiken Griechenland herausgebildet hat, wendet sich von religiösen Erklärungsmodellen ab. Sie beinhaltet u. a. Wissenschafts- und Erkenntnistheorie, Ontologie und Ethik und hat starke Bezüge zu Mathematik und Naturwissenschaft, mit Protagonisten wie Thales, Pythagoras und Demokrit. Die von Platon im Jahre 387 v.u.Z. gegründete Schule in Athen (Platonische Akademie) gilt als einer der ersten Lehrbetriebe. Sein Schüler Aristoteles ist einer der wichtigsten Philosophen überhaupt und in manchen Aspekten einer der ersten modernen Wissenschaftler. Die Wissenschaft hatte in der Renaissance einige Höhepunkte, ebenso im 19., 20. und 21. Jahrhundert; im Orient war das Mittelalter ihre Blütezeit.

Die Wissenschaftsfreiheit (oder akademische Freiheit) hat ihren Ursprung in der Platonischen Akademie und umfasst die Freiheit von Forschung und Lehre sowie des Lernens. Sie ist ein Grundrecht und in Deutschland, Österreich und der Schweiz in der Verfassung verankert. Forschungsfreiheit bedeutet, dass Forschende das Recht haben, inhaltlich und methodisch selbstbestimmt nach wissenschaftlichen Erkenntnissen zu streben, akademische Institutionen die Pflicht, den geeigneten Rahmen dafür zu schaffen. Während Forschung und Entwicklung bis auf wenige Ausnahmen frei zu sein haben, kann die Anwendung durchaus reguliert werden. Die Lehrfreiheit (eine Form der Redefreiheit) ist das Recht der Dozierenden, die Lehre inhaltlich und didaktisch eigenständig auszugestalten.

Die Wissenschaft kann auf eine jahrtausendealte Erfolgsgeschichte zurückblicken. Sie hat Krankheiten besiegt und Behinderungen beseitigt, das Flugzeug, den Computer und den Roboter ermöglicht sowie den Weltraum erobert, sie ist Basis und Motor der Wirtschaft und, wie die Kunst, eine Quelle des Glücks. Zugleich ist sie mehr denn je Anfeindungen ausgesetzt, durch Politikstrategen, Meinungsmacher, Verschwörungstheoretiker, Fundamentalisten und Esoteriker – und gerät in Zwänge und Abhängigkeiten. Genau dagegen richtet sich ernsthafte Kritik, ebenso gegen Versuche und Ergebnisse, die Tieren und Menschen schaden. Wissenschaftsbetrieb und -kommunikation sind offenbar neu auszurichten. Die Wissenschaftsethik mag den Nährboden, die Rahmenbedingungen und die Grenzlinien der Wissenschaft sowie die Folgeerscheinungen einer Pseudowissenschaft herausarbeiten.

Wissenschaftsfreiheit

Die Wissenschaftsfreiheit (oder akademische Freiheit) hat ihren Ursprung in der von Platon im Jahre 387 v.u.Z. gegründeten Schule in Athen (Platonische Akademie) und umfasst die Freiheit von Forschung und Lehre sowie des Lernens. Sie ist ein Grundrecht und in Deutschland, Österreich und der Schweiz in der Verfassung verankert. Forschung und Lehre sollen ohne Abhängigkeit von Staat und Kirche sowie Wirtschaft, aber auch ohne Bevormundung innerhalb der Wissenschaft vonstattengehen. Es ergeben sich bei Personen (Forschern und Forscherinnen, Lehrenden und Studierenden) und Institutionen (wie Universitäten und Fachhochschulen) sowohl Rechte als auch Pflichten. Forschungsfreiheit bedeutet, dass Forscher und Forscherinnen das Recht haben, inhaltlich und methodisch selbstbestimmt nach wissenschaftlichen Erkenntnissen zu streben, akademische Institutionen die Pflicht, den geeigneten Rahmen dafür zu schaffen. Die Lehrfreiheit (eine Form der Redefreiheit) ist das Recht der Dozenten und Dozentinnen, die Lehre inhaltlich und methodisch (didaktisch) eigenständig auszugestalten. Dazu gehört nicht zuletzt die Wahl der Lehrmittel. Die akademische Einrichtung kann Themen setzen (beispielsweise durch ein Curriculum), darf aber nicht die Vermittlung vorschreiben, von Präsenzpflicht, Respektsbezeugung etc. abgesehen. Lernfreiheit ist das Recht der Studierenden, die Angebote der Lehre wahrzunehmen, welches Geschlecht und welche Herkunft man auch hat, und sich inhaltlich und methodisch auszuprobieren. Hinweise auf die Wissenschaftsfreiheit finden sich in Artikel 27 der Allgemeinen Erklärung der Menschenrechte und in Artikel 15 des UNO-Menschenrechtsabkommens. Artikel 5 Absatz 3 Satz 1 des Grundgesetzes für die Bundesrepublik Deutschland bestimmt: „Kunst und Wissenschaft, Forschung und Lehre sind frei. Die Freiheit der Lehre entbindet nicht von der Treue zur Verfassung.", Artikel 20 der Bundesverfassung der Schweizerischen Eidgenossenschaft: „Die Freiheit der wissenschaftlichen Lehre und Forschung ist gewährleistet.". Artikel 17 des Staatsgrundgesetzes über die allgemeinen Rechte der Staatsbürger schützt in Österreich die Freiheit der Wissenschaft („Die Wissenschaft und ihre Lehre ist frei."). Zudem stellt das Universitätsgesetz fest, dass zu den leitenden Grundsätzen für die Universitäten bei der Erfüllung ihrer Aufgaben die Freiheit der Wissenschaften und ihrer Lehre zählt. Hochschulen bekennen sich häufig in ihren Strategien und Statuten zur akademischen Freiheit. Die Wissenschaftsfreiheit darf nur in Ausnahmefällen eingeschränkt werden. So kann eine Ethikkommission die Einbeziehung von Tieren (Tierversuche) bzw. Menschen (embryonale Stammzellen) untersagen, oder ein Gericht die Ausübung verfassungsfeindlicher Praktiken. Faktisch gefährden Auslegungen und Auswirkungen der Bologna-Reform, Standardisierungen und Prozessoptimierungen, Missbrauch von Hierarchien im Wissenschafts- und Verwaltungsapparat, Beeinflussung durch Politik und Wirtschaft und andere Entwicklungen die akademische Freiheit. Die Wissenschaftsethik reflektiert diese Probleme und schlägt Maßnahmen für Schutz und Ausgleich vor, die Rechtsethik fundiert die Grundidee der Freiheit von Forschung und Lehre. Politik- und Wirtschaftsethik fragen nach der Verantwortung der entsprechenden Akteure, etwa von Regulatoren und Sponsoren.

Wissensmanagement

Wissensmanagement, entstanden Mitte der 1990er-Jahre, unterstützt in Organisationen die Generierung, Verbreitung, Bewahrung und Verwertung von Informationen und Wissen. Besonders wichtig ist es, implizites Wissen explizit zu machen, also z. B. Erfahrungswissen in dokumentiertes Wissen zu überführen. Nichts scheint besser zu sein als eine persönliche Einweisung, aber oft treffen Vorgänger und Nachfolger nicht direkt zusammen. Zudem haben die Verantwortlichen ein berechtigtes Interesse daran, dass Kompetenzen und Prozesse in Text, Bild oder Ton beschrieben werden.

Grundlage für Wissensmanagement ist eine technologische Infrastruktur. Zusätzlich können Kaffeeküchen eingerichtet und Betriebsausflüge oder Open Spaces durchgeführt werden. Für die mediale Weitergabe von Wissen bieten sich u. a. Weblogs, Wikis und Podcasts an. Microblogs entwickeln ihre Stärken beim Transfer von Wissen in die Öffentlichkeit und innerhalb von Fachkreisen. Storytelling ist eine Methode, die sich für kulturelle und moralische Fragen eignet und mit der man unternehmerische und betriebliche Dilemmata darstellen kann.

Im 21. Jahrhundert scheint neben organisationalem auch gesellschaftliches Wissensmanagement vonnöten zu sein. Durch die Digitalisierung verschwinden etliche Berufe und Kompetenzen (so wie neue Berufe und Kompetenzen entstehen). Gerade mit Blick auf Handwerk und Kunst sind Fähigkeiten betroffen, die über Jahrtausende verändert und verfeinert wurden. Ein systematisches Erfassen und Beschreiben des Wissens könnte künftigen Gesellschaften und Kulturen helfen, wenn sich bestimmte Entwicklungen der Digitalisierung als Sackgasse erwiesen haben.

WLAN

Ein Wireless LAN („LAN" steht für engl. „local area network"), kurz WLAN oder W-LAN, ist ein kabelloses lokales Netzwerk. Es gestattet z. B. den Zugriff auf das Internet oder ein Intranet. Im Englischen wird von Wi-Fi gesprochen.

In vielen Unternehmen und Hochschulen gibt es bereits seit der Jahrtausendwende etablierte Infrastrukturen mit WLAN. Mitarbeiter und Studierende sollen die Möglichkeit haben, mit Notebook, Tablet oder Smartphone an beliebigen Orten zu arbeiten und zu lernen.

Über einen Access Point wird das WLAN in einem Gebäude oder auf einem Platz in der Stadt aufgebaut. In einem Zugabteil oder in einem Flugzeug kann er ebenfalls vorhanden sein. In einem öffentlichen WLAN ohne Verschlüsselung sollte man sich zusätzlich über VPN verbinden.

Wokeness

Wokeness ist die Haltung und Bewegung der Wachheit und Wachsamkeit. Man verfolgt aufmerksam das Geschehen in der Welt und will Antisemitismus, Rassismus, Sexismus, Gewalt, Umweltzerstörung, Massentierhaltung und andere Übel daraus entfernen, indem man seine Stimme erhebt, in den Massenmedien und in den sozialen Medien, auf der Straße und auf den Plätzen, in Schulen, Hochschulen und Unternehmen. Im Englischen bedeutet „to be woke", „wachsam zu sein" gegenüber Ungerechtigkeiten aller Art; „woke" ist die erste Vergangenheitsform von „to wake", "aufwachen". Im Deutschen wird "woke" als Adjektiv ("Ich bin woke.") oder Substantiv (im Sinne der Woke-Bewegung oder -Kultur) verwendet.

In Verbindung steht die Wokeness mit der Cancel Culture, dem behaupteten verbreiteten Phänomen, dass missliebigen, mehr oder weniger bekannten Personen (etwa aus Wissenschaft, Kunst und Politik) die Unterstützung entzogen oder der Kampf angesagt wird, mit dem Ziel, ihre Reputation zu beschädigen, ihre Berufsausübung zu verhindern oder ihre Präsenz in den Medien bzw. sozialen Medien zu vermindern. Die Cancel Culture wiederum ist nach Meinung ihrer Kritiker eine Fortführung der Political Correctness, der strikten und peniblen Einhaltung und Einforderung von gesellschaftlichen und sprachlichen Normen, vor allem in Bezug auf angeblich oder tatsächlich benachteiligte Gruppen. Eine Rolle spielt nicht zuletzt die Identitätspolitik, mit deren Hilfe sich Diskriminierte, etwa Homosexuelle oder People of Color (PoC), wehren und befreien.

Die Woke-Kultur muss damit leben, als Gutmenschentum abgestempelt zu werden, obwohl sie im Kern oft richtige und wichtige Anliegen hat, die sie vielleicht nicht immer in Ton und Gestus angemessen vermittelt. Es ist umstritten, ob sie damit der Sache – etwa dem Kampf gegen Klimawandel und Massentierhaltung – eher schadet oder eher nützt. Die Ethik untersucht den Moralismus, der in der Woke-Bewegung verankert ist, und die Verhältnismäßigkeit der Mittel und Folgen, zudem das Paradoxon, dass die eine diskriminierende Haltung zurückweisende Rede vom alten, weißen Mann selbst diskriminierenden Charakter hat. Medien- und Informationsethik interessieren sich für die Aspekte der Political Correctness und der Cancel Culture, die die sozialen Medien betreffen, Politik- und Wirtschaftsethik für die politischen und wirtschaftlichen Implikationen.

World Wide Web

Das World Wide Web – kurz WWW oder Web genannt – ist ein Internetdienst, der Multimedia- und Hyperlinktechnik kombiniert und eine grafische Benutzeroberfläche ermöglicht. Das Web wurde 1989 vom damaligen CERN-Mitarbeiter Tim Berners-Lee konzipiert und ab 1990 umgesetzt und hat wesentlich zum Erfolg des Internets – das von vielen fälschlicherweise mit dem WWW gleichgesetzt wird – beigetragen.

Wutbürger

Der Wutbürger ist ein Bürger, der berechtigte oder unberechtigte Wut in sich herumträgt und diese gerne auf der Straße oder im Internet zum Ausdruck bringt. In Foren, Chats oder in Kommentarbereichen ist er häufig anonym unterwegs, der Hate Speech frönend bzw. einen Shitstorm verursachend oder verstärkend. Seine Wut, ob er den Grund dafür benennen kann oder nicht, richtet sich gegen Personen, Organisationen oder die Welt an sich, selten aber gegen sich selbst. Als Wüterich ist er an Zerstörung interessiert, wobei diese auch die Möglichkeit zu einem Wiederaufbau in sich trägt. In der Empörungsgesellschaft fühlt er sich wohl. Der Querdenker ist sein Bruder im Geiste.

XML

Die Extensible Markup Language (XML) ist ein Quasistandard zur Erstellung strukturierter Dokumente im Internet oder Intranet. XML ist „erweiterbar" (engl. „extensible"), weil man hier – anders als etwa bei der HyperText Markup Language – seine eigenen Tags benutzen kann. Ein wesentlicher Vorzug von XML ist die Trennung von Präsentation und Inhalt.

Zensur

Über Zensur werden unerwünschte oder unerlaubte Inhalte verhindert, beschnitten oder verfälscht. Sie kann sowohl Text als auch Bild betreffen. Bei der Selbstzensur hat man die Schere im Kopf, mit der man die vermutete oder erwartbare Zensur bereits berücksichtigt und in vorauseilendem Gehorsam deren Anforderungen erfüllt.

Zensur geht von staatlichen, religiösen, aber auch privaten (etwa privatwirtschaftlichen) Stellen aus. Man behindert die Berichterstattung von Massenmedien oder die freie Meinungsäußerung von Bürgern, Mitgliedern und Mitarbeitern, oder man setzt seine Vorstellung von Recht und Ordnung durch.
Zensur ist ein jahrtausendealtes Phänomen. Moderne Kommunikations- und Distributionskanäle aller Art, vor allem im Internet bzw. im WWW, scheinen sie fast unmöglich zu machen. Dennoch üben China („Great Firewall of China"), Russland und andere totalitäre Staaten sie erfolgreich aus. Internetzensur ist ebenso schwierig wie wirkungsvoll.

Zertifizierung

Zertifizierung umfasst Beglaubigung oder Bescheinigung. Zertifikate können sich auf Unternehmen, Hochschulen, Produkte, Maßnahmen und Personen beziehen. Zertifizierungen spielen in der Mensch-Computer-Interaktion eine wichtige Rolle, zunehmend auch in der Künstlichen Intelligenz. Im Bereich der Ethik sind sie ebenfalls zu finden, wobei sie häufig auf wirtschaftliche Interessen des Zertifizierenden und des Zertifizierten zurückzuführen sind.

Zoom-Fatigue

Der Begriff „Zoom-Fatigue" (oder „Zoom Fatigue") bezeichnet das Phänomen, dass Videokonferenzen über den Computer – wie sie während der COVID-19-Pandemie jeden Monat millionenfach auf der ganzen Welt durchgeführt wurden – die Benutzer ermüden und auslaugen. Zoom Meetings wird von Zoom Video Communications angeboten, einem Unternehmen im Silicon Valley. Es ermöglicht die Teilnahme von bis zu 1000 Personen und die Anzeige von bis zu 49 Videos auf dem Bildschirm. Das französische Wort „fatigue" bedeutet „Müdigkeit", „Ermüdung" oder „Erschöpfung".
Neben Zoom Meetings gibt es viele weitere Instant-Messaging-Dienste und internetbasierte Videokonferenzsysteme, die im dienstlichen Kontext

eingesetzt werden, etwa Skype, MS Teams und Cisco Webex Meetings. Einige von ihnen gelten mit Blick auf Privatsphäre und Datenschutz als nicht sicher. In allen sieht man sich den Videos bzw. Fotos (oder zumindest den Namen) von Teilnehmerinnen und Teilnehmern sowie geteilten Bildschirminhalten und Chatverläufen gegenüber. In Befragungen klagten Benutzer über Kopf- und Rückenschmerzen und fanden es nachteilhaft, dass man das Gegenüber nur sehr reduziert wahrnehmen und nicht in Mimik und Gestik interpretieren kann.

Während der Corona-Pandemie achteten nicht genügend Arbeitgeber und -nehmer auf die Ergonomie am Arbeitsplatz. Die Privatwohnungen mit ihren Zimmern, Tischen, Stühlen und Computern waren nicht durchgehend für Homeoffice geeignet. Gerade stundenlanges Sitzen vor Notebooks in Verbindung mit kaum interaktiven oder zu interaktiven Videokonferenzen und einem ungenügenden informellen Austausch führte zu physischen und psychischen Problemen und zumindest vorübergehenden Schäden. Die Zoom Fatigue kann aus Kognitionspsychologie, Arbeitswissenschaft, Arbeitsmedizin und Wirtschaftsethik heraus untersucht werden. Informationsethik und Rechtswissenschaft mögen ihren Beitrag zu Persönlichkeitsrechten und Datenschutzfragen rund um Videokonferenzen leisten.

Verwendete Literatur

Alpaydin, Ethem. Maschinelles Lernen. Oldenbourg, München 2008.

Anderson, Michael; Anderson, Susan Leigh (Hrsg.). Machine Ethics. Cambridge University Press, Cambridge 2011.

Back, Andrea; Bendel, Oliver; Stoller-Schai, Daniel. E-Learning im Unternehmen: Grundlagen – Strategien – Methoden – Technologien. Orell Füssli, Zürich 2001.

Becker, Joachim. Maschinensteuer. In: Gabler Wirtschaftslexikon. Springer Gabler, Wiesbaden 2018. https://wirtschaftslexikon.gabler.de/definition/maschinensteuer-37000.

Bendel, Oliver. Passive, Active, and Proactive Systems and Machines for the Protection and Preservation of Animals and Animal Species. In: Frontiers of Animal Science, 3:834634 (2022). https://www.frontiersin.org/articles/10.3389/fanim.2022.834634/full.

Bendel, Oliver. Chips, Devices, and Machines within Humans: Bodyhacking as Movement, Enhancement and Adaptation. In: Brommer, Sarah; Dürscheid, Christa (Hrsg.). Mensch. Maschine. Kommunikation. Beiträge zur Medienlinguistik. Narr Francke Attempto, Tübingen 2021. S. 252–276. https://elibrary.narr.digital/book/10.24053/9783823394716.

Bendel, Oliver (Hrsg.). Soziale Roboter: Technikwissenschaftliche, wirtschaftswissenschaftliche, philosophische, psychologische und soziologische Grundlagen. Springer Gabler, Wiesbaden 2021.

Bendel, Oliver. 300 Keywords Soziale Robotik. Springer Gabler, Wiesbaden 2021.

Bendel, Oliver; Graf, Emanuel; Bollier, Kevin. The HAPPY HEDGEHOG Project. Proceedings of the AAAI 2021 Spring Symposium "Machine Learning for Mobile Robot Navigation in the Wild". Stanford University, Palo Alto, California, USA (online), March 22–24, 2021. https://drive.google.com/file/d/1SvaRAI71wthGe-B9uSAYvL5WOzLI2mul/view.

Bendel, Oliver. Das Sozialkreditsystem in China aus ethischer Sicht. In: Everling, Oliver (Hrsg.). Social Credit Rating: Reputation und Vertrauen beurteilen. Springer Gabler, Wiesbaden 2021. S. 285–303.

Bendel, Oliver (Hrsg.). Maschinenliebe: Liebespuppen und Sexroboter aus technischer, psychologischer und philosophischer Sicht. Springer Gabler, Wiesbaden 2020.

Bendel, Oliver. Soziale Roboter. In: Gabler Wirtschaftslexikon. Springer Gabler, Wiesbaden 2020. https://wirtschaftslexikon.gabler.de/definition/soziale-roboter-122268.

Bendel, Oliver (Hrsg.). Handbuch Maschinenethik. Springer VS, Wiesbaden 2019.

Bendel, Oliver. 400 Keywords Informationsethik: Grundwissen aus Computer-, Netz- und Neue-Medien-Ethik sowie Maschinenethik. 2. Aufl. Springer Gabler, Wiesbaden 2019.

Bendel, Oliver. 350 Keywords Digitalisierung. Springer Gabler, Wiesbaden 2019.

Bendel, Oliver. Towards Animal-friendly Machines. In: Paladyn, Journal of Behavioral Robotics, 2018, Band 9, Heft 1, S. 204–213. https://www.degruyter.com/view/journals/pjbr/9/1/article-p204.xml.

Bendel, Oliver (Hrsg.). Pflegeroboter. Springer Gabler, Wiesbaden 2018.

Bendel, Oliver. From GOODBOT to BESTBOT. In: The 2018 AAAI Spring Symposium Series. AAAI Press, Palo Alto 2018. S. 2–9. https://www.informationsethik.net/wp-content/uploads/2021/07/Bendel_Bestbot_AAAI_2018.pdf.

Bendel, Oliver. The Uncanny Return of Physiognomy. In: The 2018 AAAI Spring Symposium Series. AAAI Press, Palo Alto 2018. S. 10–17. https://aaai.org/Papers/Symposia/Spring/2018/SS-2018_Technical_Report_SS-18.pdf.

Verwendete Literatur

Bendel, Oliver. Die Spione im eigenen Haus. In: Martinsen, Franziska (Hrsg.). Wissen – Macht – Meinung: Demokratie und Digitalisierung. Die 20. Hannah-Arendt-Tage 2017. Velbrück, Weilerswist-Metternich 2018. S. 67–80.

Bendel, Oliver. LADYBIRD: The Animal-Friendly Robot Vacuum Cleaner. In: The 2017 AAAI Spring Symposium Series. AAAI Press, Palo Alto 2017. S. 2–6. http://aaai.org/ocs/index.php/SSS/SSS17/paper/view/15277.

Bendel, Oliver; Schwegler, Kevin; Richards, Bradley. Towards Kant Machines. In: The 2017 AAAI Spring Symposium Series. AAAI Press, Palo Alto 2017. S. 7–11. http://aaai.org/ocs/index.php/SSS/SSS17/paper/view/15278.

Bendel, Oliver. Considerations about the relationship between animal and machine ethics. In: AI & SOCIETY, 31 (2016) 1, S. 103–108.

Bendel, Oliver. 400 Keywords Informationsethik: Grundwissen aus Computer-, Netz- und Neue-Medien-Ethik sowie Maschinenethik. 2. Aufl. Springer Gabler, Wiesbaden 2019.

Bendel, Oliver. Soziale Robotik. In: Gabler Wirtschaftslexikon. Springer Gabler, Wiesbaden 2014. http://wirtschaftslexikon.gabler.de/Definition/soziale-robotik.html.

Bendel, Oliver. Die Rache der Nerds. UVK/UTB, Konstanz und München 2012.

Bendel, Oliver. Netiquette 2.0 – der Knigge für das Internet. In: Netzwoche, (2010) 5, S. 40–41.

Bendel, Oliver. Pixel um Pixel: Favicons erobern das Web. In: Blohm, Manfred (Hrsg.). Texte zur Medienkunst. Flensburg University Press, Flensburg 2009. S. 9–18.

Bendel, Oliver; Hauske, Stefanie. E-Learning: Das Wörterbuch. Sauerländer Verlage, Oberentfelden/Aarau 2004.

Bendel, Oliver. Pädagogische Agenten im Corporate E-Learning. Dissertation. Difo, St. Gallen 2003.

Bendel, Oliver; Stoller-Schai, Daniel. E-Learning. In: Mertens, Peter; Back, Andrea; Becker, Jörg et al. (Hrsg.). Lexikon der Wirtschaftsinformatik. 4., vollst. neu bearbeit. u. erweit. Aufl. Springer, Berlin u.a. 2001. S. 164–165.

Bendel, Oliver. E-Learning. In: Netlexikon von akademie.de, 1. September 2000. https://web.archive.org/web/20001207175200/http://netlexikon.akademie.de/query;q=E-Learning.

Bozem, Karlheinz; Nagl, Anna. Digitale Geschäftsmodelle erfolgreich realisieren. Business Model Building mit Checklisten und Fallbeispielen. 2. Aufl. Springer Gabler, Wiesbaden 2021.

Capurro, Rafael. Ethik im Netz. Schriftenreihe zur Medienethik, Bd. 2. Franz Steiner, Stuttgart 2003.

Christaller, Thomas et al. Robotik: Perspektiven für menschliches Handeln in der zukünftigen Gesellschaft. Springer, Berlin, Heidelberg, New York 2001.
Geuter, Jürgen. Die komplette Finanzialisierung des Internets. In: Golem, 2. Februar 2022. https://www.golem.de/news/web3-die-komplette-finanzialisierung-des-internets-2202-162689.html.
Hackl, Benedikt; Wagner, Marc. New Work: Auf dem Weg zur neuen Arbeitswelt: Management-Impulse, Praxisbeispiele, Studien. Springer Gabler, Wiesbaden 2017.
Höffe, Otfried. Ethik: Eine Einführung. C. H. Beck, München 2013.
Höffe, Otfried. Lexikon der Ethik. 7., neubearb. und erweit. Auflage. C. H. Beck, München 2008.
Kuhlen, Rainer. Informationsethik. Umgang mit Wissen und Informationen in elektronischen Räumen. UVK/UTB, Konstanz 2004.
Kuhn, Thomas. Digitaler Zwilling. In: Informatik-Spektrum, 40(5), 2017, S. 440–444.
Kurzweil, Ray. Homo sapiens: Leben im 21. Jahrhundert. Was bleibt vom Menschen? 2. Aufl. Kiepenheuer & Witsch, Köln 1999.
Lanier, Jaron. Zehn Gründe, warum du deine Social Media Accounts sofort löschen musst. Hoffmann und Campe, Hamburg 2018.
Lanier, Jaron. Gadget: Warum die Zukunft uns noch braucht. Suhrkamp, Frankfurt am Main 2010.
Lee, Aileen. Welcome To The Unicorn Club: Learning From Billion-Dollar Startups. In: TechCrunch, 2. November 2013. https://techcrunch.com/2013/11/02/welcome-to-the-unicorn-club/.
Luhmann, Niklas. Vertrauen: Ein Mechanismus der Reduktion sozialer Komplexität. 5. Aufl. UVK/UTB, Konstanz und München 2012.
Mara, Martina; Appel, Markus. Roboter im Gruselgraben: Warum uns menschenähnliche Maschinen oft unheimlich sind. In: The Inquisitive Mind, 5/2015. https://de.in-mind.org/article/roboter-im-gruselgraben-warum-uns-menschenaehnliche-maschinen-oft-unheimlich-sind.
Misselhorn, Catrin. Grundfragen der Maschinenethik. Reclam, Ditzingen 2018.
Paetzel, Maike; Perugia, Giulia; Castellano, Ginevra. The Persistence of First Impressions: The Effect of Repeated Interactions on the Perception of a Social Robot. In: HRI '20: Proceedings of the 2020 ACM/IEEE International Conference on Human-Robot Interaction, March 2020. S. 73–82.
Pariser, Eli. The Filter Bubble: What the Internet Is Hiding from You. Penguin Press, London 2011. Auch deutsch: Filter Bubble: Wie wir im Internet entmündigt werden. Hanser, München 2012.

Pieper, Annemarie. Einführung in die Ethik. 6., überarb. u. akt. Auflage. A. Francke, Tübingen und Basel 2007.

Pospiech, Gesche. Quantencomputer & Co: Grundideen und zentrale Begriffe der Quanteninformation verständlich erklärt. Springer Spektrum, Wiesbaden 2021.

Ramb, Bernd-Thomas. Regulierung. In: Gabler Wirtschaftslexikon. Springer Gabler, Wiesbaden 2018. https://wirtschaftslexikon.gabler.de/definition/regulierung-46038.

Regenbogen, Arnim; Meyer, Uwe (Hrsg.). Wörterbuch der philosophischen Begriffe. Meiner, Hamburg 2013.

Repschläger, Jonas; Pannicke, Danny; Zarnekow, Rüdiger. Cloud Computing: Definitionen, Geschäftsmodelle und Entwicklungspotenziale. In: HMD Praxis der Wirtschaftsinformatik, Oktober 2010, Volume 47, Issue 5, S. 6–15.

Schöne-Seifert, Bettina. Grundlagen der Medizinethik. Kröner, Stuttgart 2007.

Spitzer, Manfred. Digitale Demenz: Wie wir uns und unsere Kinder um den Verstand bringen. Droemer, München 2012.

Straubhaar, Thomas (Hrsg.). Bedingungsloses Grundeinkommen und Solidarisches Bürgergeld – mehr als sozialutopische Konzepte. Hamburg University Press, Hamburg 2008.

Strittmatter, Kai. Die Neuerfindung der Diktatur: Wie China den digitalen Überwachungsstaat aufbaut und uns damit herausfordert. Piper, München 2018.

Thaler, Richard H.; Sunstein, Cass R. Nudge: Wie man kluge Entscheidungen anstößt. Ullstein Taschenbuch, Berlin 2010.

Turing, Alan M. Computing Machinery and Intelligence. In: Mind 49, 1950, S. 433–460.

Weizenbaum, Joseph. Die Macht der Computer und die Ohnmacht der Vernunft. Suhrkamp, Frankfurt am Main 1978.

Wilke, Gwendolin; Bendel, Oliver. KI-gestütztes Recruiting – technische Grundlagen, wirtschaftliche Chancen und Risiken sowie ethische und soziale Herausforderungen. In: HMD – Praxis der Wirtschaftsinformatik, 7. März 2022 (OpenAccess). https://link.springer.com/article/10.1365/s40702-022-00849-w.

The manufacturer's authorised representative in the EU is Springer Nature Customer Service Centre GmbH, Europaplatz 3, 69115 Heidelberg, Germany. If you have any concerns regarding our products, please contact ProductSafety@springernature.com

Printed and bound by CPI Group (UK) Ltd, Croydon, CR0 4YY
23/03/2026
02076747-0009